本项目由深圳市宣传文化事业发展专项基金资助

本书为国家社科基金重大项目"汉语方言学大型辞书编纂的理论研究与数字化建设"（13&ZD135）前期成果

深圳学派建设丛书（第九辑）

方言岛——深圳大鹏话研究

Dialect Island
—— A study of Dapeng Dialect in Shenzhen

丘学强　温育霖　著

中国社会科学出版社

图书在版编目（CIP）数据

方言岛：深圳大鹏话研究 / 丘学强，温育霖著 .—北京：中国社会科学出版社，2022.5

（深圳学派建设丛书．第九辑）

ISBN 978 – 7 – 5203 – 9945 – 6

Ⅰ.①方… Ⅱ.①丘…②温… Ⅲ.①粤语—方言研究—深圳 Ⅳ.①H178

中国版本图书馆 CIP 数据核字（2022）第 047070 号

出 版 人	赵剑英
责任编辑	李凯凯
责任校对	胡新芳
责任印制	王　超

出　　版	中国社会科学出版社
社　　址	北京鼓楼西大街甲 158 号
邮　　编	100720
网　　址	http://www.csspw.cn
发 行 部	010 – 84083685
门 市 部	010 – 84029450
经　　销	新华书店及其他书店
印　　刷	北京君升印刷有限公司
装　　订	廊坊市广阳区广增装订厂
版　　次	2022 年 5 月第 1 版
印　　次	2022 年 5 月第 1 次印刷
开　　本	710×1000　1/16
印　　张	23
字　　数	366 千字
定　　价	128.00 元

凡购买中国社会科学出版社图书，如有质量问题请与本社营销中心联系调换
电话：010 – 84083683
版权所有　侵权必究

《深圳学派建设丛书》
编委会

顾　　问：王京生　李小甘　王　强

主　　任：张　玲　张　华

执行主任：陈金海　吴定海

主　　编：吴定海

总序　学派的魅力

王京生

学派的星空

在世界学术思想史上，曾经出现过浩如繁星的学派，它们的光芒都不同程度地照亮人类思想的天空，像米利都学派、弗莱堡学派、法兰克福学派等，其人格精神、道德风范一直为后世所景仰，其学识与思想一直成为后人引以为据的经典。就中国学术史而言，不断崛起的学派连绵而成群山之势，并标志着不同时代的思想所能达到的高度。自晚明至晚清，是中国学术尤为昌盛的时代，而正是在这个时代，学派的存在也尤为活跃，像陆王学派、吴学、皖学、扬州学派等。但是，学派辈出的时期还应该首推古希腊和中国的春秋战国时期，古希腊出现的主要学派就有米利都学派、毕达哥拉斯学派、埃利亚学派、犬儒学派；而儒家学派、黄老学派、法家学派、墨家学派、稷下学派等，则是中国春秋战国时代学派鼎盛的表现，百家之中几乎每家就是一个学派。

综观世界学术思想史，学派一般都具有如下的特征：

其一，有核心的代表人物，以及围绕着这些核心人物所形成的特定时空的学术思想群体。德国19世纪著名的历史学家兰克既是影响深远的兰克学派的创立者，也是该学派的精神领袖，他在柏林大学长期任教期间培养了大量的杰出学者，形成了声势浩大的学术势力，兰克本人也一度被尊为欧洲史学界的泰斗。

其二，拥有近似的学术精神与信仰，在此基础上形成某种特定的学术风气。清代的吴学、皖学、扬学等乾嘉诸派学术，以考据为治学方法，继承古文经学的训诂方法而加以条理发明，用于古籍整理和语言文字研究，以客观求证、科学求真为旨归，这一学术风气也因此成为清代朴学最为基本的精神特征。

其三，由学术精神衍生出相应的学术方法，给人们提供了观照世界的新的视野和新的认知可能。产生于20世纪60年代、代表着一种新型文化研究范式的英国伯明翰学派，对当代文化、边缘文化、青年亚文化的关注，尤其是对影视、广告、报刊等大众文化的有力分析，对意识形态、阶级、种族、性别等关键词的深入阐释，无不为我们认识瞬息万变的世界提供了丰富的分析手段与观照角度。

其四，由上述三点所产生的经典理论文献，体现其核心主张的著作是一个学派所必需的构成因素。作为精神分析学派的创始人，弗洛伊德所写的《梦的解析》等，不仅成为精神分析理论的经典著作，而且影响广泛并波及人文社科研究的众多领域。

其五，学派一般都有一定的依托空间，或是某个地域，或是像大学这样的研究机构，甚至是有着自身学术传统的家族。

学派的历史呈现出交替嬗变的特征，形成了自身发展规律：

其一，学派出现往往暗合了一定时代的历史语境及其"要求"，其学术思想主张因而也具有非常明显的时代特征。一旦历史条件发生变化，学派的内部分化甚至衰落将不可避免，尽管其思想遗产的影响还会存在相当长的时间。

其二，学派出现与不同学术群体的争论、抗衡及其所形成的思想张力紧密相关，它们之间的"势力"此消彼长，共同勾勒出人类思想史波澜壮阔的画面。某一学派在某一历史时段"得势"，完全可能在另一历史时段"失势"。各领风骚若干年，既是学派本身的宿命，也是人类思想史发展的"大幸"：只有新的学派不断涌现，人类思想才会不断获得更为丰富、多元的发展。

其三，某一学派的形成，其思想主张都不是空穴来风，而有其内在理路。例如，宋明时期陆王心学的出现是对程朱理学的反动，但其思想来源却正是后者；清代乾嘉学派主张朴学，是为了反对陆王心学的空疏无物，但二者之间也建立了内在关联。古希腊思想作为欧洲思想发展的源头，使后来西方思想史的演进，几乎都可看作是对它的解释与演绎，"西方哲学史都是对柏拉图思想的演绎"的极端说法，却也说出了部分的真实。

其四，强调内在理路，并不意味着对学派出现的外部条件重要性的否定；恰恰相反，外部条件有时对于学派的出现是至关重要的。政治的开明、社会经济的发展、科学技术的进步、交通的发达、移民的汇聚等，都是促成学派产生的重要因素。名震一时的扬州学派，就直接得益于富甲一方的扬州经济与悠久而发达的文化传统。综观中国学派出现最多的明清时期，无论是程朱理学、陆王心学，还是清代的吴学、皖学、扬州学派、浙东学派，无一例外都是地处江南（尤其是江浙地区）经济、文化、交通异常发达之地，这构成了学术流派得以出现的外部环境。

学派有大小之分，一些大学派又分为许多派别。学派影响越大分支也就越多，使得派中有派，形成一个学派内部、学派之间相互切磋与抗衡的学术群落，这可以说是纷纭繁复的学派现象的一个基本特点。尽管学派有大小之分，但在人类文明进程中发挥的作用却各不相同，有积极作用，也有消极作用。如，法国百科全书派破除中世纪以来的宗教迷信和教会黑暗势力的统治，成为启蒙主义的前沿阵地与坚强堡垒；罗马俱乐部提出的"增长的极限""零增长"等理论，对后来的可持续发展、协调发展、绿色发展等理论与实践，以及联合国通过的一些决议，都产生了积极影响；而德国人文地理学家弗里德里希·拉采尔所创立的人类地理学理论，宣称国家为了生存必须不断扩充地域、争夺生存空间，后来为法西斯主义所利用，起了相当大的消极作用。

学派的出现与繁荣，预示着一个国家进入思想活跃的文化大发展时期。被司马迁盛赞为"盛处士之游，壮学者之居"的稷下学宫，之所以能成为著名的稷下学派之诞生地、战国时期百家争鸣的主要场所与最负盛名的文化中心，重要原因就是众多学术流派都活跃在稷门之下，各自的理论背景和学术主张尽管各有不同，却相映成趣，从而造就了稷下学派思想多元化的格局。这种"百氏争鸣、九流并列、各尊所闻、各行所知"的包容、宽松、自由的学术气氛，不仅推动了社会文化的进步，而且也引发了后世学者争论不休的话题，中国古代思想在这里得到了极大发展，迎来了中国思想文化史上的黄金时代。而从秦朝的"焚书坑儒"到汉代的"独尊儒术",百家争鸣局面便不复存在,思想禁锢必然导致学派衰落,国家文化发展也必将受到极大的制约与影响。

深圳的追求

在中国打破思想的禁锢和改革开放40多年,面对百年未有之大变局的历史背景下,随着中国经济的高速发展以及在国际上的和平崛起,中华民族伟大复兴的中国梦正在实现。文化是立国之根本,伟大的复兴需要伟大的文化。树立高度的文化自觉,促进文化大发展大繁荣,加快建设文化强国,中华文化的伟大复兴梦想正在逐步实现。可以预期的是,中国的学术文化走向进一步繁荣的过程中,将逐步构建起中国特色哲学社会科学学科体系、学术体系和话语体系,在世界舞台上展现"学术中的中国"。

从20世纪70年代末真理标准问题的大讨论,到人生观、文化观的大讨论,再到90年代以来的人文精神大讨论,以及近年来各种思潮的争论,凡此种种新思想、新文化,已然展现出这个时代在百家争鸣中的思想解放历程。在与日俱新的文化转型中,探索与矫正的交替进行和反复推进,使学风日盛、文化昌明,在很多学科领域都出现了彼此论争和公开对话,促成着各有特色的学术阵营的形成与发展。

一个文化强国的崛起离不开学术文化建设,一座高品位文化城市的打造同样也离不开学术文化发展。学术文化是一座城市最内在的精神生活,是城市智慧的积淀,是城市理性发展的向导,是文化创造力的基础和源泉。学术是不是昌明和发达,决定了城市的定位、影响力和辐射力,甚至决定了城市的发展走向和后劲。城市因文化而有内涵,文化因学术而有品位,学术文化已成为现代城市智慧、思想和精神高度的标志和"灯塔"。

凡工商发达之处,必文化兴盛之地。深圳作为我国改革开放的"窗口"和"排头兵",是一个商业极为发达、市场化程度很高的城市,移民社会特征突出、创新包容氛围浓厚、民主平等思想活跃、信息交流的"桥头堡"地位明显,形成了开放多元、兼容并蓄、创新创意、现代时尚的城市文化特征，具备形成学派的社会条件。在创造工业化、城市化、现代化发展奇迹的同时，深圳也创造了文化跨越式发展的奇迹。文化的发展既引领着深圳的改革开放和现代化进程，激励着特区建设者艰苦创业，也丰富了广大市民的生活，提升了城市品位。

如果说之前的城市文化还处于自发性的积累期，那么进入新世纪以来，深圳文化发展则日益进入文化自觉的新阶段：创新文化发展理念，实施"文化立市"战略，推动"文化强市"建设，提升文化软实力，争当全国文化改革发展"领头羊"。自2003年以来，深圳文化发展亮点纷呈、硕果累累：荣获联合国教科文组织"设计之都""全球全民阅读典范城市"称号，被国际知识界评为"杰出的发展中的知识城市"，连续多次荣获"全国文明城市"称号，屡次被评为"全国文化体制改革先进地区"，"深圳十大观念""新时代深圳精神"影响全国，《走向复兴》《我们的信念》《中国之梦》《永远的小平》《迎风飘扬的旗》《命运》等精品走向全国，深圳读书月、市民文化大讲堂、关爱行动、创意十二月、文化惠民等品牌引导市民追求真善美，图书馆之城、钢琴之城、设计之都等"两城一都"高品位文化城市正成为现实。

城市的最终意义在于文化。在特区发展中，"文化"的地位正发生着巨大而悄然的变化。这种变化不仅在于大批文化设施的兴建、各类文化活动的开展与文化消费市场的繁荣，还在于整个城市文化地理和文化态度的改变，城市发展思路由"经济深圳"向"文化深圳"转变。这一切都源于文化自觉意识的逐渐苏醒与复活。文化自觉意味着文化上的成熟，未来深圳的发展，将因文化自觉意识的强化而获得新的发展路径与可能。

与国内外一些城市比起来，历史文化底蕴不够深厚、文化生态不够完善等仍是深圳文化发展中的弱点，特别是学术文化的滞后。近年来，深圳在学术文化上的反思与追求，从另一个层面构成了文化自觉的逻辑起点与外在表征。显然，文化自觉是学术反思的扩展与深化，从学术反思到文化自觉，再到文化自信、自强，无疑是文化主体意识不断深化乃至确立的过程。大到一个国家和小到一座城市的文化发展皆是如此。

　　从世界范围看，伦敦、巴黎、纽约等先进城市不仅云集大师级的学术人才，而且有活跃的学术机构、富有影响的学术成果和浓烈的学术氛围，正是学术文化的繁盛才使它们成为世界性文化中心。可以说，学术文化发达与否，是国际化城市不可或缺的指标，并将最终决定一个城市在全球化浪潮中的文化地位。城市发展必须在学术文化层面有所积累和突破，否则就缺少根基，缺少理念层面的影响，缺少自我反省的能力，就不会有强大的辐射力，即使有一定的辐射力，其影响也只是停留于表面。强大而繁荣的学术文化，将最终确立一种文化类型的主导地位和城市的文化声誉。

　　深圳正在抢抓粤港澳大湾区和先行示范区"双区"驱动，经济特区和先行示范区"双区"叠加的历史机遇，努力塑造社会主义文化繁荣兴盛的现代城市文明。近年来，深圳在实施"文化立市"战略、建设"文化强市"过程中鲜明提出：大力倡导和建设创新型、智慧型、包容型城市主流文化，并将其作为城市精神的主轴以及未来文化发展的明确导向和基本定位。其中，智慧型城市文化就是以追求知识和理性为旨归，人文气息浓郁，学术文化繁荣，智慧产出能力较强，学习型、知识型城市建设成效卓著。深圳要大力弘扬粤港澳大湾区人文精神，建设区域文化中心城市和彰显国家文化软实力的现代文明之城，建成有国际影响力的智慧之城，学术文化建设是其最坚硬的内核。

　　经过40多年的积累，深圳学术文化建设初具气象，一批重要学科确立，大批学术成果问世，众多学科带头人涌现。在中国特色社会主义理论、先行示范区和经济特区研究、粤港澳大湾区、文化发展、城市化等研究领域产生了一定影响；学术文化氛围已然形成，在国内较早创办以城市命名的"深圳学术年会"，举办了"世界知识城市峰会"等一系列理论研讨会。尤其是《深圳十大观念》等著作的出版，更是对城市人文精神的高度总结和提升，彰显和深化了深圳学术文化和理论创新的价值意义。这些创新成果为坚定文化自信贡献了学术力量。

　　而"深圳学派"的鲜明提出，更是寄托了深圳学人的学术理想和学术追求。1996年最早提出"深圳学派"的构想；2010年《深圳市委市政府关于全面提升文化软实力的意见》将"推动'深圳学派'建设"载入官方文件；2012年《关于深入实施文化立市战略建设文化强市的决定》明确提出"积极打造'深圳学派'"；2013年出台实施《"深圳学派"建设推进方案》。一个开风气之先、引领思想潮流的"深圳学派"正在酝酿、构建之中，学术文化的春天正向这座城市走来。

"深圳学派"概念的提出，是中华文化伟大复兴和深圳高质量发展的重要组成部分。树起这面旗帜，目的是激励深圳学人为自己的学术梦想而努力，昭示这座城市尊重学人、尊重学术创作的成果、尊重所有的文化创意。这是深圳40多年发展文化自觉和文化自信的表现，更是深圳文化流动的结果。因为只有各种文化充分流动碰撞，形成争鸣局面，才能形成丰富的思想土壤，为"深圳学派"形成创造条件。

深圳学派的宗旨

构建"深圳学派"，表明深圳不甘于成为一般性城市，也不甘于仅在世俗文化层面上做点影响，而是要面向未来中华文明复兴的伟大理想，提升对中国文化转型的理论阐释能力。"深圳学派"从名称上看，是地域性的，体现城市个性和地缘特征；从内涵上看，是问题性的，反映深圳在前沿探索中遇到的主要问题；从来源上看，"深圳学派"没有明确的师承关系，易形成兼容并蓄、开放择优的学术风格。因而，"深圳学派"建设的宗旨是"全球视野，民族立场，时代精神，深圳表达"。它浓缩了深圳学术文化建设的时空定位，反映了对学界自身经纬坐标的全面审视和深入理解，体现了城市学术文化建设的总体要求和基本特色。

一是"全球视野"：反映了文化流动、文化选择的内在要求，体现了深圳学术文化的开放、流动、包容特色。它强调要树立世界眼光，尊重学术文化发展内在规律，贯彻学术文化转型、流动与选择辩证统一的内在要求，坚持"走出去"与"请进来"相结合，推动深圳与国内外先进学术文化不断交流、碰撞、融合，保持旺盛活力，构建开放、包容、创新的深圳学术文化。

　　文化的生命力在于流动，任何兴旺发达的城市和地区一定是流动文化最活跃、最激烈碰撞的地区，而没有流动文化或流动文化很少光顾的地区，一定是落后的地区。文化的流动不断催生着文化的分解和融合，推动着文化新旧形式的转换。在文化探索过程中，唯一需要坚持的就是敞开眼界、兼容并蓄、海纳百川，尊重不同文化的存在和发展，推动多元文化的融合发展。中国近现代史的经验反复证明，闭关锁国的文化是窒息的文化，对外开放的文化才是充满生机活力的文化。学术文化也是如此，只有体现"全球视野"，才能融入全球思想和话语体系。因此，"深圳学派"的研究对象不是局限于一国、一城、一地，而是在全球化背景下，密切关注国际学术前沿问题，并把中国尤其是深圳的改革发展置于人类社会变革和文化变迁的大背景下加以研究，具有宽广的国际视野和鲜明的民族特色，体现开放性甚至是国际化特色，融合跨学科的交叉和开放，提高深圳改革创新思想的国际影响力，向世界传播中国思想。

　　二是"民族立场"：反映了深圳学术文化的代表性，体现了深圳在国家战略中的重要地位。它强调要从国家和民族未来发展的战略出发，树立深圳维护国家和民族文化主权的高度责任感、使命感、紧迫感。加快发展和繁荣学术文化，融通马克思主义、中华优秀传统文化和国外学术文化资源，尽快使深圳在学术文化领域跻身全球先进城市行列，早日占领学术文化制高点。推动国家民族文化昌盛，助力中华民族早日实现伟大复兴。

　　任何一个大国的崛起，不仅伴随经济的强盛，而且伴随文化的昌盛。文化昌盛的一个核心就是学术思想的精彩绽放。学术的制高点，是民族尊严的标杆，是国家文化主权的脊梁骨；只有占领学术制高点，才能有效抵抗文化霸权。当前，中国的和平崛起已成为世界的最热门话题之一，中国已经成为世界第二大经济体，发展速度为世界刮目相看。但我们必须清醒地看到，在学术上，我们还远未进入世界前列，特别是还没有实现与第二大经济体相称的世界文化强国的地位。这样的学术境地不禁使我们扪心自问，如果思想学术得不到世界仰慕，中华民族何以实现伟大复兴？在这个意义上，深圳和全国其他地方一样，学术都是短板，理论研究不能很好地解读实践、总结经验。而深圳作为"全国改革开放的一面旗帜"，肩负着为国家、为民族文化发展探路的光荣使命，尤感责任重大。深圳这块沃土孕育了许多前沿、新生事物，为学术研究提供了丰富的现实素材，但是学派的学术立场不能仅限于一隅，而应站在全国、全民族的高度，探索新理论解读这些新实践、新经验，为繁荣中国学术、发展中国理论贡献深圳篇章。

三是"时代精神"：反映了深圳学术文化的基本品格，体现了深圳学术发展的主要优势。它强调要发扬深圳一贯的"敢为天下先"的精神，突出创新性，强化学术攻关意识，按照解放思想、实事求是、求真务实、开拓创新的总要求，着眼人类发展重大前沿问题，聚焦新时代新发展阶段的重大理论和实践问题，特别是重大战略问题、复杂问题、疑难问题，着力创造学术文化新成果，以新思想、新观点、新理论、新方法、新体系引领时代学术文化思潮，打造具有深圳风格的理论学派。

党的十八大提出了完整的社会主义核心价值观，这是当今中国时代精神的最权威、最凝练表达，是中华民族走向复兴的兴国之魂，是中国梦的核心和鲜明底色，也应该成为"深圳学派"进行研究和探索的价值准则和奋斗方向。其所熔铸的中华民族生生不息的家国情怀，无数仁人志士为之奋斗的伟大目标和每个中国人对幸福生活的向往，是"深圳学派"的思想之源和动力之源。

创新，是时代精神的集中表现，也是深圳这座先锋城市的第一标志。深圳的文化创新包含了观念创新，利用移民城市的优势，激发思想的力量，产生了一批引领时代发展的深圳观念；手段创新，通过技术手段创新文化发展模式，形成了"文化＋科技""文化＋金融""文化＋旅游""文化＋创意"等新型文化业态；内容创新，以"内容为王"提升文化产品和服务的价值，诞生了华强文化科技、腾讯、华侨城等一大批具有强大生命力的文化企业，形成了文博会、读书月等一大批文化品牌；制度创新，充分发挥市场的作用，不断创新体制机制，激发全社会的文化创造活力，从根本上提升城市文化的竞争力。"深圳学派"建设也应体现出强烈的时代精神，在学术课题、学术群体、学术资源、学术机制、学术环境方面迸发出崇尚创新、提倡包容、敢于担当的活力。"深圳学派"需要阐述和回答的是中国改革发展的现实问题，要为改革开放的伟大实践立论、立言，对时代发展作出富有特色的理论阐述。它以弘扬和表达时代精神为己任，以理论创新、知识创新、方法创新为基本追求，有着明确的文化理念和价值追求，不局限于某一学科领域的考据和论证，而要充分发挥深圳创新文化的客观优势，多视角、多维度、全方位地研究改革发展中的现实问题。

四是"深圳表达"：反映了深圳学术文化的个性和原创性，体现了深圳使命的文化担当。它强调关注现实需要和问题，立足深圳实际，着眼思想解放、提倡学术争鸣，注重学术个性、鼓励学术原创，在坚持马克思主义的指导下，敢于并善于用深圳视角研究重大前沿问题，用深圳话语表达原创性学术思想，用深圳体系发表个性化学术理论，构建具有深圳风格和气派的话语体系，形成具有创造性、开放性和发展活力的理论。

称为"学派"就必然有自己的个性、原创性，成一家之言，勇于创新、大胆超越，切忌人云亦云、没有反响。一般来说，学派的诞生都伴随着论争，在论争中学派的观点才能凸显出来，才能划出自己的阵营和边际，形成独此一家、与众不同的影响。"深圳学派"依托的是改革开放前沿，有着得天独厚的文化环境和文化氛围，因此不是一般地标新立异，也不会跟在别人后面，重复别人的研究课题和学术话语，而是要以改革创新实践中的现实问题研究作为理论创新的立足点，作出特色鲜明的理论表述，发出与众不同的声音，充分展现深圳学者的理论勇气和思想活力。当然，"深圳学派"要把深圳的物质文明、精神文明和制度文明作为重要的研究对象，但不等于言必深圳，只囿于深圳的格局。思想无禁区、学术无边界，"深圳学派"应以开放心态面对所有学人，严谨执着，放胆争鸣，穷通真理。

狭义的"深圳学派"属于学术派别，当然要以学术研究为重要内容；而广义的"深圳学派"可看成"文化派别"，体现深圳作为改革开放前沿阵地的地域文化特色，因此除了学术研究，还包含文学、美术、音乐、设计创意等各种流派。从这个意义上说,"深圳学派"尊重所有的学术创作成果,尊重所有的文化创意,不仅是哲学社会科学,还包括自然科学、文学艺术等,应涵盖多种学科,形成丰富的学派学科体系,用学术续写更多"春天的故事"。

"寄言燕雀莫相唣,自有云霄万里高。"学术文化是文化的核心,决定着文化的质量、厚度和发言权。我们坚信,在建设文化强国、实现文化复兴的进程中,植根于中华文明深厚沃土、立足于特区改革开放伟大实践、融汇于时代潮流的"深圳学派",一定能早日结出硕果,绽放出盎然生机!

写于 2016 年 3 月
改于 2021 年 6 月

序　言

　　深圳的简称是鹏城，源于大鹏。大鹏的原住民说大鹏话，这种话与周边的客家话、粤语都有不同之处，是一个方言岛，非常珍贵。深圳的现代化发展突飞猛进，大鹏话是否已日趋濒危乃至很快就会被普通话所淹没？有人说大鹏话是客粤混合语，有人说它是军话，能有定论吗？对其进行更为深入的探讨，无论从历史学、语言学还是发掘、保护和抢救语言资源和非物质文化遗产的角度看，都很有必要。

　　第一篇用现代语言学研究方法描述军话的文章是我在 20 世纪 50 年代写的。1985 年，我的门生丘学强开始研究各地军话。2005 年，他在博士论文基础上写就的专著《军话研究》出版，并获得了美国李方桂语言学论著奖和深圳市社科论著奖。我近年主持的国家重大项目成果《汉语方言学大词典》获教育部和省社科成果一等奖，他是子项目"濒危方言和方言岛"的主持人。丘博士是深圳大学的老师，会讲流利的粤、闽、客语，由他带着研究生继续研究大鹏话，各方面条件都十分合适和便利。实际上，《军话研究》中已有分析大鹏话的章节，其后他也发表过相关论文，由此可知，他对大鹏话的调查研究，在 2004 年就已经开始。而目前这本专著，记音、收词、国际音标转写等都比较规范、准确，相关分析也言之成理，更是将大鹏话的语言面貌比较全面、清晰地呈现给读者了，很好。著者从逻辑推理、名与实、自称和他称、对外的排他性和对内的一致性、早期的条件和晚期的条件等方面对大鹏话和军话的关系进行探讨，摆事实，讲道理，不因要为"挖掘非物质文化遗产"做贡献而勉强自己附和某些说法，体现了学者踏踏实实做学问、不哗众取宠的风范，也很好。书中的观点，我是赞同的。我认为，所谓深圳学派，除了应该多写跟深圳相关的东西之外，还得有这种精神。

保护语言资源，是国家战略。濒危方言和方言岛资源，尤为需要有人去做抢救性记录工作。但它需要从一村、一寨、一镇、一区、一字、一词、一句的调查做起，其细致入微和艰难过程，只有参与其中的人士才会有深刻的体会。我知道，近几年来，丘教授使出了当年单枪匹马跑遍分布于各省十几个军话点的劲头，为完成他主持的国家社科项目"图片上的境外汉语方言研究"，利用寒暑假漂洋过海飞赴美加英法东南亚十几个唐人街拍摄、采访、记录，精神可嘉。他在为境外方言牌匾的可能"被普通话化"而着急，为境外汉语方言的濒危而担忧，有一种强烈的时不我待的紧迫感。与此同时，他还不忘利用周末时间带领团队辛勤耕耘，已出版了《南头方言志》，现在这本专著又出版了，可喜可贺。

我90岁了，但十分愿意为这本专著作序，因为我为新兴城市中原住民方言能够被记录存世而不至于无声无息地被淹没于城市的繁华之中而欣慰，为看到一代接一代的语言田野调查工作者的成长和事业的后继有人而高兴。方言，是地方文化的根之所在。我更希望这支由教授、研究生和本科生组成的团队能够将很可能在不久的将来被普通话取代的深圳原住民方言全都记录下来，为书写深圳的方言发展史和保护珍稀语言资源做出力所能及的贡献。

詹伯慧
2021年11月18日于暨南园

目 录

第一章 概说 ·· (1)
  第一节 地理人口简况 ·· (3)
  第二节 历史沿革 ·· (4)
    一 大鹏建置沿革 ·· (4)
    二 大鹏所城 ·· (9)
  第三节 移民源流与明清兵制 ·· (12)
    一 明代的卫所制与军户 ······································ (12)
    二 清代的绿营兵制 ·· (15)
    三 客家移民 ·· (18)
  第四节 方言概况 ·· (19)
    一 深圳方言分布 ·· (19)
    二 大鹏话之名及使用人口 ··································· (20)
  第五节 大鹏方言调查研究综论 ···································· (24)
  第六节 方言岛与大鹏话现状 ······································· (30)
    一 方言岛 ·· (30)
    二 大鹏话现状 ··· (31)
  第七节 研究方法、目的意义和相关说明 ······················ (33)
    一 研究方法 ·· (33)
    二 目的和意义 ··· (34)
    三 相关说明 ·· (37)

第二章 大鹏话语音系统 ·· (39)
  第一节 声韵调系统 ··· (39)

一　声母系统 ………………………………………………… (39)
　　二　韵母系统 ………………………………………………… (40)
　　三　声调系统 ………………………………………………… (41)
　　四　大鹏话内部口音简述 …………………………………… (41)
第二节　大鹏话语音的历时演变 ………………………………… (43)
　　一　声母 ……………………………………………………… (43)
　　二　韵母 ……………………………………………………… (47)
　　三　声调 ……………………………………………………… (55)
第三节　大鹏话的音韵特点 ……………………………………… (56)
　　一　声母音韵特点 …………………………………………… (56)
　　二　韵母音韵特点 …………………………………………… (57)
　　三　声调音韵特点 …………………………………………… (59)

第三章　大鹏话同音字汇 ……………………………………… (60)

第四章　大鹏话分类词表 ……………………………………… (84)
　　一　天文 ……………………………………………………… (85)
　　二　地理 ……………………………………………………… (86)
　　三　时令、时间 ……………………………………………… (88)
　　四　农业 ……………………………………………………… (91)
　　五　植物 ……………………………………………………… (94)
　　六　动物 ……………………………………………………… (100)
　　七　房舍 ……………………………………………………… (106)
　　八　器具、用品 ……………………………………………… (108)
　　九　称谓 ……………………………………………………… (114)
　　十　亲属 ……………………………………………………… (117)
　　十一　身体 …………………………………………………… (121)
　　十二　疾病、医疗 …………………………………………… (125)
　　十三　衣服、穿戴 …………………………………………… (129)
　　十四　饮食 …………………………………………………… (131)
　　十五　红白大事 ……………………………………………… (134)
　　十六　日常生活 ……………………………………………… (138)

十七　讼事 …………………………………………………… (142)
十八　交际 …………………………………………………… (143)
十九　商业、交通 …………………………………………… (144)
二十　文化教育 ……………………………………………… (147)
二十一　文体活动 …………………………………………… (149)
二十二　动作 ………………………………………………… (151)
二十三　位置 ………………………………………………… (163)
二十四　代词等 ……………………………………………… (165)
二十五　形容词 ……………………………………………… (166)
二十六　副词、介词等 ……………………………………… (173)
二十七　量词 ………………………………………………… (176)
二十八　数词等 ……………………………………………… (180)

第五章　大鹏话语法及标音举例 ………………………… (183)
第一节　大鹏话的语法 …………………………………… (183)
一　处置句 …………………………………………………… (183)
二　双宾句 …………………………………………………… (184)
三　比较句 …………………………………………………… (184)
四　疑问句 …………………………………………………… (185)
五　否定句 …………………………………………………… (186)
六　可能句 …………………………………………………… (187)
七　动补句 …………………………………………………… (187)
八　有字句 …………………………………………………… (187)
第二节　语法例句标音 …………………………………… (188)
第三节　访谈实录标音 …………………………………… (206)
第四节　防控疫情广播标音 ……………………………… (227)
第五节　山歌歌谣标音 …………………………………… (231)
一　大鹏山歌 ………………………………………………… (231)
二　大鹏歌谣 ………………………………………………… (234)

第六章　大鹏话的系属 ……………………………………… (237)
第一节　军户、军话与大鹏话 …………………………… (237)

一　书证、自称与他称 …………………………………（237）
　　二　名、实与逻辑推理 …………………………………（242）
　　三　军话的定义 …………………………………………（245）
　　四　大鹏话、军话与明代官话 …………………………（246）
第二节　大鹏话语音的横向比较 ……………………………（249）
　　一　声母比较 ……………………………………………（251）
　　二　韵母比较 ……………………………………………（259）
　　三　声调比较 ……………………………………………（274）
第三节　语音特点及系属 ……………………………………（276）
　　一　大鹏话中的客家话特征 ……………………………（278）
　　二　大鹏话中受客家话渗透影响的字音 ………………（280）
　　三　大鹏话中的粤语特征 ………………………………（281）
　　四　大鹏话中的部分语音特征 …………………………（283）
　　五　大鹏话与东莞、深圳粤语语音特征的比较 ………（290）
　　六　大鹏话的成型时间 …………………………………（291）
第四节　词汇比较 ……………………………………………（294）
　　一　理论基础 ……………………………………………（295）
　　二　斯瓦迪士200词 ……………………………………（296）
　　三　大鹏话核心概念词汇 ………………………………（297）
　　四　大鹏话高阶词的语言年代学考察 …………………（319）

结　语 ………………………………………………………（323）

附　录 ………………………………………………………（325）
　　一　深圳南山南头话音系 ………………………………（325）
　　二　深圳龙岗客家话音系 ………………………………（327）
　　三　惠州惠城话音系 ……………………………………（329）
　　四　主要发音合作人信息 ………………………………（331）

参考文献 ……………………………………………………（332）

后　记 ………………………………………………………（341）

第一章

概　　说

　　2015年，教育部、国家语委启动了中国语言资源保护工程，在全国范围内开展语言资源调查、保存、展示和开发利用工作，这是继1956年开展全国汉语方言和少数民族语言普查以来我国语言文字领域的又一个由政府组织实施的大型语言文化类工程。2019年2月21日是第20个"国际母语日"，联合国教科文组织在当天正式发布了首个以"保护与促进世界语言多样性"为主题的重要永久性文件——《岳麓宣言》。

　　语言是促进人类发展、对话、和解、包容与和平的重要前提之一。人们需要通过语言与他人沟通，并且通过语言将知识、观念、信仰和传统代代相传。语言是文化的基本特征之一，是记录并传承一个族群、一个地区乃至世界上的独特文化的主要载体，它记录了人类千百年来积累的传统知识和实践经验，见证了人类改造自然和适应环境的能力，有助于人们通过共享的行为模式、互动方式、认知结构和理解方式来交流并构建人类命运共同体。

　　《岳麓宣言》倡导各国制定语言资源和语言多样性保护事业行动计划及实施方案，鼓励一切团体、个人为保护语言特别是濒危语言或方言所做出的努力。

　　本书作者长期从事汉语方言的田野调查研究工作，早在21世纪初，就已开始记录和研究大鹏方言。在深圳的现代化步伐迈得越来越快的今天，本土方言趋于濒危的速度正在加快。若社会主义示范区的建设和发展必然导致本土方言的消失，那是十分令人遗憾的，因为它会让新兴城市的所谓历史文化底蕴失去依附的土壤，日益趋于空泛和无根。我们深知自己没有回天之力，但却愿意为记录和分析这一方言而竭尽所能。

大鹏方言是一个方言岛。

什么是方言岛？它是方言研究领域的一种比喻的说法，指的是"在语言地理上处于其它方言包围之中的小片或地点方言"。着眼于方言岛形成的结果，偏重于共时的呈现，从现时的地理分布状况、位置等角度观察，方言岛可分为群岛、岛链、孤岛和岛中岛等类型；从形成方式等不同角度观察，方言岛可分为填水成岛、蓄水成岛、隆起成岛等类型。

方言岛，相对于已经被着力研究较多的相连成片的大方言来说，它的语音、词汇、语法材料，都是比较珍贵的，因为它们对移民的历史和方式、语言接触的状况和类型、语言的形成、消亡的原因和过程等的研究都有很大裨益。

如果一种语言或方言已经濒危，则其被记录和研究的价值就更高。在语言学者看来，它跟濒危珍稀动物是一样的，因为它像生物链那样，有可能是人类语言发展链条中的某一缺环，失去了、断掉了就接不回来了。

根据大鹏话目前的情况，我们认为它已经濒危。理由是：

（1）因周围环境的原因，大鹏人原来就会说多种方言，互相渗透、影响很难避免，而外来媳妇们所传大鹏话的变化也是必然的。

（2）随着深圳的快速发展，大鹏所城内的原居民大多已将原住房屋租赁给外地人居住，自己则迁往大鹏镇分散居住。与以前相比，讲大鹏话的机会已经日渐减少。

（3）现今的当地教师多为外地人，所收看的电视节目以粤语（香港）、普通话为主，大鹏子女接受的是普通话、粤语的影响，大鹏话变化甚至消失的速度必将加快。再过一两代，也许就只有老人（现在讲大鹏话已"不纯"的中青年人）才会讲"纯正"的大鹏话了。

不过，深圳大学学生"语言态度调查"的结果却并不完全支持我们的上述推断：许多中年以上的大鹏人都坚信大鹏话仍能继续存在半个世纪以上。中小学生则大多不置可否，但明确表示许多本地"土词"已经"不知道怎么说"的已不在少数。

无论如何,"忧患意识"比较强烈的我们,除了提醒当地人提高警惕外,还是按照方言调查规范将大鹏话记录并呈现出来了,算是为保护珍稀语言资源、挖掘非物质文化遗产做出了自己力所能及的贡献。

这是语言学界第一本比较全面地描述与分析深圳大鹏话的专著。

第一节 地理人口简况

"北冥有鱼,其名为鲲……化而为鸟,其名为鹏……是鸟也,海运则将徙于南冥……"这是庄子《逍遥游》中的一段文字,"大鹏"之名,盖发端于此。嘉庆《新安县志》卷之四《山水略》:"大鹏山,在县东一百六十里,一名七娘山,大鹏所镇山也。昔传有仙女七人游此,以其如鹏踞海,故名。"深圳又名"鹏城",或取其"扶摇直上"的好意头。

本书所指的"大鹏",默认为今深圳市的大鹏半岛。就行政区划而言,大鹏指的是大鹏新区的大鹏街道和南澳街道。

大鹏街道位于深圳最东端——大鹏半岛的中部,北纬20°39′—24°33′,东经114°25′—114°35′,占地面积为76.24平方公里,西临大鹏湾,东濒大亚湾,北与葵涌街道接壤,南与南澳街道相交,海岸线长达30公里。

大鹏街道地处北回归线以南,属亚热带海洋性季风气候,辖区内的地形多为丘陵、低山。大鹏的水资源相当丰富,大小河流共有十几条,最大的河流为王母河,发源于求水岭,干流长7.2公里。除了迭福河注入大鹏湾外,其他河流均自北而南注入大亚湾。大鹏境内山地海拔较低,除了排牙山海拔高达707米以外,其他如求水岭、蛇山顶、大岭头等山峰的海拔均不超过550米。

南澳(镇)直至1986年才从大鹏(镇)中独立出来,现称南澳街道。南澳街道位于大鹏半岛的南部,北临大鹏街道,三面环海，土地面积为 114.04 平方公里。南澳旧称"蓝澳"，是因为其海水蓝绿，便于船只停泊（海边弯曲便于泊船者曰澳）。

南澳街道属亚热带海洋性季风气候，地貌多为海滨、低山和丘陵，海岸线长达 65 公里。七娘山位于南澳中部，主峰海拔 869 米，周边集中分布着一些海拔为 500 米左右的低山。

大鹏境内人口以汉族为主，截至 2019 年末，共有常住人口 69916 人，其中户籍人口 17919 人。

大鹏街道常住人口 52447 人，其中户籍人口 10338 人。姓氏有叶、江、刘、邬、陈、何、李、麦、吴、杨、张、邹、林、罗、欧阳、钟、高、袁、黄、萧、董、温、谢、赖、詹、廖、谭、潘、戴、余、卢、蓝等。

南澳街道则有常住人口 17469 人，户籍人口 7581 人。姓氏较多，有邓、方、文、冯、叶、江、刘、孙、许、庄、陈、苏、严、欧、何、李、麦、巫、吴、杨、张、林、罗、郑、冼、洪、周、钟、高、郭、凌、徐、曹、黄、萧、董、温、谢、曾、赖、詹、蔡、廖、黎、薛、戴、梁等。

第二节　历史沿革

一　大鹏建置沿革

1985 年，大鹏街道的迭福村（又名"叠福村"）出土了一批新石器时代的陶器和石器，这表明早在六千多年前，就有人类在此繁衍生息，南澳街道同样留下了新时器时代的畲吓和西涌口古村落遗址。

在先秦时期，岭南地区被称为南蛮之地，为百越（或写作"百粤"）土著所居住。他们以部落的形式聚居，所使用的语言并不是中原地区的汉语，而可能是壮侗语族的语言。其时大鹏地区也就没有中原的华夏族居住。

公元前 214 年，秦始皇"使尉屠睢发卒五十万"平岭南，将岭南地区纳入大一统王朝的版图，置南海、桂林及象三郡。其中的"五十万"必然是夸大的数字，但由此始，北方的中原人开始陆续进入岭南地区却是不争的事实。南海郡下辖番禺、博罗、中宿、龙川、四会及揭阳六个县，大鹏即属番禺县所管辖。

秦末，南海郡尉任嚣病死，龙川县令赵佗趁机割据岭南，并于公元前204年自立为"南越武王"，定都番禺，大鹏也随之成为南越国的领土。赵佗在位时采取"和辑百越"的政策，积极促进中原人与南越土著的关系，带头"魋结箕踞"（梳成锥形发髻，两腿张开而坐，均为南越风俗）。赵佗死后历四代南越王，最后南越国于前111年为汉所灭。

西汉时期，朝廷重新在岭南置南海、合浦、苍梧等九郡，大鹏仍属南海郡，但归博罗县管辖。东汉时期，"言语各异，重译乃通。人如禽兽，长幼无别。项髻徒跣，以布贯头而著之。后颇徙中国罪人，使杂居其间，乃稍知言语，渐见礼化"。可见其时其地的汉语，仍然不甚通行，仍以百越各部族的语言为主。三国及西晋时期沿袭汉朝旧制，大鹏仍属南海郡博罗县。

至东晋咸和六年（331年），晋成帝在南海郡中划出东官郡，辖宝安、安怀、兴宁等六县，大鹏隶属宝安县。东官郡的郡治和宝安县的县治都在城子冈，即今深圳南头地区。南朝梁天监六年（507年），东官郡更名为东莞郡。南朝陈祯明二年（588年），东莞郡又改回旧名，仍称东官郡。隋开皇十年（590年），朝廷废除了郡级建置，自此宝安县改归广州总管府管辖。隋大业三年（607年），郡级建置又被恢复，大鹏属南海郡宝安县。唐至德二载（757年），宝安县更名为东莞县，为广州都督府所管辖。五代时期，广州为南汉国都，改称兴王府，东莞县即属此。宋开宝五年（972年），东莞县被并入增城县，次年复置，属广州中都府。元代仍称东莞县，属广州路总管府。虽县名、郡名屡经更迭，但大鹏地区所属的县级单位还是比较固定的。

明初，大鹏属广州府东莞县。明隆庆六年（1572年），广东提刑按察司副使刘稳巡行至南头，当地长者吴祚代表乡民请愿分县设治。刘稳与东莞知县董裕商量后，将立县之议上奏朝廷。次年获准分县，赐名"新安"，取其"革故鼎新，转危为安"之义。首任知县为吴大训,县治在南头城,大鹏自此时始属广州府新安县管辖。明崇祯年间,新安县有三乡七都,大鹏属七都,为归城乡所辖。

清顺治十八年(1661年),清政府为防止沿海居民与台湾郑成功的军队接触,颁布了"迁海令",推行海禁政策,令东南沿海的居民内迁五十里,新安县"邑地迁三之二"。县民"弃赀携累,仓卒奔逃,野处露栖,死亡载道者,以数十万计"。

清康熙二十二年(1683年),杜臻在巡视沿海边界后撰写了《粤闽巡视纪略》,卷二提到了新安县划界的范围:"(康熙)元年画界,自三角山历马鞍山等境,至大鹏所为新安边。"边界途经的村落和山岭有:源泉山(今宝安松岗燕川山)、河水口(今光明公明)、香橼围(今光明公明)、周家山(今宝安沙井)、田心围(今宝安石岩)、凉水井(今宝安石岩)、羊蹄山(今羊台山)、更鼓山(今宝安西乡)、北灶山(今宝安西乡臣田山)、围村(今宝安西乡)、上村(今宝安新安)、新安县(今南山南头)、崇镇铺(今南山南头)、照穴岩、白石山(今南山沙河)、汉塘山(今福田安托山)、龙湾山、梅岭村(今福田莲花)、新英村(今福田华富)、赤尾村(今福田沙头)、塘尾围(今罗湖南湖)、隔塘围(今罗湖南湖)、箝口山(今香港新界北)、平輋山(今香港新界北)、后梧桐山(今梧桐山)、黎峒村(今香港新界北)、梧桐山(今梧桐山)、盐田村(今盐田梅沙)、梅沙山(今盐田梅沙)、溪涌山(今大鹏葵涌)、下洞山(今大鹏葵涌)、涌浪山(今大鹏葵涌)、梅子林(今香港新界北)、田头山、迳口山(今盐田沙头角)、窑凹岭。

将上述地点连成一条线,线以北则为界内,线以南则为界外。处于界外的村落、农田、海岛统统废弃,人丁迁入界内。据统计,废弃的村庄有洪田(距海25里)、岭下、鲇鱼溪、螺湖、玉勒、上寮、白沙燕村(以上距海20里)、粉壁岭、龙跃头、谷丰岭、石冈、田寮、白水、邓家萌(以上距海15里)、黎峒(距海13里)、上水(距海12里)、半天云、小坑、上下屯门、汉塘、高莆、锦田、丰园萌、阿妈田、平山、园山、下村、大井、田心、纲井、石祖庙、新桥、丙冈（以上距海10里）。距海1—7里被废弃的村庄有河上乡、张屋村、鸡雉、上下步、赤尾、隔田、新英村、江下、谷田、龙塘、东山、流塘、坳心、臣田、北灶山、猪凹、西乡、鳌湾、固戍、大坑村、龙骑、大对山、横冈、大岭下、碧州、屯村、花山、犬眠地、鹤薮、南蛇、牛栏山、西贡、西洋尾、王母涧、沙冈、下沙、欧阳、水背、叠福、关湖、溪涌、奇埔、上下埔、梅大湾、盐田、麻雀岭、大步头、涩涌、锭角村、大梨园、牛骑龙、蛟塘、大浪、马鞍山、蚝涌、天妃庙、旧官富司、衙前、九龙、古墈、浅湾、黄泥铺、横洲、下村、竹园、官埔、米步、饭箩洲、新田、洲头、勒马洲、蛟洲、白冈、桥头、小横冈、石下、新灶、沙头、沙尾、西涌、榕树角、白石山、禾蛉冈、石园塘、黄田、茭塘、福永司、灶下、嘴头角、归德场、白头冈、大步涌、渔口（该字漫漶不可辨，似左"氵"右"局"）、大田、茅州、山茅州、墟东、煮铺、潭头、港口、上下山门、上头田、莆尾、黄松冈、石冈、溪头、沙浦刘、冈涌头、塘周山、碧头村。

废弃的岛屿有佛堂门、大奚山、鹅公澳、榕树澳、白沙澳、鸡栖澳、南头、香港、塘福、梅窝、石壁螺、杯澳、大澳、沙螺湾。

抛荒的田地超过1359顷，约合90.6平方公里。据闵宗殿（1984）引屈大均《广东新语》："广州之稻……每亩丰者四石。"合亩产谷540斤。屈大均是明清时人，他所记录的应该就是清初广州的耕作水平，新安县的耕作水平可能与之相似或略低。但是新安县连年战乱，人丁稀少，顺治年间仅有6851人，能耕作的男丁更少，故其实际亩产量应该更低。考虑到女性、老幼等不便耕作，这里暂取广州亩产量的三分之一，即新安县每岁的亩产量约为180斤。1359顷即135900亩，一岁可得24462000斤谷。不考虑粮食加工过程中所产生的损耗及以瓜菜代饭的情况，清代每人年均需粮约800斤（石涛、马国英，2010）。那么，这些抛荒的田地在产量未达峰值的情况下也足以供给3万多人。因此，清初的迁海政策给新安县的社会经济带来了巨大影响。

清康熙三年（1664年），都统伊里布和兵部左侍郎石图来巡视广东时，决定再内迁三十里。广东总督卢崇峻"以邑地初迁已多，会疏免续迁，止迁东、西二路，共二十四乡"。不久，由于人烟稀少，新安县被裁撤，并入了邻近的东莞县，此时大鹏属东莞县管辖。康熙四年（1665年），王来任被任命为广东巡抚，在巡视了广东以后，上奏《展界复乡疏》。后两广总督周有德与平南王尚可喜勘察边界后，也向朝廷上奏，要求复界。康熙八年（1669年），展界复乡，原新安县居民陆续回到旧地，恢复生产，新安县也得以重新设立，大鹏也重属广州府新安县管辖，当地村庄归县丞管属。

据嘉庆《新安县志》卷之二《舆地图》的记载，当时本地居民所居住的村庄有大鹏城内、大鹏城外、水贝村、田心围、大坑村、松山下、东村、半天云、西贡围、南社围、沙岗围、凤岗里、横岗围、大岭下、新屋仔、碧洲围、鹤薮村、坪山仔、犬眠地上、犬眠地下、古楼岭、水头村、盐田村、埔锦村、埔尾村、吉龙里、王母墟、鸭母脚、王母峒、下村仔、牛唇岭、乌涌村、西山村、岭下岭、石桥头、新桥村、南坑埔、鹤寮村、柯屋围、苔涌村、芽山村、鹅公村、南澳村、高铁村、枫木寮、水头沙、油草棚、东山下、鹿嘴村，凡49个。

清雍正年间有大量粤东客家人响应政府招垦政策而迁来新安县，他们的身份与新安原住民有别，被归入"客籍"。他们所聚居的村庄，则为"客籍村庄"。嘉庆年间所记录的大鹏客籍村庄有黄旗塘、王母洞围、高岭、大石村、岐沙、王母洞墟、横坑、石角头、王姓、戴姓、李达春、曾姓、梁姓、张姓、辛姓、陈姓、长山下、大碓、龙岐村、犬眠地、杨梅坑、下沙、迭福、水头，凡24个，也为县丞所管属。

民国元年（1912年），新安县属广东省直辖。民国三年（1914年），新安县因与河南省新安县同名，故恢复旧称宝安县。至新中国成立前，宝安县先后实行区乡编制、基层保甲编制，大鹏也先后属宝安县第五区、第三区。1949年10月新中国成立后，大鹏为乡，由惠阳县接管，隶属惠阳县第四区。1951年属惠阳县第七区。1958年10月，设大鹏公社，11月划归宝安县管辖。

1979年3月，改宝安县为深圳市；1981年，宝安县建制又被恢复，属深圳市管辖，大鹏此时仍属深圳市宝安县。1983年，大鹏由公社被改为区公所，称为大鹏区。1986年，撤销大鹏区，分设大鹏镇、南澳镇。1992年，宝安县建制被撤销，建立宝安区和龙岗区，大鹏镇和南澳镇即属龙岗区管辖。2004年，深圳市撤销大鹏镇和南澳镇，设立大鹏街道办事处和南澳街道办事处。

2011年12月30日，大鹏新区正式成立，下辖葵涌、大鹏和南澳三个街道办事处。大鹏街道辖大鹏、鹏城、岭澳、水头、布新、王母和下沙7个社区，南澳街道辖南澳、南渔、南隆、水头沙、东山、东渔、新大、东涌和西涌9个社区。

二 大鹏所城

明初，岭南沿海地区山寇海盗频繁出没。洪武十四年（1381年），朝廷即置南海卫及大鹏守御千户所。大鹏守御千户所直接受南海卫都指挥使司管辖，而不由南海卫指挥使司统属。所谓的"卫""所"，乃是明初所建立的军事制度，5600人为一个"卫"，1200人为一个"千户所"。大鹏所即为一个千人级别的千户所，但当时并没有配备足额的军士。

洪武十七年（1384年），广东都指挥同知花茂上奏朝廷，要求在沿海增设卫所，以备寇患。洪武二十七年（1394年），东莞县的东莞守御千户所（今南头古城）及大鹏守御千户所同时开筑，其中大鹏守御千户所为广州左卫千户张斌主持修筑。初时，张斌在勘察地形地势后，选址今南澳的西涌附近修筑。不过，城墙修筑了80米以后即停建，而改在乌涌村侧的龙头山下重筑，是为大鹏所城（当地人今称"古城"）。今西涌新屋村旁所留下的城墙，被当地人称为"南门头""城篱头"，其地则称"老大鹏""旧大鹏"。当地人盛传一个故事：老大鹏的筑城军士夜闻黄猄叫声，认为"黄猄黄猄，皇帝都惊"，是一个凶兆，遂改址重建。

这个民间传说虽有一定价值，但黄文德（2003）的分析则更具说服力，他认为大鹏所城改址重建乃是出于大鹏半岛的地理位置及军事角度的考虑。大鹏半岛的中部为水头，地形狭长。若所城筑于南部的西涌，如水头被敌人占领，则所城势必成为一座孤城，退无可退。反之，所城筑于水头之北，北靠排牙山，直通惠州，则辎重物资不易被敌人截断，进可攻，退可守。

此外，还有一个说法是西涌筑城工程进行不久，广东各地寇盗蜂起，筑城的军士也随之停止筑城，投入到对盗贼的围剿战斗中去。

据康熙《新安县志》引《广州志》记载："沿海所城，大鹏为最。周围三百二十五丈六尺，高一丈八尺，面广六尺，址广一丈四尺；门楼四，敌楼如之；警铺一十六，雉堞六百五十四；东、西、南三面环水濠，周回三百九十八丈，阔一丈五尺，深一丈。"大鹏所城建成以后，设正千户、副千户、百户、镇抚、幕官、吏目、司吏等官职，旗军223员。旗军，源于明代的兵制，"大率五千六百人为卫，千一百二十人为千户所，百十有二人为百户所。所设总旗二，小旗十，大小联比以成军。"（张德信，2001）临海处设烟墩，分别为野牛墩、大湾墩、旧大鹏墩、水头墩和叠福墩，每墩由大鹏所派出的5名旗军驻守。明初所实行的卫所制分屯设军，"三分守城，七分留屯"。大鹏所屯田三处，分别为王母峒屯、盐田屯和葵涌屯，各屯下又分设子屯，后葵涌屯被裁撤。明万历年间，大鹏所屯田改为王母峒屯、碧州屯和乌涌屯。

明宣宗以后，由于卫所军官"多克减军粮入己"等原因，卫所制度逐渐走向式微，这可从一个康公子守城的掌故中看出。隆庆五年（1571年），大鹏所的军士随俞大猷出城抗倭，城内防守力量薄弱。恰逢倭寇偷袭大鹏城，舍人康寿柏率城内军民守城。嘉庆《新安县志》载："贼具云梯泊城，柏呼众坚守。有登城者，手刃之，即碎其梯，围乃解。"舍人，乃虚有其名的头衔，只是将校子弟而已（正军、军余、舍人）。其时大鹏所城为敌所困四十余日，最后竟由一个没有正式军籍的将校子弟率众抗击才得以解围，可见其时卫所防守力量之空虚。随后，明廷实行募兵制，与卫所制并行，以补充日益衰微的军事力量。

清初，大鹏所设防守千总1员、兵300员。顺治四年（1647年），山寇陈耀攻入大鹏所城。随后，从前盘踞在老万山（今香港大屿山西南）的李万荣率众攻入所城，占据不出，清军曾前去征讨，但未成功。顺治十三年（1656年），总兵黄应杰以刘烘为向导，在大鹏山包围李万荣的军队。三个月后，李万荣因粮尽而投降。随后，新安知县傅尔植奏请改设大鹏所防守营，设守备1员，把总1员，官兵500员。

迁海令颁布以后，新安县境大部分区域被划出界外，居民被迫内迁，土地荒芜。因此，康熙七年（1668年），大鹏所防守营被并入惠州协，其时官兵凡400员。次年，迁海展界，重设新安县，大鹏所也得以复置。康熙四十三年（1704年），为了增强沿海的防卫能力，大鹏所防守营被提升为大鹏水师营，增添游击1员、中军守备1员、额设左右哨千总2员、左右哨把总4员、外委7员、兵931员。雍正四年（1726年），游击被裁撤，改设参将1员，添设外委千把总7员，改隶广东水陆提标统辖。随着卫所的军事职能被八旗和绿营所取代，卫所归并州县管理。雍正九年（1731年），大鹏所被归并到新安县里，其管理组织和社会经济制度都有转变，如卫所衙门被裁撤，土地、户籍、赋役制度开始"民化"等。嘉庆十五年（1810年），广东增设水师提督，大鹏为外海水师营，归虎门水师提督管辖，兵800员。

道光十一年（1831年），由于鸦片走私及西人东来等外患日益严重，大鹏营分设左右两营。左营即原大鹏营，驻大鹏城，设参将1员、守备1员、千总2员、把总3员、兵额505名；右营驻大屿山东涌所城（今香港大屿山），兵额482名。道光二十六年（1840年），林则徐奏请将大鹏营（上述之左营）提升为大鹏协，统率左右二营，朝廷许之。大鹏协增设副将1员，移驻九龙；都司1员，驻大鹏城。大鹏左营增设把总2员、外委2员、额外外委2员，官兵凡291员；右营增设千总1员、把总1员、外委2员、额外外委2员，官兵凡209员。

鸦片战争后，香港岛割与英国。道光二十六年（1846年），清廷决定在港岛一水之隔的九龙筑九龙寨城。翌年三月，九龙城寨竣工，大鹏协副将进驻城内衙门，辖左右二营，由广东水师提督赖恩爵将军管属。左营驻大鹏城，水师兵丁凡795员，驻于城内的士兵有244员，其余士兵分驻左营所辖之各台汛。右营驻东涌所城，水师兵丁凡641员，驻于城内的士兵有155员，其余士兵分驻右营所辖之各台汛。同治八年（1869年），大鹏协的左、右营实际上分别只有守兵430员、320员。

光绪二十四年（1898年），新界及离岛地区也被英人强制租借。翌年，九龙寨城内的清朝官员被驱逐出香港，大鹏协的左右两营也随之被裁撤。

第三节 移民源流与明清兵制

大鹏境内山岭较多，平地较少，人迹罕至，并不利于发展经济，生产力较为落后。大鹏的开发，有赖于明初大鹏所城的修建及相关的卫所制度。

改革开放前的大鹏，原住民的祖上一般追溯到清初，在迁海复界后陆续迁来。不过，也有水贝村的欧阳氏家族，宋代从江西吉安迁居于此并繁衍至今。我们所调查的几位发音人，均称祖先由清代迁大鹏。大鹏地区历来有钟、王、李三大姓之说，其中钟姓在明万历年间南下，辗转至南澳西涌，清初方迁至大鹏王母。清嘉庆年间王姓村，即今王母的王屋巷村，或与三大姓中的王姓有关。李姓则未见于其他相关资料。

一 明代的卫所制与军户
（一）明代卫所与军户

明代的户籍制度，将人民以职业分类，主要分为军、民、匠、灶四籍，此外还有弓兵籍、医籍、儒籍、商籍等。没有户籍的人，则被称为"无籍之徒"，一般是市井上游手好闲的光棍无赖。这些人会被录入"弃民簿"，属于贱民，不属于良民。

卫所的军士若不足5600人，则从民户中抽调或将罪犯充军。由民户中被征发而来的军士，被称为"垛集军"。垛集分两种方式，一种是民户中如有三丁，则直接将民户转为军户，一丁从军；另一种是两民户的男丁数量之和达标时，男丁较多的户出丁从军，称正军户，另一户为贴军户，负责为正军户整治钱粮军装。当然，各地卫所军士数量及人口密度有所不同，垛集的具体操作也可能是四丁抽一，或两户轮流出丁，或三户垛充。充军的罪犯被称为"谪充军"，但这些罪犯并不全然是真的"罪犯"，有可能仅是失去了土地的农民，不在士农工商四业之内，故被收充军役。谪充军一般要南北易置，南人发北，北人发南。到了卫所后，谪充军主要从事屯田的工作，即"屯军"，与此相对的是主要负责戍守的"操军"。

除此之外，还有使用民兵屯戍的，如惠州府就曾"调福建龙岩、信丰等县民兵千余分番哨守"，这些民兵后来也被编入军籍（张金奎，2007）。福建龙岩、江西信丰，至今仍是客家人聚居地。

（二）大鹏守御千户所军士的籍贯

所城内的居民，祖上大都与清代的"兵"有关，而与明代的"军"关联不大。据大鹏当地人告知，明初筑城的军士多来自广东、福建一带，军官则多来自辽东、山东、湖广及江浙一带。张一兵、杨耀林和黄崇岳（1998）认为整个卫所的官兵都来自天南地北。谭元亨等（2010）则认为卫所的军士都来自本地，是被强行划入军籍的当地农民。从文献记录来看，明代的军官原籍分布较广，涉及直隶、江苏、江南、河南、江西、湖广等地。直到清代县志所记录的军官籍贯，仍与明朝相似，下层军士的籍贯则没有明确记载。

就大鹏守御千户所而言，初期军士的籍贯并没有明文记载。参考崇祯《东莞县志》和康熙《新安县志》，大鹏所早期军士可能的来源如下：

（1）归附军。洪武元年（1368年），广东归附后由德庆侯廖永忠所收。

（2）水军。洪武十五年（1382年），南雄侯赵庸将广州沿海的万余疍民编入军户。

（3）降民军。洪武十五年，东莞中堂村民苏有兴造反。南雄侯赵庸平定这场叛乱后，将造反的民众都编入军户。

（4）无籍军。洪武二十三年（1390年），将脱漏户口的军士重新编入军籍。

（5）逃民军。明初，从东莞、笋冈（今深圳罗湖笋岗）等地逃走的疍民附居海岛，遇官军则说是捕鱼的，遇海盗则与之狼狈为奸，飘忽不定，难以管辖。有鉴于此，广东都指挥同知花茂于洪武二十四年（1391年）上奏，将这些疍民编入军户。

（6）垛集军。洪武二十七年，钦差都督刘恭来东莞县查验民户，从民户中三丁抽一，编入军籍。民户不足三丁者，与其他一丁、二丁的民户分正军户、贴军户，共垛一军。

（7）建言军。被人揭发过失的被编入军户。

（8）达军。即"胡元遗种"，明初南海卫还有数十名，嘉靖年间就所剩无几了。

（9）招捕军。疑为招降收捕之乱民。民国《东莞县志》中记录了明初当地有大量山寇盗贼作乱的情况，且其数量不可谓少。

（10）稍水军。疑为撑船水手之类，"稍水"即为撑船之义。

（11）附籍军。卫所军士拖家带口而来，若有多余人丁在附近州县购置田产，可以附籍的方式在有司办纳粮差，此之谓"附籍军户"。部分军士改调其他卫所时，其部分余丁也可能附籍原卫有司，分担原卫军役（于志嘉，2005）。

（12）杂泛军。疑为军中所需的民夫力役，必要时候也充当作战的军士。明代根据民户家产厚薄的程度，分别编签人丁从事不定期的各种力役，谓之"杂泛"。

此外，还有职目军和收集军的名目，分别为东莞伯何真两次奉朱元璋命令回广东所收集的旧部，但都被尽数送往京师。不过，收集军也疑为明代所收集的元代的世袭军户。

从明代兵制来看，大鹏守御千户所的军士来源主要还是归附军和垛集军。这两类军人大都是大鹏邻近州县的土著或闽赣南部的土著，所使用的方言大抵不出粤语或客家话的范围。军士中，沿海的疍民也占了一定比例。因为大鹏所临海，需要一定数量熟习海战的军士，这些疍民有可能讲的是粤语或闽语。从远方被发配过来的谪充军，理应不是军户的主体，占比很小，他们所使用的方言也不足以影响卫所其他军士的方言。他们因为人数少，更容易被卫所的主流方言影响，历数代后被同化。

至于军官，其对卫所主流方言所起的影响也不大，可能与谪充军相似。他们任期或长或短，短的数年即改调他处，长的则世代扎根于此。

(三) 明中期以降的大鹏军户

明代卫所制所规定的军户，世世代代为军籍，全家迁至指定的卫所为军，"父子相代，兄弟相及"，不得随意脱籍。这样的军役生活一眼望到头，加上上级军官的贪污克扣，因此军士的后代也就想方设法逃离这种军户世袭的桎梏。吴艳红在《明代充军研究》(2002) 一书中提到，在伍军人逃亡严重，在籍军户"或全家逃亡，或故自伤残身体，或将弟男过继于人、入赘人婿……"。为了解决这些弊端，明嘉靖年间兴起了募兵制与营兵制。这些"兵"，与"军"不同，前者是不世袭的。

康熙《新安县志》卷之八《兵刑志》中对明代大鹏所的军士有这样的描述："(东莞、大鹏)二所额军，二千二百有奇。后屯籍纷乱，额军存者十仅一二，又皆老羸怠疾，奴隶将领之门而已。"上文关于康寿柏守城的故事也可反映出这一事实。这就说明，大鹏所里的军户世袭制还未到清代，就已经瓦解了。

因此，大鹏话在明中期以前确实有由军话形成的客观条件，但因卫所制在明中后期逐步瓦解，军话形成的"土壤"也就不复存在了。

二 清代的绿营兵制

(一) 绿营"兵皆土著"

清初，八旗军人数较少，清政府建立了一种以汉人为主的军队，与八旗军并行。这种新的军队使用绿旗以别于八旗，故称绿营。清代早期的卫所军官来源较复杂，有从兵部派遣来的官吏，有从绿营行伍被提拔的军官，还有明代卫所军官的后裔。不过这只是清政府当时的权宜之计，到了后期，卫所军官就都由兵部铨选而来了。

至于普通士兵，康熙《新安县志》卷之八《兵刑志》载："国朝革除军伍，今各籍于民矣。"清代"革除军伍"，也即裁撤明代的卫所，取消世代相袭的军户制度，将卫所归并州县管理，不再作为独立的军事机构存在（毛亦可，2018）。清初绿营兵制逐渐兴起，初期急需补充兵源，只能随地招募士兵。等到军事将平，就规定募补兵士必须选取本地土著。这样做是出于维持军队纪律的考虑，士兵犯事会牵累家室。对于外来无籍贯的人来说，他们所报的籍贯难以辨其真伪，又无家室顾虑，入伍后往往敢于为非作歹，所以招募外来无籍人口来补充兵源的做法就成为厉禁。此外，士兵入伍虽出于自愿，但一旦入伍则不能随意退伍，名字被列于兵籍，终身不能更改，即便想逃避兵役也难以远遁他方（罗尔纲，2017）。这个规定还可以防止将帅在当地拥兵自重。战事平息后，上级军官多由兵部铨选调任，军官被擢升时也不能带营兵赴任，否则要被罚俸或降级。郭廷以（1987）提到："绿营官皆选补，士皆土著，兵非将有，为国家的军队；但官不久任，兵为世业，训练不施，心志不固。"

就取赖恩爵将军"三代五将"的家谱来说，鹏城赖氏始祖赖吾彪于清乾隆年间从河源紫金迁大鹏乌涌村，与乌涌村郑氏女生子显贵。赖显贵娶妻林氏，生子世超。赖世超官至武功将军，长子赖英扬为振威将军，三子赖信扬为安鹭将军。赖英扬长子即为大名鼎鼎的赖恩爵，封振威将军。赖信扬四子为赖恩赐，封武功将军。赖吾彪并未携带家眷来此，就地娶妻，孙辈方始入伍。可以猜测，赖吾彪只身迁来，本身属于无籍人口，又非土著，按规定是不能入伍的。待他娶妻生子，两代人稳定下来后，成为土著，赖家这才取得入伍的资格。

康熙初年迁海令影响到了大鹏，立界设墩、台，派兵把守，所屯之田全被迁移，但大鹏所并未被裁撤，而是被并入惠州协管辖。杜臻《粤闽巡视纪略》卷二提到："于大鹏所置重兵。"卷三提到："老大鹏把总一、兵三十名。"可见迁界后大鹏所和老大鹏（今南澳西涌）都有士兵戍守。不过，当时边界戍守的士兵没有屯田，军粮依靠外地输送，多有不便。康熙四年（1665年），广东总督卢崇峻还为此上疏，奏请在边界处开一个出海口，"大鹏所由陆路以归善淡水边界为口子……以便官兵运粮行走，地方官给与验票"。迁海时，普通民众只能辗转进入归善、博罗、东莞等邻近的县内，沿路乞讨，风餐露宿。身体强壮的入营为兵，以此谋生。因此，此时大鹏所的士兵也应该有一部分当地讲粤语的居民。

因此，有清一代，大鹏所的士兵都是就近招募而来（入清后第一批士兵除外），与明代军户的关系不大。即便是明代，普通军士也多是从周边地区招募来的（于志嘉，1989）。从文献记录来看，清朝的上级军官来自全国各地。

（二）鹏城居民

大鹏所城内共有四个自然村，分别为东北村、西北村、东南村和西南村。

东北村主要姓氏为欧、王。欧姓由广东番禺迁来，至今已历10代。如以25—30年为一代往上追溯，欧姓也应是康熙、乾隆年间迁入的。王姓情况不明。

西北村主要姓氏为刘、林。刘姓居此历12代，应是清初迁来。林姓始祖原籍福建莆田，顺治六年（1649年）先迁广东惠州平海。其五世孙官至平海营把总，于乾隆八年（1743年）调大鹏营，至今历10代。

东南村主要姓氏为李、余。李姓有两支，一支约在民国中期从广东顺德迁来，另一支在清初从南京迁来。余姓在抗日战争时期从上海逃难到香港，后迁大鹏。

西南村主要姓氏为王、李。王姓在明代从广东东莞迁来。李姓在明初从南京迁来。

所城外的四合村主要姓氏为钟、李、杨。这三姓都是在清代分别从王桐山村、南澳和惠州迁来的。

较场尾村主要姓氏为王、何、余。王姓从所城内的西南村迁来。何、余二姓情况不明。

乌涌村主要姓氏为毕、郑、黄，但迁徙情况均不明。

据《鹏城社区志》（2019）记载，最早进入这些地方的为王、藏、齐三姓，随后为杨、李等诸姓。从上我们可以看出，这些姓氏多数是清初才迁来的，从明代便一直定居于此的极少。即便有几个姓氏是从明代就居于此的，其后辈方言也应该会被大多数移民所同化。

因此，若要认为大鹏话与军队建制有关，那也是与清代的"兵"有关，而非与明代的"军"有关。这些清兵有可能本身就是原新安县的居民，即土著兵，也有可能是清初迁海展界后邻近州县迁来谋生的农民或其后代。入清后大鹏所第一批士兵的籍贯构成，我们暂时还没有找到相关的记载。不过，我们也猜想这些士兵是由新安土著或邻近州县的人所组成的，他们所使用的语言大致不出粤语和客家话的范围。

三　客家移民

据县志记载，明崇祯十五年（1642年）新安县户籍人口有37589户，117871人。后经连年战乱，清初顺治年间，新安县仅余2966户，6851人。后来受迁海令的影响，康熙初年仅存2172人。康熙八年（1669年）迁海复界后，新安县曾在粤东招徕移民以垦辟军田，不过"报垦之数无几，民多观望不前"（曾祥委，2011）。此外，这个时候的展界复乡，只展陆，不展海，沿海居住的居民即便能回来，也不便于生产生活。直到康熙二十三年（1684年），才完全取消迁海令。就今坪山地区（旧归善县）而言，迁海令完全取消后，倒是有不少来自粤东的客家农民迁入居住（萧国建，1992）。迁界后新安县人丁仅有2172口，至雍正四年（1726年），全县共有6154人，平均每年增加70人。雍正五年（1727年），新安县鼓励民间垦荒，向邻近的县区招徕移民，此时粤东嘉应州、惠州及潮州大量的客籍农民前来谋生，其中尤以兴宁县、五华县的移民为首，其次为丰顺、梅县、大埔等地的农民。资料显示，移民在乾隆中叶后达到了高潮，雍正九年（1731年）新安县共有人口7289人，乾隆三十六年（1771年）10983人，乾隆三十七年（1772年）32194人，嘉庆二十三年（1818年）则达到了225979人。

这一批客家移民的到来，使得新安县的人口结构基本成型。新安县在迁海前的居民一般是在宋末从南雄珠玑巷迁来的，现今深圳一些有族谱可考的大家族都是如此，他们所使用的是粤语，大鹏地区也如此。迁海复界后，有大量客家人迁入大鹏，取得土著资格后参军入伍。

大鹏居民的主体是广府人和客家人，南澳的东渔村和南渔村也有部分疍民聚居。

第四节 方言概况

一 深圳方言分布

深圳的方言在改革开放前大致分为粤语区、客家话区和大鹏话区。当然，粤语区内也有少许使用客家话的村落，客语区内也有使用粤语的村落存在，大鹏话区也有讲客家话或粤语的村落。此外，原汕尾市海丰县的小漠镇、鹅埠镇、鲘门镇和赤石镇于2011年被划归深汕特别合作区，辖区内汉语方言有粤语、客家话、福佬话（闽语）及粘米话（或称"占米话""尖米话"）等，此外在鹅埠镇的红罗村还有畲语，这里就不展开说了。

除了上述的三大方言以外，还有长期生活于江河湖海上的渔民所使用的疍家话，又称"基围话"或"渔民话"。深圳地区的疍家话分为两类，第一类是接近于广州粤语的"粤疍话"，是由珠江口东部的疍家人所带来的；第二类是"闽疍话"，由来自海陆丰地区的渔民带来，其语言系统接近于粤东闽语的海陆丰话（汤志祥，2015）。这些疍家话基本以方言岛的形式（以村落为单位）散居于客语区、粤语区与大鹏话区中，数量极少。

龙岗区坪地街道中心社区岳湖岗村、六联社区香屋村（旧称香屋仔，现分为老香村、新香村）、坪东社区富地岗村、西湖塘村、坪地圩村和宝龙街道同德社区的吓坑村讲蛇话，这应是一种长期受到客家话影响而产生变体的粤语。虽然民间还认为部分村落也讲蛇话，但经温育霖（2019）调查，这些蛇话仅是典型的深圳本地粤语而已，只是被客家人冠以"蛇话"之名罢了，与上述受到客家话深度渗透的粤语不同。对于蛇话之名，他认为："'蛇话'是粤东客家人迁徙至粤中、粤北等新居住地后，对当地居民所使用的方言的蔑称。不同地区'蛇话'的所指并不一样，但一般为粤语或是具有某些粤语特征的客家话，也可能为其他方言，如闽语等。"

与蛇话性质相似的是坪山区石井街道和坑梓街道的粘米话，文字上写作"占米话"或"尖米话"（参照海丰及惠东的写法），又称"祖公话"，也有人称为"蛇话"。这也是一种受到客家话渗透较深的粤语。蛇话和粘米话的使用人口较少，且在代际使用上有断层的趋势，它们都属于深圳的濒危方言。

二　大鹏话之名及使用人口

（一）大鹏话之名

大鹏居民所使用的方言以大鹏话为主。大鹏话，又被当地人称为"千音"，南澳等地使用的大鹏话则被称为"村声"或"水话"。近二十年来，也有学者称大鹏话为"军话"或"军语"。不过，本书的发音人之一卢水根先生（1950年生）否认以前有"军话"或"军语"的说法。

《深圳市龙岗区志》（2012）解释了"千音"得名的由来：古时大鹏所城有一千一百多户人家，一千多个籍贯，一千多种口音，故称"千音"。卢水根先生也认同此观点。不过，这种民间传说所谓的"千"未必是实指，只是说籍贯、口音纷乱混杂而已，不过既已约定俗成，姑且从之。

本书的另一发音人赖孟柱先生则认为"千音"实为"村音"，因为大鹏话里"千""村"同音，指大鹏所城以外的其他大鹏话口音，与城内音相对。这个观点与《古老乡音是大鹏人自豪母语》中苏水清的观点是一致的（刘深，2005）。赖孟柱的儿子赖继良先生在近年来接受调查时则不太肯定，认为可能是"迁音"，指各地居民迁来后所形成的口音。卢水根先生认可"千音"的说法，而城外的其他口音则称为"村声"。这就说明对于同一个"tsʰin 音"，当地人也莫衷一是。鉴于"大鹏话"的使用频率更高，我们不对"tsʰin 音"的内涵再作深入探讨。

从听感上看，这种话内部的一致性还是比较高的，大致是粤语和客家话的混合体。此外，盐田区的大梅沙村、惠州惠阳县的大三门岛和大辣甲岛、香港新界大埔区的汀角村和东平洲岛也使用大鹏话（刘镇发、袁方，2010）。

大鹏也有一些村落以客家话为交际语言，如迭福村。另外，南澳的东渔村和南渔村使用疍家话。据《鹏城街话：讲述深圳地名文化》（2014），东渔村的居民由潮州等地迁来，所讲的或是"闽疍"。南渔村居民的来源不明，至20世纪60年代才上岸居住，但从他们的渔民迎亲舞及舞草龙等习俗来看，应该也是由惠东、海陆丰等地迁来，所讲的也应该是"闽疍"。

(二) 大鹏话使用人口

据汤志祥（2015）统计，1990年大鹏话的使用人口约有3万人，《深圳百科全书》（2010）和《深圳市龙岗区志》（2012）也都认可这个数字。我们认为这个数字需要再说明一下。据《深圳十九镇简志》（1996），1990年大鹏镇（即今大鹏街道）总人口共18037人，其中常住本镇农业户口4998人，港澳同胞和海外华侨13700多人；1994年底户籍人口6915人，农业人口5276人。1990年南澳镇（今南澳街道）总人口7456人，其中常住本镇农业户口4576人，港澳同胞和海外华侨4677多人；1994年底户籍人口6420人，农业人口5388人。

1994年，大鹏地区户籍人口共13335人，与3万的数字相去甚远。如果加上港澳同胞和海外华侨，这个数量则接近于32000人。1990年的第四次人口普查，《深圳十九镇简志》内没有记载具体的户籍人口，但我们可以先计算出1994年常住农业人口与户籍人口计算出农业人口占户籍人口的比例，再以1990年的常住农业人口与此比例推算出1990年大致的户籍人口。

通过计算，大鹏镇常住农业人口与户籍人口的比例约为76.3%，南澳镇约为84%。以1990年常住农业人口比例除以这两个比例，可推算出1990年大鹏镇和南澳镇的常住户籍人口分别约为6551人和5447人，则大鹏地区1990年的户籍人口约为12000人。如果产业结构没有明显变动，则这个数字大致是1990年的户籍人口的下限，因为随着社会发展，农业人口必然会逐步减少。

与《宝安县志》（1997）的记载相互印证，我们估算的1990年的户籍人口数明显偏低，因为1982年大鹏地区户籍人口共有13084人，1987年12881人，1991年底12893人。因此，1990年的户籍人口大抵在12800—13000之间。至2018年底，大鹏户籍人口也仅有17010人，其中也必然有一部分人不使用大鹏话。因此，就整个深圳而言，当今大鹏话的使用人口可能少于1.5万人。

另外，《南方都市报》2021年8月6日刊文《"走读岭南方言"："大鹏话"唱的山歌已成非遗》，文中提到大鹏话有近2万人使用，这可能是根据户籍人口四舍五入而得的概数。

因此，关于1990年大鹏话使用者有3万人的数据，除了有可能将港澳同胞和海外华侨也纳入考虑范围内以外，还有可能是将非户籍人口也纳入了考虑范围内，因为1991年底，大鹏、南澳两镇常住人口共28390人。

2018年末，南澳街道的港澳同胞及海外侨胞共有5900多人，较1990年的统计数据增加了26%。1990年大鹏街道的港澳同胞及海外侨胞共有13700多人，如果以南澳街道26%的增长率来估算，2018年末大鹏街道的港澳同胞及海外侨胞可能超过17000人。所以，大鹏、南澳的港澳同胞和海外侨胞现今可能已超过3万人，不过这些人的语言使用情况已无从得知，无法统计。

据刘镇发（2013；2018）统计，香港新界汀角村原有超过

1000人讲汀角话，但今多数村民移居荷兰、英国等地，也有不少人搬到市区居住；东平洲在1980年前后有2000人左右使用平洲话，但原住居民今多数已迁入大埔居住。汀角话和平洲话都属于大鹏话的分支，今其使用人口也已难以统计。

2014年，Chen Litong（陈利砼）在当地政府工作人员处获得了一些2013年未公布的人口统计数据。这些数据在其2016年完成的博士学位论文 *Dapeng Dialect: An undocumented Cantonese – Hakka mixed Language in Southern China*（《大鹏话：华南地区一种未见记载的粤客混合语》，详见第五节）中出现了数次，但彼此之间有些出入。

（1）正文第4页，2013年"Dapeng"的常住居民（regular residents）接近3000人（正文133页同此），绝大多数人都使用大鹏话。考虑到非常住居民及移居海外的居民，Chen Litong估算大鹏话使用人数可能在3000—5500人左右。

（2）正文175页提到"local community"共有630户、1828人（residents），还有3775人分布在港澳及海外，一位政府工作人员估算居住在"Dapeng"的大鹏话使用者约有3000人。

（3）正文188页提到大鹏话约有3000人使用，其中包括不到2000人的常住居民（permanent residents）。

Chen Litong在其论文的第一部分并没有明确指出"Dapeng"的范围，但从人数上看，参考《大鹏新区年鉴》（2014），我们认为他在（2）和（3）中所提到的"local community"和"Dapeng"指的就是大鹏街道的鹏城社区，"residents"和"permanent residents"指的都是常住户籍居民。至于（1）中的"regular residents"应该指的也是常住户籍居民，但其数量"3000"则与（2）（3）中的有矛盾，我们认为（2）（3）的可信度更高一些。不过，在正文187页的注释中，他又指出该文大鹏话的范围是包括整个大鹏半岛的。

我们认为这可能与"大鹏话"的名称有关。

方言的界定应以其语言特征为最重要的依据，地理位置只是方言命名的一个参考标准。我们在南澳街道的西涌鹤薮村调查时，曾在街头向一名还在上小学的女孩询问当地所讲的是什么话，得到的回复是"西涌话"。而听其他村民对话时，与鹏城社区的口音相差不大。因此，即便大鹏民间存在以其所在地来命名的"王母话""下沙话""东涌话""南渔话"，只要其语言特征是内部统一而与外部方言相区别的，那么就可以归并为一类方言。同理，鹏城社区以外的其他社区所使用的方言名称可能各不相同，但其主要语言特征与鹏城社区所在地的方言相符，就可以视为同一类方言，我们以"大鹏话"来指称此类方言。无论是大鹏话、南澳话还是西涌话，它们都属于"大鹏话"这个集合。

Chen Litong 在统计大鹏话使用人数时，似乎将地域限定在鹏城社区，不知道是出于什么考虑，但这样一来，大鹏话的使用范围就大大缩小了，使用人口也被严重低估。我们认为这个观点值得商榷。大鹏街道的王母、水头、布新、岭澳、下沙、大鹏和南澳街道的南澳、南隆、南渔、东涌、东渔、东山、西涌、新大、水头沙共15个社区都未被纳入统计范围，2013年这15个社区共有户籍人口16901人，如果加上鹏城社区则共有18716人。据我们所知，大鹏的迭福村主要讲客家话，南澳的南渔村、东渔村主要讲疍家话，其他地方几乎都以讲大鹏话为主。香港新界的汀角村和东平洲原先也有讲大鹏话（汀角话和平洲话）的居民，再加上移居港澳和海外的大鹏人，因此认为大鹏话只有3000—5500人使用显然是不具备说服力的。

第五节　大鹏方言调查研究综论

大鹏话，目前所能见到的古代文献都未有提及。最早见诸文献，应该是从20世纪末开始的。

《宝安县志》（1997）将深圳方言分为两类，把大鹏话划入粤方言的范围内，但只有"大鹏、南澳部分语音与西部粤方言有较大差异"的简单描述，未能揭示其语言全貌。

王雪岩和翁松龄所编的《大鹏所城》（1998）附录中收录了

杨耀林和黄崇岳的《大鹏城与鸦片战争》与张一兵的《大鹏传统民俗闲谈》两篇文章,均认为大鹏话属于"军话"或"军语"。

刘深于2005年在《深圳晚报》上连续发表了《深圳"挖"出语言活化石"大鹏军语"》《"大鹏军语"是杂交语言》《古老乡音是大鹏人自豪母语》等系列文章,为读者介绍了大鹏话。报道中引用了旅居德国的学者倪穗礼的观点,认为大鹏话是"古代出于军事原因,从东西南北大规模调集操不同方言的戍边将士因语言沟通的需要而形成的一种杂交语言"。至于大鹏话中的方言成分,倪穗礼则指出"除含有北方方言之外,更多的是广州话和客家话的成分"。此外,报道中还提到一位时年88岁的苏水清女士认为当地人所说的"千音"应为"村音",指大鹏所城外的一些村落所说的与城内口音有所区别的大鹏话。《古老乡音是大鹏人自豪母语》的报道中举出了一些语言用例来证明大鹏话掺杂了许多北方方言,详见第六章第四节的第四部分。

丘学强的《军话研究》(2005)对大鹏话是否属于军话进行了论证,在《深圳大鹏话说略》(2016)一文中再次讨论了大鹏话的系属问题。他的观点比较明确,即大鹏话不属于军话。

黄晓东的《汉语军话概述》(2007)对军话的定义提出了新的看法,他认为:"军话是由历史上的驻军或军屯而形成的汉语方言岛。"若按此定义,则大鹏话属于军话。

汤志祥的《深圳本土方言的地理分布特点》(2007b;2015)提到大鹏话属于"粤语和客语混合型方言"。他认为大鹏地区长期隶属于宝安县,北部与葵涌相连,南部与香港新界的围头话和客家话相呼应,且两个地区人员在农耕、捕鱼等方面交流往来,使得大鹏话呈现出了粤客混合型方言的语言特点。

廖虹雷在《深圳民俗寻踪》(2008)中提到大鹏话"北方话、广府话、客家话混杂",又称"大鹏军话"。他在专著《深圳民间熟语》(2013)和《深圳民间节俗》(2015)中也都持同样的观点,认为大鹏话是半客半粤、半咸半淡的"军话""军语"。

刘镇发在《从深圳大鹏话看粤语和客家话的接触关系》

(2010）中对南澳大鹏话的语音进行了调查，并与香港围头话、香港客家话进行了比较研究，不过该文篇幅较短，仅描写了较为明显的语音特征，没有展开全面讨论。该文认为，大鹏话是具有部分客家话特征的一种莞宝片粤语，其客家话特征是表层和近代的发展。

刘镇发和袁方在《深圳大鹏话语音系统概述》（2010）一文中对南澳大鹏话的语音进行了调查，比较了大鹏话与广州话、香港围头话、香港客家话之间的异同，讨论了大鹏话的归属问题。该文指出大鹏话应是一种明代中叶起与客家话不断接触而产生的特别的粤语方言。

《深圳百科全书》（2010）认为大鹏话属粤语、客语混合型方言，又称"千音""军语""军话"，其形成与历史上的移民有关：宋、元、明的广府人迁入，大鹏半岛通行粤语；明初大鹏所城修筑后，守城将士来自五湖四海，故通行"军队通行语"；清初迁海复界后客家移民带来客家话。书内写道："（大鹏话）既呈现粤语的面貌，又具备客语的特点，即语音方面声母部分和粤语相同，声调部分与客语相同。词汇方面，有的与宝安粤语相同，有的与客家话相同。"

《深圳市龙岗区志》（2012）既把大鹏话归入客家话的范围内，又认为大鹏话实际上是一种"军话"。书内写道："大鹏话是一种混合型方言，既呈现粤语的面貌，又具备客家语的特点，还带有北方的口音。在语音方面，其声母部分与粤语相同，声调部分与客家语相似；在词汇方面，有的是借鉴粤语，有的是源于客家语。"其观点接近于《深圳百科全书》而又不完全相同，主要是认为大鹏话中还混有北方话的成分。

刘镇发在 *Historical Development of the Indigenous Yue Dialects in Hong Kong*（《香港本土粤语的历史发展》，2013）一文中提到，香港新界大埔汀角村所讲的汀角话和东平洲岛所讲的平洲话都属于大鹏话，而大鹏话约在公元1500年前后开始逐渐成型。汀角村立村于400多年前，有超过1000名本地村民使用汀角话；1980年前后尚有2000名左右的东平洲岛居民使用平洲话，但东平洲现今已被列为世界自然遗产，被开发为一个旅游景点，岛上无人居住，原居民绝大多数已经移居到大埔，只有部分老年人还在日常生活中使用平洲话。平洲话和汀角话的 n 声母均已与 l 声母合流，平洲话有一个入声，汀角话有两个入声。

朱炳玉在《深圳市志·社会风俗卷·方言志》（2014）中把深圳粤语分为五种类型，即中路白话、东路白话、西路白话、渔民话和大鹏话。他从语言角度简单地介绍了大鹏话的语音特点，认为"大鹏话的基础应是粤方言"。

2014—2018 年的《大鹏新区年鉴》都提到了大鹏话，其观点与张一兵（1998）的论述基本相同。

俄亥俄州立大学的 Chen Litong（陈利砼）在 2016 年完成了他的博士学位论文 Dapeng Dialect: An undocumented Cantonese – Hakka mixed Language in Southern China（《大鹏话：华南地区一种未见记载的粤客混合语》）。该文对大鹏话的描写准确细致，讨论条理清晰，方法新颖，立论中肯，为大鹏话的研究做出了巨大贡献。这篇文章对大鹏话的语音、词汇和句法都进行了一定程度的描写记录，讨论了大鹏话的形成过程，并对大鹏话的语言活力（language vitality）进行了调查，得出的主要结论有如下几点。

（1）大鹏话在语音方面与粤语、客家话都有一定程度的相似之处，而在词汇和句法方面则更接近于粤语。

（2）大鹏话是由移民带来的粤语和客家话通过柯因内化（koineization）而形成的柯因内语（koine）。主要的时间节点有两个，分别是 1400 年和 1660 年。1394 年，大鹏守御千户所开始修筑，操不同方言的军士聚集在一起，出现了粤客混合语的雏形——大鹏话，此时的大鹏话粤语特征仍十分明显；1660 年后，因清政府颁布迁界令，大鹏居民被驱逐出界外，留下戍守的军士所讲大鹏话仍具备粤语的基本面貌，但随后数十年内大量粤东客家移民的迁入对原来的大鹏话造成了冲击，为现在的大鹏话奠定了基础。

（3）大鹏话的柯因内化是通过方言拉平（levelling）和简化（simplification）实现的。在拉平的过程中，对于粤语和客家话中的某一类特征，大鹏话选择了其中不太明显或较无标记性的一项，如元音 œ 对粤语来说是比较明显的特征，在大鹏话中，œ 音类便被对应的客家话读法 iɔ 所取代，如"靴 hiɔ³³""阳 iɔŋ²¹"。在简化的过程中，对于粤语和客家话中的某些语音、词汇或语法形式的数种变式，大鹏话只保留了复杂性较低和规则性较高的一种变式，如未完成体中的进行体（用于表示动态的过程）和持续体（用于表示静态的状态），粤语分别用"紧"和"住"来表示，而大鹏话则只选择用"紧"来表示。

（4）通过联合国教科文组织（UNESCO）所制定的《语言活力及濒危程度量表》（Language Vitality and Endangerment Scale）进行调查，发现大鹏话除了没有足够的官方支持及拼写教程和文学作品外，仍具备相当程度的语言活力。大鹏话在《语言代际传承干扰扩充量表》（Expanded Graded Intergenerational Disruption Scale）里排在 6a 级别的位置，符合"该语言作为口语为所有年龄段使用，且这种状况将会持续下去"的描述，属于有活力（vigorous）而安全（safe）的语言。

丘学强在《汉语方言学大词典》（2017）的"深圳大鹏话"词条中对大鹏话语音和词汇的部分特点进行了介绍，指出大鹏话的语音特征有与客家话接近的一面，词汇方面则与客家话和粤语均有相似之处。他认为，大鹏话不是军话。

刘镇发和周佳凡在 Looking at the Effects of Language Contact With Hakka as Reflected by the Characteristics of the Pingshan Zhanmi Dialect in Shenzhen（《从深圳坪山粘米话的特征看语言接触中客家话的影响》，2017）一文中将深圳坪山粘米话的语音与香港新界围头话、大鹏话进行了对比，认为坪山粘米话与大鹏话都属于受到客家话影响的粤语，但坪山粘米话受影响的程度要比大鹏话的深。此外，大鹏话声调系统的形成基本遵循粤语声调形成的路径，客家话在其中不起作用。

香港城市大学的 Cheung Chi Hung Maurice 在其学士学位论文 A phonetic study of the sound system of Taipung（Dapeng）dialect（《大鹏话的语音系统研究》，2017）中运用了实验语言学的方法，对大

鹏话的辅音、元音、双元音及声调进行了调查研究,指出大鹏话与粤语、客家话之间存在比较明显的相似性,但与普通话的相似之处则微乎其微。

随后,Cheung Chi Hung Maurice 在 2018 年完成了他的香港大学硕士学位论文 *The syntax of comparative constructions in Dapeng (Taipung): A dialect between Hakka and Cantonese*(《大鹏话比较结构的句法》),总结出了大鹏话 5 大类、10 小类的比较结构,其中"X + Adj. + 过 + Y"的类型使用频率最高。从大鹏话的比较结构来看,大鹏话与粤语、客家话都有相似之处,但更接近于客家话。

刘镇发在《香港新界大埔汀角话概述》(2018)中描写了香港新界大埔汀角村汀角话的语音,认为这是"一种接近深圳大鹏方言,受客家话和市区粤语影响颇深的粤语方言"。汀角村的原居民超过一千人,共有 14 个姓氏,立村超过 400 年。汀角村是个被客家话包围的方言岛,居民外出求学都使用客家话,在村里只允许使用汀角话与家人、村民交流。1970 年以前,嫁入村内的媳妇几乎都是客家人,而本村的女孩多与外界的客家人通婚。随后汀角公路开通,嫁入村内的媳妇有过半是只会说广州话的市区人,嫁入后与孩子说广州话。汀角话由此在代际上出现了断层。

温育霖在其硕士学位论文《深圳坪地坪东蛇话研究》(2019)中提到大鹏话应属于莞宝片粤语的下位变体,是一种受到客家移民潮的影响而出现的特殊的"客化粤语",形成时间在清雍正年间之后。

郑宏在《再议深圳大鹏所城方言的界定》(2019)一文中认为大鹏话具备军话形成和发展的可能性。不过,她的态度较为谨慎,认为大鹏话是否属于军话还需方言事实的证据。她暂时判断大鹏话更接近于"客、粤混合语"。

广东省深圳市大鹏新区鹏城社区志编纂委员会所编的《鹏城社区志》(2019)中综合了张一兵《大鹏传统民俗闲谈》和《深圳市龙岗区志》的说法,既认可大鹏话属于"大鹏军语"或

"大鹏军话",也认可大鹏话是一种"混合型方言",混杂了粤语、客家话和北方话。书中举出了少许语言实例,基本与2005年10月24日《深圳晚报》上的报道《古老乡音是大鹏人自豪母语》相同。此外,书中所描写的一部分语音也与我们调查的有些出入。

王莉宁先后在线上的"语言文化论坛"系列专题讲座和线下的全国汉语方言学会第二十一届年会宣读了其研究成果《深圳大鹏话的语音特点》(2020;2021),分析了大鹏话的语音特点,并指出大鹏话是一种带有广府片粤语特征的客家话。

《南方都市报》2021年8月6日发表《"走读岭南方言":"大鹏话"唱的山歌已成非遗》一文,简单介绍了大鹏话的情况,但未对大鹏话的系属下结论。

以上资料显示,关于大鹏话的系属,既有粤语说也有客语说,还有军话说和粤客(北)混合语或柯因内语说,莫衷一是。关于大鹏话系属讨论的资料不多,现有的资料中也没有举出太多令人信服的证据,方言本体的材料(语音、词汇、语法)也有限。根据 Chen Litong(2016)的调查,关于大鹏话文献的数量和质量情况属于不完整的、碎片式(fragmentary)的(有一些语法概况、词汇表和语料可用于有限的语言学研究,但并不全面;存在一些质量不等的音频和视频记录,注释或有或无)。因此,对大鹏话的语言面貌进行系统而详尽的调查研究,迫在眉睫。

第六节 方言岛与大鹏话现状

一 方言岛

方言岛是方言研究领域一种比喻的说法,《汉语方言学大词典》(2017)中的"方言岛"词条所下的定义是"在语言地理上处于其它方言包围之中的小片或地点方言"。

以自然界的岛屿做比照,主要着眼于方言岛形成的结果,偏重于共时的呈现,从现时的地理分布状况、位置等角度观察,一些学者给方言岛作了群岛、岛链、孤岛和岛中岛等不同的分类。根据"被其它方言所包围的单一方言"的描述,我们认为大鹏话属于被客家话包围的孤岛型方言。从大鹏的地理位置看,除去临海的东部、西部和南部,其北部与以讲客家话为主的葵涌街道接壤,是语言(方言)与地理因素所影响而形成的方言岛。

历史上的军事、政治、经济移民运动以及方言自身的变化,是方言岛之所以形成的重要原因。从大鹏的历史看,清代大鹏所的兵员招募、招垦令颁布后来的粤东客家移民分别属于军事移民和经济移民,这两种方式的移民奠定了大鹏话的基础。

相对而言,移民与被移居地方言的差异是方言岛形成的更为重要的因素。从大鹏话的情况看,大鹏话的基础方言应该是深圳、东莞一带的粤语,清代中期粤东客家移民到来后,其所使用的客家话渗透进了大鹏当地的基础方言(大鹏所驻军及当地百姓所使用的粤语),使大鹏话基本成型。从历时角度上,大鹏话经历了粤语与客家话趋同的过程(某种程度上,也可以说是形成了一种带有"综合"性质的混合型方言);从共时角度上,大鹏话的语音兼具粤语和客家话的特征,核心概念词汇和语法方面则更接近于粤语。详见下文讨论。

就方言学者所观察到的情况看,目前各地方言岛的发展、变化情况各有不同。大鹏话使用者出于母语忠诚和对外交际的需要,男女老少多数兼通大鹏话、粤语和客家话三种方言。也就是说,大鹏当地已经形成了多方言交际的局面。

二 大鹏话现状

(一)语言活力评估

Chen Litong(2016)使用了联合国教科文组织制定的《语言活力及濒危程度量表》(*Language Vitality and Endangerment Scale*)对大鹏话语言活力进行评估,结果如表1-1所示。

表1-1　　　　　大鹏话《语言活力及濒危程度量表》

序号	评估指标	级次/数量	大鹏话情况	程度
1	语言代际传承	4	仅有部分儿童在所有场合使用大鹏话；所有儿童仅在有限场合使用大鹏话。	不安全
2	语言使用者的绝对人数	3000	-	-
3	语言使用人口占总人口的比例	4	几乎所有人都使用大鹏话。	不安全
4	现存语域的使用趋势	4	两种或多种方言被用于大多数社会领域并发挥各种功能。	多语交替
5	对新语域和媒体的反应	0	大鹏话不用于任何新语域。	无活力
6	语言教育材料与读写材料	0	大鹏话没有可用的拼写符号或文字。	-
7	政府和机构的语言态度和语言政策（包括语言的官方地位和使用）	3	缺乏明确的语言政策；强势语主导各种公共交际场合。	消极同化
8	语言族群成员对母语的态度	4	大多数人都支持保护大鹏话。	-
9	语言记录材料的数量和质量	2	有一些语法概况、词汇表和语料可用于有限的语言学研究，但并不全面；存在一些质量不等的音频和视频记录，注释或有或无。	不完整

其中，指标2和3需要做一些说明。前文已述，大鹏话的使用人口应不足1.5万人，3000人的数值是不可取的。不过，尽管如此，在大鹏街道和南澳街道的总人口中，大鹏话使用者的数量也是可以达到"几乎所有人都使用大鹏话"的程度的。因此，指标3的级次为4仍是合理的。

在上述评估指标中，指标1—6是语言活力的主要评估指标，7—8是语言态度与语言政策的评估指标，9是语言记录的紧迫性评估指标。当然，这些指标的数字不能够独立地看待，也不能够简单地相加来评估大鹏话的语言活力。范俊军（2006）指出，这些指标体系存在指标量值(如语言族群所处地理环境、居住类型、家庭结构等;个别指标缺乏参考数值)及指标权重(每项指标要素在不同情况下对语言活力的影响力度各不相同)两方面的缺憾。不过,瑕不掩瑜,这些指标仍然为我们评估语言活力提供了一个极具价值的参考体系。

Chen Litong 最后认为大鹏话在《语言代际传承干扰扩充量表》(*Expanded Graded Intergenerational Disruption Scale*)里处于 6a 级别的位置,符合"该语言作为口语为所有年龄段使用,且这种状况将会持续下去"的描述,属于有活力(vigorous)而安全(safe)的语言。

(二)濒危程度评估

徐世璇(2001)提出了语言濒危的 4 个特征,分别是语言使用人数减少、语言使用者的平均年龄升高、语言的使用范围缩小(包括通行区域缩小和语言功能范畴减少)和语言的结构系统退化。根据大鹏话情况,结果如表 1-2 所示。

表 1-2　　　　　　　　大鹏话濒危程度评估

序号	濒危特征		大鹏话情况
1	语言使用人数减少		-
2	语言使用者的平均年龄升高		-
3	语言的使用范围缩小	通行区域缩小	-
		语言功能范畴减少	+
4	语言的结构系统退化		+

我们认为,大鹏话已经呈现出了语言濒危的趋势,或接近于语言濒危。

第七节　研究方法、目的意义和相关说明

一　研究方法

(一)共时和历时比较相结合

在共时比较方面,本书将通过大鹏话与其他军话、深圳其他本

土方言和惠州话的比较，对"大鹏话属于军话"等说法进行平面的对照分析，以使人们对大鹏话的现状有较全面的了解。

在历时比较方面，本书将在分析大鹏话的形成和发展时将大鹏话与中古音、其他方言进行纵向和横向的比较，以得出较有说服力的结论。

（二）历史、人文资料分析与语言事实分析相结合

在流行某种特殊方言的地方，总会有有识之士对母语的来源进行考究，但囿于现代语言学知识的缺乏，常会出现"喜攀附历史名人、以历史传说的考究代替语言分析"的情况。而方言学者则由于时间及对该方言熟悉程度等方面条件的限制而只能对其进行一般的描述。由于有大量的材料为基础，本书将努力做到历史、人文资料分析与语言事实分析相结合，试图使文章的描述及推论均尽量接近事实。

（三）文字归纳与计量统计相结合

为了使我们的研究能够更显"理性"，本书将结合传统的文字归纳及计量统计的方法，在一些分析上将语言特点量化，使之更具理据性，增强说服力。

二 目的和意义

（一）使人们对大鹏话的语言面貌及概况有比较全面的了解

目前对大鹏话的语言本体和名实研究虽有一些成果，但都还有待深入。本书通过大篇幅详细、准确的描写，揭示了大鹏话的语音、词汇和语法特点，并与中古音和其他方言进行纵向和横向的比较；通过实地调研、文献考证与语言事实相结合的方式，对大鹏话的名称来源、形成时间、形成方式等进行了较为深入的探讨。

（二）使人们对大鹏话的来源有比较统一的认识

关于大鹏话的来源，一般认为是明清驻军所传下来的。本书将根据调查所得，结合历史、人文及语言发展规律的分析对一些说法逐一进行论证并得出结论，力求使人们对大鹏话的来源有比较统一的认识。

（三）对某些语言学研究方法和观点进行比较深入的探讨

大鹏话是一个方言岛，丘学强在《汉语方言学大辞典》（2017）

的"方言岛"词条中指出：

> 与其它方言相比，不同性质、不同地区的方言岛有各自独特的价值。本身就是当地的经济、文化中心的城市或市镇方言岛，有助于我们探究强势方言在其它方言的包围中是如何吸收其它方言的营养或丝毫不受影响而维持自身的发展的；过去曾经存在或行将消失但仍有特别的称谓存在的方言岛，有助于我们探究方言消亡与历史、人口、婚嫁、语言态度等的关系；已经变成混合方言的方言岛，有助于我们探究因民系、文化交融而促使方言发生变化乃至产生新方言的条件；居民已经以双方言或多方言交际的方言岛，有助于我们探究人们是如何在语言忠诚和交际以及经济生活的需要之间取得平衡的；已经或即将完成方言转换的方言岛，有助于我们探究其渐变过程中各个阶段的不同面貌以及最终产生剧变的原因。总之，方言岛是华夏民族文化多样性的体现，是非常宝贵的非物质文化遗产，是不可再生的历史资源，是研究古代汉语特别是近古汉语的活化石，是语言交际与接触理论、语言演变与分化理论的不可多得的重要标本，具有较高历史语言学、文化语言学及社会语言学方面的研究价值。

在对大鹏话进行调查研究的过程中，语言学前辈的理论及观点对我们的工作起到了指导或启发作用。但是，其中有些也被实践证明有继续修正、完善的必要。本书试图结合实际对某些语言学研究方法和观点等进行比较深入的探讨，力求有所发现，有所创新。

（四）减弱方言消亡带来的负面冲击

方言是交际的工具，因此，人们在进行方言的选择时，一般都只看到它的这一点，而没有想到它绝不仅仅是交际工具。忽视方言的其他特性如人文性等，是缺乏远见的表现。丘学强在《汉语方言学大辞典》（2017）的"濒危方言"词条中提到：

> 方言除了具有交际功能外，还是地域文化的基本载体和最

直接的表现形式，是特定人群或民系情感认同的精神纽带，是深入了解一个地方的历史文化、风土人情的重要入口。很多方言的语音、词汇、熟语都带有独特和鲜明的时代印记、传统的地域特征和不同文化交汇的痕迹。方言的濒危乃至消亡在政治、社会、文化、心理等方面所导致的各种或隐或现的消极后果，是难以避免的。汉语方言是汉民族文化的一个重要组成部分，是汉民族记忆的重要标志之一，任何方言的消亡对于整个民族来说，都是一件痛苦的事情。汉语是一个整体，汉语的多样化、多元性存在于方言之中。汉语主要是依靠复杂的方言系统来吸取发展的营养的。任何方言的消亡都有可能在一定时期内给整体汉语产生不良的影响。因此，以理性的眼光去审视方言的变化，在顺应潮流的前提下进行积极干预，能起到引导方言渐变或替换的进程、延缓方言变化的速度、尽可能减弱方言消亡对人们所带来的负面冲击等作用。

方言是文化生态系统的重要组成部分。文化生态系统的自控能力是有限的，不可能完全依靠自身的力量达到协调和平衡。而人是文化生态的主体，人为因素在文化生态系统中起着决定性的作用。根据实际情况，在系统调整的过程中进行强有力的人为干预，能使其朝着有利于社会文化繁荣、稳定的方向发展。一些自然生态环境被破坏了，日后还可以设法治理。但方言是一种不可再生的资源，一旦消亡，便永远消亡，人力无法挽救。在方言替换即将发生时，方言的使用者和研究者应作出恰当的反应，像爱护珍稀动植物那样尽力去保护语言生态的平衡。

他还指出，尽管语言变化的潮流是不可阻挡的，但面对濒危方言现象和方言走向消亡的形势，我们还能够做到的事情是将它们尽快、尽量地记录下来，让它们在人类发展史和语言发展史上留下光辉的印记。作为深圳本土学者，我们应该更有紧迫感，对大鹏话进行抢救式的记录。

三　相关说明

（一）标音符号

本书标音以国际音标系统为基础，所使用的辅音、元音和声调及其他记音符号与中国社会科学院语言研究所主办的《方言》杂志大体相同，有强调差异之处的必要时一般均用文字予以说明，尽量少用其他比较复杂的符号。

1. 辅音符号

表 1-3　　　　　　　　　辅音符号表

			双唇	唇齿	齿间	舌尖前	舌尖后	舌叶	舌面前	舌面中	舌面后	喉
塞	清	不送气	p			t					k	ʔ
		送气	pʰ			tʰ					kʰ	
	浊	不送气	b			d					g	
塞擦	清	不送气				ts	tʂ	tʃ	tɕ			
		送气				tsʰ	tʂʰ	tʃʰ	tɕʰ			
鼻	浊		m			n					ŋ	
边	浊					l						
边擦	清					ɬ						
擦	清			f	θ	s	ʂ	ʃ	ç		x	h
	浊			v		z			j			
半元音			w							j		

2. 元音符号

表 1-4　　　　　　　　　元音符号表

	圆唇元音		舌尖元音		舌面元音			
	前	央			前	央	后	
高	y	u	ɿ	ʅ	i	y		u
半高	ø	o			e	ø		o
						ə		

续表

	圆唇元音		舌尖元音	舌面元音		
	前	央		前	央	后
半低	œ	ɔ				ɔ
				ɛ	æ	ɐ
低			a			ɑ

（二）其他说明

本书所使用的音标符号均为国际音标，皆略去方括号"[ ]"，个别情况除外。

入声字的塞音韵尾 -p、-t、-k 皆略去无声除阻的符号"˹"。

为行文简便起见，某些情况下"(i)""(u)"表示包括 i、u 介音在内的韵母，如"(i) ui"，包括了 iui 和 ui 两个韵母，"(u) ai"包括了 uai 和 ai 两个韵母。

符号">"表示"演变为"的意思。

斜杠"/"表示该符号左右两边的说法均可。在语音部分中表示两读皆可，在词汇部分中表示有两种说法或更多说法。

"□"表示有音但无适当的字可写，或有字可写，但被调查者和本书作者均不了解。

另起段落的引文以仿宋字体表示，重要观点或结论以黑体表示。

其他情况随文说明。

第二章

大鹏话语音系统

第一节 声韵调系统

一 声母系统

表 2-1　　　　　　　　大鹏话声母表

p 把帮必	pʰ 盘配朴	m 魔妹莫	f 火熏法	v 蜗碗和
t 都典答	tʰ 同度托	n 年女耐		l 伦里律
ts 则装斩	tsʰ 坐聪浊		s 梳少薛	
k 哥镜脚	kʰ 科看曲	ŋ 我昂岳	h 呵许鹤	
				ø 亚容压

说明：

（1）大鹏话共有 17 个声母。

（2）若声调为阴平 33 时，部分以高元音 i 或 u 打头的零声母字，其声母有时会念成 ʔ，如 "衣 [ʔi³³]" "乌 [ʔu³³]"。

（3）鼻音声母 m、n、ŋ 带有不同程度的同部位塞音成分 b、d、g，因此其音值既有可能是纯鼻音 m、n、ŋ，又有可能是含有塞音成分的 ᵐb、ⁿd、ᵑg，但均不构成音位上的对立。

（4）塞擦音声母 ts、tsʰ、s 在与圆唇元音相拼时有腭化的现象，音值接近 tʃ、tʃʰ、ʃ，如 "装 [tʃɔŋ³³]" "状 [tʃʰɔŋ⁵⁵]" "赏 [ʃɔŋ³⁵]"。

二 韵母系统

表2-2　　　　　　　　　　大鹏话韵母表

		开口呼	齐齿呼	合口呼
阴声韵			i 女猪御	u 苏步父
		a 巴霞射	ia 邪写夜	ua 卦
		ɛ 掩		
		ɔ 罗播贺	iɔ 茄靴	
		ai 赖斋块	iai 耶椰	uai 乖
		ɐi 祭艺提		uɐi 魃
		au 盗牢骚	iu 猫表要	
		ɐu 某偷后	iɐu 柔有右	
			iui 乳锐蕊	ui 哀台绪
阳声韵		am 砍庵蓝	im 沾阉店	
		ɐm 沈今林	iɐm 吟饮任	
		an 凡丹反	in 棉线燕	un 肝缓岸
		ɐn 宾邻辛	iɐn 人印润	uɐn 昆困菌
		aŋ 孟冷争	iaŋ 青镜影	
		ɐŋ 劲等冰	iɐŋ 鹰迎孕	
		ɔŋ 芒朗趟	iɔŋ 娘像强	
			iuŋ 容勇用	uŋ 中雄弄
塞声韵		ap 答腊鸭	ip 接叶协	
		ɐp 立习急	iɐp 入邑	
		at 八挖乞	it 跌裂越	ut 喝活拨
		ɐt 劣七忽	iɐt 一日逸	uɐt 兀
		ak 宅客额	iak 笛剧脊	
		ɐk 疾勒色	iɐk 亦益译	
		ɔk 薄郭凿	iɔk 虐药灼	
			iuk 育肉玉	uk 捉木绿
辅音自成音节		m̩ 吴五悟		

说明：

（1）大鹏话韵母凡56个，其中阴声韵19个，阳声韵18个，塞声韵18个，辅音自成音节韵母1个。

（2）某些主元音为 i 的韵母，主元音有时候会读为一个模糊的 y，但不起辨义作用。

（3）单元音韵母 i 与舌尖音 ts、tsʰ 和 s 相拼时，有时会出现变体，摩擦强度较大，实际音值接近于 ɿ。

（4）韵母 ɔ、ɔŋ 和 ɔk 有时候会读成 ø、øŋ 和 øk，但不起辨义作用，如"垛 [tø³⁵]""帮 [pøŋ³³]""薄 [pʰøk⁵]"。

（5）韵母 uŋ 和 uk 的主元音 u，实际音值为开口度略大的 ʊ。

三 声调系统

表 2-3　　　　　　　　大鹏话声调表

调类	调值	例字	调类	调值	例字
阴平	33	高猪尊	阳平	21	时穷寒
上声	35	女好粉			
阴去	13	放汉醉	阳去	53	大树怒
阴入	3	接笔出	阳入	5	食白活

说明：

（1）阴去调13起点稍高，接近于23。在语流中接近于平调，大致为22。

（2）阳去调53在语流中常为55，另外，代词"佢们"也读为55。

四 大鹏话内部口音简述

据北京语言大学王莉宁老师所带领的大鹏话语言资源保护团队（2017）的调查结果，大鹏话共分为四种口音，分别为鹏城口音、王母口音（分布在上圩门、下圩门、王桐山、中心里、旱塘仔及王母社区等地）、村声和围村话。刘镇发和袁方（2010）的发音合作人是南澳街道人，其他信息未交代；Chen Litong（2016）的发音合作人是 L 先生（Mr. L），2014 年接受调查时 67 岁，出租车司机，鹏城社区人；Cheung Chi Hung（2017）未交代发音合作人的具体身份，只指出该发音人是水头社区龙岐村人，接受调查时 79 岁，在 20 世纪 60 年代移民香港，但一直与大鹏人一起生活。上述学者的调查结果与我们所调查的有少许出入，这里一并列出，以资参考。

此外，丘学强在《汉语方言学大词典》（2017）中提到，大鹏原有的万余居民本来大多数都是多语使用者，目前更是因新兴城市的发展而逐步与外地人混居或移居城外，青少年所操大鹏话已经"不纯"，使用范围也已越来越小。下述的几种口音，也许还处于变化过程中，不能代表大鹏话的全貌。

（一）鹏城口音

（1）部分发音人能够分辨古泥来母，部分发音人古泥母与来母合流读为 l。

（2）擦音和塞擦音声母有部分发音人读为舌尖音 ts、tsʰ、s，也有发音人读为舌叶音 tʃ、tʃʰ、ʃ。

（3）鹏城口音的"阳上调"（按我们的说法，应为部分古浊上字）今与清去字合流，读为 223 调，有时候升幅不明显，接近平调 22。

（4）Chen Litong 所调查的 L 先生只有 5 个声调，但其着眼点在于调型的区分而非调类的区分，高降调 54 来自于古浊去声和古入声字，也就是说，L 先生所讲的大鹏话只有 1 个入声调。此外，其阴平是一个降调，与其他记录不太相同。

（二）王母口音

（1）古泥来母今读从分；

（2）擦音和塞擦音声母读为舌尖音 ts、tsʰ、s；

（3）王母口音有撮口呼存在，但不很稳定；

（4）阳上和阴去均为低平调。

（三）村声

（1）古泥来母今读从分；

（2）蟹摄合口一等字帮见组读 ui，其他读 ɔi；

(3) 宕江摄主要元音为 ɔ，鹏城口音为 ɵ；
(4) 阳平起点略高，入声阴高阳低。

（四）南澳口音
(1) 入声只有一个；
(2) 阴去与阴平合流为 33，接近于香港围头话和四邑话；
(3) 有两个辅音自成音节的韵母 m 和 ŋ。

第二节 大鹏话语音的历时演变

一 声母

（一）帮系

表 2-4　　　　　　　　帮系演变

中古音		大鹏话	例字	例外
帮系	帮组 帮	p	波饱变八	pʰ 编谱豹柏；m 擘
	帮组 滂	pʰ	批普判匹	p 缤丕玻坡
	帮组 并	pʰ	排脯棒拔	p 鲍弊辫仆~人；f 埠篷
	帮组 明	m	魔每蟒陌	n 弭；l 锚
	非组 非	f	封斧贩法	pʰ 甫脯
	非组 敷	f	泛仿副覆	pʰ 讣孵以菔孵；p 捧；m 抚
	非组 奉	f	浮釜犯罚	p 缚翡妇新~、媳妇；pʰ 冯辅
	非组 微	m	微舞网勿	v 挽

(1) 中古帮母今读以 p 为主，如"波""变"。
(2) 中古滂母今读以 pʰ 为主，如"普""匹"。
(3) 中古并母今读以 pʰ 为主，如"排""拔"。
(4) 中古明母今读以 m 为主，如"每""蟒"。
(5) 中古非母今读以 f 为主，如"封""贩"。
(6) 中古敷母今读以 f 为主，如"仿""覆"。
(7) 中古奉母今读以 f 为主，如"浮""犯"。

（8）中古微母今读以 m 为主，如"微""勿"。

（二）端系

表 2-5　　　　　　　　　端系演变

中古音		大鹏话	例字	例外
端系	端组 端	t	多底凳督	tʰ堤裯锻笃；n 鸟
	端组 透	tʰ	他体探脱	t 叼腆汀；s 唾；l 獭
	端组 定	tʰ	谈导大蝶	t 怠掉诞度~量
	泥组 泥	n	泥哪腩纳	l 努奴馁捺；ø诺
	泥组 娘	n	浓扭奶聂	ø酿挠匿；ts 碾；l 赁
	泥组 来	l	卢榄漏律	tʰ隶；n 勒；k 捡；ø翎
	精组 精	ts	灾左酱足	tsʰ躁挫剿歼；s 蚤
	精组 清	tsʰ	粗彩灿妾	ts 凑猝蹭；s 俏悄鹊
	精组 从	tsʰ	自在净族	ts 剂蹲饯昨；s 潜萃
	精组 心	s	斯小姓粟	tsʰ栖燥赐速；ts 僧怂；ø恤
	精组 邪	s/tsʰ	随绪遂/邪似俗	k 巳祀以祭训祀；tʰ循；ø涎

（1）中古端母今读以 t 为主，如"多""凳"。
（2）中古透母今读以 tʰ 为主，如"体""脱"。
（3）中古定母今读以 tʰ 为主，如"谈""蝶"。
（4）中古泥母今读以 n 为主，如"哪""腩"。
（5）中古娘母今读以 n 为主，如"浓""奶"。
（6）中古来母今读以 l 为主，如"榄""律"。
（7）中古精母今读以 ts 为主，如"灾""酱"。
（8）中古清母今读以 tsʰ 为主，如"彩""妾"。
（9）中古从母今读以 tsʰ 为主，如"自""族"。
（10）中古心母今读以 s 为主，如"小""姓"。
（11）中古邪母今读以 s 和 tsʰ 为主，如"随""遂""似""俗"。

（三）知系

表2-6　　　　　　　　　　知系演变

中古音		大鹏话	例字	例外
知系	知组			
	知	ts	猪展昼竹	t 爹啄蜘知；tsʰ 站
	彻	tsʰ	抽耻畅彻	ts 褚；s 怵
	澄	tsʰ	茶筹郑逐	ts 篆仗致精~；tʰ 秩；tʰ 择~菜；s 事尤
	庄组			
	庄	ts	臻阻爪捉	tsʰ 龇
	初	tsʰ	叉炒衬策	t 铛；s 栅
	崇	tsʰ	锄巢栈状	s 士事柿愁；ts 乍铡撰；ø 镯以鋜训镯
	生	s	疏爽瘦索	tsʰ 杉涮产刷；l 啬；k 涩；h 厦大~
	章组			
	章	ts	朱沼障烛	tsʰ 昭颤赘褶；s 帚以扫训帚
	昌	tsʰ	车蠢臭出	ts 啧；k 枢；ø 侈
	船	s	船示剩食	tsʰ 赎
	书	s	舒审赦叔	tsʰ 奢始翅束；h 饷晌；tʰ 豕以豚训豕；ts 舂
	禅	s	时社尚石	tsʰ 售酬殖植；ts 蜀妁；h 涉；ø 蟾
	日组			
	日	ø	而扰壤肉	ŋ 韧二耳热；l 汝尔；n 染；tsʰ 冉；pʰ 瓤

（1）中古知母今读以 ts 为主，如"猪""昼"。

（2）中古彻母今读以 tsʰ 为主，如"耻""彻"。

（3）中古澄母今读以 tsʰ 为主，如"茶""逐"。

（4）中古庄母今读以 ts 为主，如"阻""爪"。

（5）中古初母今读以 tsʰ 为主，如"叉""策"。

（6）中古崇母今读以 tsʰ 为主，如"锄""栈"。

（7）中古生母今读以 s 为主，如"爽""索"。

（8）中古章母今读以 ts 为主，如"朱""烛"。

（9）中古昌母今读以 tsʰ 为主，如"车""蠢"。

（10）中古船母今读以 s 为主，如"剩""赎"。

（11）中古书母今读以 s 为主，如"舒""叔"。

（12）中古禅母今读以 s 为主，如"社""石"。

（13）中古日母今读以 ø 为主，如"扰""壤"。

（四）见系

表 2-7　　　　　　　　　　见系演变

中古音		大鹏话	例字	例外
见系	见组 见	k	甘缴卦劫	kʰ箍矿丐级；h佫僻酵讫 v锅蜗会~计；ŋ钩勾 t纠；l脸；ø冀浇
	溪	kʰ / h / f	康缺/口欠/开快	k羌杞券廓；l泣隙以罅训隙 v屈；s愜；ŋ吃
	群	kʰ	奇轿近剧	k妓仅昝郡；v崛倔掘 p瘸以跛训瘸
	疑	ŋ / ø	鹅偶岳/五御月	n验严儑业；l宜谊虐疟 k砚兀；kʰ沂；v玩
	晓组 晓	h / f	戏喊歇/挥火训	kʰ贿吸毁霍；v歪焕荤讳 tsʰ嗅蓄畜~牧；ø欣莘 l朽；s喧
	匣	h / v / f	喉嫌/坏获/户斛	kʰ携混洽硖；k解匣狎 ø丸县萤；ŋ肴淆 pʰ瓠~瓜；l舰貉
	影组 影	ø/ v	医暗屋/蛙踠握	
	云	ø/ v	尤远粤/围运域	h熊雄；f芋；s檐
	以	ø	移酳痒易	v匀允惟遗；k捐

（1）中古见母今读以 k 为主，如"甘""卦"。

（2）中古溪母开口字和合口细音字今读以 kʰ 和 h 为主，如"可""凯""亏""欠""客""丘"；合口洪音字以 kʰ、f 为主，如"坤""块"。

（3）中古群母今读以 kʰ 为主，如"奇""剧"。

（4）中古疑母洪音字今读以 ŋ 为主，如"鹅""偶"；细音字以 ø 为主，如"五""月"。

（5）中古晓母开口字今读以 h 为主，如"戏""喊"；合口字以 f 为主，如"火""训"。

(6) 中古匣母开口字今读以 h 为主,如"寒""现";合口字以 v 和 f 为主,如"禾""画""户""护"。

(7) 中古影母开口字今读以 ø 为主,如"医""屋";合口字以 v 为主,如"蛙""挖"。

(8) 中古云母开口字今读以 ø 为主,如"尤""远";合口字以 v 为主,如"运""旺"。

(9) 中古以母今读以 ø 为主,如"余""翼"。

二 韵母

(一) 果摄

表 2-8　　　　　　　　　　　果摄演变

	等第	大鹏话	例字	例外
果摄	一等	ɔ	罗火左果	a 他那哪阿~哥;ui 唾;ai 大;ɐi 跛;iɔk 剁 kɐi
	三等	iɔ	茄靴	ɐi 瘸以跛训瘸 iɑ

(1) 无论开合,一等字大部分读为 ɔ,如"罗""左";零星读为 a,如"他""哪"。

(2) 无论开合,三等字大部分读为 iɔ,如"茄""靴"。

(二) 假摄

表 2-9　　　　　　　　　　　假摄演变

	等第	声母条件	大鹏话	例字	例外
假摄	二等		a	家雅夏亚	ak 帕划;ɔ 傻蜗;ɔk 蟆
	三等	章组	a	遮蛇扯射	ia 者赦
		其他	ia	且爹写夜	iai 耶;ɐk 藉~故

(1) 二等字以读 a 为主,如"家""夏""遮"。

(2) 三等章组字以读 a 为主,与其他声母相拼时以读 ia 为主,如"遮""射""爹""夜"。

（三）遇摄

表 2-10　　　　　　　　　　遇摄演变

	等第	声母条件	大鹏话	例字	例外
遇摄	一等	其他	u	呼祖肚部	ɔk 贿塑膜k；ɔ 错；uɐ 埠；ui 嗉
		疑母	m̩	吴吾午误	
	三等	其他	i	娱矩树住	u 庐驴芋须胡~ui 屡绪；iui 乳；ɐu 褛
		非组	u	夫甫武雾	ɔk 讣
		庄组	ɔ	锄阻所助	u 数动词数名词；i 雏

（1）一等疑母字读为m̩，如"吴""悟"；与其他声母相拼时以读 u 为主，如"呼""肚"。

（2）三等非组字以读 u 为主，如"夫""武"；庄组字大部分读为 ɔ，如"锄""阻"；与其他声母相拼时以读 i 为主，如"树""住"。

（四）蟹摄

表 2-11　　　　　　　　　　蟹摄演变

	等第	开合	声母条件	大鹏话	例字	例外
蟹摄	一等			ui/ai	来会队/孩乃太	ɐi 魁煨桅溃；ɐt 咳 at 亥；ut 蔼
	二等			(u)ai	乖楷奶坏	a 罢洒画卦；ɐi 筛稗 ua 挂；an 迈；at 骇
	三等	开口		iɐ	蔽祭誓艺	i 厉
		合口	唇齿音	(u)ɐ	卫废彗吠	
			其他	(i)ui	脆岁缀锐	uɐi 橛
	四等			iɐ	鸡提桂丽	i 莜脐霓；it 砌；ui 戾

（1）无论开合，一等字以读 ui 或 ai 为主，如"来""队""孩""太"。

（2）无论开合，二等字以读（u）ai 为主，如"乖""奶"；少数字读为 a，如"罢""卦"。

(3) 三等开口字以读 ɐi 为主，如"祭""誓"；合口字与唇齿音声母相拼时以读（u）ɐi 为主，如"卫""秽"，与其他声母相拼时以读（i）ui 为主，如"脆""锐"。

(4) 无论开合，四等字以读 ɐi 为主，如"鸡""丽"。

（五）止摄

表 2-12　　　　　　　　　　止摄演变

开合	声母条件	大鹏话	例字	例外
止摄 开口		i	池彼是尼	ɐi 荔柿蚁使；it 避只舐 ai 滓玺；ui 丕糜；ɐt 嗌 in 豕以豚训豕；ia 姊以姐训姊
止摄 合口	其他	(i)ui	垂蕊翠类	in 揣；ut 摔
	见系	ɐi	挥鬼伟魏	
	非组	i	非肥匪尾	ɐi 费沸

(1) 开口字以读 i 为主，如"池""是"；部分字读 ɐi，如"荔""使"。

(2) 合口见系字以读 ɐi 为主，如"鬼""魏"；非组字以读 i 为主，如"非""匪"；其他字以读（i）ui 为主，如"蕊""类"。

（六）效摄

表 2-13　　　　　　　　　　效摄演变

	等第	大鹏话	例字	例外
效摄	一等	au	桃脑帽号	u 菢
	二等		茅跑坳闹	iu 挠梢捎稍；a 抓
	三等 四等	iu	腰鸟少妙	au 藐剿；iɐu 扰

(1) 一、二等字以读 au 为主，如"桃""茅"；部分二等字读 iu，如"梢""挠"。

(2) 三、四等字以读 iu 为主，如"鸟""少"。

（七）流摄

表 2-14　　　　　　　　　　流摄演变

流摄	大鹏话	例字	例外
	(i) ɐu	收牛九幼	u 母戊富负；iu 廖瞅彪丢 au 搜飕嗖帚以扫训帚；uk 宿星~复~还

流摄以读（i）ɐu 为主，如"收""九""幼""游"。

（八）咸摄

表 2-15　　　　　　　　　　咸摄演变

咸摄	开合	等第	舒促	大鹏话	例字	例外
咸摄	开口	一等	舒声	am	蓝惭敢淡	im 暂蘸嵌；an 赚碱；ɐm 揞
		二等	促声	ap	甲插腊合	ip 夹掐狭硤；ɐp 盒鸽蛤~蟆,蛙类 at 邀遢压；ut 喝；ai 拉
		三等	舒声	im	廉蟾点艳	i 冉以徐训冉；in 贬
		四等	促声	ip	碟接猎叶	ɐp 摺褶；it 跌怯；ia 惬；ap 侠
	合口	三等	舒声	an	帆犯泛范	
			促声	at	法乏	

（1）开口一、二等舒声字以读 am 为主，如"蓝""敢"，促声字以读 ap 为主，如"插""合"。

（2）开口三、四等舒声字以读 im 为主，如"蟾""点"，促声字以读 ip 为主，如"碟""叶"。

（3）合口三等舒声字以读 an 为主，如"帆""范"，促声字读 at，如"法""乏"。

（九）深摄

表 2-16　　　　　　　　　　深摄演变

深摄	舒促	大鹏话	例字	例外
深摄	舒声	(i) ɐm	音审林禁	am 参~差；ɐn 品禀；ɐŋ 赁
	促声	(i) ɐp	急泣十入	it 涩；ɐk 蛰

(1) 舒声字以读（i）ɐm 为主，如"音""禁"。
(2) 促声字以读（i）ɐp 为主，如"急""人"。
（十）山摄

表 2-17　　　　　　　　　　山摄演变

	开合	等第	声母条件	舒促	大鹏话	例字	例外
山摄	开口	一等	其他	舒声	an	摊难餐岸	
				促声	at	擦辣达萨	ai 獭捺
			见系	舒声	un	安寒杆汉	an 刊
				促声	ut	割葛渴喝	
		二等		舒声	an	艰蛮铲限	in 苋
				促声	at	八杀抹瞎	ak 铡
		三等四等		舒声	in	颠延荐骗	an 茧砚颤谚；am 堰
				促声	it	截列铁热	ut 歇蝎；iu 屑；ui 挟；ɐk 噎；ɐi 憋以闭训憋
	合口	一等	其他	舒声	un	般瞒管唤	an 馒款玩叛；in 丸；ɐŋ 拌
				促声	ut	泼末砵阔	at 沫抹括
			端系	舒声	in	酸短钻暖	an 攒以赚训攒
				促声	it	夺脱掇	
		二等		舒声	an	关还患纂	in 篡撰
				促声	at	滑挖刷刮	
		三等	其他	舒声	in	绢全恋劝	un 婉宛蜿
				促声	it	雪月绝厥	ɔk 拙；iɔk 曰；tɐ 掘劣
			非组	舒声	an	翻烦挽万	
				促声	at	发罚伐袜	
		四等		舒声	in	渊玄犬县	
				促声	it	决诀血穴	

(1) 开口一等见系舒声字以读 un 为主，如"安""汉"，促声字以读 ut 为主，如"割""渴"；其他舒声字以读 an 为主，如"摊""岸"，促声字以读 at 为主，如"擦""辣"。

（2）开口二等舒声字以读 an 为主，如"艰""铲"；促声字以读 at 为主，如"八""瞎"。

（3）开口三、四等舒声字以读 in 为主，如"颠""骗"，促声字以读 it 为主，如"列""铁"。

（4）合口一等端系舒声字以读 in 为主，如"酸""暖"，促声字以读 it 为主，如"夺""脱"；其他舒声字以读 un 为主，如"般""唤"，促声字以读 ut 为主，如"末""阔"。

（5）合口二等舒声字以读 an 为主，如"关""篡"；促声字以读 at 为主，如"刷""刮"。

（6）合口三等非组舒声字以读 an 为主，如"翻""万"，促声字以读 at 为主，如"发""袜"；其他舒声字以读 in 为主，如"全""恋"，促声字以读 it 为主，如"雪""绝"。

（7）合口四等舒声字以读 in 为主，如"渊""县"；促声字以读 it 为主，如"诀""血"。

（十一）臻摄

表 2-18　　　　　　　　　臻摄演变

开合	等第	舒促	大鹏话	例字	例外
臻摄	开口一等三等	舒声	(i)ɐn	恩人讯近	it 乙秩必；un 闽；in 抿；iɐu 认
		促声	(i)ɐt	匹栗七日	ɐk 疾弼悉蟋；at 乞讫迄
	合口一等三等	舒声	(i)nɐ	温伦顿润	in 遵豚存嫩；uɐn 昆困混菌 un 本盆门寸；ɐŋ 允尹韵 yn 遵村；ɔŋ 熨以烫训熨；ui 褪
		促声	ɐt	忽律物	ut 勃脖馞没；it 蟀率~领 uɐt 兀 tau；iɐk 恤

（1）开口一、三等舒声字以读（i）nɐ 为主，如"恩""近"；促声字以读（i）ɐt 为主，如"七""日"。

（2）合口一、三等舒声字以读（i）ɐn 为主，如"温""润"；促声字以读 ɐt 为主，如"忽""律"，部分唇音字读 ut，如"勃""没"。

（十二）宕摄

表 2-19　　　　　　　　　　宕摄演变

宕摄	开合	等第	声母条件	舒促	大鹏话	例字	例外
宕摄	开口	一等		舒声	ɔŋ	康芒党丧	aŋ 炕
				促声	ɔk	昨幕鹤鄂	a 柞；u 踱；ɔ 摸ak 泊；iɔk 诺
		三等	其他	舒声	iɔŋ	想杨向匠	ɔŋ 厂抢襄仰；iu 瓢
				促声	iɔk	嚼略若脚	iak 鹊
			知组庄组章组	舒声	ɔŋ	张常爽丈	iɔŋ 晌饷
				促声	ɔk	灼妁酌焯	ɔk 着~火穿~；au 勺
	合口	一等三等		舒声	ɔŋ	访亡况旺	iɔŋ 框眶筐匡
				促声	ɔk	缚郭廓霍	iɔk 镬

（1）开口一等舒声字以读 ɔŋ 为主，如"康""丧"；促声字以读 ɔk 为主，如"昨""鹤"。

（2）开口三等知组、庄组和章组字以读 ɔŋ 为主，如"张""爽""常"，其他舒声字以读 iɔŋ 为主，如"想""向"；促声字以读 iɔk 为主，如"略""酌"。

（3）合口一、三等舒声字以读 ɔŋ 为主，如"访""旺"，部分字读 iɔŋ，如"框""匡"；促声字以读 ɔk 为主，如"缚""霍"。

（十三）江摄

表 2-20　　　　　　　　　　江摄演变

江摄	舒促	大鹏话	例字	例外
江摄	舒声	ɔŋ	桩绑蚌降	aŋ 棒庞；uŋ 双窗iɔŋ 腔啄鸡~米；un 胖
	促声	ɔk	托角剥握	iɔk 卓琢啄~木鸟；au 饺雹uk 浊捉；ɐk 搦；ak 镯以鈪训镯

江摄舒声字以读 ɔŋ 为主,如"蚌""降";促声字以读 ɔk 为主,如"托""握"。

(十四) 曾摄

表 2-21　　　　　　　　曾摄演变

曾摄	舒促	大鹏话	例字	例外
	舒声	(i) ɐŋ	升凝肯赠	uŋ 弘凭疼_{以痛训疼};aŋ 橙澄恒;ɐu 拯
	促声	(i) ɐk	极织忆墨	ak 肋域或惑;ɔk 嗇国;it 食蚀;iɔk 匿 ɔkɔi 黑

曾摄舒声字以读 (i) ɐŋ 为主,如"凝""赠";促声字以读 (i) ɐk 为主,如"极""忆"。

(十五) 梗摄

表 2-22　　　　　　　　梗摄演变

梗摄	等第	舒促	大鹏话	例字	例外
	二等	舒声	aŋ / (i) ɐŋ	坑横冷/宏耿杏	ɔŋ 虹铠矿;a 打
		促声	ak / ɐk	责麦划/迫蓦擘	ɐt 核果~核~对;an 栅;ɔk 获择~菜 tɐ
梗摄	三等	舒声	(i) aŋ / (i) ɐŋ	轻影郑/明鲸颖	ɐ 侦贞逞;ia 擎
		促声	(i) ak / (i) ɐk	赤剧石/碧惜易	it 辟癖僻只量词;ia 隙_{以髀训隙}
	四等	舒声	(i) aŋ / (i) ɐŋ	腥瓶径/萤顶另	i 铃
		促声	iak / ɐk	壁踢锡/剔历绩	in 觅

(1) 舒声字以读 (i) aŋ 和 (i) ɐŋ 为主,如"横""影""呈""型"。

(2) 促声字以读 (i) ak 和 (i) ɐk 为主,如"扼""踢""迫""绩"。

(十六) 通摄

表 2-23　　　　　　　　通摄演变

通摄	舒促	大鹏话	例字	例外
	舒声	(i) uŋ	攻丛讽用	ou 嗯;iɔŋ 禾
	促声	(i) uk	屋族六福	ɔk 沃扑仆~人;au 瀑曝

通摄舒声字以读（i）uŋ 为主，如"攻""用"；促声字以读（i）uk 为主，如"肉""福"。

三　声调

表 2-24　　　　　　　　　　声调演变

中古音			今音	中古音		
中古调类	声母清浊	例字	调类调值	例字	声母清浊	中古调类
平声	清	高飞	阴平 33			
	浊	穷陈	阳平 21			
上声	清	古口	上声 35	李勇	次浊	上声
去声	清	唱菜	阴去 13	武雨		
				蟹舅	全浊	
	浊	大让	阳去 53	父罪		
入声	清	割说	阴入 3			
	浊	月入	阳入 5			

（1）平声两个。古清声母平声字今读阴平，调值为 33，如"开""三"；浊声母平声字今读阳平，调值 21，如"寒""人"。

（2）上声的归派最为复杂，今音只有一个上声。古清声母上声字今读为上声，调值 35，如"楚""水"。

古次浊声母上声字有读入上声的，如"李""勇"；也有读入阴去的，如"五""武"。

古全浊声母上声字既有读入阳去的，遵循的是"浊上归去"的大规律，如"象""是"，也有读入阴去的，如"仗""厚"。

（3）去声两个。古清声母去声字今读阴去，调值为 13，如"醉""放"；浊声母去声字今读阳去，调值 53，如"大""用"。

（4）入声两个。古清声母入声字今读阴入，调值为 3，如"答""渴"；浊声母入声字今读阳入，调值 5，如"佛""陆"。不过，还有部分次浊声母入声字读阴入，如"笠""日"。

第三节 大鹏话的音韵特点

一 声母音韵特点

(1) 大鹏话的中古全浊塞音、塞擦音声母,无论平仄,今音大多读为送气清音,这一点与客家话和赣语相同。如:

排并	部并	台定	大定	沉澄	治澄	慈从	在从
p^h	p^h	t^h	t^h	ts^h	ts^h	ts^h	ts^h
巢崇	状崇	酬禅	植禅	拳群	近群		
ts^h	ts^h	ts^h	ts^h	k^h	k^h		

(2) 中古微母与明母今均读为 m,这一点是粤语的典型特征。

(3) 中古知组、庄组、章组和精组合流读为一套塞擦音和擦音声母,读为 ts、ts^h 和 s,如下所示:

竹知组	捉庄组	烛章组	足精组
ts	ts	ts	ts
茶知组	炒庄组	出章组	族精组
ts^h	ts^h	ts^h	ts^h
	疏庄组	石章组	羡精组
	s	s	s

(4) 中古邪母今读为 s 与读为 ts^h 的字数大致相当,但看不出明显的分化条件。如下所示:

斜	巡	寺	续	寻	像	袖	袭
s	s	s	s	ts^h	ts^h	ts^h	ts^h

（5）中古泥、娘母与来母基本不混，分别读为 n、l，偶有数字窜乱。

（6）中古日母字今读声母为以ø为主，也有"二""义"等少数字声母读 ŋ，与客家话表现相同。

（7）除了遇合一读为 m̩以外，古疑母其他洪音字今读声母一般为ŋ，细音字为ø。

（8）见系的分化情况最为复杂，但最明显的规律是相当一部分的合口字有唇齿化的现象，读为 f 或 v。如"锅""苦""玩""歪""互""碗""唯""允"等。

另一条值得注意的规律是溪母字的分化，既有读为 kʰ 的，也有读为 h 和 f 的，还有一些细音字读为ø，这与广州话的情况相近。读 kʰ 的字比广州话略多，近于客家话。郭沈青（2013）经过考察，认为 h 是粤语固有的白读层，kʰ 是客家移民所带入的外来文读层。h > f 的条件是以 u 介音为条件的，并不全然以中古合口为条件。

二　韵母音韵特点

（1）大鹏话存在一对对立的长短元音，即 a 与 ɐ。就粤语而言，习惯上用"a"来代表长元音"aː"，与之对立的短元音写为"ɐ"。如下：

大鹏话	ɐi	ɐu	(i)ɐm	(i)ɐn	(i)ɐŋ	ɐp	(i)ɐt	(i)ɐk
广州话	ɐi	ɐu	ɐm	ɐn	ɐŋ	ɐp	ɐt	ɐk

不过，大鹏话的 ɐ 系韵母来源比广州话的要多，主要体现在 (i)ɐn、(i)ɐt、(i)ɐŋ 和 (i)ɐk 韵母上，它们来自臻摄合口端、知系、曾摄三等和梗摄三、四等。

臻摄合口的端、知系字，广州话的主元音一般为 œ（ɵ），曾摄三等和梗摄三、四等字的主元音则为 e。大鹏话则统一读入 ɐ。如下：

	顿臻	术臻	仍曾	织曾	整梗	译梗	定梗	疫梗
大鹏话	ɐn	tɐ	iɐŋ	ɐk	ɐŋ	iɐk	ɐŋ	iɐk
广州话	œn	tœ	eŋ	ek	eŋ	ek	eŋ	ek

（2）大鹏话介音有两个，即 i 和 u，如"且 [tsʰia]" "请 [tsʰiaŋ]" "乖 [kuai]" "昆 [kʰuɐn]"。不过，u 介音的保留并不完整，辖字很少。

（3）有辅音自成音节的ɱ韵母，其来源是遇摄合口一等的疑母字。这些字在广州话中读为ŋ̍，但新派广州话则常读为m̩。深圳客家话的情况与广州话相似，一些年纪大的人还有保留ŋ̍的读法，年轻人则都读为m̩。换句话说，深圳客家话的ŋ̍正处于一个动态演变的过程中，即ŋ̍ > m̩。综合来看，大鹏话的ɱ应是由ŋ演变而来的，其鼻音的区别特征得以保留，发音部位则由软腭转到双唇。

（4）咸摄、深摄的双唇韵尾 -m 和 -p 保留完整。深圳客家话的双唇韵尾 -m 和 -p 已渐渐失去了辨义的作用，正处于一个动态演变的过程中，与 i 相拼时读入 -n 和 -t，与其他元音相拼时读入 -ŋ 和 -k，如"今 [kin]" "急 [kit]" "胆 [taŋ]" "答 [tak]"。

（5）假开三除章组外的其他字读为 ia，与典型的粤语不同，而与客家话相近。台山、开平和广州周边人和、龙归、石井等地区的假开三也有介音 i，但多数地方的粤语都是以单元音为主。

（6）蟹摄、山摄一等部分字的主元音为 u，与二等字主元音 a 有别，如"袋""该""汉""安"。这说明在大鹏话中，部分蟹摄、山摄的一、二等字主元音也有别。广州话蟹摄、山摄部分一等字的主元音读为 ɔ，与二等的 a 也有别。大鹏话的 u 是中古时期蟹摄、山摄一等字主元音 ɑ 高化后的结果，高化程度比广州话的 ɔ 更甚。这是东莞、深圳地区粤语一个重要的音韵特点。

（7）曾摄三等字和梗摄三、四等字的主元音为央元音 ɐ，这是东莞、深圳地区粤语最明显的音韵特征之一，其他粤语方言点一般为前元音 e 或 ɛ。如"兴 [hɐŋ]" "灯 [tɐŋ]" "惊 [kɐŋ]" "绩 [tsɐk]"等。

三 声调音韵特点

（1）上声读升调，这与深圳的粤语表现相当一致。虽然上声读升调不是粤语的必要条件，但就深圳地区而言，它却是深圳粤语的一个典型特征。深圳客家话则都读为降调。

（2）大鹏话的阴去声是一个升调13或平调22（见第六章第三节）。阳去声则是一个降调且为高降调53，语流中常常读成高平调55，调型与调值变体与深圳客家话的表现完全一致，而与深圳粤语不同。

（3）大鹏话的入声阴低阳高。典型的粤语入声普遍阴高阳低，典型的客家话则普遍相反，可见大鹏话的入声调型与客家话更接近。不过，据调查，南澳西涌口音的入声格局仍是阴高阳低。

（4）大鹏话的次浊上声字大部分与清去声字合流，这种现象也见于深圳平湖及东莞温塘、粟边、石龙、石排、东坑、大朗、横沥、常平、塘厦和江南等地的粤语（黄建全，2004；李立林，2015）。东江中上游的惠城话、源城话、博罗话，江西的大余、乌迳等地的客家话也有此情况（侯小英，2008）。

（5）大鹏话的单字调阴平为33，相对于梅州客家话的44调或深圳客家话的33调（也可以记为44），似乎差异不大。但客家话阴平字后加低调值单字时，前字调值多数会变读为45或34，如"书 su^{45} 房 $foŋ''$"。但是，大鹏话"书房"的"书"调值仍是33，没有变化。在广东方言中，四邑话、潮汕话的阴平单字调也是33，是否有所关联，或可探讨。

（6）从表层调型的表现来看，大鹏话与客家话的相似程度较高。不过，它们调类的演化规律及辖字归派等方面也呈现了一定的差异，大鹏话在这方面更近于粤语。若要判断大鹏话的系属，深层的调类分化规律可以作为一个令人信服的证据。详见第六章的讨论。

第三章

大鹏话同音字汇

说明：

（一）本表按照韵母、声母及声调的顺序次第编排；韵母的顺序如韵母表；每个韵母下的声母按照 [p, pʰ, m, f, v, t, tʰ, n, l, ts, tsʰ, s, k, kʰ, ŋ, h, ø] 的次序编排；每个声母下的声调以 [33, 21, 35, 13, 53, 3, 5] 的次序编排。若某个韵母中的某声母无辖字，则略去；某个声母下的某声调无辖字，亦略去。

（二）表中的小字表示对该字音进行必要的补充说明：

（1）波浪号"~"表示对被释字的省略，如"[i⁵³] 易容~"。

（2）冒号"："前的文字表示大鹏话的说法，冒号后的文字表示对大鹏话进行解释，如"[pu¹³] 妇新~：媳妇"。

（3）分号"；"用以隔开该字所具有的不同义项，如"[kun³³] 干~犯；~燥"。

（4）"又"表示该字有两读，常见的读音不做标记，次常见的读音标为又音，如"[saŋ³³] 牲又"。

a

p [33] 巴芭疤爸　　[35] 把　　[13] 霸坝
pʰ [21] 爬琶杷耙　　[13] 怕　　[53] 罢
m [33] 妈　　[21] 麻痳　　[13] 马码　　[53] 骂
f [33] 花　　[13] 化
v [33] 蛙洼　　[21] 华铧桦　　[53] 画话
t [35] 打
tʰ [33] 他

n	[13] 那哪拿	[53] 娜
ts	[33] 渣楂遮抓	[13] 诈榨炸乍蔗柞
tsʰ	[33] 叉杈差~别岔车奢	[21] 茶搽茬查 [35] 扯
s	[33] 莎沙纱砂 [21] 蛇赊畲佘 [35] 洒舍耍 [13] 社 [53] 射麝	
k	[33] 家加嘉枷稼瓜 [35] 假真~贾寡剐卦 [13] 架驾嫁价假放~	
kʰ	[33] 夸垮跨	
ŋ	[21] 牙芽伢	[13] 雅瓦
h	[33] 虾下底~ [21] 霞瑕遐暇 [53] 厦下~面夏	
ø	[33] 阿~哥鸦丫桠哑亚	

i

p	[33] 碑陂卑俾悲畀 [35] 臂比匕庇翡 [13] 泌秘痹	
pʰ	[33] 蓖披譬婢毗 [21] 颇皮疲脾琵枇 [35] 彼鄙 [13] 媲被屁 [53] 备鼻避	
m	[21] 眉楣微 [13] 美尾 [53] 昧未味	
f	[33] 飞非痱妃 [21] 肥 [35] 匪	
t	[33] 知蜘	
tʰ	[53] 地	
n	[21] 尼 [13] 女弥你呢指示代词,这 [53] 腻呢指示代词,这,又音	
l	[33] 璃 [21] 骡离篱宜谊梨 [35] 李 [13] 吕旅汝尔厘狸里理 [36] 鲤 [53] 虑滤履利痢吏厉	
ts	[33] 猪诸诛蛛株拄朱侏珠支枝肢栀资姿咨兹滋辎之芝 [35] 煮主炷紫纸咫脂旨指子梓止趾址 [13] 著褚驻注蛀铸智致至置志志痣	
tsʰ	[33] 趋雏雌雉稚痴 [21] 徐除储厨脐池驰弛瓷糍迟慈磁辞词祠嗣饲持冉 [35] 取娶此疵龇耻齿始 [13] 苎处趣柱刺赐翅次似厕 [53] 箸聚自字寺序住痔治恃	
s	[33] 诗书舒须需输输斯厮撕徙施私师狮尸司丝思 [21]	

	署薯殊匙时　　　[35] 暑鼠死屎史　　　[13] 庶戍四肆试市 [53] 恕视嗜絮叙竖树是氏豉示伺士仕事侍
k	[33] 居车拘肌基机讥饥　　　[35] 举几祀己纪杞　　　[13] 据锯驹矩句羁寄妓巳记既
kʰ	[33] 巨拒距枢俱区驱　　　[21] 渠瞿崎绮奇骑岐歧祁鳍其棋佢第三人称期旗　　　[13] 企徛站立　　　[53] 具惧技忌岂祈沂
ŋ	[13] 耳饵　　　[53] 二贰仪义
h	[33] 墟虚牺欺嬉熙希稀　　　[35] 许起喜　　　[13] 去戏器弃气汽　　　[53] 嘘
ø	[33] 医衣依伊　　　[21] 如鱼渔余儒愚虞娱榆愉霓侉儿移夷姨而疑饴怡　　　[35] 椅　　　[13] 语与吁迂于盂雨宇禹羽喻议拟意矣已以翎　　　[53] 预豫倚冀肆御御淤誉遇寓逾愈裕吁易容~异

u

p	[35] 补斧　　　[13] 布妇新~：媳妇
pʰ	[33] 铺~设　　　[21] 蒲菩瓠　　　[35] 谱普浦脯捕甫辅 [13] 铺店~怖　　　[53] 簿部步孵以菢训~
m	[33] 侮　　　[21] 模摹无巫诬　　　[35] 舞　　　[13] 抚武鹉母拇　　　[53] 慕暮墓募务雾戊
f	[33] 呼夫肤敷俘麸　　　[21] 胡湖狐壶乎葫符扶芙　　　[35] 虎浒府腑俯釜　　　[13] 裤俘富副　　　[53] 沪互护付赋附芋负户赴父腐妇~女
v	[33] 污坞　　　[13] 恶可~
t	[33] 都首~　　　[35] 堵赌肚猪~　　　[13] 肚~子　　　[55] 都~系：都是
tʰ	[21] 徒屠涂途图　　　[35] 土　　　[13] 吐　　　[53] 杜度渡镀踱
n	[53] 怒
l	[21] 奴卢炉芦鸬庐驴鲁橹房卤　　　[35] 努　　　[53] 露鹭路

ts　［33］租　　［35］祖组　　［13］做
tsʰ　［33］粗　　［13］醋措
s　［33］苏酥须胡~　［35］数名词　［13］数动词素诉漱
k　［33］姑孤　［35］古估牯股鼓　［13］故固锢雇顾
　　［53］枯
kʰ　［33］箍　　［35］苦　　［13］库
ø　［33］乌

ɔ

p　［33］波菠簸坡玻　　［13］播
pʰ　［21］婆　　［13］破
m　［33］魔摩馍　［21］磨动词　［35］摸　［53］磨名词
f　［35］火伙　　［13］货
v　［33］锅倭窝蜗　［21］和禾　［53］祸
t　［33］多　　［35］朵躲垛
tʰ　［33］拖　［21］驼舵　［35］妥　［53］椭惰堕
n　［53］糯
l　［33］啰　［21］罗锣箩萝　［35］裸　［13］脶
ts　［35］左佐阻
tsʰ　［33］搓初　［21］锄　［35］楚础　［13］挫锉坐错
　　［53］座助
s　［33］梭唆梳疏　［21］傻　［35］蓑锁琐所
k　［33］歌哥　［35］嗰指示代词,那果裹窠　［13］个过
kʰ　［33］戈馃科棵颗　［35］可　［13］课
ŋ　［21］蛾鹅俄　［13］我　［53］卧饿
h　［21］河何荷　［53］贺
ø　［33］阿~胶婀

ia

t　［33］爹
l　［13］罅

ts　［33］嗟　　［35］姐者姊以姐训~　［13］借
tsʰ　［21］邪斜　［35］且　［13］笡斜　［53］谢
s　　［33］些　　［35］写惬　［13］泻卸赦
kʰ　［21］擎
ø　　［21］爷　　［13］惹也野　［53］夜

ua

k　［35］卦

iɔ

l　　［21］螺
tʰ　［13］唾
k　　［21］裹又
kʰ　［21］茄
h　　［33］靴

ai

p　　［35］摆　　［13］拜
pʰ　［21］排牌　［13］派　［53］败
m　　［21］埋　　［13］买　［53］卖
f　　［13］块快筷
v　　［33］歪　　［21］怀槐淮　［53］坏
t　　［13］戴怠带
tʰ　［13］态太泰　［53］大
n　　［13］乃奶　［53］耐奈
l　　［33］拉　　［53］赖癞獭捺
ts　［33］斋　　［35］宰滓　［13］债
tsʰ　［33］猜搋~面：揉面钗差出~　［21］裁豺柴　［13］蔡［53］寨
s　　［13］晒玺
k　　［33］皆阶佳街　［35］解怪枴　［13］介界尬疥届戒

　　　　［53］芥
kʰ　［35］楷
ŋ　［21］涯崖　　［53］艾
h　［21］孩谐鞋　［13］蟹　　［53］械懈
ø　［33］埃挨　　［35］矮

ei

p　［33］跛癍　　［13］蔽敝弊憋以闭训~闭陛
pʰ　［33］批　　［53］稗币毙
m　［21］迷谜　　［13］米
f　［33］麾挥辉徽　［13］废肺吠费　　［53］沸
v　［33］煨威　　［21］为作~维惟唯遗违围　［35］猥萎痿委慰　［13］喂讳畏韦伟苇纬　［53］卫惠慧位为~何汇词~胃谓
t　［33］低　　［35］底抵　　［13］帝
tʰ　［33］梯　　［21］堤题提蹄啼　［35］体睇　［13］替涕剃　［53］第递隶屉弟
n　［21］泥
l　［21］犁黎　［13］礼　［53］例荔励丽
ts　［33］挤剂　［13］祭际制济
tsʰ　［33］妻栖　［21］齐　［53］滞
s　［33］筛西犀　［35］洗使驶　［13］世势细婿柿　［53］誓逝
k　［33］鸡圭闺龟归　［35］傀诡轨鬼计鬼~：方法，点子　［13］计继髻桂癸季贵
kʰ　［33］稽溪奚兮规亏窥　［21］魁奎携逵葵　［35］溃毁愧　［13］启契　［53］柜跪馈
ŋ　［21］桅危　［35］伪　［13］蚁　［53］毅魏艺
h　［53］系

au

p	[33]	包胞鲍	[35]	保堡宝饱	[13]	褒报狍	
p^h	[33]	雹	[21]	袍刨	[35]	跑	[13] 抱豹泡炮泡
	[53]	爆抛暴曝瀑					
m	[21]	毛茅矛	[13]	卯	[53]	藐冒帽貌	
t	[33]	刀叨	[35]	岛倒捣	[13]	到	[53] 到又
t^h	[33]	滔涛稻蹈	[21]	掏桃逃淘陶萄	[35]	祷讨导	
	[13]	套	[53]	道盗			
n	[35]	脑恼	[53]	闹			
l	[21]	劳捞牢唠锚涝	[35]	老			
ts	[33]	遭糟糙干~燥	[35]	早枣爪找	[13]	罩灶	
ts^h	[33]	操抄	[21]	曹槽臊吵巢剿	[35]	草钞炒	[13]
	澡躁糙皂燥噪潲	[53]	造				
s	[33]	蚤骚搜~集飕	[35]	嫂馊帚勺	[13]	扫	
k	[33]	高篙羔糕膏蒿交郊胶	[35]	稿绞狡搅搞觉睡~饺铰			
	[13]	较告校~对教窖					
k^h	[35]	考烤巧	[13]	靠犒敲			
ŋ	[21]	熬肴淆	[13]	咬	[53]	傲	
h	[33]	酵吼	[21]	豪壕毫	[35]	好~坏	[13] 好喜~
	[53]	浩皓孝效校学~号昊耗					
ø	[13]	袄懊奥坳					

iu

p	[33]	标飙表手~	[35]	表~里			
p^h	[33]	飘漂瓢彪	[21]	嫖瓢	[13]	票鳔	
m	[21]	苗描	[35]	猫渺秒杳	[13]	妙	[53] 庙
t	[33]	刁貂雕掉丢	[13]	钓吊			
t^h	[33]	挑	[21]	跳调~和	[13]	粜	[53] 调~动
n	[35]	鸟	[53]	尿			
l	[21]	燎疗聊辽撩寥瞭	[35]	了	[53]	料廖	
ts	[33]	焦蕉椒朝~暮招沼	[13]	醮照诏			

tsʰ	[33] 瞧超昭瞅	[21] 樵朝~代潮	[53] 噍赵兆召		
s	[33] 梢捎烧悄俏消宵霄硝销鞘烧萧箫屑不~		[21] 肇韶绍邵迢	[35] 少多~小	[13] 笑少~年
k	[33] 骄娇	[35] 缴	[13] 叫		
kʰ	[21] 矫乔桥侨荞	[53] 轿窍			
h	[33] 嚣侥	[35] 晓			
ø	[33] 妖邀腰夭吆	[21] 挠饶桡绕摇谣窑姚浇尧	[13] 舀要	[53] 耀鹞	

ɐu

p	[35] 剖				
m	[21] 谋牟眸缪绸~	[13] 某亩	[53] 贸茂牡谬缪姓		
f	[21] 浮	[35] 否	[53] 埠阜		
t	[33] 兜	[35] 抖陡纠~正斗量词	[13] 斗争~		
tʰ	[33] 偷	[21] 头投	[35] 敨	[13] 透逗	[53] 豆
n	[35] 纽	[13] 扭钮			
l	[21] 楼流刘留榴硫琉溜馏	[35] 缕篓	[13] 搂柳朽	[53] 漏陋	
ts	[33] 周舟州洲邹	[35] 走九釉拯	[13] 奏凑昼皱绉咒		
tsʰ	[33] 秋抽	[21] 囚绸稠筹酬售	[35] 丑	[13] 骤臭兽嗅	[53] 就袖纣宙
s	[33] 修羞收	[21] 愁仇	[35] 叟搜~查手首守	[13] 嗽秀绣锈瘦莠	[53] 受寿授
k	[33] 勾钩沟鸠	[35] 狗苟纠~缠九久韭	[13] 垢够构购灸救究咎		
kʰ	[33] 抠阄	[21] 求球裘	[13] 叩扣寇臼舅柩	[53] 旧	
ŋ	[21] 牛	[13] 偶藕			
h	[33] 丘邱休	[21] 侯喉猴	[35] 口	[13] 厚	[53] 后候逅
ø	[33] 欧瓯	[35] 呕	[13] 沤怄殴		

ui

p	[33] 杯丕	[13] 贝辈背~部						
pʰ	[33] 胚坯	[21] 陪培赔焙	[13] 沛配裴倍佩	[53] 背~诵				
m	[21] 梅枚媒煤玫糜霉	[13] 每	[53] 妹					
f	[33] 开盔恢灰	[21] 回茴	[35] 海	[13] 悔	[53] 害			
v	[53] 汇~款会绘							
t	[33] 堆	[13] 对碓兑						
tʰ	[33] 胎殆推	[21] 台苔抬	[13] 腿退褪	[53] 蜕贷待代袋队				
n	[53] 内							
l	[21] 来莱徕雷	[35] 屡	[13] 馁儡累~积垒	[53] 捩戾累劳~类泪				
ts	[33] 灾栽追锥	[35] 载再最缀嘴醉						
tsʰ	[33] 催崔吹炊	[21] 才材财槌锤	[35] 彩采睬	[13] 菜在脆	[53] 翠罪赘坠			
s	[33] 腮虽衰摔	[21] 唾文随垂绥谁	[35] 噩水	[13] 绪赛碎岁税秽髓粹穗帅	[53] 睡瑞萃遂隧燧			
k	[35] 改	[13] 盖						
kʰ	[33] 该	[35] 概溉凯慨贿剀桧	[13] 丐					
ŋ	[21] 呆	[53] 外碍						
ø	[33] 哀	[13] 爱						

iai

ø	[21] 耶椰	

uai

k	[33] 乖	

uɐi

k [13] 鳜

iɐu

ø [33] 揉忧悠鼬幽幼　[21] 柔优尤邮由油游犹攸　[35] 扰诱　[13] 有友酉　[53] 又右祐佑柚

iui

ø [13] 乳蕊　[53] 锐

am

t [33] 耽担~任　[35] 胆　[13] 担挑~
tʰ [33] 贪　[21] 潭谭谈痰　[13] 淡探
n [21] 南男　[13] 腩
l [21] 蓝篮　[35] 榄　[13] 览揽滥缆　[53] 舰
ts [33] 簪　[35] 斩
tsʰ [33] 参　[21] 蚕惭谗馋　[35] 惨　[13] 杉　[53] 站
s [33] 三衫
k [33] 甘柑尴监~视　[35] 感敢橄减　[13] 鉴监国子~
kʰ [33] 堪龛勘　[35] 坎砍
ŋ [21] 衙岩
h [21] 含函涵憨咸衔　[13] 喊　[53] 陷馅撼憾
ø [33] 庵鹌　[13] 暗

im

t [13] 掂点店
tʰ [33] 添舔　[21] 甜
n [33] 鲇蔫　[21] 黏阎严俨　[13] 染　[53] 验念
l [21] 廉镰帘　[13] 敛殓脸
ts [33] 尖沾粘瞻　[35] 蘸　[13] 占~领
tsʰ [33] 歼签　[53] 暂渐

s　[33] 单姓　[21] 潜蝉禅旋璇　[35] 陕闪

k　[33] 兼　[35] 捡检　[13] 剑

kʰ　[21] 钳　[53] 俭

h　[33] 谦轩　[21] 嫌　[35] 险　[13] 嵌欠歉

ø　[33] 阉腌　[21] 蟾炎盐檐　[35] 淹掩　[13] 厌
　[53] 艳焰

ɛm

l　[21] 林淋临霖

ts　[33] 针斟　[35] 枕　[13] 浸

tsʰ　[33] 侵深　[21] 沉寻　[35] 寝

s　[33] 心森参渗　[21] 岑　[35] 沈审婶　[53] 甚

k　[33] 今金　[35] 锦　[13] 禁

kʰ　[33] 襟钦　[21] 琴禽擒　[13] 妗　[53] 撳

ø　[33] 揞

an

p　[33] 班斑颁　[35] 板版板扳叛

pʰ　[33] 攀　[13] 盼　[53] 扮瓣辨办

m　[21] 蛮　[13] 晚　[53] 迈慢馒漫万蔓

f　[33] 返翻番藩~国　[21] 凡烦矾繁帆梵藩~篱　[35] 反
　[13] 贩　[53] 泛范犯幻患宦饭

v　[33] 弯湾　[21] 完还~原环　[35] 玩挽

t　[33] 丹单　[13] 旦诞

tʰ　[33] 滩摊　[21] 掸檀坛弹~琴　[35] 坦　[13] 炭叹
　[53] 弹子~蛋悼但

n　[21] 难~易　[53] 难患~

l　[21] 兰拦栏　[13] 懒　[53] 烂

ts　[35] 盏　[13] 赞

tsʰ　[33] 餐　[21] 残　[35] 铲产　[13] 灿颤　[53] 赚攒
绽栈

| s | [33] 珊姍山删门拴栅 [35] 散~了 [13] 伞散分~疝
| k | [33] 艰间中~裥奸奸涧铜肩关 [35] 碱简柬拣茧砚 [13] 间~断谏惯
| kʰ | [35] 刊
| ŋ | [21] 颜彦顽 [13] 眼 [53] 雁谚
| h | [21] 闲还~有 [53] 限
| ø | [33] 晏

in

| p | [33] 鞭边 [35] 贬扁匾 [13] 变 [53] 辫
| pʰ | [33] 编篇偏翩蝙 [13] 骗遍片 [53] 辩汴便方~
| m | [21] 棉绵眠抿 [13] 免勉娩缅湎觅 [53] 面
| t | [33] 颠 [35] 典腆短 [13] 垫
| tʰ | [33] 天端 [21] 豕以豚训~田填疹佃团屯豚臀囤 [13] 断 [53] 奠甸锻电殿段缎
| n | [21] 年 [13] 暖 [53] 嫩
| l | [21] 连联怜莲鸾 [35] 恋 [13] 撚以指~碎撵卵 [53] 练炼乱
| ts | [33] 尊煎毡笺专砖遵蹲 [35] 碾剪展辗撰转~眼 [13] 箭钻转~圈篆饯战荐
| tsʰ | [33] 村迁千川穿 [21] 钱缠前全泉传~达存 [35] 揣浅喘 [13] 寸窜纂串 [53] 溅践贱传~记
| s | [33] 仙鲜先酸宣喧孙逊 [21] 船 [35] 冼癣选损 [13] 线扇算蒜 [53] 羡善膳擅
| k | [33] 坚绢捐 [35] 卷券 [13] 建见眷
| kʰ | [33] 圈 [21] 乾虔拳权颧 [53] 倦件键健腱
| h | [33] 掀牵 [21] 贤弦玄悬眩 [35] 遣缱显犬 [13] 宪献劝 [53] 苋现
| ø | [33] 烟咽冤渊 [21] 涎然燃焉延筵言研丸圆员缘沿铅元原源袁辕园援猿 [35] 演院阮 [13] 燕宴软苑怨远 [53] 愿县

un

p [33] 般搬 [35] 本 [13] 半

pʰ [33] 潘 [21] 盘盆 [53] 伴拌畔绊判胖

m [21] 瞒门 [13] 满闽 [53] 闷

f [33] 宽欢 [21] 鼾寒韩 [35] 罕旱款 [13] 汉 [53] 汗焊翰

v [21] 缓 [35] 皖豌剜碗腕蜿宛婉 [53] 换唤焕

k [33] 干~犯；~燥肝竿杆官棺观 [35] 秆赶管馆 [13] 干~部冠贯灌罐

kʰ [13] 看

ŋ [53] 岸

ø [33] 安鞍 [13] 按案

ən

p [33] 彬斌宾槟滨鬓缤奔锛 [35] 禀 [13] 殡

pʰ [33] 笨白,厚 [21] 贫 [35] 品 [13] 喷 [53] 笨文

m [33] 蚊 [21] 民文纹闻 [13] 悯敏吻刎 [53] 问

f [33] 分芬纷熏勋薰婚 [21] 焚坟昏 [35] 粉粪奋 [13] 愤忿训 [53] 份

v [33] 温瘟 [21] 魂馄浑匀荤云晕 [35] 隐 [13] 稳 [53] 运

t [33] 敦墩扽 [13] 顿

tʰ [33] 吞饨 [13] 沌钝遁循盾

l [21] 邻鳞燐伦沦轮仑 [53] 论

ts [33] 津珍榛臻真嗔贞侦 [35] 诊疹准 [13] 进晋镇振震俊

tsʰ [33] 亲衬椿春 [21] 秦陈尘 [35] 蠢逞 [13] 趁 [53] 尽阵

s [33] 辛新薪身申伸 [21] 神娠辰晨臣荀旬巡殉徇唇纯醇 [35] 笋榫 [13] 信讯汛肾慎迅瞬 [53] 顺舜

k	[33]	跟根巾斤筋均钧君郡军		[35]	紧仅谨	[13]	棍
kʰ	[33]	坤	[21] 勤芹群裙	[13]	滚窘	[53]	近
ŋ	[21]	银龈	[53] 韧				
h	[21]	痕	[35] 很	[53] 恨			
ø	[33]	恩					

aŋ

pʰ	[33]	烹亨	[21] 庞彭膨澎棚	[13] 棒			
m	[21]	盲	[13] 猛	[53] 孟			
v	[21]	横					
l	[13]	冷					
ts	[33]	争筝睁	[13] 正才, 口语音				
tsʰ	[21]	橙澄惺	[13] 撑	[53] 郑掷			
s	[33]	声生笙甥牲又	[21] 城	[35] 省			
k	[33]	更庚羹埂耕轰	[13] 径				
kʰ	[35]	梗骾茎					
ŋ	[53]	硬					
h	[33]	炕坑	[21] 行~为	[53] 行品~			

əŋ

p	[33]	崩浜兵	[21] 冰	[35] 秉			
pʰ	[21]	频朋平评屏萍	[13] 迸摒聘姘拼并				
m	[21]	萌鸣明盟	[13] 皿				
f	[21]	衡宏					
v	[13]	允尹韵永	[53] 泳咏				
t	[33]	登灯瞪丁疔汀	[35] 等顶	[13] 凳订			
tʰ	[21]	腾誊藤滕亭停廷庭蜓霆挺	[53] 邓锭定				
n	[21]	能凝宁					
l	[21]	陵凌菱灵零铃伶拎	[53] 赁吝楞另令				
ts	[33]	曾增憎蹭僧征蒸精晶正~月征	[35] 整	[13] 证症正~是政			

tsʰ	[33] 称~呼清　　[21] 曾~经层惩情呈程　　[13] 秤称~重 [53] 赠静靖
s	[33] 升牲星猩　　[21] 乘绳承丞成诚　　[13] 胜性圣 [53] 剩盛
k	[33] 粳哽京荆经　　[35] 耿景警竟　　[13] 劲更境敬劲
kʰ	[33] 倾　　[21] 凝鲸琼　　[35] 恳垦　　[13] 竞顷
h	[33] 兴~旺卿馨兄　　[21] 恒形型刑邢　　[35] 肯　　[13] 庆兴高~　　[53] 杏幸
∅	[33] 莺

ɔŋ

p	[33] 帮邦　　[35] 榜绑
pʰ	[21] 滂磅旁螃膀傍　　[35] 谤　　[53] 蚌
m	[33] 芒~果虻　　[21] 忙亡芒~草忘　　[35] 莽蟒网辋罔妄 [53] 望
f	[33] 荒慌谎方肪芳　　[21] 妨房防　　[35] 晃坊做纺仿彷访 [13] 放
v	[33] 汪　　[21] 黄簧皇蝗王　　[35] 枉　　[13] 往　　[53] 旺
t	[33] 当~时　　[35] 党挡　　[13] 档裆当~作铛
tʰ	[33] 汤宕　　[21] 堂螳唐糖塘　　[35] 倘躺　　[13] 烫熨以烫训~趟荡
n	[21] 囊
l	[21] 郎廊狼螂　　[13] 朗　　[53] 浪
ts	[33] 赃脏肮~张庄装章樟瘴桩　　[35] 长生~掌　　[13] 葬涨帐账胀仗壮障
tsʰ	[33] 仓苍疮闯昌菖倡　　[21] 藏隐~长~短肠场床　　[35] 抢创厂　　[13] 畅唱　　[53] 丈杖状藏西~脏内~撞
s	[33] 桑嗓襄霜孀商伤　　[21] 常尝裳偿　　[35] 爽赏 [13] 丧上~山　　[53] 上~面尚
k	[33] 冈岗刚纲缸钢杠光江扛肛　　[35] 广讲港　　[13] 降下~
kʰ	[33] 康郝　　[21] 逛狂　　[13] 抗旷扩况矿

ŋ　［13］仰昂
h　［33］糠慷　　［21］行~列航杭降投~　　［53］项巷
ø　［13］肮

uŋ

p　［35］捧
pʰ　［21］凭蓬冯
m　［21］蒙　　［35］懵　　［53］梦
f　［33］风枫疯丰封峰蜂锋　　［21］篷逢缝　　［35］讽　　［53］凤奉俸
t　［33］东　　［35］董懂　　［13］冻栋
tʰ　［33］通　　［21］同铜筒童瞳彤　　［13］痛疼以痛训~　　［53］动洞桶捅统
n　［21］农脓侬浓
l　［33］聋窿　　［21］笼隆龙垅
　　［35］拢陇　　［53］弄
ts　［33］棕鬃宗综中忠衷终踪纵~横钟盅春　　［35］总纵放~丛种名词肿　　［13］粽中射~众种动词
tsʰ　［33］聪窗匆葱囱冲充铳涌地名用字　　［21］丛虫崇从松~树重~复　　［35］宠　　［13］重轻~　　［53］仲诵颂讼
s　［33］双颂松轻~嵩　　［13］送宋
k　［33］公蚣工功攻弓躬宫恭供　　［35］贡巩
kʰ　［21］穷　　［35］恐　　［13］控　　［53］共
h　［33］空胸凶汹　　［21］熊虹弘烘红洪鸿雄　　［35］孔　　［13］拱讧　　［53］哄

iɐm

ø　［33］音阴　　［21］壬吟淫　　［35］饮　　［13］荫　　［53］任纫

iən

ø　[33] 因姻洇茵欣殷　　[21] 人仁寅　　[13] 忍刃衅印引瘾
　　[53] 润闰

uən

kʰ　[33] 昆　　[35] 混　　[13] 捆困菌

iaŋ

p　[35] 丙炳饼　　[13] 柄
pʰ　[21] 坪瓶　　[53] 病
m　[21] 名铭　　[53] 命
t　[33] 钉
tʰ　[33] 厅　　[13] 听艇
l　[13] 领岭
ts　[33] 睛　　[35] 井
tsʰ　[33] 青蜻　　[21] 晴　　[35] 请　　[53] 净
s　[33] 姓腥　　[35] 醒
k　[33] 惊　　[35] 颈　　[13] 镜
h　[33] 轻
ø　[21] 赢　　[35] 影映

ieŋ

ø　[33] 应~该鹰鹦樱英婴缨　　[21] 仍扔蝇迎盈荣营萤　　[35] 颖　　[13] 应~用　　[53] 认孕

iɔŋ

t　[33] 啄鸡~米
n　[21] 娘
l　[21] 良凉量度~粮梁樑辆　　[35] 两　　[53] 亮谅量数~
ts　[33] 将~来浆　　[35] 蒋奖桨　　[13] 酱将大~
tsʰ　[33] 枪　　[21] 墙详祥　　[53] 匠象橡

| s | [33] 相互~箱厢湘镶 [35] 想 [13] 相~貌像
| k | [33] 姜缰羌 [13] 桨
| kʰ | [33] 疆僵匡筐眶框腔 [21] 强~弱 [13] 强勉~
| h | [33] 香乡 [35] 响饷享响 [13] 向
| ∅ | [33] 壤攘央殃秧 [21] 羊洋烊杨阳扬疡佯 [13] 养痒
| | [53] 让酿嚷样漾

iuŋ

| ∅ | [33] 翁瓮 [21] 戎绒融茸容蓉庸溶佣浓又熊又 [35] 拥
| | 壅甬勇 [13] 涌文 [53] 用

m̩

| ∅ | [21] 吴蜈吾梧 [13] 五伍午仵 [53] 误悟

ap

| t | [3] 答搭
| tʰ | [3] 拓~本塔榻塌踏 [5] 踏沓
| n | [5] 纳
| l | [5] 腊蜡
| ts | [3] 眨
| tsʰ | [3] 插 [5] 杂闸
| k | [3] 甲胛匣狎夹~菜
| kʰ | [3] 恰洽
| h | [5] 合峡侠
| ∅ | [3] 鸭押

ip

| tʰ | [3] 帖贴 [5] 叠碟蝶谍牒
| n | [3] 聂镊蹑摄孽捏 [5] 业
| l | [3] 掐 [5] 猎
| ts | [3] 接

tsʰ [3] 妾　[5] 捷
s [3] 楔屑木~
k [3] 劫
kʰ [5] 夹硤狭
h [3] 挟　[5] 涉胁协
ø [3] 腌　[5] 叶页

ɐp

l [3] 笠粒泣　[5] 立
ts [3] 执汁
tsʰ [3] 揖　[5] 摺褶缉集辑习袭
s [3] 湿　[5] 十什拾
k [3] 蛤鸽急
kʰ [3] 级给吸　[5] 及
h [5] 盒

at

p [3] 八
pʰ [5] 拔
m [3] 抹　[5] 袜沫
f [3] 法发　[5] 乏伐筏罚
v [3] 挖　[5] 滑猾
tʰ [3] 遏　[5] 达
l [3] 癞　[5] 邋辣
ts [3] 扎札
tsʰ [3] 擦察涮刷
s [3] 撒萨杀
k [3] 括刮
h [3] 骇瞎乞迄讫　[5] 亥辖
ø [3] 压

it

p [3] 必
pʰ [3] 避乄撇辟僻癖 [5] 别
m [5] 灭篾蔑
t [3] 跌掇秩
tʰ [3] 铁脱 [5] 夺
l [3] 乙 [5] 列烈裂冽洌
ts [3] 只~有哲蜇折~断浙节 [5] 只量词
tsʰ [3] 砌切 [5] 彻撤辙截绝
s [3] 率~领薛泄亵设雪说蟀 [5] 舐舌食蚀
k [3] 涩结洁
kʰ [3] 揭厥橛决诀缺 [5] 杰
ŋ [5] 热
h [3] 怯血 [5] 穴
ø [5] 悦阅月越曰粤

ut

p [3] 钵
pʰ [3] 拨泼 [5] 勃馞脖
m [5] 末没
f [3] 阔豁
v [5] 活
k [3] 割葛
h [3] 蔼喝渴歇蝎

ɐt

p [3] 笔毕不
pʰ [3] 匹
m [3] 物勿 [5] 密蜜
f [5] 忽核果~弗佛
v [3] 掘屈崛倔郁忧~

tʰ ［3］突

l ［3］劣　［5］栗律率效~

ts ［3］质卒猝

tsʰ ［3］嗤七漆出　［5］侄

s ［3］失室戌怵怵　［5］实术述

k ［3］吉骨

kʰ ［3］咳窟

h ［3］核审~

ak

p ［3］百伯

pʰ ［3］帕泊柏拍魄　［5］白帛

m ［3］陌　［5］麦脉

v ［5］划或惑域

l ［5］肋

ts ［3］铡窄摘责炙

tsʰ ［3］测拆策册赤斥尺　［5］泽择宅

s ［5］石

k ［3］格革隔

ŋ ［3］逆　［5］额

h ［3］吓客赫

ø ［3］镯扼轭厄

ɐk

p ［5］卜

pʰ ［3］弼北逼迫碧

m ［3］擘掰　［5］墨默蓦

t ［3］得德的滴嫡

tʰ ［3］剔　［5］特敌狄

n ［5］搦勒

l ［5］力历

ts	[3]	则即鲫侧仄织职积迹绩
tsʰ	[3]	籍藉狼~戚　[5] 藉~故蛰疾贼直值殖植席主~寂
s	[3]	悉蟋塞息熄媳色识式饰惜昔适释析　[5] 夕
k	[3]	极击激
kʰ	[3]	刻克戟
ŋ	[3]	吃
h	[3]	黑
ø	[3]	噎

ɔk

p	[3]	博缚剥驳垦田~：田埂仆~人
pʰ	[3]	讣朴扑　[5] 薄
m	[3]	蟆膜莫幕寞
v	[3]	获握沃　[5] 镬
t	[3]	剁度~量
tʰ	[3]	托　[5] 择择~菜
l	[3]	赂骆烙酪络貉壴　[5] 落洛乐快~
ts	[3]	拙作昨着穿~桌
tsʰ	[5]	凿着~火戳
s	[3]	塑索
k	[3]	各阁搁胳郭廓觉知~角国
kʰ	[3]	霍藿确攉击
ŋ	[5]	颚岳乐音~鄂
h	[3]	壳　[5] 鹤学
ø	[3]	噩恶善~

uk

pʰ	[5]	卜仆~倒
m	[5]	木目穆牧
f	[5]	复覆腹服伏斛福幅蝠
t	[3]	督

| tʰ | [3] 秃笃 [5] 独读牍犊毒
| l | [5] 鹿禄六陆绿录
| ts | [3] 捉竹筑祝粥足烛嘱蜀
| tsʰ | [3] 速畜蓄促触束 [5] 续浊簇族逐轴俗赎
| s | [3] 宿肃缩叔淑粟 [5] 熟属
| k | [3] 谷掬
| kʰ | [3] 酷菊曲锔 [5] 局
| h | [3] 哭
| ∅ | [3] 屋

iɐp

| ∅ | [3] 邑 [5] 入

iɐt

| ∅ | [3] 日一溢 [5] 逸

uɐt

| k | [3] 兀

iak

| p | [3] 壁璧
| pʰ | [3] 劈
| tʰ | [3] 踢 [5] 笛籴
| ts | [3] 迹脊
| tsʰ | [5] 席~子
| s | [3] 鹊锡
| kʰ | [3] 剧屐

iɐk

| ∅ | [3] 恤忆亿抑益 [5] 翼亦译易交~液腋疫役

iɔk

t　［3］琢啄~木鸟
l　［5］略掠虐疟
ts　［3］爵雀嚼酌灼妁卓
tsʰ　［3］绰焯芍
s　［3］削
k　［3］脚钁~锄：锄头
kʰ　［3］却
ø　［3］诺若弱约跃匿　［5］药

iuk

ø　［3］肉郁葱~育　［5］辱褥玉狱欲浴

第四章

大鹏话分类词表

说明：

（一）每个词条先写汉字，后标注音标，音标后为该词的注释说明。词义注释为方言词义，与普通话相同的义项，只列词条及国际音标，一般不立义项。

（二）有音无字的情况下，用"□"表示该字；条目中可有可无的文字，用"（ ）"括起来。

（三）注释中，需例句进行说明的，例句中用"～"替代该词条。

（四）方言中的同义词或近义词，第一个条目顶格排列，其余条目下起一行缩一字排列。

（五）条目内容超过一行时，下起一行缩两字排列。

（六）分类词表目录如下：

一 天文	十一 身体	二十一 文体活动
二 地理	十二 疾病、医疗	二十二 动作
三 时令、时间	十三 衣服、穿戴	二十三 位置
四 农业	十四 饮食	二十四 代词等
五 植物	十五 红白大事	二十五 形容词
六 动物	十六 日常生活	二十六 副词、介词等
七 房舍	十七 讼事	二十七 量词
八 器具、用品	十八 交际	二十八 数词等
九 称谓	十九 商业、交通	
十 亲属	二十 文化教育	

一 天文

日头 ŋit⁵ tʰɐu²¹ 太阳
落山 ŋit⁵ tʰɐu²¹ lɔk⁵ san³³ （太阳）下山
阳光 iɔŋ²¹ kɔŋ³³
天狗食日 tʰin³³ kɐu³⁵ sit⁵ ŋit⁵ tʰau²¹ 日食
日头阴埞 ŋit⁵ tʰɐu²¹ iam³³ tʰiaŋ⁵³ 背阴（太阳照不到的地方）
月光 it⁵ kɔŋ³³ 月亮
天狗食月 tʰin³³ kɐu³⁵ sit⁵ it⁵ 月食
星 siaŋ³³ 星星
濑屎星 lai⁵³ si³⁵ siaŋ³³ 流星
天河 tʰin³³ hɔ²¹ 银河
风 fuŋ³³
台风 tʰui²¹ fuŋ³³
打风 ta³⁵ fuŋ³³ 刮风
鬼转风 kɐi³⁵ tsʰin⁵³ fuŋ³³ 旋风
顺风 sɐn⁵³ fuŋ³³
逆风 ŋak⁵ fuŋ³³
云 vɐn²¹
乌云 u³³ vɐn²¹ 黑云
霞雾 ha²¹ mu⁵³ 霞
雷 lui²¹
雷公响 lui²¹ kuŋ³³ hiɔŋ³⁵ 打雷
火蛇 fɔ³⁵ sa²¹ 闪电
火蛇仔摄 fɔ³⁵ sa²¹ tsɐi³⁵ sip³ 打闪
水 sui³⁵ 雨
落水 lɔk⁵ sui³⁵ 下雨
细水 sɐi¹³ sui³⁵ 小雨
　水溦 sui³⁵ mi²¹
落水溦 lɔk⁵ sui³⁵ mi²¹ 毛毛雨
日头水 ŋit⁵ tʰɐu²¹ sui³⁵ 太阳雨

畀水督 pi³⁵ sui³⁵ tuk³　淋雨
　督水 tuk³ sui³⁵
避水 pʰi⁵³ sui³⁵　躲雨
天弓 tʰin³³ kuŋ³³　虹
冰 peŋ³³
结冰 kit³ peŋ³³
雪 sit³
落雪 lɔk⁵ sit³　下雪
融化 iuŋ²¹ fa¹³　（冰雪）化（了）
冰雹 peŋ³³ pʰau¹³
霜 sɔŋ³³
落霜 lɔk⁵ sɔŋ³³　下霜
露水 lu⁵³ sui³⁵　露
　雾水 mu⁵³ sui³⁵
落雾水 lɔk⁵ mu⁵³ sui³⁵　下露水
雾 mu⁵³
有雾 ieu¹³ mu⁵³　起雾
天气 tʰin³³ hi¹³
好天 hau³⁵ tʰin³³　晴天
阴天 iɐm³³ tʰin³³
潮湿 tsʰiu²¹ sɐp³　受潮
旱 fun¹³
水灾 sui³⁵ tsui³³
　发大水 fat³ tʰai⁵³ sui³⁵
　（水）浸 sui³⁵ tsɐm¹³　（水）淹

二　地理

菜地 tsui¹³ tʰi⁵³
輋地 tsʰia²¹ tʰi⁵³　旱地
水田 sui³⁵ tʰin²¹
烂泥地 lan⁵³ nei²¹ tʰi⁵³　烂泥田

田塍 tʰin²¹ seŋ²¹　田埂

田塍头 tʰin²¹ seŋ²¹ tʰɐu²¹　坎儿（田野中自然形成的或人工修筑的台阶形状的东西）

眼孔 ŋan¹³ kʰuŋ³³　窟窿

岭岗 liaŋ¹³ kɔŋ³³　山

上岭岗 sɔŋ¹³ liaŋ¹³ kɔŋ³³　上山

山半岭 san³³ pun¹³ liaŋ¹³　山腰

山脚下 san³³ kiɔk³ ha¹³　山脚

山顶 san³³ teŋ³⁵　山峰（山的突出的尖顶）

山坑 san³³ haŋ³³　山涧（山间的溪流）

坳 au³⁵　坡

坑 haŋ⁵³　河

坑边 haŋ⁵³ pin³³　河岸

垩 pɔk³　坝（河中拦水的建筑物）

圳 tsɐn¹³　溪（小河沟）

圳 tsɐn¹³　水渠（人工开凿的水道）

水凼 sui³⁵ tʰɐm²¹　水坑（路面的）

沟沥 kɐu³³ liak³　阴沟（地下水沟）

池塘 tsʰi²¹ tʰɔŋ²¹

海 fui³⁵

淡水 tʰam¹³ sui³⁵

冻水 tuŋ¹³ sui³⁵　冷水

热水 ŋit⁵ sui³⁵　温水

热水 ŋit⁵ sui³⁵

滚水 kɐn³⁵ sui³⁵　开水

潲水 tsʰau¹³ sui³⁵　泔水

泉水 tsʰan²¹ sui³⁵

温泉 vɐn³³ tsʰan²¹

石牯 sak⁵ ku³⁵　石头

鹅卵石 ŋɔ²¹ lɐn¹³ sak⁵

沙粒 sa³³ lɐp³　沙子

沙头 sa³³ tʰɐu²¹　沙滩
泥土 nɐi²¹ tʰu³⁵
泥团 nɐi²¹ tʰin²¹　泥块
烂泥 lan⁵³ nɐi²¹
泥浆 nɐi²¹ tsiɔŋ³³
缸瓦泥 kɔŋ³³ ŋa¹³ nɐi²¹　土坯
砖 tsin³³
瓦 ŋa¹³
烂瓦析 lan⁵³ ŋa¹³ sak³　碎瓦片
窑 iu²¹
石灰 sak⁵ fui³³
红毛泥 huŋ²¹ mau²¹ nɐi²¹　水泥
灰尘 fui³³ tsʰɐn²¹
煤 mui²¹
木炭 muk⁵ tʰan¹³
磁铁 tsʰi²¹ tʰit³
铁线 tʰit³ sin¹³　铁丝
铁镥 tʰit³ lu³³　铁锈
垃圾 lap⁵ sap³
木碎 muk⁵ sui³⁵　刨花
锯木屑 ki¹³ muk⁵ sit³　锯末儿
木櫼 muk⁵ sit³　楔子
埞 tʰiaŋ⁵³　地方（这是什么~?）
其他埞 kʰi²¹ tʰa³³ tʰiaŋ⁵³　别的地方
外国 ŋui⁵³ kɔk³
城□解 saŋ²¹ nai⁵³ kai³⁵　城里
农村 nuŋ²¹ tsʰin³³　乡下
屋己 uk³ ki³⁵　家乡
围头 vɐi²¹ tʰau²¹　村子

三　时令、时间

春天 tsʰɐn³³ tʰin³³

热天 ŋit⁵ tʰin³³　夏天
秋天 tsʰɐu³³ tʰin³³
冷天 laŋ¹³ tʰin³³　冬天
过冬 kɔ¹³ tuŋ³³　冬至
做年 tsu¹³ nin²¹　春节
年三十晚 nin²¹ sam³³ sɐp⁵ man¹³　除夕
年初一 nin²¹ tsʰɔ³³ iɐt³　大年初一
新十五 sɐn³³ sɐp⁵ m¹³　元宵节
五月节 m¹³ it⁵ tsit³　端午节
清明节 tsʰɐŋ³³ mɐŋ²¹ tsit³
七月十四 tsʰet³ it⁵ sɐp⁵ si¹³　中元节（七月十五）
　鬼节 kɐi³⁵ tsit³
中秋节 tsuŋ³³ tsʰɐu³³ tsit³
　八月十五 pat³ it⁵ sɐp⁵ m¹³
利是钱 lɐi⁵³ si⁵³ tsʰin²¹　压岁钱
今年 kɐm³³ nin²¹
旧年 kʰɐu⁵³ nin²¹　去年
明年 mɐŋ²¹ nin²¹
前年 tsʰin²¹ nin²¹
大前年 tʰai⁵³ tsʰin²¹ nin²¹
后年 hɐu⁵³ nin²¹
大后年 tʰai⁵³ hɐu⁵³ nin²¹
年头 nin²¹ tʰɐu²¹　年初
年尾 nin²¹ mi¹³　年底
上半年 sɔŋ⁵³ pun¹³ nin²¹
下半年 ha⁵³ pun¹³ nin²¹
成年 saŋ²¹ nin²¹
每年 mui¹³ nin²¹
正月 tsɐŋ³³ it⁵
闰月 iɐn⁵³ it⁵
啊日 a³³ iɐt³　一天

今天 kɐm³³ iɐt³
唱日 tsʰɔŋ⁵³ iɐt³　昨天
明日 mɐŋ²¹ iɐt³　明天
前日 tsʰin²¹ iɐt³　前天
大前日 tʰai⁵³ tsʰin²¹ iɐt³　大前天
前几日 tsʰin²¹ ki³⁵ iɐt³　前几天
后日 hɐu⁵³ iɐt³　后天
大后日 tʰai⁵³ hɐu⁵³ iɐt³　大后天
星期日 sɐŋ³³ kʰi²¹ iɐt³　星期天
　礼拜日 lɐi¹³ pai¹³ iɐt³
一只星期 iɐt³ tsit⁵ sɐŋ³³ kʰi³⁵　一星期
日日 iɐt³ iɐt³　每天
当日 tɔŋ³³ iɐt³　当天
改日 kui³⁵ iɐt³　改天
成日 sɐŋ²¹ iɐt³　整天
半日 pun¹³ iɐt³　半天
大半日 tʰai⁵³ pun¹³ iɐt³　大半天
上昼 sɔŋ⁵³ tsɐu¹³　上午
晏昼 an³³ tsɐu¹³　中午
下昼 ha⁵³ tsɐu¹³　下午
五更昼 m¹³ kaŋ³³ tsɐu³⁵　凌晨（天快亮）
朝头早 tsiu³³ tʰɐu²¹ tsau³⁵　清晨（日出前后）
天光 tʰin³³ kɔŋ³³　天亮了
天皓 tʰin³³ hau⁵³
日晨头 iɐt³ sɐn²¹ tʰɐu²¹　白天
日头落光 ŋit⁵ tʰɐu²¹ lɔk⁵ kɔŋ³³　傍晚
天黑喇 tʰin³³ hɐk³ la³³　天黑了
晚头黑 man¹³ tʰɐu²¹ hɐk³　晚上
半夜三更 pun¹³ ia⁵³ sam³³ kaŋ³³　半夜
上半夜 sɔŋ⁵³ pun¹³ ia⁵³
下半夜 ha⁵³ pun¹³ ia⁵³

每日晚头黑 mui¹³ iɐt³ man¹³ tʰɐu²¹ hɐk³　每天晚上
日子 iɐt³ tsi³⁵　日子（指日期）
一只钟头 iɐt³ tsit⁵ tsuŋ³³ tʰɐu²¹　（一个）小时
一个字 iɐt³ kɔ¹³ tsʰi⁵³　五分钟
成日 sɐŋ²¹ iɐt³　经常
乜啲时候 mɐt³ ti⁵³ si²¹ hɐu⁵³　什么时候
　几时 ki³⁵ si²¹
前嗰排 tsʰin²¹ kɔ³⁵ pʰai²¹　前些时候
今下 kan³³ ha¹³　这时候
嗰阵 kɔ³⁵ tsʰɐn⁵³　那时候
旧阵时 kʰɐu⁵³ tsʰɐn⁵³ si²¹　古代
啱啱 ŋam³³ ŋam³³　先前
收尾 sɐu³³ mi¹³　后来
最近 tsui¹³ kʰɐn⁵³　近来
今下 kɐn³³ ha¹³　现在
有阵 iɐu¹³ tsʰɐn⁵³　有时
一阵间 iɐt³ tsʰɐn⁵³ kan³³　一会儿
下次 ha⁵³ tsʰi¹³
上次 sɔŋ⁵³ tsʰi¹³
今后 kɐm³³ hɐu⁵³　以后
一世人 iɐt³ sɐi¹³ iɐn²¹　一辈子
前世 tsʰin²¹ sɐi¹³　上辈子
后世 hɐu⁵³ sɐi¹³　下辈子
来得彻 lui²¹ tɐk³ tsʰit³　来得及
赶唔彻 kun³⁵ m²¹ tsʰit³　来不及
通胜 tʰuŋ³³ sɐŋ¹³　历书
旧历 kʰɐu⁵³ lɐt⁵　阴历（农历）
　农历 nuŋ²¹ lɐt⁵
新历 sɐn³³ lɐt⁵　阳历（公历）

四　农业

耕田 kaŋ³³ tʰin²¹　种田

早造 tsau³⁵ tsʰau⁵³　早季
晚造 man¹³ tsʰau⁵³　晚季
六月涝 luk⁵ it⁵ lau⁵³　夏收
十月涝 sɐp⁵ it⁵ lau⁵³　秋收
落田 lɔk⁵ tʰin²¹　下地（~干活）
犁田 lɐi²¹ tʰin²¹
耙田 pʰa²¹ tʰin²¹
下谷 ha¹³ kuk³　撒种
莳田 si⁵³ tʰin²¹　插秧
铲禾苗 tsʰan³⁵ vɔ²¹ miu²¹　拔秧
扯稗仔 tsʰa³⁵ pʰɐi⁵³ tsɐi³⁵　拔稗草
整草 tsɐŋ³⁵ tsʰau³⁵　锄草
扯草 tsʰa³⁵ tsʰau³⁵　薅草（用手拔草）
锄 tsʰɔ²¹　（用锄头）挖
放水落田 fɔŋ¹³ sui³⁵ lɔk⁵ tʰin²¹　（水渗透）灌溉农田
放水 fɔŋ¹³ sui³⁵　排干（水）
捡屎 kim³⁵ si³⁵　拾粪
　捡肥 kim³⁵ fi²¹
施肥 si³³ fi²¹
积肥 tsɐk³ fi²¹
肥 fi²¹　粪肥
割禾 kut³ vɔ²¹　割稻
打谷 ta³⁵ kuk³
搅米 kau³⁵ mɐi¹³　碾米
生芽 saŋ³³ ŋa²¹　（种子）发芽
淋水 lam²¹ sui³⁵　浇水
扯水 tsʰa³⁵ sui³⁵　打水（从井里取水）
井头 tsiaŋ³⁵ tʰau²¹　水井
扯水桶 tsʰa³⁵ sui³⁵ tʰuŋ³⁵　水桶（从井里打水用的，用长绳系着）
尿桶 niu⁵³ tʰuŋ³⁵　粪桶（浇粪用的，可以挑）

尿勺 niu⁵³ sɔk⁵　粪勺（浇粪用的，有长柄）
水车 sui³⁵ tsʰa³³
戽斗 fu¹³ tɐu³⁵
养猪 iɔŋ¹³ tsi³³
宾猪 pɐn³³ tsi³³　喂猪
掌牛 tsɔŋ³⁵ ŋɐu²¹　放牛
榨油 tsa¹³ iɐu²¹
牛嘴笠 ŋɐu²¹ tsui³⁵ lɐp³　牛笼嘴
牛轭 ŋɐu²¹ ak³
犁 lɐi²¹
犁□刀 lɐi²¹ kʰaŋ¹³ tau³³　犁镜（安在犁铧上方，用铸铁等制成的一块弯板）
犁头 lɐi²¹ tʰɐu²¹　犁铧（安在犁下端的铁器，略呈三角形）
耙 pʰa²¹
耙齿 pʰa²¹ tsʰi³⁵　耙子（有长柄，一端有铁齿、木齿或竹齿）
打禾机 ta³⁵ vɔ²¹ ki³³　脱粒机
拌桶 pʰan¹³ tʰuŋ³⁵　大木桶（旧时收割稻子脱粒用的）
□子 tʰɐi³³ tsi³⁵　砻（脱谷壳的工具）
水车 sui³⁵ tsʰa³³　风车
斗 tɐu³⁵　碓（舂米的器具）
石臼 sak⁵ hɐm³⁵　石臼（舂米等的器具）
石磨 sak⁵ mɔ⁵³
钁锄 kiɔk³ tsʰɔ²¹　锄头
翻钉 fan³³ tiaŋ³³　镐（刨硬地用的工具，两头尖，或一头尖一头扁平）
禾镰仔 vɔ²¹ lim²¹ tsɐi³⁵　镰刀（割稻的与割草的或不同）
草镰 tsʰau³⁵ lim²¹
铲 tsʰan³⁵　铁锹（用于耕地、铲土的农具。长柄多为木制，头是铁的）
米筛 mɐi¹³ sɐi³³　筛子（眼儿较大，筛稻、米等用的）
箩 lɔ²¹

篮 lam²¹　篮子
担竿 tam¹³ kun³³　扁担
粪箕 fan¹³ ki³³　簸箕（三面有边沿，一面敞口，用来簸粮食等）
竹簟 tsuk³³ tim¹³　簟（摊晒粮食等的竹席）
扫把 sau³³ pa³⁵　扫帚（用竹枝扎，较大）
禾草扫把 vɔ²¹ tsʰau³⁵ sau¹³ pa³⁵　笤帚（用芦苇等扎成，较小）
鸡毛扫 kɐi³³ mau²¹ sau¹³　鸡毛掸子
木桩 muk⁵ tsɔŋ³³
竹板 tsuk³ pan³⁵　竹鞭（小竹子或竹板做的，做鞭打的工具）

五　植物

谷子 kuk³ tsi³⁵　水稻
早稻 tsau³⁵ tʰau³³
晚稻 man¹³ tʰau³³
禾秆草 vɔ²¹ kun³⁵ tsʰau³⁵　稻草
稗 pʰɐi⁵³　稗子
谷串 kuk³ tsʰin¹³　谷穗
稻谷 tʰau³³ kuk³
□谷 pʰaŋ¹³ kuk³　秕谷（不饱满的谷子）
米 mɐi¹³
糯米 nɔ⁵³ mɐi¹³
大米 tʰai³³ mɐi¹³
早造米 tsau³⁵ tsʰau⁵³ mɐi¹³　早米
晚造米 man¹³ tsʰau⁵³ mɐi¹³　晚米
糙米 tsʰau¹³ mɐi¹³
糠 hɔŋ³³
麦 mak⁵　麦子
粟 suk³
高粱 kau³³ liɔŋ²¹
包粟 pau³³ suk³　玉米
苎麻 tsʰi¹³ ma²¹

莲子 lin²¹ tsi³⁵
莲藕 lin²¹ ŋɐu¹³
芝麻 tsi³³ ma²¹
番薯 fan³³ si²¹　红薯
大番薯 tʰai⁵³ fan³³ si²¹　木薯
葛薯 kut³ si²¹　豆薯（块根可以生吃，有的地方叫凉薯）
薯仔 si²¹ tsɐi³⁵　马铃薯
芋头 fu⁵³ tʰɐu²¹　芋头
芋 fu⁵³　芋（指这种植物。即芋头的叶及柄）
淮山 vai²¹ san³³　山药（淮山）
黄豆 vɔŋ²¹ tʰɐu⁵³
绿豆 luk⁵ tʰɐu⁵³
黑豆 hɐk³ tʰɐu⁵³
蚕豆 tsʰam²¹ tʰɐu⁵³
猪屎豆 tsi³³ si³⁵ tʰɐu⁵³　豌豆
短豆角 tin³⁵ tʰɐu⁵³ kɔk³　豇豆（细长条的）
青菜 tsʰiaŋ³³ tsʰui¹³　青菜（蔬菜的统称）
苋菜 hin⁵³ tsʰui¹³　苋菜（注意区别红、白两个品种）
芥兰 kai³³ lan²¹　芥兰菜
麦仔 mak³ tsɐi³⁵　生菜
黄芽白 vɔŋ²¹ ŋa²¹ pʰak⁵　大白菜（叶子大，品种很多）
椰菜 iai²¹ tsʰui¹³　洋白菜（结球甘蓝的通称）
白菜仔 pʰak⁵ tsʰui¹³ tsɐi³⁵　小白菜
菜心 tsʰui¹³ sɐm³³　菜梗
苦瓜 fu³⁵ ka³³
茄仔 kʰiɔ²¹ tsɐi³⁵　茄子
金瓜 kɐm³³ ka³³　南瓜
瓠仔 pʰu²¹ tsɐi³⁵　瓠瓜
冬瓜 tuŋ³³ ka³³
菜瓜 tsʰui¹³ ka³³
黄瓜 vɔŋ²¹ ka³³

丝瓜 si³³ ka³³
大头菜 tʰai⁵³ tʰɐu²¹ tsʰui¹³　黄花菜
辣椒 lat⁵ tsiu³³
灯笼辣椒 teŋ⁵³ luŋ²¹ lat⁵ tsiu³³
番茄 fan³³ kʰiɔ²¹　西红柿
葱 tsʰuŋ³³
洋葱 iɔŋ²¹ tsʰuŋ³³
老姜头 lau¹³ kiɔŋ³³ tʰɐu²¹　姜（注意分别嫩姜和老姜）
芽姜 ŋa²¹ kiɔŋ³³
萝卜 lɔ²¹ pʰɐk⁵
□pʰaŋ¹³　糠了（萝卜失掉水分而中空）
萝卜杠 lɔ²¹ pʰɐk⁵ kɔŋ¹³　萝卜干儿
红萝卜 huŋ²¹ lɔ²¹ pʰɐk⁵　胡萝卜
芥菜 kai¹³ tsʰui¹³
角菜 kɔk³ tsʰui¹³　菠菜
蒜 sin¹³　蒜（整株的）
蒜梗 sin¹³ kʰaŋ³⁵　蒜苗（蒜的花茎）
蒜头 sin¹³ tʰɐu²¹
蒜米 sin¹³ mɐi¹³　蒜瓣
蒜蓉 sin¹³ iuŋ²¹　蒜泥
藠头 kʰiu¹³ tʰɐu²¹　藠
芹菜 kʰɐn²¹ tsʰui¹³
香菜 hiɔŋ³³ tsʰui¹³　芫荽
茼蒿 tʰɔŋ²¹ kʰau³³
籇苋 nɐk³ hin⁵³　马齿苋
莴笋 vɔ³³ sɐn³⁵　莴苣
油菜 iɐu¹³ tsʰui¹³
蕹菜 ɔŋ³³ tsʰui¹³
韭菜 kɐu³⁵ tsʰui¹³
老□ lau¹³ hap³　老的、黄的菜叶
　黄□菜叶 vɔŋ²¹ hap³ tsʰui¹³ ip⁵

菜梗 tsʰui³³ kʰaŋ³⁵
木耳 muk⁵ ŋi¹³
银耳 sit³ i¹³
树林 si⁵³ lɐm²¹
树苗 si⁵³ miu²¹
树梗 si⁵³ kʰaŋ³⁵　树干
树□ si⁵³ kʰiak³　树枝
树叶 si⁵³ ip⁵
树尾 si⁵³ mi¹³　树梢
树根 si⁵³ kɐn³³
树头 si⁵³ tʰɐu²¹　树蔸
种树 tsuŋ¹³ si⁵³
驳树 pɔk³ si⁵³　嫁接
松树 tsʰuŋ²¹ si⁵³
松毛 tsʰuŋ²¹ mau²¹　松针
松鸡谷 tsʰuŋ²¹ kɐi³³ kuk³　松球
松油 tsʰuŋ²¹ iɐu²¹　松脂
柏树 pʰak³ si⁵³
杉树 tsʰam¹³ si⁵³
枫树 fuŋ³³ si⁵³
樟树 tsɔŋ³³ si⁵³
榕树 iuŋ²¹ si⁵³
苦楝树 fu³⁵ nim⁵³ si⁵³
桑仔树 sɔŋ³³ tsɐi³⁵ si⁵³　桑树
桑仔 sɔŋ³³ tsɐi³⁵　桑葚
桑叶 sɔŋ³³ ip⁵
航罂仔 hɔŋ²¹ aŋ³³ tsɐi³⁵　栀子（有的地方叫水横枝）
柴火 tsʰai²¹ fɔ³⁵
簕 nɐk³　（植物上的）刺儿
簕棚 nɐk³ pʰaŋ²¹　荆棘丛
竹 tsuk³　竹子

簕竹 nɐk³ tsuk³　刺竹
竹笋 tsuk³ sɐn³⁵
冬笋 tuŋ³³ sɐn³⁵
竹壳 tsuk³ hɔk³　箨（竹笋上一片一片的皮）
竹篙 tsuk³ kau³³　竹竿儿（晾衣用）
竹叶 tsuk³ ip⁵
竹篾仔 tsuk³ mit⁵ tsɐi³⁵　竹篾
篾囊 mit⁵ nɔŋ²¹　篾黄（外皮以内，质地较脆）
篾青 mit⁵ tsʰiaŋ³³
竹圈 tsuk³ kʰin³³　篾圈儿（竹篾编成的用于箍桶的）
水果 sui³⁵ kɔ³⁵
桃仔 tʰau²¹ tsɐi³⁵　桃子
雪梨 sit³ li²¹　梨
苹果 pʰɐŋ²¹ kɔ³⁵
万寿果 man⁵³ sɐu⁵³ kɔ³⁵　木瓜
葡萄 pʰu²¹ tʰau²¹
马蹄 ma¹³ tʰɐi²¹　荸荠
李仔 li¹³ tsɐi³⁵　李子
枇杷 pʰi²¹ pʰa²¹
黄柿 vɔŋ²¹ sɐi¹³
柿饼 sɐi¹³ piaŋ³⁵
石榴 sɐk⁵ lɐu²¹
□仔 pʰat⁵ tsɐi³⁵　番石榴
甘蔗 kam³³ tsa¹³
西瓜 sɐi³³ ka³³
香蕉 hiɔŋ³³ tsiu³³
芒果 mɔŋ³³ kɔ³⁵
红枣 huŋ²¹ tsau³⁵
核 fɐt⁵　果核
碌仔 luk³ tsɐi³⁵　柚子
桔仔 kɐt³ tsɐi³⁵　橘子

橙仔 tsʰaŋ²¹ tsɐi³⁵　橙子
龙眼仔 luŋ²¹ ŋan¹³ tsɐi³⁵　龙眼
龙眼肉 luŋ²¹ ŋan¹³ iuk⁵
荔果 lɐi⁵³ kɔ³⁵　荔枝
菠萝 pɔ³³ lɔ²¹
橄榄 kam¹³ lam¹³
风栗 fuŋ³³ lɐt⁵　板栗
核桃 hat⁵ tʰau²¹
地豆 tʰi⁵³ tʰɐu⁵³　花生
地豆米 tʰi⁵³ tʰɐu⁵³ mɐi¹³　花生米
地豆衣 tʰi⁵³ tʰɐu⁵³ i⁵³　花生皮
瓜子 ka³³ tsi³⁵
花蕾 fa³³ lui²¹　花蕊
荷花 hɔ²¹ fa³³
水仙花 sui³⁵ sin³³ fa³³　水仙
鸡关花 kɐi³³ kan³³ fa³³　鸡冠花
杜鹃花 tʰu⁵³ kin⁵³ fa³³
芙蓉花 fu²¹ iuŋ²¹ fa³³
仙人掌 sin³³ iɐn²¹ tsɔŋ³⁵
草菇 tsʰau³⁵ ku³³　蘑菇（野生的）
丝茅草 si³³ mau²¹ tsʰau³⁵　茅草（叶深绿色，有细齿，细长）
咸草 ham²¹ tsʰau³⁵　芦苇
溜苔 lau³³ tʰui²¹　青苔
水浮莲 sui³⁵ fɐu²¹ lin²¹　浮萍
艾 ŋai⁵³
狼萁草 lɔŋ³³ ki³³ tsʰau³⁵　蕨（长在山上，农村用于当燃料）
生出嫩芽 saŋ³³ tsʰɐt³ nin⁵³ ŋa²¹　长出新芽
打到仔 ta³⁵ tau⁵³ tsɐi³⁵　结果子
熟嘞 suk⁵ lɐk³　（果实）成熟
生虫 saŋ³³ tsʰuŋ²¹　长虫子（动宾）

六　动物

家禽家畜 ka³³ kʰɐm²¹ ka³³ tsʰuk³　牲畜（家禽家畜的总称）

猪 tsi³³

猪公 tsi³³ kuŋ³³　公猪

猪公 tsʰi³³ kuŋ³³　种猪（专指用于交配的那种）

猪㐷 tsʰi³³ na³⁵　母猪

猪仔 tsi³³ tsɐi³⁵　小猪

肉猪 iuk⁵ tsi³³　肉用猪

生仔 saŋ³³ tsɐi³⁵　（猪）产仔

狗 kɐu³⁵

狗牯 kɐu³⁵ ku³⁵　公狗

狗㐷 kɐu³⁵ na³⁵　母狗

狗仔 kɐu³⁵ tsɐi³⁵　小狗

癫狗 tin³³ kɐu³⁵　疯狗

鸡 kɐi³³

鸡仔 kɐi³⁵ tsɐi³⁵　小鸡儿

鸡公 kɐi³⁵ kuŋ³³　公鸡（成年的）

生鸡 saŋ³³ kɐi³⁵　鸡角（未成年的公鸡）

鸡㐷 kɐi³³ na³⁵　母鸡（生过蛋的）

鸡□ kɐi³³ lan¹³　小母鸡（未生过蛋的）

赖菢鸡 lai⁵³ pʰu⁵³ kɐi³³　抱窝鸡（正孵蛋的）

阉鸡 im³³ kɐi³³

山鸡 san³³ kɐi³³　野鸡

菢 pʰu⁵³　孵（~小鸡）

生卵 saŋ³³ tsʰɐn³³　下蛋

鸡卵 kɐi³³ tsʰɐn³³　鸡蛋

鸡关 kɐi³³ kɐn³³　鸡冠

鸡嗉 kɐi³³ sio¹³　鸡嗉子（食管的后段暂时贮存食物的膨大部分）

鸡髀 kɐi³³ pi³⁵　鸡腿

鸡爪 kɐi³³ tsau³⁵
鸡翼拍 kɐi³³ iɐk⁵ pʰak³　鸡翅
鸡虫 kɐi³³ tsʰuŋ²¹　鸡虱（长在鸡等家禽身上的极细小的虫儿）
鸡杂 kɐi³³ tsʰap⁵　鸡杂儿
鸡红 kɐi³³ huŋ²¹　鸡血
鸡□ kɐi³³ kʰɐn¹³　鸡肫
鸭 ap³
鸭㜷 ap³ na³⁵　母鸭
鸭公 ap³ kuŋ³³　公鸭
鸭檨 ap³ tsʰɐn³³　鸭蛋
鹅 ŋɔ²¹
鹅公 ŋɔ²¹ kuŋ³³　公鹅
鹅㜷 ŋɔ²¹ na³⁵　母鹅
牛 ŋɐu²¹
水牛 sui³⁵ ŋɐu²¹
黄牛 vɔŋ²¹ ŋɐu²¹
牛牯 ŋɐu²¹ ku³⁵　公牛
牛㜷 ŋɐu²¹ na³⁵　母牛
牛仔 ŋɐu²¹ tsɐi³⁵　小牛
牛奶 ŋɐu²¹ nai¹³
撞 tsʰɔŋ⁵³　（牛用角）顶
羊 iɔŋ²¹
羊牯 iɔŋ²¹ ku³⁵　公羊
羊㜷 iɔŋ²¹ na³⁵　母羊
羊仔 iɔŋ²¹ tsɐi³⁵　羊羔
猫 miu³⁵
猫牯 miu³⁵ ku³⁵　公猫
猫㜷 miu³⁵ na³⁵　母猫
兔仔 tʰu¹³ tsɐi³⁵　兔子
猪尾 tsi³³ mi¹³　猪尾巴
猪脚 tsi³³ kiɔk³　猪蹄

猪踭 tsi³³ tsaŋ³³　肘子（作为食物的猪腿的最上部）
排骨 pai²¹ kɐt³
猪板油 tsi³³ pan³⁵ iɐu²¹　板油（猪的体腔内壁上呈板状脂肪）
猪䚉 tsi³³ li⁵³　猪舌
内脏 nui⁵³ tsʰɔŋ⁵³　下水（牛羊猪等的内脏）
猪肺 tsi³³ fɐi¹³
猪肝 tsi³³ kun³³
猪石 tsi⁵³ sak⁵　猪腰子
猪粉肠 tsi³³ fɐn³⁵ tsʰɔŋ²¹　猪小肠
大肠 tʰai⁵³ tsʰɔŋ²¹
猪红 tsi³³ huŋ²¹　猪血
䐑 tsʰɐn³³　已受精的蛋
䐑 tsʰɐn⁵³　未受精的蛋
皮蛋 pʰi²¹ tʰan⁵³　松花蛋
咸鸭䐑 ham²¹ ap³ tsʰɐn³³　咸鸭蛋
水蛋 sui³⁵ tʰan⁵³　蛋羹（加水调匀蒸的）
阉 im³³　阉割
劏 tʰɔŋ³³　宰杀
狗喊 kɐu³⁵ ham¹³　狗叫
鸡啼 kɐi³³ tʰɐi²¹　鸡叫
啄 tiɔŋ³³　（鸡）啄（米）
扒 pʰa²¹　（鸡）用爪扒土
打□ ta³⁵ tʰak⁵　（鸡）交配
打种 ta³⁵ tsuŋ³⁵　（猪牛）交配
溜 lɐu³³　呼（鸡）
赖菢 lai⁵³ pʰu⁵³　（母鸡）赖窝
畜养 tsʰuk³ iɔŋ¹³
雀仔 tsiɔk³ tsɐi³⁵　鸟
老鸦 lau¹³ a³³　乌鸦
麻雀 ma²¹ tsiɔk³
鹩哥仔 liu¹³ kɔ³³ tsɐi³⁵　八哥

喜鹊 hi³⁵ siak³
燕仔 in¹³ tsɐi³⁵　燕子
蚊屎 mɐn³³ si³⁵　蝙蝠
白鸽 pʰak⁵ kɐp³　鸽子
大雁 tʰai¹³ ŋan⁵³
鹧鸪 tsa¹³ ku³³
涯婆 ŋai²¹ pʰɔ²¹　老鹰
嘴 tsui³⁵　喙（鸟类的嘴）
翼 iɐk⁵　翅膀
雀仔窦 tsiɔk³ tsɐi³⁵ tɐu¹³　鸟窝
雀仔欝 tsiɔk³ tsɐi³⁵ tsʰɐn³³　鸟蛋
雀枪 tsiɔk³ tsʰiɔŋ³³　鸟铳
野兽 ia¹³ tsʰɐu¹³
老虎 lau¹³ fu³⁵
熊 iuŋ²¹
豹 pʰau¹³
猴仔 hɐu²¹ tsɐi³⁵　猴子
大笨象 tʰai⁵³ pʰɐn⁵³ tsʰiɔŋ⁵³　大象
扒鸡 pʰa²¹ kɐi³³　穿山甲
老鼠 lau¹³ si³⁵
尾 mi¹³　尾巴
爪 tsau³⁵　爪子
含 hɐm²¹　（用嘴）叼
蚊 mɐn³³　蚊子
乌蝇 u³³ iɐŋ²¹　苍蝇
狗虱 kɐu³⁵ sɐt³　虱子（衣服上的）
头虱 tʰɐu²¹ sɐt³
跳虱 tʰiu¹³ sɐt³　跳蚤
虱嫲 sɐt³ na³⁵　臭虫（身体扁平，赤褐色，腹大，吸人畜的血液）
赤眼蜂 tsʰak³ ŋan¹³ fuŋ³³　牛虻

石肚织 sak⁵ tu³⁵ tsit³　蟋蟀（身体黑褐色，雄的好斗）
灶肚织 tsau¹³ tu³⁵ tsit³　灶蟋蟀
□蛰 kʰit⁵ tsʰat⁵　蟑螂
蜢 maŋ¹³　蝗虫（即蚂蚱。口器坚硬，善飞行。农业害虫）
斩羊刀 tsam³⁵ iɔŋ²¹ tau³³　螳螂（绿色或土黄色，头三角形，翅两对。食害虫）
蚁公 ŋɐi¹³ kuŋ³³　蚂蚁
白蚁 pʰak⁵ ŋɐi¹³　白蚁（大水蚁）
　　大水蚁 tʰai⁵³ sui³⁵ ŋɐi¹³
土猴仔 tʰu³⁵ hɐu²¹ tsei³⁵　蝼蛄
蛇蟪公 sa²¹ hin³⁵ kuŋ³³　蚯蚓
喷屎公 pʰɐn⁵³ si³⁵ kuŋ³³　蜣螂（屎壳郎）
孩虫 hai²¹ tsʰuŋ²¹　毛毛虫
牛蜞 ŋɐu²¹ kʰi²¹　水蛭（蚂蟥）
蛇 sa²¹
银环蛇 ŋɐn²¹ van²¹ sa²¹
眼镜蛇 ŋan¹³ kiaŋ¹³ sa²¹
竹叶青 tsuk³ ip⁵ tsʰiaŋ³³
望天蛇 mɔŋ⁵³ tʰin³³ sa²¹　蜥蜴
壁叔 piak³ suk³　蜈蚣
虫 tsʰuŋ²¹
蚕 tsʰam²¹
蠊螂 kʰɐm²¹ lau²¹　蜘蛛
蝉 sim²¹
黏蛇仔 nim²¹ sa²¹ tsei³⁵　壁虎
蜜蜂 mɐt⁵ fuŋ³³
鹅蜂 ŋɔ²¹ fuŋ³³　马蜂（即胡蜂、黄蜂，中至大型，体表多数光滑，具各色花斑）
蜂窦 mɐt⁵ tsei³⁵ tɐu¹³　蜂窝
蝴蝶 fu²¹ tʰip⁵
囊□ nɔŋ²¹ ni²¹　蜻蜓

蜗蜗牛 vɔ³³ vɔ³³ ŋɐu²¹　蜗牛
放光虫 fɔŋ¹³ kɔŋ³³ tsʰuŋ²¹　萤火虫
豺虫 sai²¹ tsʰuŋ²¹　蛔虫
针 tsɐm³³　（蜂）蛰
咬 ŋau¹³　（蚊虫）叮
鲤鱼 li¹³ i²¹
鲩鱼 van³⁵ i²¹　草鱼
狗溜钻 kɐu³⁵ lɐu¹³ tsin³³　泥鳅
塘虱 tʰɔŋ²¹ sɐt³
鲫鱼 tsɐk³ i²¹
鲇鱼 nim²¹ i²¹
斑鱼 pan³³ i²¹　黑鱼（乌鳢的通称。圆柱形，头扁，口大，有齿）
黑鳝 hak⁵ sin¹³　鳝鱼
　　黄鳝 vɔŋ²¹ sin¹³
墨斗 mɐk⁵ tɐu³⁵　墨鱼
鱿鱼 iɐu²¹ i²¹
牛䱾 ŋɐu²¹ kʰi²¹　蚂蟥
蚬 hin¹³
蚌 pʰɔŋ⁵³
虾 ha³³
蟹 hai¹³　螃蟹
乌龟 u³³ kɐi³³
水鱼 sui³⁵ i²¹　鳖
田螺 tʰin²¹ lɔ²¹　螺蛳（通称）
蛤乸 kɐp³ na³⁵　青蛙
蛤乸 kɐp³ na³⁵　田鸡（比常见的青蛙大，有的叫田鸡）
蟛蜞 kʰɐm²¹ si²¹　蟾蜍
□□鱼 nɐu³³ nɐu³³ i²¹　蝌蚪
鱼鳞 i²¹ lɐn²¹
鱼骨 i²¹ kɐt³　鱼刺

鱼翼 i²¹ iɐk⁵　鱼翅
鱼翼 i²¹ iɐk⁵　鱼鳍
鱼扣 i²¹ kʰɐu¹³　鱼鳃（鱼的呼吸器官）
鱼鬚 i²¹ tsʰɐn³³　鱼子（鱼的卵）
鱼鳔 i²¹ pʰiu¹³
鱼苗 i²¹ miu²¹
钓鱼 tiu¹³ i²¹

七　房舍

房屋 fɔŋ²¹ uk³　房子（整座）
屋己 uk³ ki³⁵　家（里）
起屋 hi³⁵ uk³　盖房子
冧 lɐm¹³　（房屋）倒塌
房 fɔŋ²¹　屋子（房间，单间）
辘 luk³　粉刷（墙壁）
扫 sau¹³　漆（动词）
搬新屋 pun³³ sɐn³³ uk³　迁移（新居）
门前禾堂 mun²¹ tsʰin²¹ vɔ²¹ tʰɔŋ²¹　场院（屋前平坦的空地）
天井 tʰin³³ tsiaŋ³⁵
平房 pʰɐŋ²¹ fɔŋ²¹
洋楼 iɔŋ²¹ lau²¹　洋房（新式楼房）
厅堂 tʰiaŋ³³ tʰɔŋ²¹　堂屋
房间 fɔŋ²¹ kan³³　卧室
杂物房 tsʰap⁵ mɐt⁵ fɔŋ²¹　杂物间
茅寮 mau²¹ liu²¹　茅屋
栋桁 tuŋ¹³ haŋ²¹　房脊
屋顶高 uk³ tɐŋ³⁵ kau³³　房顶
栋梁 tuŋ¹³ liɔŋ²¹　中梁（房子的正梁）
副梁 fu¹³ liɔŋ²¹　檩条（架在房梁上托住椽子的横木）
桁仔 haŋ²¹ tsɐi³⁵　椽子（承屋瓦的圆木）
屋檐 uk³ in²¹

窗眼 tsʰoŋ³³ ŋan¹³　窗子
冲凉房 tsʰuŋ³³ lioŋ²¹ foŋ²¹　洗澡间
楼上 lɐu²¹ sɔŋ⁵³
楼下 lɐu²¹ ha⁵³
地下 tʰi⁵³ ha³³　楼房的最底层
大门 tʰai⁵³ mun²¹
屋后 uk³ hɐu⁵³　门后（门扇的后面）
篱头 li²¹ tʰɐu²¹　墙壁
墙脚 tsʰioŋ²¹ kiɔk³　墙根
春墙 tsuŋ³³ tsʰioŋ²¹　筑土墙
棚板 pʰaŋ²¹ pan³⁵　楼板
房间门 foŋ²¹ kan³³ mun²¹
门闩 mun²¹ san³³
门扣 mun²¹ kʰɐu¹³　钉锦儿（钉在门窗上可把门窗扣住的东西）
门担 mun²¹ tam³³　门槛
门框 mun²¹ kʰioŋ³³
门扣 mun²¹ kʰɐu¹³　门鼻儿（钉在门上的金属环，用于叩门或加锁）
锁头 sɔ³⁵ tʰɐu²¹　锁（名词）
锁匙 sɔ²¹ si²¹　钥匙
楼梯 lɐu²¹ tʰɐi³³
梯 tʰɐi³³　梯子
梯级 tʰɐi³³ kʰɐp³　台阶儿
栏杆 lan²¹ kun³³
骑楼 kʰia²¹ lɐu²¹　阳台
天棚 tʰin³³ pʰaŋ²¹　晒台（在楼房屋顶，晒东西或乘凉用）
禾堂 vo²¹ tʰɔŋ²¹　晒谷场
柱头 tsʰi¹³ tʰɐu²¹　柱子
柱墩 tsʰi¹³ tɐŋ³⁵　柱下石
地基 tʰi⁵³ ki³³
打灶 ta³⁵ tsau¹³　砌灶

结墙 kit³ tsʰioŋ²¹　砌墙
捡漏 kim³⁵ leu⁵³
厨房 tsʰi²¹ foŋ²¹
灶头 tsau¹³ tʰɐu²¹　灶
灶面前 tsau¹³ min⁵³ tsʰin²¹　灶口
烟囱 in³³ tʰuŋ³³
屎坑 si³⁵ haŋ³³　粪坑
厕所 tsʰi¹³ sɔ³⁵
牛栏 ŋɐu²¹ lan²¹　牛圈
猪栏 tsi³³ lan²¹　猪圈
猪食槽 tsi³³ sit⁵ tsʰau²¹
鸡窦 kɐi³³ tɐu¹³
鸡笼 kɐi³³ luŋ²¹
鸡罩 kɐi³³ tsau¹³
狗窦 kɐu³⁵ tɐu¹³　狗窝
狗洞 kɐu³⁵ tʰuŋ⁵³

八　器具、用品

乜嘢 mɐt³ ia¹³　东西（这是什么~？）
家具 ka³³ kʰi⁵³
柜 kʰɐi⁵³　柜子（卧式，有掀盖）
柜 kʰɐi⁵³　橱子（立式，有拉门）
碗栈 un³⁵ tsʰan⁵³　碗橱
衣柜 i⁵³ kʰɐi⁵³　衣橱
箱 siɔŋ³³　箱子
手提箱 sɐu³⁵ tʰɐi²¹ siɔŋ³³
　皮箧 pʰi²¹ kʰip⁵
台头 tʰui²¹ tʰɐu²¹　桌子
圆台 in²¹ tʰui²¹　圆桌
四方台 si¹³ foŋ³³ tʰui²¹　方桌
长台 tsʰɔŋ²¹ tʰui²¹　条案（狭长形）

柜桶 kʰɐi⁵³ tʰuŋ³⁵　抽屉
　拖箱 tʰɔ³³ siɔŋ³³
较椅 kau³³ i³⁵　椅子（统称，有靠背的）
瞓椅 fan¹³ i³⁵　躺椅
藤椅 tʰɐŋ²¹ i³⁵
竹椅 tsuk³ i³⁵
太师椅 tʰai¹³ si³³ i³⁵
较椅□脚 kau³³ i³⁵ tɔk³ kiɔk³　椅子掌儿
长凳 tsʰɔŋ²¹ tɐŋ¹³　板凳（多为长条形）
四方凳 si¹³ fɔŋ³³ tɐŋ¹³　方凳（小、矮）
晒衫架 sai¹³ sam³³ ka¹³　晒衣架
眠床 min²¹ tsʰɔŋ²¹　床
床板 tsʰɔŋ²¹ pan³⁵
床头木 tsʰɔŋ²¹ tʰɐu²¹ muk⁵　床沿横木
竹床 tsuk³ tsʰɔŋ²¹
蚊帐 mɐn³³ tsɔŋ¹³
毡 tsʰin³³　毯子
被 pʰi¹³　被子
被窦 pʰi¹³ tɐu¹³　被窝
被□□ pʰi¹³ nai⁵³ kai³⁵　被里
被面 pʰi¹³ min⁵³
棉被 min²¹ pʰi¹³
床被 tsʰɔŋ²¹ pʰi¹³　被单
被褥 pʰi¹³ iuk⁵　褥子
竹席 tsuk³ tsʰiak⁵
草席 tsʰau³⁵ tsʰiak⁵
枕头 tsɐm³⁵ tʰɐu²¹
枕头布 tsɐm³⁵ tʰɐu²¹ pu¹³　枕套
镜 kiaŋ¹³　镜子
梳仔 sɔ³³ tsɐi³⁵　梳子
笓 pi¹³　篦子

热水袋 ŋit⁵ sui³⁵ tʰui⁵³
尿盆 niu⁵³ pʰun²¹
水壶 sui³⁵ fu²¹
热水壶 ŋit⁵ sui³⁵ fu²¹　热水瓶
茶壶 tsʰa²¹ fu²¹
茶托 tsʰa²¹ tʰɔk³　茶盘
电筒 tʰin⁵³ tʰuŋ²¹　手电筒
风箱 fuŋ³³ siɔŋ³³
火钳 fɔ³⁵ kʰim²¹
铲仔 tsʰan³⁵ tsɐi³⁵　火铲（铲炉灰用的）
铁仔 tʰit³ tsɐi³⁵　通条（通炉子用的）
火柴 fɔ³⁵ tsʰai²¹
火镰 fɔ³⁵ lim²¹
火石 fɔ³⁵ sak⁵
发火草 fat³ fɔ³⁵ tsʰau³⁵　纸煤儿
勺 sɔk⁵　勺子
镬头 vɔk⁵ tʰɐu²¹　铁锅
镬铲 vɔk⁵ tsʰan³⁵　锅铲
镬盖 vɔk⁵ kui¹³　锅盖
镬锈 vɔk⁵ lau³³　锅烟子
瓦罂公 ŋa¹³ aŋ³³ kuŋ³³　砂锅（用陶土和沙烧成的）
罂公 aŋ³³ kuŋ³³　铝锅
饭架 fan⁵³ ka¹³　箅子（有网眼而能起间隔作用的器具）
洗镬把 sɐi³⁵ vɔk⁵ pa¹³　炊帚（刷洗锅碗的用具）
沥捞 liak⁵ lau²¹　笊篱
筲箕 sau³³ ki³³
杯 pui³³　杯子
茶杯 tsʰa²¹ pui³³
酒杯 tsɐu³⁵ pui³³
酒壶 tsɐu³⁵ fu²¹
酒埕 tsɐu³⁵ tsʰɐŋ²¹　酒坛子

钵头 put³ tʰɐu²¹　钵（比盆略小的陶制器皿）
碗 un³⁵
碗公 un³⁵ kuŋ³³　海碗
搪瓷 tʰɔŋ²¹ tsʰi²¹
洗 sɐi³⁵　涮（碗）
盘 pʰun²¹　盘子
碟 tʰip⁵　碟子
面盆 min⁵³ pʰun²¹　脸盆
脚盆 kiɔk³ pʰun²¹　澡盆
　冲凉盆 tsʰuŋ³³ liɔŋ²¹ pʰun²¹
研药船 ŋan²¹ iɔk⁵ sin²¹　研船（铁制研药材用具，船形）
擂浆棍 lui²¹ tsiɔŋ³³ kɐn¹³　擂钵（研磨胡椒等的钵头）
饭甑 fan⁵³ tsɐŋ¹³　甑子（蒸饭用的木制桶状物，有屉无底）
蒸笼 tsɐŋ³³ luŋ²¹
调羹 tʰiu²¹ kaŋ³³　汤匙
箸 tsʰi⁵³　筷子
箸筒 tsʰi⁵³ tʰuŋ²¹　筷笼
饭勺 fan⁵³ sɔk⁵
菜刀 tsʰui¹³ tau³³
刀嘴 tau³³ tsui¹³　刀口
磨刀石 mɔ²¹ tau³³ sak⁵
埕 tsʰɐŋ²¹　坛子
罐 kun³³　罐子
罂 aŋ³³　瓶子
罂盖 aŋ³³ kui¹³　瓶盖儿
桦 tsɐt³　（瓶）塞子
塞 sɐk³　塞（紧）
砧板 tsɐm³³ pan³⁵
萝卜礤 lɔ²¹ pʰɐk⁵ tsʰat³　礤床（把萝卜等刨成丝儿的器具）
瓠勺 pʰu²¹ sɔk⁵　水瓢（舀水用的，用匏瓜或木头做成）
水缸 sui³⁵ kɔŋ⁵³

水桶 sui³⁵ tʰuŋ³⁵
潲水桶 tsʰau¹³ sui³⁵ tʰuŋ³⁵　泔水桶
篮仔 lam²¹ tsɐi³⁵　篮子
绞地布 kiu³⁵ tʰi⁵³ pu¹³　抹布
地拖 tʰi⁵³ tʰɔ³³　拖把
洗镬扫 sɐi³⁵ vɔk⁵ sau¹³　炊帚
工具 kuŋ³³ kʰi⁵³
　家生 ka³³ saŋ³³
斧头 pu³⁵ tʰɐu²¹
刨仔 pʰau²¹ tsɐi³⁵　刨子（刮平木料用的手工工具）
锯 ki¹³
锉仔 tsʰɔ¹³ tsɐi³⁵　锉刀（表面上有许多细密刀齿、用于锉光工件的手工工具）
凿仔 tsʰɔk⁵ tsɐi³⁵　凿子
钻仔 tsin¹³ tsɐi³⁵　锥子
钻 tsin¹³
曲尺 kʰuk³ tsʰak³
摺尺 tsip³ tsʰak³　折尺（可以折叠起来的木尺）
墨斗 mɐk⁵ tɐu³⁵
绳 sɐŋ²¹　绳子
泥刀 nɐi²¹ tau⁵³　瓦刀（用来砍断砖瓦，涂抹泥灰）
灰匙 fui³³ tsʰi²¹　抹刀（瓦工用来抹灰泥的器具）
凿仔 tsʰɔk⁵ tsɐi³⁵　錾子（凿石头或金属用的）
翻钉 fan⁵³ tiaŋ³³　钉锤
钉 tiaŋ³³　钉子
铰剪 kau¹³ tsin³⁵　剪刀
剃刀 tʰɐi¹³ tau³³
磨剪 mɔ⁵³ tsin³⁵　推子（理发工具，有上下重叠的两排带刃的齿儿）
尺 tsʰak³　尺子
衣车 i³³ tsʰa³³　缝纫机

熨斗 tʰɔŋ¹³ tɐu³⁵
织布机 tsɐk³ pu¹³ ki³³
梭子 sɔ³³ tsi³⁵
钓鱼棍 tiu¹³ i²¹ kɐn¹³　钓竿
鱼钩 i²¹ ŋɐu³³
篓婆 lui¹³ pʰɔ²¹　鱼篓
箩□lɔ²¹ kʰi³³　捞鱼网
冲凉盆 tsʰuŋ³³ liɔŋ²¹ pʰun²¹　澡盆
面盆 min⁵³ pʰun²¹　脸盆
面盆架 min⁵³ pʰun²¹ ka¹³　脸盆架
香枧 hiɔŋ³³ kan³⁵　香皂
番枧 fan³³ kan³⁵　肥皂
番枧泡 fan³³ kan³⁵ pʰau¹³　沫儿（肥皂~）
手巾 sɐu³⁵ kɐn³³　毛巾
电灯 tʰin⁵³ tɐŋ³³
汽灯 hi¹³ tɐŋ³³
灯仔 tɐŋ³³ tsɐi³⁵　油灯
火水油 fɔ³⁵ sui³⁵ iɐu²¹　煤油
灯芯 tɐŋ³³ sɐm³³
电筒 tʰin⁵³ tʰuŋ²¹　手电筒
电池 tʰin⁵³ tsʰi²¹
手表 sɐu³⁵ piu³³
闹钟 nau⁵³ tsuŋ⁵³　挂钟
钱包 tsʰin²¹ pau³³
针 tsɐm³³
顶指 tɐŋ³⁵ tsi³⁵　顶针
针嘴 tsɐm³³ tsui³⁵　针尖
针眼 tsɐm³³ ŋan¹³　针鼻
穿针 tsʰin³³ tsɐm³³
结 kit³　结（条状物打成的疙瘩）
扇 sin¹³　扇子

葵扇 kʰɐi²¹ sin¹³　蒲扇
扶手棍 pʰu²¹ sɐu³⁵ kɐn¹³　拐杖
耳搭仔 ŋi¹³ tap³ tsɐi³⁵　耳挖子
米升 mɐi¹³ sɐŋ³³　米桶
垃圾桶 lap⁵ sap³ tʰuŋ³⁵　粪斗（装垃圾用）
屙屎桶 ɔ³³ si³⁵ tʰuŋ³⁵　马桶
竹篙 tsuk³ kau³³　晾衣竿
洗衫板 sɐi³⁵ sam³³ pan³⁵　洗衣板
捶衫棍 tsʰui²¹ sam³³ kɐn³⁵　棒槌
臭丸 tsʰau¹³ in²¹　樟脑丸
记号 ki¹³ hau⁵³
罅公 lia¹³ kuŋ³³　缝隙

九　称谓

男人 nam²¹ iɐn²¹
女人 ni¹³ iɐn²¹
妇娘 fu¹³ niɔŋ²¹　妇女
老伯 lau¹³ pak³　老头儿
死老鬼 si³⁵ lau¹³ kɐi³⁵　老头子（带贬义）
老婆头 lau¹³ pʰɔ²¹ tʰɐu²　老太婆
后生仔 hɐu⁵³ saŋ³³ tsɐi³⁵　年轻人
青年哥 tsʰiaŋ³³ nin²¹ kɔ³³　小伙子
妹仔 mui⁵³ tsɐi³⁵　姑娘
细佬仔 sɐi¹³ lau³⁵ tsɐi³⁵　小孩
心蚊仔 sɐm³³ mɐn³³ tsɐi³⁵　小男孩儿
妹仔 mui⁵³ tsɐi³⁵　小女孩儿
出世仔 tsʰɐt³ sɐi¹³ tsɐi³⁵　婴儿
光棍 kɔŋ³³ kɐn¹³
老大姐 lau¹³ tʰai⁵³ tsia³⁵　老姑娘
童养媳 tʰuŋ²¹ iɔŋ¹³ sɐk³
守寡婆 sɐu³⁵ ka³⁵ pʰɔ²¹　寡妇

契家佬 kɐi¹³ ka³³ lau³⁵　情夫
契家婆 kɐi¹³ ka³³ pɔ²¹　情妇
野仔 ia¹³ tsɐi³⁵　私生子
监趸 kam³³ tɐn³⁵　囚犯
聋哑人 luŋ³³ a³⁵ iɐn²¹
外国人 ŋui⁵³ kɔk³ iɐn²¹
鬼佬 kɐi³⁵ lau³⁵　西洋人
外国婆 ŋui⁵³ kɔk³ pʰɔ²¹　外国女人
　鬼婆 kɐi³⁵ pʰɔ²¹
外来人 ŋui⁵³ lui²¹ iɐn²¹　外地人
当地人 tɔŋ³³ tʰi⁵³ iɐn²¹　本地人
城市人 saŋ²¹ si¹³ iɐn²¹　城里人
农村人 nuŋ²¹ tsʰin³³ iɐn²¹　乡下人
耕田佬 kaŋ³³ tʰin²¹ lau³⁵　山里人（带有贬义的）
自己人 tsʰi⁵³ ki³⁵ iɐn²¹
其他人 kʰi²¹ tʰa³³ iɐn²¹　外人（不是自己人）
生暴人 saŋ³³ pʰau⁵³ iɐn²¹　陌生人
同姓人 tʰuŋ²¹ siaŋ¹³ iɐn²¹
广东人 kɔŋ³⁵ tuŋ³³ iɐn²¹
福建佬 fuk³ kin¹³ lau³⁵　福建人
北佬 pɐk³ lau³⁵　北方男人
赌鬼 tu³⁵ kɐi³⁵　赌徒
贼佬 tsʰɐk⁵ lau³⁵　贼
三只手 saŋ³³ tsit⁵ sɐu³⁵　扒手
骗子 pʰin¹³ tsi³⁵
流氓 lɐu²¹ maŋ²¹
土匪 tʰu³⁵ fi³⁵
长工 tsʰɔŋ²¹ kuŋ³³
走江湖嘅 tsɐu³⁵ kɔŋ³³ fu²¹ kɛ³³　走江湖的
客人 hak³ iɐn²¹
老板 lau¹³ pan³⁵

事头 si³³ tʰɐu²¹
事头婆 si³³ tʰɐu²¹ pʰɔ²¹　老板娘
记账员 kɐi¹³ tsɔŋ¹³ in²¹　伙计（店员等）
徒弟 tʰu²¹ tʰɐi⁵³　学徒
客人 hak³ iɐn²¹　顾客
小商贩 siu³⁵ sɔŋ³³ fan¹³　小贩
跳皮鬼 tʰiu¹³ pʰi²¹ kɐi³⁵　捣蛋鬼
攞食佬 lɔ³³ sit⁵ lau³⁵　乞丐
攞食 lɔ³³ sit⁵　要饭
耕田人 kaŋ³³ tʰin²¹ iɐn²¹　种田人
做生意嘅 tsu¹³ saŋ³³ i¹³ kɛ³³　做生意的（生意人）
私塾先生 si³³ suk⁵ sin³³ saŋ³³
老师 lau¹³ si³³　教师
　先生 sin³³ saŋ³³
学生 hɔk⁵ saŋ³³
同学 tʰuŋ²¹ hɔk⁵
中医 tsuŋ³³ i³³
阿哥 a³³ kɔ³³　先生（对成年男子的称呼）
司机 si³³ ki³³
厨师 tsʰi²¹ si³³
打铁佬 ta³⁵ tʰit³³ lau³⁵　铁匠
车衫师傅 tsʰa³³ sam³³ si³³ fu⁵³　裁缝
剃头佬 tʰɐi³³ tʰɐu²¹ lau³⁵　理发员（旧时名称）
打石师傅 ta³⁵ sak⁵ si³³ fu⁵³　石匠
打铁师傅 ta³⁵ sak⁵ si³³ fu⁵³　铁匠
泥水师傅 nai²¹ sui³⁵ si³³ fu⁵³　泥水匠
斗木师傅 tɐu¹³ muk⁵ si³³ fu⁵³　木匠
劏猪佬 tʰɔŋ³³ tsi³³ lau³⁵　屠夫
女雇员 ni¹³ ku¹³ in²¹　女佣
使妹仔 sɐi³⁵ mui⁵³ tsɐi³⁵　婢女（丫鬟）
接生婆 tsip³ saŋ³³ pɔ²¹

埋死佬 mai²¹ si³⁵ lau³⁵　仵工（殡葬时抬灵柩的人）
和尚 vɔ²¹ sɔŋ⁵³
尼姑 ni²¹ ku³³
道士佬 tʰau⁵³ si⁵³ lau³⁵　道士
老举 lau¹³ ki³⁵　妓女
风水先生 fuŋ³³ sui³⁵ sin³³ saŋ³³
算命佬 sin¹³ miaŋ⁵³ lau³⁵　算命先生
仙婆嬷 sin³³ pʰɔ²¹ ma²¹　巫婆
神棍佬 sɐn²¹ kɐn¹³ lau³⁵　神汉
和事佬 vɔ²¹ si⁵³ lau³⁵　调解人
合伙人 hap⁵ fɔ³⁵ iɐn²¹　伙计（合作的人）

十　亲属

长辈 tsɔŋ³⁵ pui¹³
白公 pʰak⁵ kuŋ³³　曾祖父
白婆 pʰak⁵ pʰɔ²¹　曾祖母
阿婆 a³³ pʰɔ²¹　祖母
阿公 a³³ kuŋ³³　祖父
叔公 suk³ kuŋ³³　父亲的叔父
伯公 pak³ kuŋ³³　父亲的伯父
驰婆 tsia³⁵ pʰɔ²¹　外婆
驰公 tsia³⁵ kuŋ³³　外公
阿奶 a³³ nai¹³　母亲（面称）
　奶婆 nai¹³ pʰɔ²¹
我阿奶 ŋɔ¹³ a³³ nai¹³　母亲（背称）
　我阿咪 ŋɔ¹³ a³³ mi³³
阿爸 a³³ pa³³　父亲（面称）
　老窦 lau¹³ tɐu¹³
我阿爸 ŋɔ¹³ a³³ pa³³　父亲（背称）
阿爸阿咪 a³³ pa³³ a³³ mi³³　父母
后来婆 hɐu⁵³ lui²¹ pʰɔ²¹　继母

后来公 heu⁵³ lui²¹ kuŋ³³　继父
义爸 ŋi⁵³ pa³³　干爹
义妈 ŋi⁵³ ma³³　干妈
丈员佬 tsʰɔŋ⁵³ in²¹ lau³⁵　岳父
丈员婆 tsʰɔŋ⁵³ in²¹ pʰɔ²¹　岳母
阿公 a³³ kuŋ³³　公公
阿婆 a³³ pʰɔ²¹　婆婆
大伯爷 tʰai⁵³ pak³ ia²¹　伯父
伯母 pak³ mu¹³
大伯 tʰai⁵³ pak³
阿叔 a³³ suk³　叔叔
阿婶 a³³ sɐm³⁵　叔母
阿叔仔 a³³ suk³ tsɐi³⁵　最小的叔叔
阿舅 a³³ kʰɐu¹³　舅舅
妗母 kʰɐm¹³ mu¹³　舅母
姑妈 ku³³ ma³³
　姑仔 ku³³ tsɐi³⁵　最小的姑妈
姑丈 ku³³ tsʰɔŋ⁵³　姑父
姨妈 i²¹ ma³³
姨丈 i²¹ tsʰɔŋ⁵³　姨父
姨仔 i²¹ tsɐi³⁵　最小的姨妈
阿婆 a³³ pʰɔ²¹　舅婆婆
阿公 a³³ kuŋ³³　舅公公
姑婆 ku³³ pʰɔ²¹　姑奶奶（父之姑母）
姨婆 i²¹ pʰɔ²¹　姨奶奶（父之姨母）
外家 ŋui⁵³ ka³³　娘家
娘家 niɔŋ²¹ ka³³　婆家
同辈 tʰuŋ²¹ pui¹³　平辈
两公婆 liɔŋ¹³ kuŋ³³ pʰɔ²¹　夫妻
老婆 lau¹³ pʰɔ²¹　妻子
老公 lau¹³ kuŋ³³　丈夫

细婆 sɐi¹³ pʰɔ²¹ 小老婆
姐妹 tsia³⁵ mui⁵³
阿姐 a³³ tsia²¹ 姐姐
姐夫 tsia³⁵ fu³³
阿妹 a³³ mui⁵³ 妹妹
妹夫 mui⁵³ fu³³
兄弟 hɐŋ³³ tʰɐi⁵³
阿哥 a³³ kɔ³³ 哥哥
阿嫂 a³³ sau³⁵ 嫂嫂
阿弟 a³³ tʰɐi⁵³ 弟弟
弟妇 tʰɐi⁵³ fu⁵³ 弟媳妇
叔伯兄弟 suk³ pak³ hɐŋ³³ tʰɐi⁵³ 堂兄弟
叔伯大佬 suk³ pak³ tʰai⁵³ lau³⁵ 堂兄
叔伯细佬 suk³ pak³ sɐi³³ lau³⁵ 堂弟
叔伯阿姐 suk³ pak³ a³³ tsia²¹ 堂姐
叔伯阿妹 suk³ pak³ a³³ mui⁵³ 堂妹
大伯爷 tʰai⁵³ pak³ ia²¹ 大伯子
阿叔 a³³ suk³ 小叔子
大姑 tʰai⁵³ ku³³ 大姑子
阿姑 a³³ ku³³ 小姑子
大姨 tʰai⁵³ i²¹ 大姨子
姨仔 i²¹ tsɐi³⁵ 小姨子
大舅 tʰai⁵³ kʰɐu¹³ 大舅子
阿舅 a³³ kʰɐu¹³ 小舅子
表哥 piu³⁵ kɔ³³ 表兄
表姐 piu³⁵ tsia³⁵
表嫂 piu³⁵ sau³⁵
表弟 piu³⁵ tʰɐi¹³
表妹 piu³⁵ mui⁵³
老襟 lau³⁵ kʰɐm³³ 连襟
妯娌 suk⁵ li¹³

亲家 tsʰɐn³³ ka³³
亲家母 tsʰɐn³³ ka³³ mu¹³
　亲家娘 tsʰɐn³³ ka³³ niɔŋ²¹
亲家公 tsʰɐn³³ ka³³ kuŋ³³
晚辈 man¹³ pui¹³
仔女 tsɐi³⁵ ni¹³　子女
仔孙 tsɐi³⁵ sin³³　子孙
阿仔 a³³ tsɐi³⁵　儿子
大仔 tʰai⁵³ tsɐi³⁵　最大的儿子
细阿仔 sɐi¹³ a³³ tsɐi³⁵　最小的儿子
新妇 sɐm³³ pu¹³　儿媳妇
契仔 kʰɐi¹³ tsɐi³⁵　干儿子
阿女 a³³ ni¹³　女儿
细阿女 sɐi¹³ a³³ ni¹³　最小的女儿
女婿 ni¹³ sɐi¹³
阿孙 a³³ sin³³　孙子
孙新妇 sin³³ sɐm³³ pu¹³　孙媳妇
孙女 sin³³ ni¹³
孙女婿 sin³³ ni¹³ sɐi¹³
外孙 ŋui⁵³ sin³³
外孙女 ŋui⁵³ sin³³ ni¹³
息仔 sɐk³ tsɐi³⁵　曾孙
息女 sɐk³ ni¹³　曾孙女
外甥 ŋui⁵³ saŋ³³
外甥女 ŋui⁵³ saŋ³³ ni¹³
侄仔 tsʰɐt⁵ tsɐi³⁵　侄子
侄女 tsʰɐt⁵ ni¹³
亲戚 tsʰɐn³³ tsʰɐt³
辈分 pui¹³ fɐn⁵³
两仔爷 liɔŋ¹³ tsɐi¹³ ia²¹　爷儿俩（父亲和子女）
两仔㜽 liɔŋ¹³ tsɐi³⁵ na³⁵　娘儿俩（母亲和子女）

家婆同新妇 ka³³ pʰɔ²¹ tʰuŋ²¹ sɐm³³ pu¹³　婆媳俩
两公婆 liɔŋ¹³ kuŋ³³ pʰɔ²¹　夫妻俩
两兄弟 liɔŋ¹³ hɐŋ³³ tʰɐi¹³　兄弟俩
阿公同阿孙 a³³ kuŋ³³ tʰuŋ²¹ a³³ sin³³　爷孙俩
阿舅同外甥 a³³ kʰɐu¹³ tʰuŋ²¹ ŋui⁵³ saŋ³³　舅甥俩
阿叔同老侄 a³³ suk³³ tʰuŋ²¹ lau¹³ tsʰɐt⁵　叔侄俩
阿姑同阿侄 a³³ ku³³ tʰuŋ²¹ a³³ tsʰɐt⁵　姑侄俩
阿姑同阿嫂 a³³ ku³³ tʰuŋ²¹ a³³ sau³⁵　姑嫂俩
两姊妹 liɔŋ¹³ tsi³⁵ mui⁵³　姐妹俩
我哋两人 ŋɔ¹³ ti⁵³ liɔŋ¹³ iɐn²¹　我们俩
你哋两人 ni¹³ ti⁵³ liɔŋ¹³ iɐn²¹　你们俩
佢哋两人 kʰi²¹ ti⁵³ liɔŋ¹³ iɐn²¹　他们俩
两兄妹 liɔŋ¹³ hɐŋ³³ mui⁵³　兄妹俩
两姐弟 liɔŋ¹³ tsia³⁵ tʰɐi⁵³　姐弟俩
叔伯姊妹 suk³ pak³ tsi³⁵ mui⁵³　堂姐妹
表姐妹 piu³⁵ tsia³⁵ mui⁵³
隔篱人舍 kak³ li²¹ iɐn²¹ sa¹³　邻居

十一　身体

周身 tsɐu³³ sɐn³³　浑身（~是汗）
头壳 tʰɐu²¹ hɔk³　头
头脑 tʰɐu²¹ nau³⁵
凹枕坑 hɐm⁵³ tsɐm³⁵ haŋ³³　后脑勺
头毛 tʰɐu²¹ mau²¹　头发
头皮 tʰɐu²¹ pʰi²¹　头屑
头毛转 tʰɐu²¹ mau²¹ tsʰin⁵³　头发旋儿
孖转牯 ma³³ tsʰin⁵³ ku³⁵　双旋
辫 pin³³　辫子
头髻 tʰɐu²¹ kɐi¹³　髻
□仔 vɐŋ⁵³ tsɐi³⁵　刘海儿
额头 ŋak⁵ tʰɐu²¹　额头

额岩头 ŋak⁵ ŋam²¹ tʰɐu²¹　奔儿头（前额生得向前突）
脑囟 nau³⁵ sɐn³⁵　囟门
魂精 vɐn²¹ tsiaŋ³³　太阳穴
颈骨 kiaŋ³⁵ kɐt³　脖子
喉头 hɐu²¹ tʰɐu²¹　喉咙
喉□仔 hɐu²¹ kut³ tsɐi³⁵　喉结
下扒 ha⁵³ pʰa²¹　下巴
须 su³³　胡子
面 min⁵³　脸庞
酒凹仔 tsɐu³⁵ nip³ tsɐi³⁵　酒窝
眼 ŋan¹³
眼眶 ŋan¹³ kʰiɔŋ³³
眼珠仁（银）ŋan¹³ tsi³³ ŋɐn²¹　眼珠
白眼神 pʰak⁵ ŋan¹³ sɐn²¹　白眼珠儿
眼鬼仔 ŋan¹³ kɐi³⁵ tsɐi³⁵　黑眼珠儿
眼屎 ŋan¹³ si³⁵
眼泪 ŋan¹³ lui⁵³
眼皮 ŋan¹³ pʰi²¹
双眼皮 suŋ³³ ŋan¹³ pʰi²¹
单眼皮 tan³³ ŋan¹³ pʰi²¹
眼睫毛 ŋan¹³ tsʰip⁵ mau²¹
眼眉毛 ŋan¹³ mi²¹ mau²¹　眉毛
鼻公 pʰi⁵³ kuŋ³³　鼻子
鼻脓 pʰi⁵³ nuŋ²¹　鼻涕
鼻屎 pʰi⁵³ si³⁵　鼻垢（干鼻涕）
鼻窟 pʰi⁵³ fɐt³　鼻孔
梁 pʰi⁵³ liɔŋ²¹　鼻梁
鼻尖 pʰi⁵³ tsim³³　鼻子尖（嗅觉灵敏）
嘴巴 tsui³⁵ pa³³
嘴唇 tsui³⁵ sɐn²¹
口水 hɐu³⁵ sui³⁵　唾液（口水）

痰 tʰam²¹
脷 li⁵³　舌
脷尖 li⁵³ tsim³³　舌尖
牙齿 ŋa²¹ tsʰi³⁵
当头牙 tɔŋ³³ tʰɐu²¹ ŋa²¹　门牙
狗屎牙 kɐu³⁵ si³⁵ ŋa²¹　白齿
龅肚牙 pʰau³³ tu³⁵ ŋa²¹　龅牙
牙头肉 ŋa²¹ tʰɐu²¹ iuk⁵　齿龈
牙屎 ŋa²¹ si³⁵　牙垢
耳吉 ŋi¹³ kɐt³　耳朵
耳珠 ŋi¹³ tsi³³　耳垂
耳屎 ŋi¹³ si³⁵　耳垢
耳公灵活 ŋi¹³ kuŋ³³ lɛŋ²¹ vut⁵　耳尖（听觉敏锐）
耳吉聋 ŋi¹³ kɐt³ luŋ³³　耳背（听不清）
手 sɐu³⁵
左手 tsɔ³⁵ sɐu³⁵
右手 iɐu⁵³ sɐu³⁵
脚 kiɔk³　脚
脚面头 kiɔk³ min⁵³ tʰɐu²¹　脚背（脚面）
脚底 kiɔk³ tɐi³⁵　脚心
　脚板底 kiɔk³ pan³⁵ tɐi³⁵
腰骨背 iu³³ kɐt³ pui¹³　脊背（背部）
腰骨 iu³³ kɐt³　脊梁骨
肩头 kan³³ tʰɐu²¹　肩
手臂 sɐu³⁵ pi¹³　臂
肋赤下 lak⁵ tsʰak³ ha¹³　腋下
肋□骨 lak⁵ ŋaŋ³³ kɐt³³　肋骨
腰 iu³³
肚胈 tu³⁵ pʰat⁵　腹部
肚脐 tu³⁵ tsʰi²¹
肚腩 tu³⁵ nam¹³　小肚子

脭仔 nin⁵³ tsɐi³⁵　乳房
脭仔头 nin⁵³ tsɐi³⁵ tʰɐu²¹　乳头
奶水 nai¹³ sui³⁵
心肝仔 sɐm³³ kun³³ tsɐi³⁵　心口儿
心胸 sɐm³³ huŋ³³　胸脯
拳头 kʰin²¹ tʰɐu²¹
手箩 sɐu³⁵ lɔ²¹　斗（圆形指纹）
手掌 sɐu³⁵ tsɔŋ³⁵
手背 sɐu³⁵ pui¹³
手汗 sɐu³⁵ fun⁵³
手指仔 sɐu³⁵ tsi³⁵ tsɐi³⁵　手指
手指罅 sɐu³⁵ tsi³⁵ lia¹³　手指缝儿
手指公 sɐu³⁵ tsi³⁵ kuŋ³³　大拇指
食指 sit⁵ tsi³⁵
中指 tsuŋ³³ tsi³⁵
手指尾 sɐu³⁵ tsi³⁵ mi¹³　小指
指甲 tsi³⁵ kap³
手腕 sɐu³⁵ vun³⁵
脚 kiɔk³　腿（整条腿）
大髀 tʰai⁵³ pi³⁵　大腿
腿罂仔 kiɔk³ aŋ³³ tsɐi³⁵　小腿（从膝盖到踝子骨的一段）
腿□肚 kiɔk³ laŋ²¹ tu³⁵　腿肚儿
脚骨 kiɔk³ kɐt³　胫骨（小腿双骨之一，位于小腿的内侧）
膝头 sɐt³ tʰɐu²¹　膝盖
五把镰 m¹³ pa³⁵ lin²¹　脚踝
脚踭头 kiɔk³ tsaŋ³³ tʰɐu²¹　脚后跟
脚印 kiɔk³ iɐn¹³
脚掌 kiɔk³ tsɔŋ³⁵
平脚板 pʰiaŋ²¹ kiɔk³ pan³⁵　扁平足
脚趾头 kiɔk³ tsi³⁵ tʰɐu²¹
脚趾甲 kiɔk³ tsi³⁵ kap³

屎窟 si³⁵ fɐt³　屁股
屎窟门 si³⁵ fɐt³ mun²¹　肛门
屎窟板 si³⁵ fɐt³ pan³⁵　屁股蛋儿
大髀罅 tʰai⁵³ pi³⁵ lia¹³　胯裆（两腿的中间）
　裤裆下 fu¹³ nɔŋ⁵³ ha¹³
閪 hɐi³³　女阴（女生殖器）
㞗 lɐn³⁵　男阴
核檽 hɐk⁵ tsʰɐn³³　阴囊
核檽丸 hɐk⁵ tsʰɐn³³ in²¹　睾丸
㞗仔 lɐn³⁵ tsɐi³⁵　鸡鸡（赤子阴）
屌閪 tiu³⁵ hɐi³³　交合
㞗屎 lɐn³⁵ si³⁵　精液
剥肋赤 pɔk³ lak⁵ tsʰak³　打赤膊
打㞗雕 ta³⁵ lɐn³⁵ tiu³³　光腚
老□ lau¹³ lɔk³　身体的污垢
脚 kiɔk³　下肢
手臂 sɐu³⁵ pi³⁵　胳膊（肩膀以下手腕以上的部分）
手踭 sɐu³⁵ tsaŋ³³　胳膊肘
痣 tsi¹³

十二　疾病、医疗

犯病 fan⁵³ pʰiaŋ⁵³　生病
睇医生 tʰɐi³⁵ i³³ saŋ³³　看病（到医院~）
医 i³³　医（~病）
好减一□ hau³⁵ kam³⁵ iɐt³ nɐi⁵³　（病）轻了
好休啰 hau³⁵ hɐu³³ lɔ³³　（病）好了
打脉 ta³⁵ mak⁵　号脉
开药单 fui³³ iɔk⁵³ tan³³　开处方
　开病单 fui³³ pʰiaŋ⁵³ tan³³
捡药 kim³⁵ iɔk⁵　抓药（中药）
药材铺 iɔk⁵ tsʰui²¹ pʰu¹³　药铺（中药）

煲药罂 pau³³ iɔk⁵ aŋ³³　药罐子
药散 iɔk⁵ san³⁵
药膏布 iɔk⁵ kau³³ pu¹³　膏药（中药）
药膏 iɔk⁵ kau³³
摸药膏 mɔ¹³ iɔk⁵ kau³³　搽药膏
　　扎药膏 tsat³ iɔk⁵ kau³³
煲药 pau³³ iɔk⁵　煎药（动宾）
药渣 iɔk⁵ tsa³³
针灸 tsɐm³³ kɐu¹³
打针 ta³⁵ tsɐm³³
拔火罐 pʰat⁵ fɔ³⁵ kun¹³
传染 tsʰin²¹ nim¹³
水泡 sui³⁵ pʰau¹³　水疱（烫伤所致的）
大蚊点 tʰai⁵³ mɐn³³ tim³⁵　肿块（蚊虫叮咬起的）
瘤 lɐu²¹　肿块（头上因碰撞而起的）
咪咪仔 mi⁵³ mi³³ tsɐi³⁵　疮疖（身上小疙瘩）
　　湿毒 sɐp³ tʰuk⁵
肚屙 tu³⁵ ɔ³³　腹泻
打□嚏 ta³⁵ at³ tsʰi³³　打喷嚏
冷到 laŋ¹³ tau³⁵　着凉
感冒 kam³⁵ mau⁵³
发烧 fat³ siu³³
头殻 tʰɐu²¹ hɐŋ¹³
发冷 fat³ laŋ¹³
发大冷 fat³ tʰai⁵³ laŋ¹³　发抖
起休鸡迟毛 hi³⁵ hɐu³³ kɐi³³ tsʰi²¹ mau²¹　起鸡皮疙瘩
牙牯扱牙牯 ŋa²¹ ku³⁵ kʰɐp⁵ ŋa²¹ ku³⁵　打冷战
咳 kʰɐt³　咳嗽
哑嘞 a³⁵ lɐk³　（嗓子）嘶哑
刮痧 kat³ sa³³
热气 ŋit⁵ hi¹³　上火

头晕 tʰɐu²¹ vɐn²¹
晕车 vɐn²¹ tsʰa³³
作呕 tsɔk³ ɐu³⁵　恶心（要呕吐）
呕 ɐu³⁵　呕吐
打呃 ta³⁵ ɐk³　干哕
肚胲痛 tu³⁵ pʰat⁵ tʰuŋ¹³　肚子疼
头痛 tʰɐu²¹ tʰuŋ¹³　头疼
　头壳痛 tʰɐu²¹ hɔk³ tʰuŋ¹³
屙屎屙唔出 ɔ³³ si³⁵ ɔ³³ m²¹ tsʰɐt³　便秘
哈症 ha³³ tsʰɐŋ¹³　哮喘
中暑 tsuŋ¹³ si³⁵
羊吊风 iɔŋ²¹ tiu¹³ fuŋ³³　癫痫
冷到 laŋ¹³ tau³⁵　惊风（小儿病）
小肠气 siu³⁵ tsʰɔŋ²¹ hi¹³　疝气
甩出屎肠头 lɐt³ tsʰɐt³ si³⁵ tsʰɔŋ²¹ tʰɐu²¹　脱肛
疟疾病 iɔk³ tsʰɐt⁵ pʰiaŋ⁵³　发疟疾
出麻仔 tsʰɐt³ ma²¹ tsɐi³⁵　出麻疹
出水痘 tsʰɐt³ sui³⁵ tʰɐu⁵³
天花 tʰin³³ fa³³
种痘 tsuŋ¹³ tʰɐu⁵³
伤寒病 sɔŋ³³ fun²¹ pʰiaŋ⁵³　伤寒
发麻风 fat³ ma²¹ fuŋ³³　麻风
肝炎 kun³³ im²¹
肺结病 fɐi¹³ kit³ pʰiaŋ⁵³　痨病（结核）
发抽筋 fat³ tsʰɐu³³ kɐn³³　抽筋
挶到 lɐi¹³ tau⁵³　（脚）扭伤
扭 nɐu¹³　（腰）扭（了）
甩骹 lɐt³ kau¹³　脱臼
擦烂皮 tsʰat³ lan⁵³ pʰi²¹　蹭破皮儿
爆坼咪 pau¹³ tsʰak³ mi³³　（皮肤）皲裂
爆裂 pɐu¹³ lit⁵　裂痕

流血 lɐu²¹ hit³　出血
红肿 huŋ²¹ tsuŋ³⁵
淤血 i¹³ hit³
流脓 lɐu²¹ nuŋ²¹　化脓
发炎 fat³ im²¹
硬皮 ŋaŋ⁵³ pʰi²¹　跰子
结疤 kit³ pa³³　结痂
疤 pa³³
猪头皮 tsi³³ tʰɐu²¹ pʰi²¹　腮腺炎（两耳下部的唾液腺发炎）
大颈骨 tʰai⁵³ kiaŋ³⁵ kɐt³　大脖子（甲状腺肿大）
咪咪仔 mi⁵³ mi³³ tsɐi³⁵　痱子
头疮仔 tʰɐu²¹ tsʰɔŋ³³ tsɐi³⁵　头疮
生疮仔 saŋ³³ tsʰɔŋ³³ tsɐi³⁵　长疮（动宾）
面斑 min⁵³ pat³　雀斑
生瘌疬 saŋ³³ lat³ li²¹　粉刺
痔疮 tsʰi⁵³ tsʰɔŋ³³
癣 sin³⁵
肋赤味 lak³ tsʰak³ mi⁵³　狐臭
挠痕 ŋau³⁵ hɐn²¹　抓痕（在皮肤上抓出的痕迹）
痹 pi¹³　麻木
　　冇知觉 mau¹³ ti³³ kɔk³
跛佬 pɐi³³ lau³⁵　瘸子
驼背仔 tʰɔ²¹ pui¹³ tsɐi³⁵　罗锅儿
跛手仔 pɐi³³ sɐu³⁵ tsɐi³⁵　拽子（手残者）
光头仔 kɔŋ³³ tʰɐu²¹ tsɐi³⁵　秃子（头发脱光的人）
哑佬 a³⁵ lau³⁵　哑巴
结舌佬 kit³ sit⁵ lau³⁵　结巴
盲佬 maŋ²¹ lau³⁵　瞎子
麻斑佬 ma²¹ pan³³ lau³⁵　麻子
昂嘴佬 ŋɔŋ¹³ tsui³⁵ lau³⁵　豁唇子
烂牙仔 lan⁵³ ŋa²¹ tsɐi³⁵　豁牙子

左手鸡 tsɔ³⁵ sɐu³⁵ kɐi³³　左撇子
单眼仔 tan³³ ŋan¹³ tsɐi³⁵　一只眼儿
爆眼仔 pau¹³ ŋan¹³ tsɐi³⁵　鼓眼泡儿
针眼仔 tsɐm³³ ŋan¹³ tsɐi³⁵　斗鸡眼儿（内斜视）
鸭公喉 ap³ kuŋ³³ hɐu²¹　公鸭嗓儿（嗓音沙哑）
中风 tsuŋ¹³ fuŋ³³
瘫痪 tʰan³³ vun⁵³
发癫 fat³ tin³³　发疯
癫佬 tin³³ lau³⁵　疯子（患严重精神病的人）
懵仔 muŋ³⁵ tsɐi³⁵　傻子（智力低下、不明事理者）
青光眼 tsʰiaŋ³³ kɔŋ³³ ŋan¹³　夜盲症
发尿□ fat³ niu⁵³ ŋan¹³　尿频
戒口 kai¹³ hɐu³⁵　忌口

十三　衣服、穿戴

扮靓 pʰan⁵³ liaŋ¹³　打扮（很会~）
衣服 i³³ fuk⁵
　衫裤 sam³³ fu¹³
颜色 ŋan²¹ sɐk³
长衫 tsʰɔŋ²¹ sam³³　上衣（较长的西式外衣）
长裾 tsʰɔŋ²¹ tsi³³　大衣
棉衲 min²¹ nap⁵　棉袄
呤衫 lan³³ sam³³　毛衣
毛线 mau²¹ sin¹³
恤衫 sit³ sam³³　衬衫
外衣 ŋui⁵³ i³³
着瞓衫 tsɔk³ fɐn¹³ sam³³　内衣
褡仔 tap³ tsɐi³⁵　背心
衫领 sam³³ liaŋ¹³　领子
领带 liaŋ¹³ tʰai⁵³
衫袖 sam³³ tsʰɐu⁵³　袖子

裤 fu¹³　裤子
裤头 fu¹³ tʰɐu²¹　裤腰
裤头带 fu¹³ tʰɐu²¹ tai¹³　裤腰带
裤脚 fu¹³ kiɔk³　裤腿
阔口裤 fut³ hɐu³⁵ fu¹³　裤衩儿（贴身穿的）
短裤 tin³⁵ fu¹³
开档裤 fui³³ nɔŋ⁵³ fu¹³
裙 kʰɐn²¹　裙子
裙仔 kʰɐn²¹ tsɐi³⁵　围裙
颈围 kiaŋ³⁵ vɐi²¹　围巾
口水褡 hɐu³⁵ sui³⁵ tap³　围嘴儿
围裙仔 vɐi²¹ kʰɐn²¹ tsɐi³⁵
尿布 niu⁵³ pu¹³
□带 pi³³ tai¹³　背带
袋仔 tʰui⁵³ tsɐi³⁵　口袋（衣服的）
纽 nɐu³⁵　扣儿（西式）
纽眼 nɐu³⁵ ŋan¹³　扣眼儿
布纽 pu¹³ nɐu³⁵　布扣（中式）
纽门 nɐu³⁵ mun²¹　扣襻（中式的，用布做的扣住纽扣的套）
迫纽扣 pak⁵ nɐu³⁵ kʰɐu¹³　子母扣
剪布 tsin³⁵ pu¹³　买布
鞋 hai²¹
拖鞋 tʰɔ³³ hai²¹
鬼鞋 kɐi³⁵ hai²¹　皮鞋
布鞋 pu¹³ hai²¹
木屐 muk⁵ kʰiak⁵
水鞋 sui³⁵ hai²¹　雨鞋
鞋底 hai²¹ tɐi³⁵
鞋刷 hai²¹ tsʰat³
鞋垫 hai²¹ tim¹³　鞋垫子
鞋踭 hai²¹ tsaŋ³³　鞋跟

袜 mat⁵　袜子
手套 sɐu³⁵ tʰau¹³
帽 mau⁵³　帽子
西洋帽 sɐi³³ iɔŋ²¹ mau⁵³　礼帽（西式的）
凉草帽 liɔŋ²¹ tsʰau³⁵ mau⁵³　草帽
渔民帽 i²¹ mɐn²¹ mau⁵³　斗笠
蓑衣 sɔ¹³ i³³
手鈪 sɐu³⁵ ak³　手镯
颈链 kiaŋ³⁵ lin⁵³　项链
耳环 ŋi¹³ van²¹
戒指 kai¹³ tsi³⁵
簪 tsam³³　簪子
胭脂 in³³ tsi³³
化妆粉 fa2³³ tsɔŋ³³ fɐn³⁵　粉（涂脂抹~）
遮 tsa³³　雨伞
水衣 sui³⁵ i³³　雨衣
手巾仔 sɐu³⁵ kɐn³³ tsɐi³⁵　手绢儿
眼镜 ŋan¹³ kiaŋ¹³
扣针 kʰɐu¹³ tsɐm³³　别针（一种弯曲而有弹性的扣针）
　　大头针 tʰai⁵³ tʰɐu²¹ tsɐm³³
弹弓带 tʰan⁵³ kuŋ³³ tai¹³　松紧带
橡筋 tsʰiɔŋ⁵³ kɐn³³　橡皮筋

十四　饮食

小口 siu³⁵ hɐu³⁵　零食
雪条 sit³ tʰiu²¹　冰棍
饭 fan⁵³　米饭
宵夜 siu³³ ia⁵³　夜宵
旧饭 kʰɐu⁵³ fan⁵³　剩饭（剩下的饭）
剩 sɐŋ⁵³
燶 nuŋ³³　（饭）煳（了）

馊 sɐu³³

粥 tsuk³

粥饮 tsuk³ iɐm³⁵　米汤

饭烚 fan⁵³ lat³　锅巴

洗米水 sɐi³⁵ mɐi¹³ sui³⁵　淘米水

脚 kiɔk³　液体中的沉淀物或剩余物

羹 kaŋ³³　米糊

米粉 mɐi¹³ fɐn³⁵

爆碌 pau¹³ luk³　爆米花（大米高温高压膨胀而成的）

粉丝 fɐn³⁵ si³³

　粉仔 fɐn³⁵ tsɐi³⁵

面粉 min⁵³ fɐn³⁵

面条 min⁵³ tʰiu²¹

酵头 kau³³ tʰɐu²¹　酵子

馒头 man⁵³ tʰɐu²¹

包仔 pau³³ tsɐi³⁵　包子（有馅的）

饺子 kau³⁵ tsi³⁵

云吞 vɐn²¹ tʰɐn³³　馄饨

馅 hɐm⁵³　馅儿

丸仔 in²¹ tsɐi³⁵　汤圆

粽 tsuŋ¹³　粽子

芒仔 mɔŋ²¹ tsɐi³⁵　粽叶

茶果 tsʰa²¹ kɔ³⁵　米制糕点

圆龙 in²¹ nuŋ²¹　年糕（总称，粳米或糯米做的食品）

发糕 fat³ kau³³

菜头角 tsʰui¹³ tʰɐu²¹ kɔk³　萝卜糕

牛糍粑 ŋɐu²¹ tsʰi²¹ pa³　糍粑（糯米做的食品）

油条 iɐu²¹ tʰiu²¹

油炸鬼 iɐu²¹ tsa¹³ kɐi³⁵

月饼 it⁵ piaŋ³⁵

香肠 hiɔŋ³³ tsʰɔŋ²¹

蛋黄 tʰan⁵³ vɔŋ²¹
鸡蛋白 kɐi³³ tʰan⁵³ pʰak⁵　蛋清
餸 suŋ¹³　菜（下饭的）
送 suŋ¹³　下（～酒：就着菜把酒喝下去）
咸菜 ham²¹ tsʰui¹³
豆腐 tʰɐu⁵³ fu⁵³
豆腐干 tʰɐu⁵³ fu⁵³ kun³³
豆腐花 tʰɐu⁵³ fu⁵³ fa³³　豆腐脑
腐竹 fu⁵³ tsuk³
豆腐霉 tʰɐu⁵³ fu⁵³ mui²¹　豆腐乳
酿豆腐 iɔŋ⁵³ tʰɐu⁵³ fu⁵³
豆腐渣 tʰɐu⁵³ fu⁵³ tsa³³
豆浆 tʰɐu⁵³ tsiɔŋ³³
豆豉 tʰɐu⁵³ si⁵³
紫菜 tsi³⁵ tsʰui¹³
海带 fui³⁵ tai¹³
味 mi⁵³　气味（闻的味道）
火屎炭 fɔ³⁵ si³⁵ tʰan¹³　焦味（烧焦发出的气味）
猪板油 tsi³³ pan³⁵ iɐu²¹　猪油
地豆油 tʰi⁵³ tʰɐu⁵³ iɐu²¹　花生油
茶油 tsʰa²¹ iɐu²¹
菜籽油 tsʰui¹³ tsi³⁵ iɐu²¹
盐 im²¹
细盐 sɐi¹³ im²¹
　幼盐 iɐu¹³ im²¹
大粒盐 tʰai⁵³ lɐp³ im²¹　粗盐
白糖 pʰak⁵ tʰɔŋ²¹
片糖 pʰin¹³ tʰɔŋ²¹　红糖
冰糖 pɐŋ³³ tʰɔŋ²¹
麦芽糖 mak⁵ ŋa²¹ tʰɔŋ²¹
豉油 si⁵³ iɐu²¹　酱油

鱼露油 i²¹ lu⁵³ iɐu²¹　鱼露
辣椒酱 lat⁵ tsiu³³ tsiɔŋ¹³
胡椒粉 fu²¹ tsiu³³ fɐn³⁵
醋 tsʰu¹³
烟仔 in³³ tsɐi³⁵　烟
熟烟 suk⁵ in³³　烟丝
水烟筒 sui³⁵ in³³ tʰuŋ²¹
烟袋 in³³ tʰui⁵³　旱烟袋（竹竿儿等做的）
烟油 in³³ iɐu²¹　烟油子（烟袋或烟筒里的油垢）
烟灰 in³³ fui³³
烟头 in³³ tʰɐu²¹
食烟 sit⁵ in³³　抽烟
鸦片 a³³ pʰin¹³
茶 tsʰa²¹
茶叶 tsʰa²¹ ip⁵
茶渣 tsʰa²¹ tsa³³　茶叶渣
烧酒 siu³³ tsɐu³⁵　白酒（蒸馏成的，无色，酒精量较高）
黄酒 vɔŋ²¹ tsɐu³⁵　江米酒（糯米加曲酿造成的饮品）
酒饼 tsɐu³⁵ piaŋ³⁵　酒娘（米酒汁）
酒糟 tsɐu³⁵ tsau³³
酒饼 tsɐu³⁵ piaŋ³⁵　酒药（发酵用）
酸醋 sin³³ tsʰu¹³
蜜糖 mɐt⁵ tʰɔŋ²¹　蜂蜜
发白 fat³ pʰak⁵　（食物）发霉
腐烂 fu⁵³ lan⁵³　（食物）腐坏

十五　红白大事

搭线 tap³ sin¹³　做媒
媒人婆 mui²¹ iɐn²¹ pʰɔ²¹　媒人
相睇 siɔŋ³³ tʰɐi³⁵　相亲
见面礼 kin¹³ min⁵³ lɐi¹³

定婚 tʰɐŋ⁵³ fɐn³³　订婚
礼金 lɐi¹³ kɐm³³　聘金
嫁妆 ka¹³ tsɔŋ³³
娶老婆 tsʰi³⁵ lau¹³ pʰɔ²¹　娶亲（男子~）
嫁老公 ka¹³ lau¹³ kuŋ³³　出嫁（女子~）
卖阿女 mai⁵³ a³³ ni¹³　嫁闺女
娶新妇 tsʰi³⁵ sɐm³³ pu¹³　娶儿媳妇
结婚 kit³ fɐn³³
新娘 sɐn³³ niɔŋ²¹
新郎 sɐn³³ lɔŋ²¹
新屋 sɐn³³ uk³　新房
后来婆 hɐu⁵³ lui²¹　再婚女子
做好事 tsu¹³ hau³⁵ si⁵³　办喜事
结婚酒 kit³ fɐn³³ tsɐu³⁵　男方举办的结婚酒
回门酒 vui²¹ mun²¹ tsɐu³⁵　女方举办的结婚酒
新郎公 sɐn³³ lɔŋ²¹ kuŋ³³　结婚时或结婚不久的女婿
摆酒 pai³⁵ tsɐu³⁵　摆酒席（请客）
埋席 mai²¹ tsʰɐk⁵　入席
上菜 sɔŋ¹³ tsʰui¹³
回门 vui²¹ mun²¹
返嫁 fan³³ ka¹³　再醮（寡妇再嫁）
返娶老婆 fan³³ tsʰu³⁵ lau¹³ pʰɔ²¹　续弦（从男方说）
入门 iɐp⁵ mun²¹　入赘
有身己 iɐu¹³ sɐn³³ ki³⁵　怀孕
驮到 tʰɔ²¹ tau⁵³　害喜
大肚婆 tʰai⁵³ tu³⁵ pʰɔ²¹　孕妇
落休 lɔk⁵ hau⁵³　小产
生心蚊仔 saŋ³³ sɐm³³ mɐn³³ tsɐi³⁵　生孩子
接生 tsip³ saŋ³³
胎盘 tʰui³³ pʰun²¹
头一胎 tʰɐu²¹ iɐt³ tʰui³³　头胎

孖仔 ma³³ tsɐi³⁵　双胞胎
做月 tsu¹³ it⁵　坐月子
月婆 it⁵ pʰɔ²¹　正在坐月子的妇女
出月 tsʰɐt³ it⁵　满月
对岁 tui¹³ sui¹³　周岁
生日 saŋ³³ iɐt³
做生日 tsu¹³ saŋ³³ iɐt³
食脭 sit⁵ nin⁵³　吃奶
奶嘴 nai¹³ tsui³⁵　奶嘴儿（装在奶瓶口上的，用橡皮制成）
呕奶 ɐu³⁵ nai¹³　吐奶
断奶水 tʰin¹³ nai¹³ sui³⁵　断奶
安名 un³³ miaŋ²¹　命名
尿眠床 niu⁵³ min²¹ tsʰɔŋ²¹　尿床（小孩~）
遗传 vɐi²¹ tsʰin²¹　种族遗传
出世 tsʰɐt³ sɐi¹³　出生
年龄 nin²¹ lɐŋ²¹　年纪
夭折 iu³³ tsit³
过身 kɔ¹³ sɐn³³　死了（委婉的说法）
　走休 tsɐu³⁵ hɐu³³
吊颈 tiu¹³ kiaŋ³⁵　上吊
跳水 tʰiu²¹ sui³⁵　投水（自尽）
浸死 tsɐm³³ si³⁵　溺死
毒死 tʰuk⁵ si³⁵
死尸 si³⁵ si³³
丧事 sɔŋ³³ si⁵³
棺材 kun³³ tsʰui²¹
长生木 tsʰɔŋ²¹ saŋ³³ muk⁵　寿材（生前预制的）
装衫 tsɔŋ³³ sam³³　入殓
做头七 tsu¹³ tʰɐu²¹ tsʰɐt³　做七
戴孝 tai¹³ hau¹³
出殡 tsʰɐt³ pɐn¹³

送殡 suŋ¹³ pɐn¹³　送葬
溪钱 kʰɐi³³ tsʰin²¹　纸钱
墓地 mu⁵³ tʰi⁵³　坟地（坟所在地）
坟头 fɐn²¹ tʰɐu²¹　坟墓
墓碑 mu⁵³ pi³³
坟头 fɐn²¹ tʰɐu²¹　墓穴
捡骨 kim³⁵ kɐt³　（捡死者的骨头）迁葬
金罂 kɐm³³ aŋ³³　骨殖坛子
孝祭 hau¹³ tsɐi¹³　亲友至死者灵前凭吊死者
挂纸 ka¹³ tsi³⁵　扫墓
老天爷 lau¹³ tʰin³³ ia²¹
灶主爷 tsau¹³ tsi³⁵ ia²¹　灶王爷
地主爷 tʰi⁵³ tsi³⁵ ia²¹　土地神
关帝庙 kan³³ tɐi¹³ miu⁵³
阎拿王 nin²¹ na²¹ vɔŋ²¹　阎王
祖堂 tsu³⁵ tʰɔŋ²¹　祠堂
神位 sɐn²¹ vɐi⁵³　灵牌（灵位）
拜菩萨 pai¹³ pʰu²¹ sat³
唱喏 tsʰɔŋ¹³ ia¹³
诚心 sɐŋ²¹ sɐm³³　虔诚
蜡烛 lap⁵ tsuk³
香 hiɔŋ⁵³　线香（敬神的那种）
香炉 hiɔŋ³³ lu²¹
点香 tim³⁵ hiɔŋ³³　烧香（动宾）
求签 kʰɐu²¹ tsʰim³³
许神福 hi³⁵ sɐn²¹ fuk³　许愿
还神 van²¹ sɐn²¹　还愿
打斋 ta³⁵ tsai³³　做法事
念经 nim⁵³ kɐŋ³³
珓杯 kau¹³ pui³³　珓
跌珓杯 tit³ kau¹³ pui³³　跌珓

正杯 tseŋ¹³ pui³³　两珓呈正面
阴杯 iɐm³³ pui³³　两珓呈反面
苦杯 fu¹³ pui³³　两珓一正一反
保佑 pau³⁵ iɐu⁵³
安名 un³³ miaŋ²¹　命名
返生 fan³³ saŋ³³　复活
爆仗 pau¹³ tsʰiɔŋ⁵³　鞭炮
珠宝蜡烛 tsi³³ pau³⁵ lap⁵ tsuk³　祭祀供品
睇风水 tʰɐi³⁵ fuŋ³³ sui³⁵　看风水
算命 sin¹³ miaŋ⁵³
睇相 tʰɐi³⁵ siɔŋ³⁵　看相
信教 sɐn¹³ kau¹³

十六　日常生活

事情 si⁵³ tsʰɐŋ²¹
着 tsɔk³　穿（衣服）
戴 tai¹³
剥 pɔk³　脱（衣服）
摢到 kʰai¹³ tau⁵³　取下（帽子）
着 tsɔk³　换（衣服）
起毛 hi³⁵ mau²¹　布沿起毛边
炕 kʰɔŋ¹³　烘（干）
钉纽 tiaŋ³³ nɐu³⁵　钉扣子
绣花 sɐu¹³ fa³³　绣花儿
洗 sɐi³⁵
过水 kɔ¹³ sui³⁵　漂洗（洗衣粉洗过之后再洗）
甩色 lɐt³ sɐk³　褪色
晾 liaŋ²¹
晒 sɐi¹³
摺 tsip³　叠（衣服）
熨 tʰɔŋ¹³

补 pu^{35}　缝（衣服）
联补 lin^{21} pu^{35}　绗（大针直缝）
车边 ts^{h}a^{33} pin^{33}　缲边儿
织 tsɐk^3　织（毛衣）
织 tsɐk^3　织（布）
绹 t^{h}au^{21}　系（鞋带）
闩上 san^{33} sɔŋ^{13}　关上（门）
起火 hi^{35} fɔ^{35}　生火
点灯 tim^{35} tɐŋ^{33}
驳火 pɔk^3 fɔ^{35}　引火
火烛 fɔ^{35} tsuk^3　失火
着火 ts^{h}ɔk^5　（火）着（了）
乌 u^{33}　（火）灭（了）
关 kan^{33}　（灯）熄（了）
　乌 u^{33}
□ k^{h}at^5　划（火柴）
火星 fɔ^{35} siaŋ^{33}
做嘢 tsu^{13} ia^{13}　干活
煮饭 tsi^{35} fan^{53}　做饭
洗米 sɐi^{35} mɐi^{13}　淘米
搋面 ts^{h}ai^{33} min^{53}　揉面
研面条 ŋan^{21} min^{53} t^{h}iu^{21}　擀面条
裹粽 kiɔ^{35} tsuŋ^{13}　裹粽子
　包粽 pau^{33} tsuŋ^{13}
蒸 tsɐŋ^{33}
焖 mɐn^{33}
炖 tɐn^{33}　微火久煮
窑 iu^{21}　在火灰中烧热
煲 pau^{33}　用煲做较长时间的煮
炒 ts^{h}au^{35}
灼 ts^{h}iɔk^3　在水里烫熟后捞起

爉汤 luk⁵ tʰɔŋ³³　氽汤
拣菜 kan³⁵ tsʰui¹³　择菜
煮馔 tsi³⁵ suŋ¹³　做菜（总称）
煲汤 pau³³ tʰɔŋ³³　熬汤
煠鸡檨 tsʰap⁵ kɐi³³ tsʰɐn³³　煮蛋（在清水中连壳煮）
舀饭 iu¹³ fan⁵³　盛饭
食饭 sit⁵ fan⁵³　吃饭
食粥 sit⁵ tsuk³　吃早饭
食晏昼 sit⁵ an¹³ tsɐu³⁵　吃午饭
食晚饭 sit⁵ man¹³ fan⁵³　吃晚饭
抓箸 tsa³³ tsʰi⁵³　使筷子
夹馔 kap³ tsʰui¹³　夹菜
搓热馔 tsʰɔ³³ ŋit⁵ suŋ¹³　热菜（动宾）
綯饭 tʰau²¹ fan⁵³　（用汤）泡饭
□iu³³　拨（饭菜）
放好 fɔŋ¹³ hau³⁵　摆好（碗筷）
趁 tsʰɐn³³　趁（热）
打豆豉 ta³⁵ tɐu³³ si¹³　几个人聚餐
饲 tsʰi⁵³　喂（饭）
吞 tʰɐn³³
咬 ŋau¹³
剥 pɔk³　啃（骨头）
噍 tsʰiu⁵³　嚼（～花生米）
舐 sai¹³　舔（～盘子）
啜 tsit³　啜（大口用力～一口汤，连喝带吃）
啜 tsit³　吮（吮吸，如：婴儿～乳）
含 hɐm²¹
拣食 kan³⁵ sit⁵　挑食
捞匀 lau³³ vɐn²¹　搅拌（糖水）
打呃 ta³⁵ ɐt³　（吃饱后）打嗝儿
起身 hi³⁵ sɐn³³　起床

起身 hi³⁵ sɐn³³　起来
洗面 sei³⁵ min⁵³　洗脸
刷牙 tsʰat³ ŋa²¹
哴口 lɔŋ¹³ hɐu³⁵　漱口
梳头 sɔ³³ tʰɐu²¹
扎辫 tsat³ pin³³　扎辫子
摒辫 pɐn¹³ pin³³　编辫子
剃头 tʰei¹³ tʰɐu²¹　理发
刮须 kat³ su³³　刮胡子
挖耳吉 vat³ ŋi¹³ kɐt³　掏耳朵
冲凉 tsʰuŋ³³ liɔŋ²¹　洗澡
擦身 tsʰat³ sɐn³³　擦澡
打粉 ta³⁵ fɐn³⁵　擦粉
屙尿 ɔ³³ niu⁵³　小便（动词）
屙屎 ɔ³³ si³⁵　大便（动词）
兜屎兜尿 tɐu³³ si³⁵ tɐu³³ niu⁵³　把屎尿
屙屁 ɔ³³ pʰi¹³　放屁
吹凉 tsʰui³³ liɔŋ²¹　乘凉
晒热头 sai¹³ ŋit⁵ tʰɐu²¹　晒太阳
炙火 tsak³ fɔ³⁵　烤火（取暖）
歇下 tʰɐu³⁵ ha¹³　歇歇（休息一会儿）
放假 fɔŋ¹³ ka¹³　休假
喊啰 ham³³ lɔ¹³　打哈欠
皱眉头 tsɐu¹³ mi²¹ tʰau²¹
捘眼瞓 tsuŋ³³ ŋan¹³ fɐn¹³　打瞌睡
瞓觉 fɐn¹³ kau¹³　睡觉
行 hɔŋ²¹　铺（~床）
瞓休觉 fɐn¹³ hɐu³³ kau¹³　睡着了
瞓唔得 fɐn¹³ m²¹ tɐk⁵　睡不着
瞓到唔成觉 fɐn¹³ tau⁵³ m²¹ saŋ²¹ kau¹³　睡觉时容易惊醒
打鼻鼾 ta³⁵ pʰi⁵³ fun²¹　打鼾

发梦 fat³ muŋ⁵³　做梦
讲梦话 kɔŋ³⁵ muŋ⁵³ va⁵³　说梦话
瞓晏昼觉 fen¹³ an⁵³ tseu¹³ kau¹³　睡午觉
昂身瞓 ŋɔŋ¹³ sen⁵³ fen¹³　仰面睡
打侧瞓 ta³⁵ tsɐk³ fen¹³　侧着睡
转身 tsin³⁵ sen³³　（睡觉）翻身
瞓低 fen¹³ tɐi³³　躺下
瞓㧻颈 fen¹³ lɐi¹³ kiaŋ³⁵　落枕
发呆 fat³ ŋui²¹
过夜 kɔ¹³ ia⁵³
睇屋己 tʰɐi³⁵ uk³ ki³⁵　看家
敲门 kʰau¹³ mun²¹
转弯 tsin³⁵ van³³　拐弯

十七　讼事

告状 kau¹³ tsʰɔŋ⁵³
处罚 tsʰi³⁵ fɐt⁵　惩罚
犯罪 fan⁵³ tsʰui⁵³
抓捕 tsa³³ pʰu³⁵　逮捕
收买 sɐu³³ mai¹³　行贿
罚钱 fɐt⁵ tsʰin²¹　罚款
杀头 sat³ tʰɐu²¹　斩首
枪毙 tsʰiɔŋ⁵³ pʰɐi⁵³
手铐 sɐu³⁵ kʰau¹³
枷锁 ka³³ sɔ³⁵　枷（旧时囚具）
囚 vɐn¹³　囚禁
监仓 kam³³ tsʰɔŋ³³　监狱
坐监 tsʰɔ¹³ kam³³　坐牢
打指模 ta³⁵ tsi³⁵ mu²¹　按手印
交税 kau³³ sui¹³　纳税
地契 tʰi⁵³ kʰɐi¹³

十八　交际

探亲 tʰam¹³ tsʰɐn³³　走亲戚
探望 tʰam¹³ mɔŋ⁵³　看望（去~朋友）
过家 kɔ¹³ ka³³　串门儿
撞见 tsʰɔŋ⁵³ kin¹³
送礼 suŋ¹³ lɐi¹³
人情 iɐn²¹ tsʰɐŋ²¹
唔送喇 m²¹ suŋ¹³ la³³　不送了（主人说的客气话）
客气 hak³ hi¹³
唔使客气 m²¹ sɐi³⁵ hak³ hi¹³　别客气
打搅 ta³⁵ kau³⁵　打扰
唔该 m²¹ kui³³　谢谢
　多谢 tɔ³³ tsʰia⁵³
烦劳 fan²¹ lau²¹　劳驾
　唔该 m²¹ kui³³
慢走 man⁵³ tsɐu³⁵
饮滚水 iɐm³⁵ kɐn³⁵ sui³⁵　喝开水
冲茶 tsʰuŋ³³ tsʰa²¹　泡茶
饮茶 iɐm³⁵ tsʰa²¹　喝茶
饮酒 iɐm³⁵ tsɐu³⁵　喝酒
斟茶 tsɐm³³ tsʰa²¹　倒茶
斟酒 tsɐm³³ tsɐu³⁵
碰杯 pʰuŋ¹³ pui³³　干杯
冲 tsʰuŋ³³　灌（开水）
斗气 tɐu¹³ hi¹³　不和（他俩~）
冤家 in³³ ka³³
冤枉 in³³ vɔŋ³⁵
闹交 nau⁵³ kau³³　吵架
打交 ta³⁵ kau³³　打架
争论 tsaŋ³³ lɐn⁵³

驳嘴 pɔk³ tsui³⁵　顶嘴
多嘴 tɔ³³ tsui³⁵　插嘴
倾偈 kʰeŋ³³ kɐi³⁵　聊天
擦鞋 tsʰat³ hai²¹　巴结
睇得起 tʰɐi³⁵ tɐk³ hi³⁵　看得起
睇唔起 tʰɐi³⁵ m²¹ hi³⁵　看不起
比得上 pi³⁵ tɐk³ sɔŋ¹³
嫩水 nin⁵³ sui³⁵　不老成
乞人憎 hat³ iɐn²¹ tsɐŋ³³　讨人嫌
惹人爱 ia¹³ iɐn²¹ ui¹³　招人爱
唆使 sɔ¹³ sɐi³⁵
　唆摆 sɔ¹³ pai³⁵
欺负 hi³³ fu⁵³
　虾负 ha³³ fu⁵³
撩弄 liu²¹ luŋ⁵³　作弄
同伴 tʰuŋ²¹ pʰun¹³
做伴 tsu¹³ pʰun¹³
老同 lau¹³ tʰuŋ²¹　同岁
口才 hɐu³⁵ tsʰui²¹
礼数 lai¹³ su¹³　规矩、礼数（自己人，别那么多~）
俾人讲 pi⁵³ iɐn²¹ kɔŋ³⁵　被人说
对唔住 tui¹³ m²¹ tsʰi⁵³　对不起
潜阄 tsʰim²¹ kʰɐu³³　抓阄

十九　商业、交通

合伙 hap⁵ fɔ³⁵
做生理 tsu¹³ saŋ³³ li¹³　做生意
开店头 fui³³ tim¹³ tʰɐu²¹　开铺子
店面 tim¹³ min⁵³　铺面（店的门面）
摆档 pai³⁵ tɔŋ¹³　摆摊子
墟 hi³³　集市（圩场）

趁墟 tsʰɐn¹³ hi³³　赶集
饭店 fan⁵³ tim¹³　饭馆（小的饭店）
旅店 li¹³ tim¹³　旅馆
　　客栈 hak³ tsʰan⁵³
杂货店 tsʰap⁵ fɔ¹³ tim¹³
米店 mɐi¹³ tim¹³　粮店
缸瓦店 kɔŋ³³ ŋa²¹ tim¹³　瓷器店
剃头店 tʰɐi¹³ tʰɐu²¹ tim¹³　理发店
做衫店 tsu¹³ sam³³ tim¹³　裁缝店
榨油场 tsa¹³ iɐu²¹ tsʰɔŋ²¹　油坊
当铺 tɔŋ¹³ pʰu¹³
开张 fui³³ tsɔŋ³³
停业 tʰɐŋ²¹ nip⁵
执笠 tsɐp³ lɐp³　（店铺或工厂）倒闭
盘点 pʰun²¹ tim³⁵
柜台 kʰɐi⁵³ tʰui²¹
租屋 tsu³³ uk³　租房子
开价 fui³³ ka¹³
还价 van²¹ ka¹³
讲价 kɔŋ³⁵ ka¹³
加价 ka³³ ka¹³　涨价
降价 kɔŋ³³ ka¹³
平宜 pʰiaŋ²¹ i²¹　便宜
贵 kɐi¹³
合算 hap⁵ sin¹³　划得来
　　划算 va²¹ sin¹³
唔划算 m²¹ va²¹ sin¹³　划不来
抵 tɐi³⁵　值得
唔抵得 m²¹ tɐi³⁵ tɐk³　不值得
请 tsʰiaŋ³⁵　雇（用钱~人干活）
本钱 pun³⁵ tsʰin²¹

赚钱 tsʰan³³ tsʰin²¹
蚀本 sit⁵ pun³⁵　亏本
按金 un¹³ kɐm³³　押金
花费 fa³³ fei¹³　开销
赊数 sa³³ su¹³　赊账
欠数 him¹³ su¹³　欠账
欠 him¹³
争 tsaŋ³³　差（～五角十元）
追 tsʰui³³　催讨（钱物）
存钱 tsʰin²¹ tsʰin²¹　存款（动宾）
换 vun⁵³　（以物）换（物）
冇好找 mau¹³ hau³⁵ tsau³⁵　找不开（钱）
买 mai¹³
卖 mai⁵³
批发 pʰɐi³³ fat³　成批买以卖出
籴米 tʰiak⁵ mɐi¹³　买米
卖米 mai⁵³ mɐi¹³
买肉 mai¹³ iuk³
扫台脚 sau¹³ tʰui²¹ kiɔk³　包圆儿（剩下的全买了）
银纸 ŋɐn²¹ tsi³⁵　纸币
银仔 ŋɐn²¹ tsɐi³⁵　硬币
铜钱 tʰuŋ²¹ tsʰin²¹　铜板儿
银元 ŋɐn²¹ in²¹
散纸 san³⁵ tsi³⁵　零钱
私柜钱 si³³ kʰɐi³³ tsʰin²¹　私房钱
利是 lɐi⁵³ si⁵³　红包
水脚 sui³⁵ kiɔk³　路费
人工钱 iɐn²¹ kuŋ³³ tsʰin²¹　工钱
算盘 sin¹³ pʰun²¹
厘鼎秤 li²¹ tɐŋ³⁵ tsʰɐŋ¹³　戥子
秤 tsʰɐŋ¹³

磅秤 pʰɔŋ⁵³ tsʰɐŋ¹³
秤盘 tsʰɐŋ¹³ pʰun²¹
秤星 tsʰɐŋ¹³ siaŋ³³
秤杆 tsʰɐŋ¹³ kun³³
秤钩 tsʰɐŋ¹³ kɐu³³
秤砣 tsʰɐŋ¹³ tʰɔ²¹
返秤 fan³³ tsʰɐŋ¹³　复秤（再称以查看斤两是否足）
□休砣 vaŋ⁵³ hɐu³³ tʰɔ²¹　（称物时）秤尾高
跌休砣 tit³ hɐu³³ tʰɔ²¹　秤尾低
客车 hak³ tsʰa³³
的士 tɐk⁵ si³⁵　小轿车
电单车 tʰin⁵³ tan³³ tsʰa³³　摩托车
三轮车 sam³³ lɐn²¹ tsʰa³³
手拉车 sɐu³⁵ lai³³ tsʰa³³　人力车（旧时一种用人拉的车，主要用来载人）
单车 tan³³ tsʰa³³　自行车
鸡公车 kɐi³³ kuŋ³³ tsʰa³³
车辘 tsʰa³³ luk³　车轮
搭车 tap³ tsʰa³³　乘车
揸车 tsa³³ tsʰa³³　开车
船 sin²¹
路 lu⁵³
公路 kuŋ³³ lu⁵³
　马路 ma³³ lu⁵³
路仔 lu⁵³ tsɐi³⁵　小路
五塘 m¹³ tʰɔŋ²¹　十里（路）
街 kai³³　街道

二十　文化教育

学校 hɔk³ hau³³
读书 tʰuk⁵ si³³　入学（几岁~）

返学 fan⁵³ hɔk⁵　上学（去上课）
放学 fɔŋ¹³ hɔk⁵
放假 fɔŋ¹³ ka¹³
私塾 si³³ suk³
课室 kʰɔ¹³ sɐt³　教室
上堂 sɔŋ¹³ tʰɔŋ²¹　上课
下堂 ha¹³ tʰɔŋ²¹　下课
返工 fan³³ kuŋ³³　上工
收工 sɐu³³ kuŋ³³
出去 tsʰɐt³ hi¹³
返屋企 fan³³ uk³³ ki³⁵　回家
在 tsʰui¹³
返来 fan³³ lui²¹　回来
返去 fan³³ hi¹³　回去
行街 haŋ²¹ kai³³　逛街
落车 lɔk⁵ tsʰa³³　下车
捱夜 ŋai²¹ ia⁵³　熬夜
铅笔 in²¹ pɐt³
刀仔 tau³³ tsɐi³⁵　小刀儿
水笔 sui³⁵ pɐt³　钢笔
粉笔 fɐn³⁵ pɐt³
黑板擦 hɐk³ pan³⁵ tsʰat³
橡皮膏 tsʰiɔŋ⁵³ pʰi²¹ kau³³　橡皮擦
笔筒 pɐt³ tʰuŋ²¹　笔帽（保护笔头的套儿）
毛笔 mau²¹ pɐt³
墨盘 mɐk⁵ pʰun²¹　砚台
笔筒 pɐt³ tʰuŋ²¹
磨墨 mɔ²¹ mɐk⁵　研墨（动宾）
墨水 mɐk⁵ sui³⁵　墨汁（毛笔用的）
蘸 tsim³⁵
散开 san¹³ fui³³　泅（墨落在纸上向四外散开或渗透）

临描 lɐm²¹ miu²¹　临摹
水笔水 sui³⁵ pɐt³ sui³⁵　墨水儿（钢笔用的）
私章 si³³ tsɔŋ³³　图章
信筒 sen¹³ tʰuŋ²¹　信封
寄信 ki¹³ sen¹³
票 pʰiu¹³
揿钉 kʰɐm⁵³ tiaŋ³³　图钉
书 si³³
读书 tʰuk⁵ si³³　念书
教书 kau¹³ si³³
背书 pʰui⁵³ si³³
公仔书 kuŋ³³ tsɐi³⁵ si³³　小人书
簿 pʰu³³　本子
书包 si³³ pau³³
识字人 sɐk³ tsʰi⁵³ iɐn²¹　读书人
识字 sɐk³ tsʰi⁵³　识字的
文盲 mɐn²¹ maŋ²¹　不识字的
考试 kʰau³⁵ si¹³
鸭蛋 ap³ tʰan⁵³　零分
第一名 tʰɐi⁵³ iɐt³ miaŋ²¹　头名
尾雕啲 mi³³ tiu³³ tit⁵　末名
写错休 sia³⁵ tsʰɔ¹³ hɐu³³　写白字（写错字）
同班 tʰuŋ²¹ pan³³

二十一　文体活动

嬲 liu⁵³　玩耍
点指囊斗 tim³⁵ tsi³⁵ nɔŋ²¹ tɐu³⁵　捉迷藏（一人蒙住眼，去捉周围躲避的同伴）
揞鸡盲伏 ɐm³³ kɐi³³ maŋ²¹ pʰuk³　藏老蒙儿（寻找预先藏匿在某个角落的同伴）
踢毛燕 tʰiak³ mau²¹ in¹³　踢毽子

跳绳 tʰiu²¹ sɐŋ²¹

跳飞机 tʰiu²¹ fi³³ ki³³　跳房子

擗水食饭 pʰiak³ sui³⁵ sit⁵ fan⁵³　打水漂（在水面上掷瓦片）

打古仔 ta³⁵ ku³⁵ tsei³⁵　猜谜语

猜谜拳 tsʰai³³ mei²¹ kʰin²¹　划拳

赌一赌 tu³⁵ iɐt³ tu³⁵　打赌

赌博 tu³⁵ pɔk³

牌九 pʰai²¹ kɐu³⁵

麻雀 ma²¹ tsiɔk³　麻将

拗手臂 au³⁵ sɐu³⁵ pi³⁵　扳手劲

背五指 pui¹³ m¹³ tsi³⁵　抓子儿（几个小石子或其他，扔其一，
　　做规定动作后接住）

放纸鹞 fɔŋ¹³ tsi³⁵ iu⁵³　放风筝

放烟花 fɔŋ¹³ in³³ fa³³

打爆仗 ta³⁵ pau¹³ tsʰiɔŋ⁵³　放鞭炮

吹口哨 tsʰui³³ hɐu³⁵ sau¹³

孔明灯 kʰuŋ³⁵ mɐŋ²¹ tɐŋ³³

打纸牌 ta³⁵ tsi³⁵ pʰai²¹　打扑克

象棋 tsʰiɔŋ⁵³ kʰi²¹

捉棋 tsɔk³ kʰi²¹　下棋

打台球 ta³⁵ tʰui²¹ kʰɐu²¹

打篮球 ta³⁵ lam²¹ kʰɐu²¹

踢足球 tʰiak³ tsuk³ kʰɐu²¹

打乒乓波 ta³⁵ pin³³ pɐm³³ pɔ³³　打乒乓球

球拍 kʰɐu²¹ pʰak³

游水 iɐu²¹ sui³⁵

沕水 mi⁵³ sui³⁵　潜水

昂起游 ŋɔŋ³³ hi³⁵ iɐu²¹　仰泳

　　打昂铲 ta³⁵ ŋɔŋ³³ tsʰan³⁵

扒龙船 pʰa²¹ luŋ²¹ sin²¹　划龙舟

舞狮子 mu¹³ si³³ tsi³⁵

打关斗 ta³⁵ kan³³ tɐu³⁵　翻跟斗
舞龙 mu¹³ luŋ²¹　舞龙灯
钉转 tiaŋ³³ tsin¹³　倒立
打功夫 ta³⁵ kuŋ³³ fu³³　打拳
晓功夫 hiu³⁵ kuŋ³³ fu³³　会武术
变魔术 pin¹³ mɔ³³ sɐt⁵　变戏法（魔术）
讲古仔 kɔŋ³⁵ ku³⁵ tsɐi³⁵　讲故事
戏台 hi¹³ tʰui²¹
箫 siu³³　笛子
银鸡 ŋɐn²¹ kɐi³³　哨子
拉二胡 lai³³ ŋi⁵³ fu²¹
影相 ieŋ³⁵ siɔŋ¹³　照相
相片 siɔŋ¹³ pʰin³⁵
相 siɔŋ¹³

二十二　动作

岌 ŋɐp⁵　点（头）
摇 iu²¹　摇（头）
撞 tsʰɔŋ⁵³　（用头）顶
□低 kɐp³ tɐi³³　低（头）
返转 fan³³　回（头）
耽高 tam³³ kau³³　抬（头）
举 ki³⁵　抬（手）
眨 tsam³⁵
摄咪 sip³ mi³³　眯（眼）
揞 ɐm³³　蒙（~住眼）
睁大 tsɐŋ³³ tʰai⁵³　瞪（眼）
摄 sip³　闭（上眼）
□ kʰɐp⁵　盯（~着他）
睇 tʰɐi³⁵　看（看一看）
睇到 tʰɐi³⁵ tau⁵³　看见（~他）

睇住 $t^h ɐi^{35}$ $ts^h i^{53}$　看守（东西）
眄 sau^{21}　瞧（一眼）
偷睇 $t^h ɐu^{33}$ $t^h ɐi^{35}$　窥视
擘 mak^3　睁（眼）
打开 ta^{35} fui^{33}　叉（腿）
打开 ta^{35} fui^{33}　张（～开手指）
笑 siu^{13}
嘲笑 $ts^h iu^{21}$ siu^{13}
惹 ia^{13}　逗（～他笑）
撩惹 liu^{21} ia^{13}　逗（～小孩）
哭 $k^h uk^3$
喊 ham^{13}
喊 ham^{13}　叫（他）
嘈 $ts^h au^{21}$　嚷
挢 $k^h iu^{35}$　噘（嘴）
打开 ta^{35} fui^{33}　张（嘴）
　擘 mak^3
敨气 $t^h ɐu^{35}$ hi^{13}　呼吸
濑 lai^{21}　伸（舌头）
治 $ts^h i^{53}$　闭（嘴）
喷 $p^h ɐn^{13}$　吹（灭）
吹 $ts^h ui^{33}$　吹（气球）
亲 $ts^h ɐn^{33}$　吻（亲嘴）
唾 $t^h ɔ^{13}$　吐（口水等）
唾 $t^h ɔ^{13}$　（嚼后）吐（出）
闻 $mɐn^{21}$
擤鼻脓 $sɐŋ^{13}$ $p^h i^{53}$ $nuŋ^{21}$　擤鼻涕
啜鼻脓 $tsit^3$ $p^h i^{53}$ $nuŋ^{21}$　吸溜鼻涕
听 $t^h iaŋ^{13}$
听见 $t^h iaŋ^{13}$ kin^{13}
□ nuk^3　指（用手～）

擘 mɐk³　掰（把馒头~成两半）
擘 mɐk³　剥（~花生）
擘 mɐk³　剥（橘子）
摸 mɔ³⁵　抚摩（用手~猫背）
揳 kʰai¹³　提（篮子）
摇 iu²¹
揽紧 lam³⁵ kɐn³⁵　拥抱
揽 lam³⁵　抱（小孩）
揳 kʰai¹³　搂（柴火）
揳 kʰai¹³　拿（这些东西~走）
搬 pun³³
托 tʰɔk³　揪（从一端或一侧托起重物）
放 fɔŋ¹³
揳 kʰai¹³　握（笔）
捧 puŋ³⁵
托 tʰɔk³　端（碗）
揞 ɐm³³　捂（捂住嘴）
摧 kʰɔk⁵　（用指关节）敲
□hin¹³　甩（~干手上的水）
揳 kʰai¹³　捡（~起来）
解甩 kai³⁵ lɐt³　解（~开绳子）
扭 nɐu³⁵　拧（盖子）
扭 nɐu³⁵　拧（毛巾）
扭 nɐu³⁵　拧（大腿肉）
捏 nɐk³　掐（用食指、拇指的指甲~他的脸蛋）
刺 tsʰi¹³　掐（用双手的虎口~他的脖子）
擦 tsʰat³　搓（衣服）
挼 nɔ²¹　搓（绳子）
擦 tsʰat³　搓（用手指~体垢）
捽 tsɐt³　揉（伤处）
卷 kin³⁵　揉（把纸~成一团）

挠 ŋau³⁵　挠（痒）
执 tsɐp³　撮（用五指抓取少量东西）
挽 man⁵³　扳（手指）
碾 nin¹³　捏（碎）
撚 nɐn¹³　捻（两手指搓）
挠 ŋau³⁵　（用手指）抠
揇 nam¹³　拃（张开大拇指和中指或小指来量长度）
咭 kit⁵　胳肢（在别人身上抓挠，使发痒。如：他怕～）
捶 tsʰui²¹
缩 suk³
抹 mut³　捋（袖子/须发）
揸 tsa³³　攥（～拳头：握拳头）
揩 kʰai¹³　抓（一把米）
揩 kʰai¹³　抓（牌）
捉 tsuk³　抓（人）
摄 nip³　挽（袖子）
扯 tsʰa³⁵　拔（草）
怼 tui³⁵　拔（鸡毛）
撕 si³³
撬 kʰiu⁵³　撬（箱子）
　　凿 tsʰɔk⁵
撴 tɐn¹³　掷（石头）
剪 tsin³⁵
擗 pʰiak³　扔（掉）
揬 tɐp⁵　砸（用石头～蛇）
拎 iɐm²¹　掏（口袋）
扶 pʰu²¹
挽 van³⁵　挂（把衣服～起来）
泼 pʰut³　（用扇子）扇
打 ta³⁵　扇（耳光）
打 ta³⁵　打（人）

擗 pʰiak³　（用拳头）打
擎 kʰia²¹　打（伞）
打 ta³⁵　（用鞭子）抽打
撳 kʰɐm⁵³　按（图钉）
塞 sɐk³
绞 kiu³⁵　擦（汗）
绞 kiu³⁵　擦（桌子）
捽 tsɐt³　擦（用橡皮~去错字）
磨 mɔ²¹　鏧（把刀在布、皮、石头等物上面反复摩擦）
　擦 tsʰat³
举 ki³⁵
举高 ki³⁵ kau³³　高举（物体）
擫 iap⁵　招（手）
伸 sɐŋ³³
拦 lan²¹
插 tsʰap³　（手）叉（腰）
繻紧手 kʰiu³⁵ kɐn⁵³ sɐu³⁵　抄着手（两手抱在胸前）
拍掌 pʰak³ tsɔŋ³⁵　鼓掌
挡 tɔŋ³⁵　遮（别~住我）
拉 lai³³　拉（直）
拉 lai³³　拉（车）
拥 uŋ³⁵　推（把他~倒）
推 tʰui³³
推 tʰui³³　推（鸡公车）
束 tsʰuk³　捆（柴火）
绹 tʰau²¹　绑（人）
绹 tʰau²¹　系（用绳子~）
绹 tʰau²¹　拴（牛等）
缠 tsʰin²¹　绕（线）
□vɐŋ⁵³　绕（远路）
兜 tɐu³³

驳 pɔk³　连接（把两根线~起来）
转 tsin¹³　转（圈）
拧转 nɐŋ³³ tsʰin¹³　翻转（将物品如衣服内外翻转）
曲转 kʰuk³ tsin¹³　倒扣（碗~放着）
打 ta³⁵　掀（盖头）
冚 kʰɐm³⁵　盖（盖子）
冚 kʰɐm³⁵　盖（被子）
盖 kui¹³　盖（印章）
　　冚 kʰɐm³⁵
冚眯 kʰɐm³⁵ mi³³　（用土）掩盖
填 tʰin²¹　填（土）
埋 mai²¹
揩 kʰai¹³　拾（~起来）
衬 tsʰɐn¹³　摞（把碗~起来）
叠 tʰɐp⁵　（往上）叠（把书一本一本~上去）
拗 au³⁵　折（断）
斩 tsam³⁵　砍（柴）
斩 tsam³⁵　砍（树）
擗 pʰiak³　劈（柴）
剁 tiɔk⁵
切 tsʰit³
切开 tsʰit³ fui³³
批 pʰɐi³³　削（果皮）
刮 kɐt³　刮（猪毛）
凿 tsʰɔk⁵　錾（用小凿在碗上刻文字花纹）
挑 tʰiu³³　刻（图章）
捅 tʰuŋ³⁵　捅（用尖刀来~）
捅 tʰuŋ³⁵　捅（用棍子~马蜂窝）
戳 tsʰɔk⁵　戳（用手指）
㓤 tuk³　扎（用针来~）
㓤 tuk³　扎（到刺儿）

挑 tʰiu³³　挑（用针来~刺儿）
挑 tʰiu³³　剔（~牙）
捉 tsuk³　拄（拐杖）
夹 kʰip⁵
摄 sip³　掖（把纸条从门缝里~进去）
兼 kim³³　挤（上车）
摄 sip⁵　垫（用木片等将桌椅等垫平）
擗 pʰiak³　摔（发脾气~东西）
擗 pʰiak³　猛摔（较重的物体）
摸 mɔ³⁵　摸（如~河蚌）
打捞 ta³⁵ lau²¹
围鱼 vɐi²¹ i²¹　网鱼
舀 iu¹³
摘 tsak³
洒 sa³⁵　洒（胡椒粉）
撒 sat³　撒（草木灰）
洒 sa³⁵　撒盐腌渍
潷 pi¹³　滤（将食物中的水滤出）
抹 mut³　掸（灰）
扬 iɔŋ³⁵　抖动（衣服等）
斗 tɐu¹³　安装（木柄）
校 kau¹³　调（电视频道等）
整 tsɐŋ³⁵　修理
喐 iuk³　动（不要动）
慢慢喐 man⁵³ man⁵³ iuk³　蠕动
搏命 pɔk³ miaŋ⁵³　挣扎
落来 lɔk³ lui²¹　下来
上来 sɔŋ¹³ lui²¹　上去
徛 kʰi³³　站立
踩 tsʰai³⁵　踩（~到虫子）
踩 tsʰai³⁵　踩（脏脚到处乱~）

踢 tʰiak³
戽 fu¹³　踢（小孩～被子）
腩 nam¹³　跨（过去）
踩 tsʰai³⁵　涉（水）
□nɐn¹³　踮（脚）
□hɐm⁵³　跺（脚）
跌到 tit³ tau⁵³　跌倒
跌到 sin¹³ tau³⁵　滑倒
溜 lɐu¹³　滑（裤子往下～）
□pɔu²¹　蹲
跪 kʰɐi⁵³
行 haŋ²¹　走（路）
走 tsɐu³⁵　跑
逃跑 tʰau²¹ pʰau³⁵　逃跑
　走路 tsɐu³⁵ lu⁵³
□tiak³　追（出去）
跳 tʰiu²
跟 kɐn³³
上 sɔŋ³³　爬（树）
爬 pʰa²¹　爬（小孩儿在地上～）
爬起来 pʰa²¹ hi³⁵ lui²¹
坐 tsʰɔ¹³
繑马蹄 kʰiu³⁵ ma¹³ tʰɐi²¹　跷二郎腿
挑 tam³³
抬 tʰui²¹
擎 kʰia²¹　扛（锄头～在肩上）
□pa²¹　背（小孩）
趴 pa³³　趴（在桌上）
　伏 pʰuk⁵
靠 kʰau¹³　靠（在墙上）
　凭 pʰɐŋ⁵³

捽 tsɐt³　蹭（痒）

摏 tsuŋ³³　碰撞

□tʰin³⁵　挺胸

孔屎窟 kʰuŋ³⁵ si³⁵ fɐt³　撅（屁股）

耽 tam³³　提（起一脚）

径 kʰaŋ¹³　绊（被绳子~倒）

□tiak³　赶（~出去）

□piaŋ¹³　藏（把东西~起来）

□piaŋ¹³　躲藏（他~起来）

跌 tit³　掉（下来）

甩 lɐt³　掉（头发）

顶 tɐŋ³⁵　顶（用木棍~住门）

撑 tsʰaŋ¹³　撑（船）

压 at³　压（用石头~着）
　矺 tsak³

研 ŋan²¹　轧（被车~）

辘地 luk³ tʰi⁵³　（小孩）在地上打滚

到 tau¹³　到（他~了）

到 tau¹³　到（扔~水里）

浮 fɐu²¹

沉 tsʰɐm²¹

喷 pʰɐn⁵³　冲（水自上而下地~）

射 sa⁵³　溅（脏水~了一身）

□vɔk³　溢（出）

浊 tsʰuk⁵　呛（被水~）

哽 kʰaŋ³⁵　噎（被饭~住了）

爁 luk⁵　烫（被开水~了）

炳 lat³　灼（被火~伤）

戙 tʰuŋ⁵³　竖（起来）

陷 ham⁵³　凹（下去）

拱 kuŋ³⁵　凸（出来）

肿起 tsuŋ³⁵ hi³⁵　鼓起（一个包）
琼 kʰeŋ²¹　凝结（猪油～了）
沉积 tsʰem²¹ tsɐk³　沉淀
掺 tsʰem³³　掺水
捞 lau³³　混（在一起）
□kam¹³　相间（红色和白色～）
拣 kan³⁵　选择
强逼 kʰiɔŋ²¹ pɐk³　强迫（他不喜欢就别～他吃了）
帮手 pɔŋ³³ sɐu³⁵　帮忙
执 tsɐp³　收拾（行李）
偷懒 tʰɐu³³ lan¹³
濑 lai²¹　丢失
寻 tsʰem²¹　寻找
　揾 vɐn³⁵
揾到 vɐn³⁵ tau¹³　找着了
讲 kɔŋ³⁵　说
讲话 kɔŋ³⁵ va⁵³　说话
细声讲话 sei¹³ saŋ⁵³ kɔŋ³⁵ va⁵³　说悄悄话
回答 fui²¹ tap³
应承 ieŋ³³ sɐŋ²¹　答应
闹 nau⁵³　骂
屌 tiu³⁵　用粗话骂人
话 va⁵³　告诉
吩咐 fɐn³³ fu¹³　嘱咐
沉翠 tsʰem²¹ tsʰui⁵³　唠叨
车大炮 tsʰa³³ tʰai⁵³ pʰau¹³　吹牛
车大炮 tsʰa³³ tʰai⁵³ pʰau¹³　说大话
讲大话 kɔŋ³⁵ tʰai⁵³ va⁵³　撒谎
嘈 tsʰau²¹　出声（别～，让她睡）
唔出声 m²¹ tsʰɐt³ saŋ³³　不做声
嘈人 tsʰau²¹ iɐn²¹　（小孩）吵扰

沙尘 sa³³ tsʰɐn²¹　摆架子
献世 hin⁵³ sɐi¹³　出洋相
爱 ui¹³　要
唔爱 m²¹ ui¹³　不要（给他他~）
唔好 m²¹ hau³⁵　不要（慢慢走，~跑）
还爱 han²¹ ui¹³　还要
唔使 m²¹ sɐi³⁵　不必
系 hɐi⁵³　是
唔系 m²¹ hɐi⁵³　不是
系唔系 hɐi⁵³ m²¹ hɐi⁵³　是不是
有 iɐu¹³　有（钱）
冇 mau¹³　没（钱）
还有 han²¹ iɐu¹³
想 siɔŋ³⁵　想（~回家）
谂 nɐm³⁵　想（思考）
知到 ti³³ tau¹³　知道
明白 mɐŋ²¹ pʰak⁵　懂了
晓啰 hiu³⁵ lɔ³³　会了
唔晓 m²¹ hiu³⁵　不会（还~走路）
记紧 ki¹³ kɐn³⁵　记着（你给我~，不要忘了）
忘记 mɔŋ⁵³ ki¹³
谂起来 nɐm³⁵ hi³⁵ lui²¹　想起来了
识 sɐk³　认识
唔识得 m²¹ sɐk³　不认识
估计 ku³⁵ kɐi¹³　估量
谂 nɐm³⁵　猜测
钟意 tsuŋ³³ i¹³　喜欢（他~喝酒）
钟意 tsuŋ³³ i¹³　喜欢（他~你）
起瘾 hi³⁵ iɐn¹³　上瘾
惜 siak³　爱惜（对物）
惜 siak³　疼爱（对人）

宠 tsʰuŋ³⁵　娇惯（不要~小孩）
诈娇 tsa¹³ kiu³³　撒娇
赖账 lai⁵³ tsɔŋ¹³　耍赖
赞 tsan¹³　夸奖
信 sɐn¹³　相信
怀疑 vai²¹ i²¹
羡慕 sin⁵³ mu⁵³
眼红 ŋan¹³ huŋ²¹　妒忌
憎 tsɐŋ³³　讨厌
嫌 him²¹　嫌弃
埋怨 mai²¹ im¹³　抱怨
憎 tsɐŋ³³　恨
谷 kuk³　憋气
赌气 tu³⁵ hi¹³　生气
发火 fat³ fɔ³⁵
安顿 un³³ tɐn¹³　安慰
恨 hɐn⁵³　渴望
担心 tam³³ sɐm³³
惊 kiaŋ³³　害怕
　惶 kʰɔŋ²¹
吓到 hak³ tau⁵³　吓着了
睇怕 tʰɐi³⁵ pʰa¹³　恐怕（明天他~不会来）
心急 sɐm³³ kɐp³　着急
愁 sɐu²¹　发愁
难过 nan²¹ kɔ¹³
高兴 kau³³ hɐŋ¹³
挂住 ka¹³ tsʰi⁵³　挂念
放心 fɔŋ¹³ sɐm³³
诈谛 tsa¹³ tɐi¹³　假装（~不知道）
诈懵 tsa¹³ muŋ³⁵　装傻
恼 nɐu⁵³　磨蹭

钟意 tsuŋ³³ i¹³　爱好
唔舍得 m²¹ sa³⁵ tɐk³　舍不得
唆 sɔ²¹　骗
唔怕丑 m²¹ pʰa¹³ tsʰɐu³⁵　不害臊
怕丑 pʰa¹³ tsʰɐu³⁵　害羞
敢 kam³⁵
甘愿 kam³³ in⁵³　情愿
唔甘愿 m²¹ kam³³ in⁵³　不情愿
偏帮 pʰin³³ pɔŋ³³　袒护
回想 fui²¹ siɔŋ³⁵　回忆
刮 kat³　理睬
理 li¹³　（别）管（那么多）
乱噏 lin⁵³ ŋɐp³　瞎说
丢假 tiu³³ ka³⁵　丢脸
顶 tɐŋ³⁵　经受（不住）
过 kɔ¹³　（找）遍（了）
到 tau⁵³　（听）见（了）
住 tsʰi⁵³　（抓）住（了）
倒 tau³⁵　（跌）倒（了）
埋 mai²¹　（捡）拢
埋 mai²¹　（吃）完、光
在 tsʰui¹³　（放）在（哪里）
返 fan³³　（放）回（包里）

二十三　位置

前头 tsʰin²¹ tʰɐu²¹　前面（~是河）
前面 tsʰin²¹ min⁵³　前边（你~走）
后头 hɐu⁵³ tʰɐu²¹　后面（~是山）
收尾 sɐu³³ mi¹³　末尾（最后面）
屋后 uk³ hɐu⁵³　房后
后面 hɐu⁵³ min⁵³　背后

对面 tui¹³ min⁵³
中间 tsuŋ⁵³ kan³³
侧边 tsɐk³ pin³³　旁边
左边 tsɔ³⁵ pin³³
右边 iɐu⁵³ pin³³
上面 sɔŋ⁵³ min⁵³
篱头 li²¹ tʰɐu²¹　墙上
台头 tʰui¹² tʰɐu²¹　桌上
下底 ha⁵³ tɐi³⁵　下面
台下 tʰui²¹ ha¹³　桌下
地上 tʰi⁵³ sɔŋ⁵³
地下 tʰi⁵³ ha¹³
□解 nai⁵³ kai³⁵　里面
□解 nai⁵³ kai³⁵　（水）里面
底下 tɐi³⁵ ha¹³
出便 tsʰɐt³ pʰin⁵³　外面
门口 mun²¹ hɐu³⁵
东便 tuŋ³³ pʰin⁵³　东边
西便 sɐi³³ pʰin⁵³　西边
南便 nam²¹ pʰin⁵³　南边
北便 pɐk³ pʰin⁵³　北边
角落头 kɔk³ lɔk³ tʰɐu²¹　角落
隔篱 kak³ li²¹　隔壁
周围 tsɐu³³ vɐi²¹　附近
眼面前 ŋan¹³ min⁵³ tsʰin²¹　跟前儿
手里 sɐu³⁵ li¹³
心里 sɐm³³ li¹³
边皮 pin³³ pʰi²¹　边缘（器物的~）
　边头唇 pin³³ tʰɐu²¹ sɐn²¹
底 tɐi³⁵　器物的底部
到埞 tau¹³ tʰiaŋ⁵³　到处

哪□ na¹³ nɐi⁵³　别处

二十四　代词等

我 ŋɔ¹³
你 ni¹³
佢 kʰi²¹　他
我哋 ŋɔ¹³ ti⁵⁵　我们
我哋 ŋɔ¹³ ti⁵⁵　咱们
你哋 ni¹³ ti⁵⁵　你们
佢哋 kʰi²¹ ti⁵⁵　他们
　自己 tsʰi⁵³ ki³⁵
自家 tsʰi⁵³ ka³³
人哋 iɐn⁵³ ti⁵⁵　别人
人哋 iɐn²¹ ti⁵⁵　人家
大齐家 tʰai⁵³ tsʰɐi²¹ ka³³　大家
哪霞嘅 na⁵³ ha²¹ kɛ³³　谁的
我嘅 ŋɔ¹³ kɛ³³　我的（这个是~）
你嘅 ni¹³ kɛ³³　你的
佢嘅 kʰi²¹ kɛ³³　他的
呢只 ni¹³ tsit⁵ / ni⁵⁵ tsit⁵　这个
嗰只 kɔ³⁵ tsit⁵　那个
哪一只 na¹³ iɐt³ tsit⁵　哪个
呢啲 ni¹³ tit⁵ / ni⁵⁵ tit⁵　这些
嗰啲 kɔ³⁵ tit⁵　那些
嗰一啲 kɔ³⁵ ɐt³ tit⁵　哪些
呢埞 ni¹³ tʰiaŋ⁵³ / ni⁵⁵ tʰiaŋ⁵³　这里
嗰一埞 kɔ³⁵ iɐt³ tʰiaŋ⁵³　那里
哪一埞 na¹³ iɐt³ tʰiaŋ⁵³　哪里
咁 kɐm³³　这么（多）
　咁鬼 kɐm³³ kɐi³⁵
咁 kɐm³³　那么（远）

咁鬼 kɐm³³ kɐi³⁵
噉样 kɐm³⁵ iɔŋ⁵³　这样（做）
噉样 kɐm³⁵ iɔŋ⁵³　那样（做）
点样 tim³⁵ iɔŋ⁵³　怎样（做）
哪霞 na⁵³ ha²¹　谁
　哪人 na⁵³ iɐn²¹
乜嘢 mɐt³ ia¹³　什么？
点解 tim³⁵　为什么？
点好 tim³⁵ hau³⁵　怎么办？
几多 ki³⁵ tɔ³³　多少（钱）
几 ki³⁵　几（只）
几久 ki³⁵ kɐu³⁵　多久
几 ki³⁵　多（大）？

二十五　形容词

细 sɐi¹³　（年纪）小
后生 hɐu⁵³ saŋ³³　年轻
老 lau¹³
硬朗 ŋaŋ⁵³ lɔŋ¹³　老年人身体健康
叻 liak³　能干
冇用 mau¹³ iuŋ⁵³　无能
勤力 kʰɐn²¹ lɐk⁵　勤快
懒 lan¹³　懒惰
肥 fi²¹　胖（指人）
肥 fi²¹　肥（指动物）
瘦 sɐu¹³　瘦（不肥、不胖）
腈 tsiaŋ³³　瘦（指肉）
大只 tʰai⁵³ tsit⁵　（身材）高大
奀 ŋɐn³³　瘦小
靓 liaŋ¹³　美（这个姑娘长得~）
丑 tsʰɐu³⁵

听话 tʰiaŋ³³ va⁵³　乖
听话 tʰiaŋ³³ va⁵³　顺服的
顽皮 ŋan²¹ pʰi²¹　调皮
得意 tɐk³ i¹³　可爱（小孩子很~）
聪明 tsʰuŋ³³ mɐŋ²¹
醒目 siaŋ³⁵ muk⁵　机灵（醒目）
轻快 hiaŋ³³ fai¹³　手脚利索
蠢 tsʰɐn³⁵　笨
懵 muŋ³⁵　傻
是但 si⁵³ tʰan⁵³　马虎
奸猾 kan³³ vat⁵　狡诈
善良 sin⁵³ liɔŋ²¹
残酷 tsʰan²¹ huk³
蛮 man²¹　蛮横
硬颈 ŋaŋ⁵³ kiaŋ³⁵　执拗（固执、任性）
脾气 pʰi²¹ hi¹³
下流 ha⁵³ lɐu²¹
姣 hau²¹　风骚（指女性）
冤枉 in³³ vɔŋ³⁵　造孽，活受罪
唔得闲 m²¹ tɐk³ han²¹　忙（最近很~）
得闲 tɐk³ han²¹　闲
命好 miaŋ⁵³ hau³⁵　运气好
当衰 tɔŋ³³ sui³³　倒霉
　当黑 tɔŋ³³ hɐk³
蚀底 sit⁵ tɐi³⁵　吃亏
恶死零登 ɔk³ si³⁵ lɐŋ²¹ tɐŋ³³　凶恶
饿 ŋɔ⁵³
颈渴 kiaŋ³⁵ fut³　口渴
舒服 si³³ fuk⁵
劮 kʰui⁵³　疲倦
冇意思 mau¹³ i¹³ si³³　无聊

巴辣 pa³³ lat⁵　泼辣
悭 han³³　节俭
孤寒 ku³³ fun²¹　吝啬
大方 tʰai⁵³ fɔŋ³³
嘥 sai³³　浪费
开心 fui³³ sɐm³³　快乐
内向 nui⁵³ hiɔŋ¹³　沉默寡言
好 hau³⁵
坏 vai⁵³
生 saŋ³³　活的
利 li⁵³　快（刀锋利）
掘 kʰɐt⁵　钝（不锋利）
快 fai¹³
慢 man⁵³
早 tsau³⁵
迟 tsʰi²¹　晚（来~了）
过龙 kɔ¹³ luŋ²¹　（走）过头
过龙 kɔ¹³ luŋ²¹　（睡）过头
错过 tsʰɔ¹³ kɔ¹³　误（了车）
攻鼻 kuŋ³³ pʰi⁵³　刺鼻（气味）
铛眼 tsʰaŋ²¹ ŋan¹³　刺眼（光线~）
呖耳 liak⁵ ŋi¹³　刺耳（声音~）
冻 tuŋ¹³　冰（接触冰冷物体的感觉）
辣 lat⁵　杀（药物等刺激皮肤的感觉）
戙 tuk³　扎（毛线衣贴身穿的感觉）
扽 tɐn¹³　颠（路不好，坐车觉得~）
□脚 lɔŋ¹³ kiɔk³　硌（碎石扎脚的感觉）
鞋 hai²¹　痒（身上觉得~）
密 mɐt⁵
疏 sɔ³³　稀（禾苗太~了）
杰 kʰit⁵　稠（粥太~）

稀 hi³³

肥 fi²¹　油腻（菜太～了）

腻 ni⁵³　腻（吃肥肉不怕～）

脸 nɐm²¹　烂（肉煮得很～）

甜 tʰim²¹

鲜甜 sin³³ tʰim²¹　鲜（肉汤很～）

咸 ham²¹

酸 sin³³

苦 fu³⁵

涩 kip³

辣 lat⁵

香 hiɔŋ³³

臭 tsʰɐu¹³

腥 siaŋ³³

臭兴 tsʰɐu¹³ hɐŋ³³　臊（尿～）

酥 su³³

脆 tsʰui¹³

硬 ŋaŋ⁵³

脸 nɐm²¹　软（柿子很～）

新 sɐn³³

旧 kʰɐu⁵³

老 lau¹³

嫩 nin⁵³

皓 hau⁵³　亮（房间很～）

黑 hɐk³　暗（房间很～）

圆 in²¹

韧 ŋɐn⁵³　（花生）潮（了）

淡 tʰam¹³　淡（菜太～了）

淡 tʰam¹³　淡（茶太～了）

浓 iuŋ²¹

犀利 sɐi³³ li⁵³　（酒）厉害

缠 heŋ²¹　（绳子系得）紧
狭 kʰip⁵　（衣服太小）紧（身）
松 suŋ³³　松（绳子绑得太~了）
生 saŋ³³　生（~肉）
熟 suk⁵　熟（~肉）
燥 tsau³³　干（晒~了）
燥 tsau³³　干（水~了）
湿 sɐp³　湿（淋~了）
唔清楚 m²¹ tsʰɐŋ³³ tsʰɔ³⁵　（视线、字迹）模糊
眼蒙 ŋan¹³ muŋ²¹　眼花（视力不好，看不清）
伶俐 lɐŋ²¹ li⁵³　干净（地上很~）
□ŋɐn³⁵　肮脏（地上很~）
齐整 tsʰɐi²¹ tsɐŋ³⁵　整齐
粒粒乱 lɐp³ lɐp³ lin⁵³　凌乱
实净 sɐt⁵ tsʰiaŋ⁵³　（家具）结实
一凹一窟 iɐt³ tʰɐm²¹ iɐt³ fɐt³　坑坑洼洼
热闹 ŋit⁵ nau⁵³
冷清 laŋ¹³ tsʰɐŋ³³
安静 un³³ tsʰɐŋ⁵³　清静
多 tɔ³³
少 siu³⁵
和暖 vɔ²¹ nin¹³　暖和（天气~）
焗 kʰuk⁵　闷热（天气~）
热 ŋit⁵　热（天气~）
热 ŋit⁵　热（水很~）
冷 laŋ¹³　冷（天~）
冻 tuŋ¹³　冷（饭~了）
凉 liɔŋ²¹　凉（天气~）
阴凉 iɐm³³ liɔŋ²¹
大 tʰai⁵³
细 sɐi¹³　小（不大不~）

高 kau³³　高（个子~）
高 kau³³　高（楼房很~）
矮 ai³⁵　矮（个子~）
矮 ai³⁵　低（平房很~）
长 tsʰɔŋ²¹　长（~头发）
短 tin³⁵　短（~头发）
掘 kʰɐt⁵　秃（物体失去了尖端）
大粒 tʰai⁵³ lɐp³　粗（~沙）
　　粗 tsʰu³³
幼 iɐu³³　细（~沙）
　　嫩 nin⁵³
阔 fut³　宽（路很~）
狭 kʰip⁵　窄（路很~）
笨 pʰɐn³³　厚（书很~）
笨 pʰɐn³³　厚（脸皮~）
薄 pʰɔk⁵
重 tsʰuŋ¹³
轻 hiaŋ³³
浅 tsʰin³⁵
深 tsʰɐm³³
清 tsʰɐŋ³³
浊 tsʰuk⁵
远 in¹³
近 kʰɐn¹³
□pʰui⁵³　偏僻
直 tsʰɐk⁵
曲 kʰuk³　弯（路很~）
正 tsɐŋ¹³
□vɐi³⁵　歪（帽子戴~了）
斜 tsʰia²¹
笪 tsʰia³³　（坡）陡

斜 tsʰia²¹　倾斜（这堵墙有点儿~，快倒了）
抻车 tsʰɐn³³ tsʰa³³　（衣服）伸展不皱
巢 tsʰau²¹　（衣服）皱
烂 lan⁵³　（衣服）破（了）
穿 tsʰin³³　（气球）破（了）
好 hau³⁵　（事办）妥（了）
稳 vɐn³⁵
满 mun¹³
空 huŋ³³
乌 u³³　黑
红 huŋ²¹
蓝 lam²¹
绿 luk⁵
白 pʰak⁵
灰 fui³³
黄 vɔŋ²¹
啱 ŋam³³　对（没错）
唔对 m²¹ tui¹³　错（不对）
难 nan²¹
快 fai¹³　容易（这道题很~做）
差 tsʰa³³　次（质量差，如：这个东西很~）
差斗 tsʰa³³ tɐu³⁵　差劲（水平低）
紧要 kɐn³⁵ iu¹³　要紧（只受了一点轻伤，不~）
危险 ŋɐi²¹ him³⁵
奇怪 kʰi²¹ kai¹³
圆碌碌 in²¹ luk³ luk³　圆溜溜
皱乜乜 tsɐu¹³ mia³⁵ mia³⁵　皱巴巴
猪油淡定 tsi³³ iɐu²¹ tʰam⁵³ tʰɐŋ⁵³　慢吞吞
香饽饽 hiɔŋ³³ pʰut⁵ pʰut⁵　香喷喷
湿□□ sɐp³ nɐp⁵ nɐp⁵　湿漉漉
气沉沉 hi¹³ tsʰɐn²¹ tsʰɐn²¹　气冲冲

软纳纳 in¹³ nap³ nap³　软塌塌（物体瘫软不挺直）
慢吞吞 man⁵³ tʰɐn³³ tʰɐn³³　慢腾腾
红识识 huŋ²¹ sɐk³ sɐk³　红艳艳
黄黔黔 vɔŋ²¹ kʰam²¹ kʰam²¹　黄澄澄
白上上 pʰak⁵ sɔŋ⁵³ sɔŋ⁵³　白白的
黑摇摇 hɐk³ mɐŋ³³ mɐŋ³³　黑洞洞
肥膩膩 fi²¹ tit⁵ tit⁵　胖乎乎
涩涩哋 kip³ kip³ ti³⁵　涩涩的
蓝蓝哋 lam²¹ lam²¹ ti³⁵　蓝蓝的
长长嘅 tsʰɔŋ²¹ tsʰɔŋ²¹ kɛ³³　长长的
短短嘅 tin³⁵ tin³⁵ kɛ³³　短短的
疏疏涝涝 sɔ³³ sɔ³³ lau⁵³ lau⁵³　（头发）稀稀拉拉
唔经唔觉 m²¹ kɐŋ³³ m²¹ kɔk³　不知不觉
好哋哋 hau³⁵ ti²¹ ti²¹　好好儿的
哥摸绝代 kɔ³³ mɔ³³ tsʰit⁵ tʰui⁵³　断子绝孙（詈语）

二十六　副词、介词等

好 hau³⁵　很
相当 siɔŋ³³ tɔŋ³³　极
几 ki³⁵
最 tsui¹³
太 tʰai¹³
非常 fi³³ sɔŋ²¹
越 it⁵
十分 sɐp⁵ fɐn³³
一啲啲 iɐt³ tit⁵ tit⁵　有点儿
略为 liɔk⁵ vɐi²¹　稍微
琐碎 sɔ³⁵ sui¹³　零碎
　零碎 lɐŋ²¹ sui¹³
快要 fai¹³ iu¹³　几乎
更加 kɐŋ¹³ ka³³

通通 tʰuŋ³³ tʰuŋ³³　都（去）
一律 iɐt³ lat⁵　一概
净系 tsʰiaŋ⁵³ hɐi⁵³　单单
唔单止 m²¹ tan³³ tsi³⁵　不仅
总共 tsuŋ³⁵ kuŋ⁵³　一共
　一齐 iɐt³ tsʰɐi²¹
就 tsʰɐu⁵³
大多数 tʰai⁵³ tɔ³³ su¹³　大多
净 tsʰiaŋ⁵³　光（不要～吃青菜，多吃肉）
大约 tʰai⁵³ iɔk³
差一啲 tsʰa³³ iɐt³ tit⁵　差不多
临近 lɐm²¹ kʰɐn⁵³　将近
好似 hau³⁵ tsʰi¹³　似乎
所有 sɔ³⁵ iɐu¹³　全部
啱啱 ŋam³³ ŋam³³　刚好（～十个）
啱 ŋam³³　刚（走）
正 tsɐŋ¹³　才（来）
先头 sin³³ tʰɐu²¹　刚才
马上 ma¹³ sɔŋ⁵³　立刻
走快 tsau³⁵ fai¹³　赶快
赶早 kun³⁵ tsau³⁵　趁早（走）
一过 iɐt³ kɔ¹³　一向
还 han²¹　仍，还
又 iɐu⁵³
唔 m²¹　不（去）
唔曾 m²¹ tsʰɐŋ²¹　不曾（去过）
冇 mau¹³　（还）没有（去）
眼前唔 ŋan¹³ tsʰin²¹ m²¹　暂时不（去）
唔好 m²¹ hau³⁵　别（去）
要 iu¹³　得（去）
假如 ka³⁵ i²¹　如果

系咪 hei⁵³ mei⁵³　是否
专登 tsʰin³³ teŋ³³　特地
有意 ieu¹³ i¹³　故意
静鸡鸡 tsʰeŋ⁵³ kei³³ kei³³　悄悄
好彩 hau³⁵ tsʰui³⁵　幸亏
横总 vaŋ²¹ tsuŋ³⁵　反正
求其 kʰeu²¹ kʰi²¹　随便
用力 iuŋ⁵³ lek⁵　使劲（~摇）
轮紧 len²¹ ken³⁵　轮流（~值班）
净系 tsʰiaŋ⁵³ hei⁵³　（别）总（说）
再 tsui¹³　重（做）
重 tsuŋ¹³　再（吃一碗）
　再 tsui¹³
越 hit⁵　越（~走~远）
一齐 iet³ tsʰei²¹　一块儿
真嘅 tsen³³ kɛ³³　真的、的确
　确实 kʰɔk³ set⁵
肯定 heŋ³⁵ tʰeŋ⁵³　一定、当然
　梗系 ken³⁵ hei⁵³
争啊唧 tsaŋ³³ et³ tit⁵　差点（就）
白 pʰak⁵　白（跑一趟）
另外 leŋ⁵³ ŋui⁵³
千祈 tsʰin³³ kʰi²¹　千万（~要小心）
再 tsui¹³　再（~也/都）
就系 tsʰeu⁵³ hei⁵³　偏（不去）
将 tsiɔŋ³³　把（门关上）
由 ieu²¹　从（明天起）
由细 ieu²¹ sei¹³　从小
向 hiɔŋ¹³　往（前走）
按照 un¹³ tsiu¹³　照（这样做）
顺住 sen⁵³ tsʰi⁵³　沿着（这条路走）

畀 pi⁵³　被（他吃了）
畀 pi⁵³　给（你）
同 tʰuŋ²¹　给（大家办事）
同 tʰuŋ²¹　替（他洗衣）
问 mɐn⁵³　向（他借）
　　同 tʰuŋ²¹
同 tʰuŋ²¹　和（~你不同）
同 tʰuŋ²¹　（我）和（你）
得 tɐk³　行！（应答）
哎呀 ɐi³³ ia³³　糟糕！
　　死啦 si³⁵ la³³

二十七　量词

只 tsit⁵　（一）个（人）
场 tsʰɔŋ²¹　场（一~戏）
枝 tsi³³　枝（一~梅花）
支 tsi³³　支（一~烟）
架 ka¹³　部（一~机器）
　　部 pʰu⁵³
盘 pʰun²¹　盘（一~水果）
本 pun³⁵　本（一~书）
台 tʰui²¹　桌（一~菜）
卷 kin³⁵　卷（一~纸）
阵 tsʰɐn⁵³　阵（一~风）
张 tsɔŋ³³　张（一~桌子）
张 tsɔŋ³³　张（一~床）
把 pa³⁵　把（一~椅子）
把 pa³⁵　把（一~刀）
张 tsɔŋ³³　把（一~锄头）
执 tsɐp³　绺（一~头发）
篇 pʰin³³　篇（一~文章）

幅 fuk³　幅（一～画）
碌 luk³　段（一～木头）
副 fu³³　副（一～眼镜）
条 tʰiu²¹　根（一～竹子）
铺 pʰu³³　铺（一～床）
帮 pɔŋ³³　伙（一～人）
群 kʰɐn²¹　群（一～牛）
封 fuŋ³³　封（一～信）
啲 tit⁵　点（一～泥巴）
服 fuk⁵　服（一～药）
头 tʰɐu²¹　头（一～牛）
　条 tʰiu²¹
窦 tɐu¹³　窝（一～猪）
窦 tɐu¹³　窝（一～蜂）
条 tʰiu²¹　根（一～香）
架 ka¹³　列（一～火车）
担 tam¹³　担（一～谷子）
迾 lap³　叠（一～碗）
块 fai¹³　面（一～镜子）
啖 tʰam⁵³　口（一～饭）
只 tsit⁵　口（一～池塘）
朵 tɔ³⁵　朵（一～花）
匹 pʰɐt³　匹（一～马）
辆 liɔŋ²¹　辆（一～汽车）
条 tʰiu²¹　艘（一～船）
户 fu⁵³　户（一～人家）
点 tim³⁵　滴（一～眼泪）
条 tʰiu²¹　条（一～蛇）
析 sak³　瓣（一～柚子）
嚿 kɐu²¹　块（一～西瓜）
块 fai¹³　块（一～肉）

架 ka¹³　辆（一～自行车）
罂 aŋ³³　瓶（一～酱油）
埕 tsʰɐŋ²¹　坛（一～酒）
盆 pʰun²¹　盆（一～花）
只 tsit⁵　个（一～箱子）
袋 tʰui⁵³　袋（一～米）
粒 lɐp³　粒（一～米）
次 tsʰi¹³　趟（走一～）
次 tsʰi¹³　次（来一～）
□lɐn³³　遍（说一～）
只 tsit⁵　只（一～鸡）
只 tsit⁵　条（一～狗）
条 tʰiu²¹　头（一～猪）
兜 tɐu³³　颗（一～花生）
揸 tsa³³　把（一～花生米）
帮 pɔŋ³³　帮（一～人）
只 tsit⁵　口（一～井）
圈 kʰin³³　圈（走一～）
圈 kʰin³³　圈（打一～麻将）
盘 pʰun²¹　盘（下一～棋）
对 tui¹³　双（一～鞋）
块 fai¹³　片（一～叶子）
块 fai¹³　片（一～肉）
揇 nam¹³　拃（一～长）
吟 iɐm²¹　庹（一～长：两臂平伸两手伸直的长度）
架 ka¹³　台（一～电视机）
套 tʰau¹³　套（一～茶具）
层 tsʰɐŋ²¹　层（一～楼）
排 pʰai²¹　挂（一～爆竹）
把 pa³⁵　杆（一～秤）
床 tsʰɔŋ²¹　床（一～被子）

间 kan³³　间（一~屋子）
行 hɔŋ²¹　行（一~字）
件 kʰin⁵³　件（一~事）
碌 luk³　截（一~甘蔗）
间 kan³³　家（一~店）
杯 pui³³　杯（一~茶）
块 fai¹³　丘（一~田）
坜 liak⁵　畦（一~菜）
座 tsʰɔ⁵³　座（一~山）
间 kan³³　座（一~房子）
条 tʰiu²¹　座（一~桥）
嚿 kɐu²¹　团（一~泥）
堆 tui³³　堆（一~沙）
执 tsɐp³　撮（一~灰）
□ lɐn³³　遍（洗两~）
盏 tsan³⁵　盏（一~灯）
捧 puŋ³⁵　捧（一~花生）
笼 luŋ²¹　笼（一~包子）
只 tsit⁵　个（一~洞）
段 tʰin⁵³　段（一~路）
督 tuk³　泡（一~屎）
栋 tuŋ¹³　栋（一~楼）
条 tʰiu²¹　条（一~船）
只 tsit⁵　块（一~肥皂）
餐 tsʰan³³　顿（一~饭）
餐 tsʰan³³　顿（打一~）
条 tʰiu²¹　条（一~鱼）
件 kʰin⁵³　件（一~棉衣）
套 tʰau¹³　套（一~衣服）
顶 tiaŋ³⁵　顶（一~帽子）
盒 hɐp⁵　盒（一~补药）

只 tsit⁵　块（一~砖）
下 ha¹³　下（打一~）
抽 tsʰɐu³³　串（一~葡萄）
兜 tɐu³³　棵（一~树）
把 pa³⁵　丛（一~草）
块 fai¹³　块（一~田）
只 tsit⁵　扇（一~门）
扎 tsat³　把（一~青菜）
梳 sɔ³³　串（一~香蕉：未一根根扯开时）
枚 mui²¹　根（一~针）

二十八　数词等

一 iɐt³
第一 tʰɐi⁵³ iɐt³
二 ŋi⁵³
第二 tʰɐi⁵³ ŋi⁵³
三 sam³³
四 si³⁵
五 m¹³
六 luk⁵
七 tsʰɐt³
八 pat³
九 kɐu³⁵
十 sɐp⁵
十一 sɐp⁵ iɐt³
十二 sɐp⁵ ŋi⁵³
十五 sɐp⁵ m¹³
二十 ŋi⁵³ sɐp⁵
五十五 m¹³ sɐp⁵ m¹³
一百 iɐt³ pak³
一百一十 iɐt³ pak³ iɐt³ sɐp⁵

一百一十一 iɐt³ pak³ iɐt³ sɐp⁵ iɐt³
二百 ŋi⁵³ pak³
二百五十 ŋi⁵³ pak³ m¹³ sɐp⁵
一千 iɐt³ tsʰin³³
一万 iɐt³ man⁵³
一万零一百 iɐt³ man⁵³ leŋ²¹ iɐt³ pak³
一万二千 iɐt³ man⁵³ ŋi⁵³ tsʰin³³
一成 iɐt³ sɐŋ²¹
两成 liɔŋ¹³ sɐŋ²¹
分 fɐn⁵³　分（十~之一）
一半 iɐt³ pun¹³
一大半 iɐt³ tʰai⁵³ pun¹³
全部 tsʰin²¹ pʰu⁵³　整个（~吞下去）
十几个 sɐp⁵ ki³⁵ kɔ¹³　十多个（比十个多）
上下 sɔŋ⁵³ ha⁵³　上下（十个~）
唔到十只 m²¹ tau¹³ sɐp⁵ tsit⁵　不到十个
只半 tsit⁵ pun¹³　一个半
一半多一啲 iɐt³ pun¹³ tɔ³³ iɐt³ tit⁵　一半多一点
好多 hau³⁵ tɔ³³　好几（个）
一啲 iɐt³ tit⁵　一点儿
一堆堆 iɐt³ tui³³ tui³³　一堆堆
　堆打堆 tui³³ ta³⁵ tui³³
好几百 hau³⁵ ki³⁵ pak³　好几百/万（形容多）
　好几万 hau³⁵ ki³⁵ man⁵³
一大堆 iɐt³ tʰai⁵³ tui³³
一两只 iɐt³ liɔŋ¹³ tsit⁵
个零月 kɔ¹³ liaŋ²¹ it⁵　个把月
乱七八糟 lin⁵³ tsʰɐt³ pat³ tsau³³　横七竖八
蚊（文）mɐn³³　（一）元（钱）
毫 hau²¹　（一）角（钱）
两斤 liɔŋ¹³ kɐn³³　二斤

二两 ŋi⁵³ liɔŋ³⁵

两斤二两 liɔŋ¹³ kɐn³³ ŋi⁵³ liɔŋ³⁵

斤半 kɐn³³ pun¹³　一斤半

第五章

大鹏话语法及标音举例

第一节　大鹏话的语法

这一节主要介绍大鹏话的句法，以几种常见的句式为主，以俾读者一窥大鹏话的句式特点。为便于行文，下文所用的字母"A""C""Neg""O""V"分别表示形容词（adjective）、补语（complement）、否定词（negtive）、宾语（object）和动词（verb）。

一　处置句

大鹏话的处置句主要有三种形式，第一种是"将"字句，第二种是句末复指的"佢"字句，第三种是"把"字句。从频率来看，"佢"字句的形式最为常用，其次是"将"字句和"把"字句。

（一）"将"字句

1. 风**将**嗰度门吹开休。（风把那道门吹开了。）
2. 我**将**呢本书睇完休。（我把这本书看完了。）
3. **将**嗰架车抹下。（把那部车抹一抹。）

（二）"佢"字句

在处置句中，"佢"在句末复指被处置的对象，有时可与"将"共现于一句中。例如：

1. 将啲草铲休**佢**。（把那些草铲光。）
2. 食完啲饭**佢**。（把那些饭吃完。）
3. 抹下嗰架车**佢**。（把那部车抹一抹。）

（三）"把"字句

1. 风**把**嘚度门吹开休。（风把那道门吹开了。）
2. 我**把**呢本书睇完休。（我把这本书看完了。）
3. **把**嘚架车抹下。（把那部车抹一抹。）

从自然交际的情形看，大鹏话"把"字句并不常用。

二 双宾句

普通话的双宾语句，一般是表示人的间接宾语在前面，表示事物的直接宾语放在后面。大鹏话有两种形式，间接宾语在前、直接宾语在后的也有，间接宾语在后、直接宾语在前的也有，主要看动词是否具有给予意义。如果动词具有给予意义，则两种形式都可以，而以第一种形式为主；如果没有，则只使用第二种形式。

（一）间接宾语在前、直接宾语在后

这种情况的动词有没有给予意义都可以。

1. 佢送畀我三本书。（他送我三本书。）
2. 借畀我一本书好么？（借我一本书好吗？）
3. 我争你十文。（我欠你十元。）
4. 佢话我知今日要返学。（他告诉我今天要上学。）

（二）间接宾语在后、直接宾语在前

这种情况的动词一般是有给予意义的。此外，如果此类句中的"畀"是一个趋向动词，那么"畀"一般位于直接宾语之后、间接宾语之前。

1. 你好赔翻两百文畀我。（你应该赔我两百元。）
2. 揌支笔畀我。（拿给我一支笔。）
3. 畀多啲时间我。（给我一些时间。）
4. 佢唔还钱畀我。（他不还我钱。）

三 比较句

大鹏话的比较句一般是"×+A+过+×"。如果形容词后面还有补语的话，补语就放在句子的末尾。例如：

1. 我**大过**佢。（我比他大）

2. 你惜你阿弟**多过**惜你阿妹。（你疼你弟弟比疼你妹妹多。）

3. 你哋**快过**佢哋一只钟头。（你比他们快一个小时。）

4. 佢**矮过**你一啲。（他比你矮一些。）

四　疑问句

（一）特指问句

大鹏话特指问句的特点主要体现在疑问代词上，如"点解"（为什么）、"乜嘢"（什么）、"点样"（怎么、怎样）、"哪霞/哪人"（谁）、"哪埞"（哪里）、"几多"（多少）、"几久"（多久）、"几时"（什么时候）等。

1. **点解**爱我去？（为什么要我去？）

2. **点解**晓迟到？（为什么会迟到？）

3. 你嘅手揳紧**乜嘢**？（你的手拿着什么？）

4. 佢**乜嘢**都唔理。（他什么都不管。）

5. 去北京路**点样**走呀？（到北京路怎么走？）

6. 佢今下**点样**？（他现在怎样了？）

7. 你系**哪霞**？（你是谁？）

8. 倚喺嗰埞嘅系**哪人**？（站在那儿的是谁？）

9. **哪埞**有芽蕉卖？（哪里有香蕉卖？）

10. 佢下昼去**哪埞**呀？（他下午去哪儿呀？）

11. 你哋一共有**几多**个人？（你们一共有几个人？）

12. 你**几多**岁？（你几岁啦？）

13. 呢间店头开休有**几久**唎？（这间店铺开了多久？）

14. 佢倚休有**几久**呀？（他站了多久了？）

15. 你**几时**返来呀？（你什么时候回来？）

16. **几时**正出得去呀？（什么时候才能出去呀？）

（二）选择问句

大鹏话的选择问句中，连接各个选项的连词用"还系"。如下：

1. 你**还系**食翻你嘅饭啦。（你还是吃你的饭吧。）

2. 你去**还系**你阿弟去唎？（你去还是你弟弟去？）

3. 系呢个**还系**嗰个？（是这个还是那个？）

（三）正反问句

大鹏话的正反问句的句式是"V + Neg + V"。如下：

1. 你今下**讲唔讲**呀？（你现在说不说？）
2. 你**钟唔钟**意食腊肠？（你喜不喜欢吃腊肠？）
3. 呢本书你**睇唔睇**呀？（你看不看这本书？）
4. 你睇呢次**大唔大**镬呢？（你觉得这次糟不糟糕呢？）

（四）是非问句

大鹏话的是非问句主要以陈述句加语气词"呀"和"咩""咧"等来体现，肯定式回答用"V"，否定式回答用"唔V"。如下：

1. 你**唔晓**大鹏话**呀**？——**系**呀。（你不会大鹏话呀？——是的。）
2. 你**唔去**南澳**咩**？——**唔去**。（你不去南澳吗？——不去。）
3. 呢碗濑粉**唔够**咸**咧**？——**够**呀。（这碗濑粉不够咸吧？——够呀。）

（五）反诘问句

前面的特指问、选择问、正反问、是非问均为有疑而问，大鹏话中这几种句式也可以表示无疑而问，表达肯定或否定的口气，即反诘问句。如下：

1. **哪埞**有芽蕉卖？（表示"哪儿都没有香蕉卖"的意思。）
2. 你**系**来帮我还系来害我呀？（表示"你来害我"的意思。）
3. 你究竟**讲唔讲**道理呀？（表示"你不讲理"的意思。）
4. 一句都唔声，你**唔晓讲**大鹏话呀？（表示"你明明就会大鹏话"的意思。）

五　否定句

大鹏话否定句中所用的否定词有"唔"（不）、"冇"（没有）、"唔曾/冇"（未曾）、"唔好"（别）。其中"冇"既可以表示与"有"相对的意思，也可以表示动作或状态未实现的意思。如下：

1. 我**唔**食得海鲜。（我不能吃海鲜。）
2. 我呢几年**冇**食过茶果。（我这些年没吃过茶果。）

3. 佢来到大鹏还**唔曾**去过较场尾。（他来到大鹏还没去过较场尾。）

佢来到大鹏还**冇**去过较场尾。（他来到大鹏还没去过较场尾。）

4. 痛风就**唔好**饮咁多酒啰。（痛风就别喝那么多酒了。）

六　可能句

大鹏话中表示可能补语的词为"得"，常见句式有"V 得"、"V 得 O"和"V 得 C（O）"等。如下：

1. 佢好**打得**嘅喎。（他很能打的。）
2. 你**食得**榴莲么？（你能吃榴莲吗？）
3. 一只字**行得到**去东山寺。（五分钟就能走到东山寺。）

此外，有时候否定词和"得"在句中所处的位置会对语义产生影响。如下：

4. 我**唔去得**。（我不能去。表示主观或客观条件不允许。）
5. 我**去唔得**。（我不能去。表示主观条件不允许。）
6. 我**唔得去**。（我不能去。表示客观条件不允许。）

七　动补句

大鹏话中表示补语的结构助词是"到"和"得"，前者所接的补语一般比较复杂，后者所接的补语较简单，一般是评价或判断性的。如下：

1. 你游水游**到**同条鱼噉。（你游泳游得跟一条鱼似的。）
2. 佢块面红**到**同关公一样。（他的脸红得像关公一样。）
3. 佢写字写**得**好靓。（他写字写得很漂亮。）
4. 打**得**赢佢。（打得赢他。）

八　有字句

粤语、客家话和闽语都存在"有"字句，大鹏话亦然。在这种句式里，"有"只作为助动词，后接动词性词组，表示动作行为已经存在或发生。相应的否定形式就是"冇"字句，"冇"也只作为助动词。如下：

1. 我今日冇去过鹏城饭馆。（我今天去了鹏城饭馆。）
2. 我阿弟冇读过书。（我弟弟上过学。）
3. 佢从来冇出过大鹏。（他从来没离开过大鹏。）
4. 你冇讲我听后日爱落水呀。（你没告诉我后天要下雨呀。）

第二节　语法例句标音

说明：

（一）以下是大鹏话的一些例句示例，每一句都展示了大鹏话的若干语法现象。

（二）每一个例句的顺序按大鹏话文字、大鹏话音标及普通话释义来描写，其中普通话释义的字体为仿宋体。

（1）佢日日来呢埞散步。
$k^hi^{21}\ iɐt^3\ iɐt^3\ lui^{21}\ ni^{13}\ t^hiaŋ^{53}\ san^{13}\ p^hu^{53}$.
他天天来这里散步。

（2）人人都知到答案，就系佢唔知。
$iɐn^{21}\ ian^{21}\ tu^{53}\ ti^{33}\ tau^{13}\ tap^3\ un^{13},\ ts^hɐu^{53}\ hei^{53}\ k^hi^{21}\ m̩^{21}\ ti^{33}$.
人人都知道答案，就他不知道。

（3）你去寻一下。
$ni^{13}\ hi^{13}\ ts^hɐm^{21}\ iɐt^3\ ha^{13}$.
你去找一找。

（4）我行紧行紧就迷失路喇。
$ŋɔ^{13}\ haŋ^{21}\ kɐn^{35}\ haŋ^{21}\ kɐn^{35}\ ts^hɐu^{53}\ mei^{21}\ sɐt^3\ lu^{53}\ la^{33}$.
我走着走着迷路了。

（5）我做休一排正知到好难完成。

ŋɔ¹³ tsu¹³ hɐu³³ iɐt³ pʰai²¹ tsaŋ¹³ ti³³ tau¹³ hau³⁵ nan²¹ van²¹ sɐŋ²¹.
我做了一段时间才知道很难按时干完。

(6) 总爱睇埋噉嘅书。
tsuŋ³⁵ ui¹³ tʰɐi³⁵ mai²¹ kɐm³⁵ kɛ³³ si³³.
老是看这种书。

(7) 成日睇埋冇用嘅书。
sɐŋ²¹ iɐt³ tʰɐi³⁵ mai²¹ mau¹³ iuŋ⁵³ kɛ³³ si³³.
成天看这种无用的书。

(8) 行来行去。
haŋ²¹ lui²¹ haŋ²¹ hi¹³.
走来走去。

(9) 我系工人。
ŋɔ¹³ hɐi⁵³ kuŋ³³ iɐn²¹.
我是工人。

(10) 你系学生。
ni¹³ hɐi⁵³ hɔk⁵ saŋ³³.
你是学生。

(11) 佢系老师。
kʰi²¹ hɐi⁵³ lau³⁵ si³³.
他是老师。

(12) 我哋一齐去睇戏。
ŋɔ¹³ ti⁵⁵ iɐt³ tsʰɐi²¹ hi¹³ tʰɐi³⁵ hi¹³.
我们一起去看戏吧。

(13) 你哋一共有几多个人？
ni¹³ ti⁵⁵ iɐt³ kʰuŋ⁵³ iɐu¹³ ki³⁵ tɔ³³ kɔ¹³ iɐn²¹？
你们一共有几个人？

(14) 佢哋好像小学生。
kʰi²¹ ti⁵⁵ hau³⁵ tsʰiɔŋ¹³ siu³⁵ hɔk⁵ saŋ³³.
他们像小学生。

(15) 人家唔讲，我也会讲。
iɐn²¹ ka³³ m̩²¹ kɔŋ³⁵，ŋɔ¹³ ia¹³ vui¹³ kɔŋ³⁵.
人家不说，我也会说。

(16) 我阿爸系工人。
ŋɔ¹³ a³³ pa³³ hɐi⁵³ kuŋ³³ iɐn²¹.
我父亲是工人。

(17) 呢埞系佢哋屋己开到嘅工厂。
ni¹³ tʰiaŋ⁵³ hɐi⁵³ kʰi²¹ ti⁵³ uk³ ki³⁵ fui³³ tau⁵³ kɛ³³ kuŋ³³ tsʰɔŋ³⁵.
这是他们家开的工厂。

(18) 呢样系我嘅。
ni¹³ iɔŋ⁵³ ia¹³ hɐi⁵³ ŋɔ¹³ kɛ³³.
这个是我的。

(19) 呢埞系工厂。
ni¹³ tʰiaŋ⁵³ hɐi⁵³ kuŋ³³ tsʰɔŋ³⁵.
这里是工厂。

(20) 到休今下，佢应该瞓醒喇。
tau¹³ hɐu³³ kɐn³³ ha¹³，kʰi²¹ iɐn³³ kui³³ fɐn¹³ siaŋ³⁵ la³³.
到了这时，他应该睡醒了。

(21) 嗰只系你嘅。
kɔ³⁵ tsit⁵ hɐi⁵³ ni¹³ kɛ³³.
那个是你的。

(22) 嗰埊一间学校。
kɔ³⁵ tʰiaŋ⁵³ iɐu¹³ iɐt³ kan³³ hɔk⁵ hau⁵³.
那里有一所学校。

(23) 嗰阵时候，我一分钱都冇。
kɔ³⁵ tsʰɐn⁵³ si²¹ hɐu⁵³, ŋɔ¹³ iɐt³ fɐn³³ tsʰin²¹ tu⁵³ mau¹³.
那时我一分钱都没有。

(24) 噉样做唔啱。
kɐm³⁵ iɔŋ⁵³ tsu¹³ m̩²¹ ŋam³³.
这样做不对。

(25) 爱噉样做正啱。
ui¹³ kɐm³⁵ iɔŋ⁵³ tsu¹³ tsaŋ¹³ ŋam³³.
要那样做才对。

(26) 噉傻。
kɐm³³ sɔ²¹.
这么傻。

(27) 噉傻。
kɐm³³ sɔ²¹.
那么傻。

(28) 佢乜嘢都唔理。
kʰi²¹ mɐt³ ia¹³ tu⁵³ m̩²¹ li¹³.
他什么都不管。

(29) 你在做乜嘢?
ni¹³ tsʰui¹³ tsu¹³ mɐt³ ia¹³?
你在做啥呀?

(30) 哪只系你嘅?
na¹³ tsit⁵ hɐi⁵³ ni¹³ kɛ³³?
哪个是你的?

(31) 你系哪人?
ni¹³ hɐi⁵³ na⁵³ iɐn²¹?
你是谁?

(32) 佢系你哪人?
kʰi²¹ hɐi⁵³ ni¹³ na⁵³ iɐn²¹?
他是你的什么人?

(33) 哪埞有芽蕉卖?
na¹³ tʰiaŋ⁵³ iɐu¹³ ŋa²¹ tsiu³³ mai⁵³?
哪里有香蕉卖?

(34) 你几多岁?
ni¹³ ki³⁵ tɔ³³ sui¹³?
你几岁啦?

(35) 你屋己有几多只人?
ni¹³ uk³ ki³⁵ iɐu¹³ ki³⁵ tɔ³³ tsit⁵ iɐn²¹?
你家里有几口人?

(36) 你乜嘢时候返来喺?
ni¹³ mɐt³ ia¹³ si²¹ hɐu⁵³ fan³³ lui²¹ ka³³?
你什么时候回来?

(37) 呢间店头开休有几久咧？
ni¹³ kan³³ tim¹³ tʰɐu²¹ fui³³ hɐu³³ iɐu¹³ ki³⁵ kɐu³⁵ lɛ³³?
这间店铺开了多久？

(38) 去北京路点样走呀？
hi¹³ pɐk⁵ kɐŋ³³ lu⁵³ tim³⁵ iɔŋ⁵³ tsɐu³⁵ a³³?
到北京路怎么走？

(39) 佢今下点样？
kʰi²¹ kɐn³³ ha¹³ tim³⁵ iɔŋ⁵³?
他现在怎样了？

(40) 点解爱我去？
tim³⁵ kai³⁵ ui¹³ ŋɔ¹³ hi¹³?
为什么要我去？

(41) 点解晓迟到？
tim³⁵ kai³⁵ hiu¹³ tsʰi²¹ tau¹³?
为什么迟到？

(42) 点解你爱帮佢？
tim³⁵ kai³⁵ ni¹³ ui¹³ pɔŋ³³ kʰi²¹?
为什么你要帮他？

(43) 十零只人。
sɐp⁵ liaŋ²¹ tsit⁵ iɐn²¹.
十来人。

(44) 五万几块。
m̩¹³ man⁵³ ki³⁵ fai¹³.
五万多块。

（45）十五蚊（文）到。
sɐp⁵ m̩¹³ mɐn³³ tau¹³.
十五元左右。

（46）呢张凳系我买嘅。
kɔ³⁵ tsɔŋ³³ tɐŋ¹³ hei⁵³ ŋɔ¹³ mai¹³ kɛ³³.
这张凳子是我买的。

（47）衣服全部燥喇。
i³³ fuk⁵ tsʰin²¹ pʰu⁵³ tsau³³ la³³.
衣服全干了。

（48）条条路都可以行。
tʰiu²¹ tʰiu²¹ lu⁵³ tu⁵³ hɔ³⁵ i¹³ haŋ²¹.
每一条路都可以走。

（49）你唔喜欢食榴莲么？每一只人都唔系一样。
ni¹³ m̩²¹ hi³⁵ fun³³ sit⁵ leu²¹ lin²¹ mɔ³³？mui¹³ iɐt³ tsit⁵ iɐn²¹ tu⁵³ m̩²¹ hei⁵³ iɐt³ iɔŋ⁵³.
你不喜欢吃榴莲吗？每个人不都一样。

（50）分分钟都好紧张。
fɐn³³ fɐn³³ tsuŋ³³ tu⁵³ hau³⁵ kɐn³⁵ tsɔŋ³³.
每时每刻都很紧张。

（51）最近我都冇见过佢。
tsui¹³ kʰɐn⁵³ ŋɔ¹³ tu⁵³ mau¹³ kin¹³ kɔ¹³ kʰi²¹.
最近我没见过他。

（52）你唔系老师咩？
ni¹³ m̩²¹ mɐi⁵³ lau¹³ si³³ mɛ⁵⁵？

你不是老师吗？

（53）你唔好去。
ni¹³ m̩²¹ mau³⁵ hi¹³.
你别去了。

（54）唔好成日吵吵闹闹。
m̩²¹ mau¹³ sɐŋ²¹ iɐt³ tsʰau²¹ tsʰau²¹ nau⁵³ nau⁵³.
别整天吵吵闹闹的。

（55）唔使客气，我唔食粥。
m̩²¹ sɐi³⁵ hak³ hi¹³, ŋɔ¹³ m̩²¹ sit⁵ tsuk³.
不用客气，我不吃粥的。

（56）今日唔使返学。
kɐm³³ iɐt³ m̩²¹ sɐi³⁵ fan³³ hɔk⁵.
今天不用上学。

（57）我还唔曾考试。
ŋɔ¹³ han²¹ m̩²¹ tsʰɐŋ²¹ kʰau³⁵ si¹³.
我还没考试。

（58）我唔信你从来冇搬过家。
ŋɔ¹³ m̩²¹ sɐn¹³ ni¹³ tsʰuŋ²¹ lui²¹ mau¹³ pun³³ kɔ¹³ ka³³.
我不信你从来没搬过家。

（59）我细声噉问佢。
ŋɔ¹³ sɐi¹³ saŋ³³ kɐm³⁵ mɐn⁵³ kʰi²¹.
我小声地问他。

（60）佢嘅面红到好像关公一样。

kʰi²¹ kɛ³³ min⁵³ huŋ²¹ tau¹³ hau³⁵ tsʰiɔŋ¹³ kan³³ kuŋ³³ iɐt³ iɔŋ⁵³.
他的脸红得像关公似的。

(61) 佢晓来嘅。
kʰi²¹ hiu³⁵ lui²¹ kɛ³³.
他会来的。

(62) 佢系我阿叔。
kʰi²¹ hɐi⁵³ ŋɔ¹³ a³³ suk³.
他是我叔叔。

(63) 佢系专家。
kʰi²¹ hɐi⁵³ tsin³³ ka³³.
他是专家。

(64) 我唔系研究生。
ŋɔ¹³ m̩²¹ mɐi⁵³ in²¹ kɐu¹³ saŋ³³.
我不是研究生。

(65) 打烂休。
ta³⁵ lan⁵³ hɐu³³.
打破了。

(66) 我想起来啰。
ŋɔ¹³ siɔŋ³⁵ hi³⁵ lui²¹ lɔ³³.
我想起来了。

(67) 我谂唔到。
ŋɔ¹³ nɐm³⁵ m̩²¹ tau¹³.
我想不起来了。

(68) 打到烂。
ta³⁵ tau¹³ lan⁵³.
打得破。

(69) 打唔烂。
ta³⁵ m̩²¹ lan⁵³.
打不破。

(70) 呢只食得，嗰只食唔得。
ni¹³ tsit⁵ sit⁵ tɐk³, kɔ³⁵ tsit⁵ sit⁵ m̩²¹ tɐk³.
这个吃得，那个吃不得。

(71) 你徛起身来。
ni¹³ kʰi·¹³ hi³⁵ sɐn³³ lui·²¹.
你站起来。

(72) 佢讲到声音都哑喇。
kʰi·²¹ kɔŋ³⁵ tau¹³ saŋ³³ iɐm³³ tu⁵³ a³⁵ la³³.
他讲到声音都哑了。

(73) 好鬼靓。
hɐu³⁵ kɐi³⁵ liaŋ¹³.
非常漂亮。

(74) 打得赢佢。
ta³⁵ tɐk³ iaŋ²¹ kʰi·²¹.
打得过他。

(75) 打佢唔赢。
ta³⁵ kʰi·²¹ m̩²¹ iaŋ²¹.
打不过他。

（76） 食唔落饭。
sit⁵ m̩²¹ lɔk⁵ fan⁵³.
吃不下饭。

（77） 我喊休你几次。
ŋɔ¹³ hɐm¹³ hɐu³³ ni²¹ ki³⁵ tsʰi¹³.
我叫了你几次了。

（78） 游水游梗休三次。
iɐu²¹ sui³⁵ iɐu¹³ kaŋ³⁵ hɐu³³ sam³³ tsʰi¹³.
游泳游了三次。

（79） 佢行出街市去。
kʰi²¹ haŋ²¹ tsʰɐt³ kai³³ si¹³ hi¹³.
他到街上去了。

（80） 佢哭起来。
kʰi²¹ huk³ hi³⁵ lui²¹.
他哭起来。

（81） 佢唱起歌来。
kʰi²¹ tsʰɔŋ¹³ hi³⁵ kɔ³³ lui²¹.
他唱起歌来。

（82） 天冷起来啰。
tʰin³³ laŋ¹³ hi³⁵ lui²¹ lɔ³³.
天冷起来了。

（83） 佢啱啱事紧饭。
kʰi²¹ ŋam³³ ŋam³³ sit⁵ kɐn³⁵ fan⁵³.
他正在吃饭。

(84) 我在头睇书。
ŋɔ¹³ tsʰui¹³ tʰeu²¹ tʰɐi³⁵ si³³.
我正在看书。

(85) 你嘅手揳紧乜嘢?
ni¹³ kɛ³³ sɐu³⁵ kʰai¹³ kɐn³⁵ mɐt³ ia¹³?
你的手拿着什么?

(86) 你坐紧在度,唔好起来。
ni¹³ tsʰɔ¹³ kɐn³⁵ tsʰui¹³ tʰeu²¹, m̩²¹ mau³⁵ hi³⁵ lui²¹.
你坐着,别起来。

(87) 佢冲休凉。
kʰi²¹ tsʰuŋ³³ hɐu³³ liɔŋ²¹.
他洗了澡。

(88) 我已经搬休家。
ŋɔ¹³ i¹³ kɐŋ³³ pun³³ hɐu³³ ka³³.
我已经搬家了。

(89) 我食休。
ŋɔ¹³ sit⁵ hɐu³³.
我吃过了。

(90) 佢去休。
kʰi²¹ hi¹³ hɐu³³.
他去了。

(91) □日我有去买票,但系冇买到。
tsʰɔŋ⁵³ iɐt³ ŋɔ¹³ iɐu¹³ hi¹³ mai¹³ pʰiu¹³, tʰan⁵³ hɐi⁵³ mau¹³ mai¹³ tau⁵³.
昨天我已经去买票了,但没买到。

(92）今早佢冇食到早餐。
kɐm³³ tsau³⁵ kʰi²¹ mau¹³ sit⁵ tau⁵³ tsau³⁵ tsʰan³³.
今早他没吃上早餐。

(93）我去过上海。
ŋɔ¹³ hi¹³ kɔ¹³ sɔŋ⁵³ fui³⁵.
我到过上海。

(94）佢有读过书。
kʰi²¹ iɐu¹³ tʰuk⁵ kɔ¹³ si³³.
他已经上过学了。

(95）佢冇读过书。
kʰi²¹ mau¹³ tʰuk⁵ kɔ¹³ si³³.
他没有上过学。

(96）我去打波来。
ŋɔ¹³ hi¹³ ta³⁵ pɔ³³ lui²¹.
我去打球来着。

(97）你还系睇翻你嘅书。
ni¹³ han²¹ hɐi⁵³ tʰɐi³⁵ fan³³ ni¹³ kɛ³³ si³³.
你还是看你的书吧。

(98）叹翻下冷气。
tʰan¹³ fan³³ ha¹³ laŋ¹³ hi¹³.
享受享受空调。

(99）我一直在食呢只药，非常好。
ŋɔ¹³ iɐt³ tsʰɐk⁵ tsʰui¹³ sit⁵ ni¹³ tsit⁵ iɔk³, fi³³ sɔŋ²¹ hau³⁵.
我一直在吃这种药，挺好的。

（100）你一直朝头早锻炼着球鞋，点解今早又着鬼鞋咧？
ni¹³ iɐt³ tsʰɐk³ tsiu³³ tʰɐu²¹ tsau³⁵ tʰin⁵³ lin⁵³ tsɔk³ kʰɐu²¹ hai²¹, tim³⁵ kai³⁵ kɐm³⁵ tsau³⁵ iɐu⁵³ tsɔk³ kɐi³⁵ hai²¹ lɛ³³?
你一向早晨锻炼穿球鞋，怎么今天穿皮鞋了呢？

（101）开始落水。
fui³³ tsʰi³⁵ lɔk⁵ sui³⁵.
下雨了。

（102）佢唔停噉样讲落去。
kʰi²¹ m̩²¹ tʰɐŋ²¹ kɐm³⁵ iɔŋ⁵³ kɔŋ³⁵ lɔk⁵ hi¹³.
他不停地说下去。

（103）我就爱返屋己喇。
ŋɔ¹³ tsʰɐu⁵³ ui¹³ fan³³ uk³ ki³⁵ la³³.
我要回家乡了。

（104）好快就天光。
hau³⁵ fai¹³ tsʰɐu⁵³ tʰin³³ kɔŋ³³.
天快亮了。

（105）心情唔好，换下环境会好啲。
sɐm³³ tsʰɐŋ²¹ m̩²¹ hau³⁵, vun⁵³ ha¹³ van²¹ kɐŋ³⁵ vui¹³ hau³⁵ tit⁵.
心情不好，换换环境会好点。

（106）你同我揾下嗰本书。
ni¹³ tʰuŋ²¹ ŋɔ¹³ vɐn³⁵ ha¹³ kɔ³⁵ pun³⁵ si³³.
你帮我找找那本书吧。

（107）我落去一阵就上来。
ŋɔ¹³ lɔk⁵ hi¹³ iɐt³ tsʰɐn⁵³ tsʰɐu⁵³ sɔŋ¹³ lui²¹.

我下去一下就上来。

(108) 佢畀大水督湿喇。
kʰi²¹ pi¹³ tʰai⁵³ sui³⁵ tuk³ sɐp³ la³³.
他给大雨淋湿了。

(109) 我嘅手袋畀人割烂休。
ŋɔ¹³ kɛ³³ sɐu³⁵ tʰui⁵³ pi¹³ iɐn²¹ kut³ lan⁵³ hɐu³³.
我的手袋被割破了。

(110) 佢把草全部铲光休。
kʰi²¹ pa³⁵ tsʰau³⁵ tsʰin²¹ pʰu⁵³ tsʰan³⁵ kɔŋ³³ hɐu³³.
他把草全铲光了。

(111) 风吹开休嗰度门。
fuŋ³³ tsʰui³³ fui³³ hɐu³³ kɔ³⁵ tʰu⁵³ mun²¹.
风把门吹开了。

(112) 搲支笔畀我。
kai¹³ tsi³³ pɐt³ pi⁵³ ŋɔ¹³.
给我一支笔。

(113) 佢送畀我三本书。
kʰi²¹ suŋ¹³ pi⁵³ ŋɔ¹³ sam³³ pun³⁵ si³³.
他送给我三本书。

(114) 我争你二十蚊（文）。
ŋɔ¹³ tsaŋ³³ ni¹³ ŋi⁵³ sɐp⁵ mɐn³³.
我欠你二十元。

(115) 你唔晓做，睇我来。

ni¹³ m̩²¹ hiu³⁵ tsu¹³, tʰɐi³⁵ ŋɔ¹³ lui²¹.
你不会做，让我来。

(116) 我大过佢。
ŋɔ¹³ tʰai⁵³ kɔ¹³ kʰi²¹.
我比他大。

(117) 我大佢三年。
ŋɔ¹³ tʰai⁵³ kʰi²¹ sam³³ nin²¹.
我比他大三岁。

(118) 我冇佢咁大。
ŋɔ¹³ mau¹³ kʰi²¹ kɐm³³ tʰai⁵³.
我没他那么大。

(119) 今晚佢来唔来呀？
kɐm³³ man¹³ kʰi²¹ lui²¹ m̩²¹ lui²¹ a³³?
今晚他来不来？

(120) 你哋食唔食虾饺呀？
ni¹³ ti⁵³ sit⁵ m̩²¹ sit⁵ ha³³ kau³⁵ a³³?
你们吃不吃虾饺？

(121) 旧年你有冇返屋己呀？
kʰɐu⁵³ nin²¹ ni¹³ iɐu¹³ mau¹³ fan³³ uk³ ki³⁵ a³³?
去年你回家了吗？

(122) 你有冇收休工哦？
ni¹³ iɐu¹³ mau¹³ sɐu³³ hɐu³³ kuŋ³³ ɔ⁵⁵?
下班了吗？

(123) 呢排你过到好么?
ni⁵⁵ pʰai²¹ ni¹³ kɔ¹³ tau⁵³ hau³⁵ mɔ³³?
这段时间你挺好吧?

(124) 事情有冇搞掂哦?
si⁵³ tsʰeŋ²¹ ieu¹³ mau¹³ kau³⁵ tʰim⁵³ ɔ⁵⁵?
事儿都搞好了吗?

(125) 佢识讲广州话咩?
kʰi²¹ sek³ kɔŋ³⁵ kɔŋ³⁵ tseu³³ va⁵³ mɛ⁵⁵?
他会说广州话吗?

(126) 广东人有食老鼠肉嘅咩?
kɔŋ³⁵ tuŋ³³ ien²¹ ieu¹³ sit⁵ lau³⁵ si³⁵ iuk⁵ kɛ³³ mɛ⁵⁵?
广东人吃老鼠肉的吗?

(127) 你呢次正考到六十四分啲呀?
ni¹³ ni⁵³ tsʰi¹³ tsaŋ¹³ kʰau³⁵ tau⁵³ luk⁵ sep⁵ si¹³ fen³³ ti⁵⁵ a³³?
你这次才考64分呀?

(128) 呢啲嘢都揼走佢咩?
ni⁵³ ti⁵³ ia¹³ tu⁵³ tem³⁵ tseu⁵³ kʰi²¹ mɛ⁵⁵?
把这些东西都扔了吧?

(129) 呢本书系唔系佢㗎?
ni¹³ pun³⁵ si³³ hei⁵³ m̩²¹ hei⁵³ kʰi²¹ ka³³?
这本书是他的吧?

(130) 佢哋有冇结休婚呀?
kʰi²¹ ti⁵³ ieu¹³ mau¹³ kit³ heu³³ fen³³ a³³?
他们已经结婚了吧?

（131）你□日点解唔来咧？
ni¹³ tsʰɔŋ⁵³ iɐt³ tim³⁵ kai³⁵ m̩²¹ lui²¹ lɛ⁵⁵?
你昨天为什么不来？

（132）嗰本书咧？
kɔ³⁵ pun³⁵ si³³ lɛ⁵⁵?
那本书呢？

（133）你去还系佢去咧？
ni¹³ hi¹³ han²¹ hɐi⁵³ kʰi²¹ hi¹³ lɛ³³?
你去还是他去？

（134）食多碗呀。
sit⁵ tɔ³³ iɐt³ vun³⁵ a³³.
多吃一碗吧。

（135）做完正好返屋己哦。
tsu¹³ van²¹ hɐu³³ tsaŋ¹³ fan³³ uk³ ki³⁵ ɔ³³.
干完才能回家。

（136）坐得远过头，睇唔清楚。
tsʰɔ¹³ tɐk³ in¹³ kɔ¹³ tʰɐu²¹, tʰɐi³⁵ m̩²¹ tau⁵³ tsʰɐŋ³³ tsʰɔ³⁵.
坐得太远看不清楚。

（137）你阿弟呀，太跳皮呀。
ni¹³ a³³ tʰɐi¹³ a³³, tʰai¹³ tʰiu¹³ pʰi²¹ a³³.
你弟弟太顽皮了。

（138）人差唔多走埋哦。
iɐn²¹ tsʰa³³ m̩²¹ tɔ³³ tsɐu³⁵ mai²¹ ɔ³³.
人差不多走光了。

(139) 唔该你畀多啲时间我呀。
m̩²¹ kui³³ ni¹³ pi⁵³ tɔ³³ tit⁵ si²¹ kan³³ ŋɔ¹³ a³³.
劳驾你给我多点时间。

(140) 饮少一啲酒，对身体好嘅。
iɐm³⁵ siu³⁵ iɐt³ tit⁵ tseu³⁵, tui¹³ sɐn³³ tʰɐi³⁵ hau³⁵ kɛ³³.
少喝点酒对身体有好处。

(141) 你先行吖，我等一阵正去呀。
ni¹³ sin³³ haŋ²¹ a⁵³, ŋɔ¹³ tɐŋ³⁵ iɐt³ tsʰɐn¹³ tsaŋ¹³ hi¹³ a³³.
你先去，我过会儿再去。

(142) 唔好做呀，先休息下。
m̩²¹ mau³⁵ tsu¹³ a³³, sin³³ hɐu³³ sɐk³ ha¹³.
别做了，歇一会儿。

(143) 你去唔去？——佢哋又去唔去？
ni¹³ hi¹³ m̩²¹ hi¹³？——kʰi²¹ ti⁵⁵ iɐu⁵³ hi¹³ m̩²¹ hi¹³？
你去不去？——那他们去不去啊？

第三节　访谈实录标音

说明：

（一）下文是对大鹏话发音合作人进行访谈后所得到的实际语料。发音合作人曾经做过教师，访谈过程中出现了一些不符合口语习惯的书面用词，这是值得注意的。此外，发音合作人的一些观点未必符合实际情况，这里也一并保留。

（二）本书对发音合作人的一些口误进行了删减。

（三）本书适当删减了一些可能影响理解的语气词。

（四）一些语流中的语音变异，如"唎［lɛ³³］"有时会读为

"[ɛ³³]",本书不做标识,均以原字读音记录。不过,指示代词"呢[ni¹³]"偶尔会读为"[ni⁵⁵]",这个读音或为广州话读法,这里根据实际语音记录。

(五)一些有音无字的词在文字上均以"□"来记录。

尊敬嘅老师、同学们:
　　tsin³³ kɐŋ³⁵ kɛ³³ lau³⁵ si³³、tʰuŋ²¹ hɔk⁵ mun²¹:

　　欢迎大家来到大鹏古城,今日咧,我就在呢埞介绍下我哋呢个团队建队以来嘅情况,以及大鹏话、大鹏嘅山歌点样去唱嘅。噉咧,呢个……我先介绍我本人啦。我咧,系大鹏古城嘅原居民,我叫卢水根,今年咧就已经退休休有三十五年嘅嘞,我原来嘅工作单位就系在鹏城小学当老师。噉样咧,讲到咧山歌同大鹏嘅婚俗,我退休以后已经得到领导嘅重视。加上我本人也系对社会嘅工作,我积极去参与,今下已经成为休大鹏山歌、大鹏婚俗非遗项目嘅呢个传承人。其中,大鹏嘅山歌已经上休省一级嘅非遗嘅项目。噉咧,讲到我哋呢个团队,就有十六位老人,全部都系当地嘅原居民,佢哋种田种休一辈子嘅嘞,文化素质咧就唔高,全部都系小学生。噉样咧,呢一帮人咧最喜欢就系唱大鹏山歌,最喜欢咧就系上台去表演。当然,我哋搞演出咧,多数都系在深圳周边嘅地方,其中大鹏城嘅演出,还有咧较场尾民宿嘅演出。我哋演出嘅场次咧,都达到休四百三十六个场次。噉咧,演出休噉多个节目,呢次嘅节目包括有大鹏婚俗,新娘咧坐紧花轿俾人抬紧出到舞台嘅,敲锣打鼓,舞紧麒麟,噉咧跳舞,唱大鹏山歌。新娘出嘅时候咧,还唱哭嫁歌。所以,有些外来嘅朋友对我哋呢个当地传统嘅文化特色系唔够了解,有些就提问讲:"点解结婚有哭嘅咧?"冇错,噉呢个话题咧讲来咧,也系比较长篇休啲嘅,噉就推下正来讲吧。噉就讲到咧,我哋山歌呢方面演出噉多,到底系咪事实㗎?有冇讲假话㗎?我讲就冇嘅,因为我哋咧有把佢登记起嚟,还有呢个节目单,放起嚟,即系保存起嚟噉解。所以领导咧,系非常之信服。广大嘅群众都很点赞我哋嘅,呢帮老人家。

fun³³ iɐŋ²¹ tʰai⁵³ ka³³ lui²¹ tau¹³ tʰai⁵³ pʰuŋ²¹ ku³⁵ saŋ²¹, kɐm³³ iɐt³ lɛ³³, ŋɔ¹³ tsʰɐu⁵³ tsʰui¹³ ni¹³ tʰiaŋ⁵³ kai¹³ siu¹³ ha¹³ ŋɔ¹³ ti⁵³ ni⁵⁵ kɔ¹³ tʰin²¹ tʰui⁵³ kin¹³ tʰui⁵³ i¹³ lui²¹ kɛ³³ tsɐŋ²¹ kʰɔŋ¹³, i¹³ kʰɐp⁵ tʰai⁵³ pʰuŋ²¹ va⁵³、tʰai⁵³ pʰuŋ²¹ kɛ³³ san³³ kɔ³³ tim³⁵ iɔŋ⁵³ hi¹³ tsʰɔŋ¹³ kɛ³³. kɐm³⁵ lɛ³³, ni⁵⁵ kɔ¹³……ŋɔ¹³ sin³³ kai¹³ siu¹³ ŋɔ¹³ pun³⁵ iɐn²¹ la³³. ŋɔ¹³ lɛ³³, hɐi⁵³ tʰai⁵³ pʰuŋ²¹ ku³⁵ saŋ²¹ kɛ³³ in²¹ ki³³ mɐn²¹, ŋɔ²¹ kiu¹³ lu²¹ sui³⁵ kɐn³³, kɐm³³ nin²¹ lɛ³³ tsʰɐu⁵³ i¹³ kɐŋ³³ tʰui¹³ iɐu³³ hɐu³³ iɐu¹³ sam³³ sɐp⁵ m̩¹³ nin²¹ kɛ³³ lak³, ŋɔ¹³ in²¹ lui²¹ kɛ³³ kuŋ³³ tsɔk³ tan³³ vɐi⁵³ tsʰɐu⁵³ hɐi⁵³ tsʰui¹³ pʰuŋ²¹ saŋ²¹ siu³⁵ hɔk⁵ tɔŋ³³ lau³⁵ si³³. kɐm³⁵ iɔŋ⁵³ lɛ³³, kɔŋ³⁵ tau⁵³ lɛ³³ san³³ kɔ³³ tʰuŋ²¹ tʰai⁵³ pʰuŋ²¹ kɛ³³ fɐn³³ tsʰuk⁵, ŋɔ¹³ tʰui¹³ iɐu³³ i¹³ hɐu⁵³ i¹³ kɐŋ³³ tɐk³ tau¹³ liaŋ¹³ tʰau¹³ kɛ³³ tsʰuŋ¹³ si⁵³. ka³³ sɔŋ¹³ ŋɔ¹³ pun³⁵ iɐn²¹ ia¹³ hɐi⁵³ tui¹³ sia¹³ vui⁵³ kɛ³³ kuŋ³³ tsɔk³, ŋɔ¹³ tsɐk³ kʰɐk⁵ hi¹³ tsʰam²¹ i¹³, kɐn³³ ha¹³ i¹³ kɐŋ³³ sɐŋ²¹ vɐi²¹ hɐu³³ tʰai⁵³ pʰuŋ²¹ san³³ kɔ³³、tʰai⁵³ pʰuŋ²¹ fɐn³³ tsʰuk⁵ fi³³ vɐi²¹ hɔŋ⁵³ muk⁵ kɛ³³ ni⁵⁵ kɔ¹³ tsʰin²¹ sɐŋ²¹ iɐn²¹. kʰi²¹ tsuŋ³³, tʰai⁵³ pʰuŋ²¹ kɛ³³ san³³ kɔ³³ i¹³ kɐŋ³³ sɔŋ¹³ hɐu³³ saŋ¹³ iɐt³ kʰɐp³ kɛ³³ fi³³ vɐi²¹ kɛ³³ hɔŋ⁵³ muk⁵. kɐm³⁵ lɛ³³, kɔŋ³⁵ tau⁵³ ŋɔ¹³ ti⁵³ ni⁵⁵ kɔ¹³ tʰin²¹ tʰui⁵³, tsʰɐu⁵³ iɐu¹³ sɐp⁵ luk⁵ vɐi⁵³ lau³⁵ iɐn²¹, tsʰin²¹ pʰu⁵³ tu⁵³ hɐi⁵³ tɔŋ³³ tʰi⁵³ kɛ³³ in²¹ ki³³ mɐn²¹, kʰi²¹ tʰi⁵³ tsuŋ¹³ tʰin²¹ tsuŋ¹³ hɐu³³ iɐt³ pui¹³ tsi³⁵ kɛ³³ lak³, mɐn²¹ fa¹³ su¹³ tsɐt³ lɛ³³ tsʰɐu⁵³ m̩²¹ kau³³, tsʰin²¹ pʰu⁵³ tu⁵³ hɐi⁵³ siu³⁵ hɔk⁵ saŋ³³. kɐm³⁵ iɔŋ⁵³ lɛ³³, ni⁵⁵ iɐt³ pɔŋ³³ iɐn²¹ lɛ³³ tsui¹³ hi³⁵ fun³³ tsʰɐu⁵³ hɐi⁵³ tsʰɔŋ¹³ tʰai⁵³ pʰuŋ²¹ san³³ kɔ³³, tsui¹³ hi³⁵ fun³³ lɛ³³ tsʰɐu⁵³ hɐi⁵³ sɔŋ¹³ tʰui¹³ hi¹³ piu³⁵ in³⁵. tɔŋ³³ in²¹, ŋɔ¹³ ti⁵³ kau³⁵ in³⁵ tsʰɐt³ lɛ³³, tɔ³³ su¹³ tu⁵³ hɐi⁵³ tsʰui¹³ sɐm³³ tsɐn¹³ tsɐu³³ pin³³ kɛ³³ tʰi⁵³ fɔŋ³³, kʰi²¹ tsuŋ³³ tʰai⁵³ pʰuŋ²¹ saŋ²¹ kɛ³³ in³⁵ tsʰɐt³, han²¹ iɐu¹³ lɛ³³ kau¹³ tsʰɔŋ²¹ mi¹³ mɐn²¹ suk⁵ kɛ³³ in³⁵ tsʰɐt³. ŋɔ¹³ ti⁵³ in³⁵ tsʰɐt³ kɛ³³ tsʰɔŋ²¹ tsʰi¹³ lɛ³³, tu⁵³ tʰat⁵ tau¹³ hɐu³³ si¹³ pak³ sam³³ sɐp⁵ luk⁵ kɔ¹³ tsʰɔŋ²¹ tsʰi¹³. kɐm³⁵ lɛ³³, in³⁵ tsʰɐt³ hɐu³³ tɔ³³ kɔ¹³ tsit³ muk⁵, ni¹³ tsʰi¹³ kɛ³³ tsit³ muk⁵ pau³³ kat³ iɐu¹³ tʰai⁵³ pʰuŋ²¹ fɐn³³ tsʰuk⁵, sɐn³³ niɔŋ²¹ lɛ³³ tsʰɔ²¹ kɐn³⁵ fa³³ kʰiu³⁵ pi⁵³ iɐn²¹ tʰui²¹ kɐn³⁵ tsʰɐt³ tau¹³ mu¹³ tʰui²¹ kɛ³³, kʰau³³ lɔ²¹ ta³⁵ ku³⁵, mu¹³ kɐn³⁵ kʰi²¹ lɐn²¹, kɐm³⁵ lɛ³³ tʰiu¹³ mu¹³, tsʰɔŋ⁵³ tʰai⁵³ pʰuŋ²¹ san³³ kɔ³³. san³³ niɔŋ²¹ tsʰɐt³ kɛ³³ si²¹ hɐu⁵³ lɛ³³, han²¹ tsʰɔŋ¹³

huk³ ka¹³ kɔ³³. sɔ³⁵ i¹³, iɐu¹³ sia³³ ŋui⁵³ lui²¹ kɛ³³ pʰɐŋ²¹ iɐu¹³ tui¹³ ŋ¹³ tɔ
ti⁵³ ni⁵⁵ kɔ¹³ tɔŋ³³ tʰi⁵³ tsʰin²¹ tʰuŋ³⁵ mɐn²¹ fa¹³ tʰɐk⁵ sek³ hɐi⁵³ m̩²¹ kɐu¹³
liu¹³ kai³⁵, iɐu¹³ sia³³ tsʰɐu⁵³ tʰɐi²¹ mɐn⁵³ kɔŋ³⁵: "tim³⁵ kai³⁵ kit³ fɐn³³
iɐu¹³ huk³ kɛ³³ lɛ⁵⁵?" mau¹³ tsʰɔ¹³, kɐm³⁵ ni⁵⁵ kɔ¹³ va⁵³ tʰɐi²¹ lɛ³³ kɔŋ³⁵
lui²¹ lɛ³³, ia¹³ hɐi⁵³ pi³⁵ kau¹³ tsʰɔŋ²¹ pʰin³³ hɐu³³ ti⁵⁵ kɛ³³, kɐm³⁵ tsʰɐu⁵³
tʰui³³ ha⁵³ tsaŋ¹³ lui²¹ kɔŋ³⁵ pa³³. kɐm³⁵ tsʰɐu⁵³ kɔŋ³⁵ tau⁵³ lɛ³³, ŋɔ¹³ ti⁵³
san³³ kɔ³³ ni⁵⁵ fɔŋ³³ min⁵³ in³⁵ tsʰɐt³ kɐm³⁵ tɔ³³, tau¹³ tɐi³⁵ hɐi⁵³ mɐi⁵³ si⁵³
sɐt⁵ ka³³? iau¹³ mau¹³ kɔŋ³⁵ ka³⁵ va⁵³ ka³³? ŋɔ¹³ kɔŋ³⁵ tsʰɐu⁵³ mau¹³ kɛ³³,
iɐn³³ vɐi⁵³ ŋɔ¹³ ti⁵³ lɛ³³ iɐu¹³ pa³⁵ kʰi²¹ tɐŋ³³ ki¹³ hi³⁵ lɐi²¹, han²¹ iɐu¹³ ni⁵⁵
kɔ¹³ tsit³ muk⁵ tan³³, fɔŋ¹³ hi³⁵ lɐi²¹, tsɐk³ hɐi⁵³ pau³⁵ tsʰin²¹ hi³⁵ lɐi²¹
kɐm³⁵ kai³⁵. sɔ³⁵ i¹³ liaŋ¹³ tʰau¹³ lɛ³³, hɐi⁵³ fi³³ sɔŋ²¹ tsi³³ sɐn¹³ fuk⁵.
kɔŋ³⁵ tʰai⁵³ kɛ³³ kʰɐn²¹ tsuŋ¹³ tu⁵³ hɐn³⁵ tim³⁵ tsan¹³ ŋɔ¹³ ti⁵³ kɛ³³, ni⁵⁵
pɔŋ³³ lau³⁵ iɐn²¹ ka³³.

好嘞，噉咧，我哋节目呢个问题，经常都会节假日呀都去演出。噉好嘞，讲到呢啲大鹏嘅方言，也就大鹏话啦，同埋咧大鹏嘅山歌啦，讲到呢两方面咧，我哋今下面临嘅情况咧，都开始在呀……可以讲，系濒临灭绝噉样嘅阶段。但系，为了把佢挽救过嚟，继续传承下去，噉我都组织休一些骨干嘅分子，就落到去学校，有中学呀、小学呀、幼儿园啦，还有核电站，即系大亚湾核电站，都去同佢哋唱山歌，教一些青少年讲大鹏话，唱大鹏山歌。噉呢统计起来嘅次数咧都有八十五节课时嘞，咁多年来，净我本人都已经上休课有八十五节课时。噉呢埞咧就系呢个……我哋大鹏话、大鹏山歌嘅一个规格。噉具体对大鹏话点样讲，大鹏山歌点样去唱，噉就等下就再来唱嘞。

hau³⁵ lak³, kɐm³⁵ lɛ³³, ŋɔ¹³ ti⁵³ tsit³ muk⁵ ni⁵⁵ kɔ¹³ mɐn⁵³ tʰɐi²¹,
kɐŋ³³ sɔŋ²¹ tu⁵³ vui⁵³ tsit³ ka¹³ iɐt³ a³³ tu⁵³ hi¹³ in³⁵ tsʰɐt³. kɐm³⁵ hau³⁵
lak³, kɔŋ³⁵ tau⁵³ ni⁵⁵ ti⁵⁵ tʰai⁵³ pʰuŋ²¹ kɛ³³ fɔŋ in²¹, ia¹³ tsʰɐu⁵³ tʰai⁵³
pʰuŋ²¹ va⁵³ la⁵⁵, tʰuŋ²¹ mai²¹ lɛ³³ tʰai⁵³ pʰuŋ²¹ kɛ³³ san³³ kɔ³³ la³³, kɔŋ³⁵
tau⁵³ ni⁵⁵ liɔŋ³⁵ fɔŋ³³ min⁵³ lɛ³³, ŋɔ¹³ ti⁵³ kɐn³³ ha¹³ min⁵³ lɐm²¹ kɛ³³
tsʰɐŋ²¹ kʰɔŋ¹³ lɛ³³, tu⁵³ fui³³ tsʰi³⁵ tsʰui¹³ a³³……hɔ³⁵ i¹³ kɔŋ³⁵, hɐi⁵³

pʰɐn²¹ lɐm²¹ mit⁵ tsʰit⁵ kɐm³⁵ iɔŋ⁵³ kɛ³³ kai³³ tʰin⁵³. tʰan⁵³ hei⁵³, vɐi²¹ liu¹³ pa³⁵ kʰi²¹ van³⁵ kɐu¹³ kɔ¹³ lɐi²¹, ki¹³ suk⁵ tsʰin²¹ sɐŋ²¹ ha¹³ hi¹³, kɐm³⁵ ŋ¹³ tu⁵³ tsu³⁵ tsɐk³ hɐu³³ iɐt³ sia³³ kɐt³ kun¹³ kɛ³³ fɐn¹³ tsi³⁵, tsʰɐu⁵³ lɔk⁵ tau¹³ hɔk⁵ kau³⁵, iɐu¹³ tsuŋ³³ hɔk³ a³³、siu³⁵ hɔk⁵ a³³、iɐu¹³ i²¹ in²¹ la³³, han²¹ iɐu¹³ hat⁵ tʰin⁵³ tsʰam⁵³, tsʰɐk³ hei⁵³ tʰai⁵³ a¹³ van³³ hat⁵ tʰin⁵³ tsʰam⁵³, tu⁵³ hi¹³ tʰuŋ²¹ kʰi²¹ ti⁵⁵ tsʰɔŋ¹³ san³³ kɔ³³, kau³³ iɐt³ sia³³ tsʰɐŋ⁵³ siu¹³ nin²¹ kɔŋ³⁵ tʰai⁵³ pʰuŋ²¹ va³⁵, tsʰɔŋ¹³ tʰai⁵³ pʰuŋ²¹ san³³ kɔ³³. kɐm³⁵ ni⁵⁵ tʰuŋ³⁵ ki¹³ hi³⁵ lui²¹ kɛ³³ tsʰi¹³ su¹³ lɛ³³ tu⁵³ iɐu¹³ pat³ sɐp⁵ m̩¹³ tsit³ kʰɔ¹³ si²¹ lak³, kɐm³³ tɔ³³ nin²¹ lui²¹, tsʰɐu⁵³ ŋ¹³ pun³⁵ iɐn²¹ tu⁵³ i¹³ kɐŋ³³ sɔŋ¹³ hɐu³³ kʰɔ¹³ iɐu¹³ pat³ sɐp⁵ m̩¹³ tsit³ kʰɔ¹³ si²¹. kɐm³⁵ ni¹³ tʰiaŋ⁵³ lɛ³³ tsʰɐu⁵³ hei⁵³ ni⁵⁵ kɔ¹³ ŋ¹³ ti⁵³ tʰai⁵³ pʰuŋ²¹ va⁵³ tʰai⁵³ pʰuŋ²¹ san³³ kɔ³³ kɛ³³ iɐt³ kɔ¹³ kʰei³³ kak³. kɐm³⁵ kʰi⁵³ tʰei³⁵ tui¹³ tʰai⁵³ pʰuŋ²¹ va⁵³ tim³⁵ iɔŋ⁵³ kɔŋ³⁵, tʰai⁵³ pʰuŋ²¹ san³³ kɔ³³ tim³⁵ iɔŋ⁵³ hi¹³ tsʰɔŋ¹³, kɐm³⁵ tsʰɐu⁵³ tɐŋ³⁵ ha¹³ tsʰɐu⁵³ tsai¹³ lui²¹ tsʰɔŋ¹³ lak³.

下面咧，就讲大鹏话。大鹏话，也讲"大鹏军语""大鹏方言"。噉咧，大鹏话也是由来已久。自从古城建好到今下，就有六百几年嘅历史嘞。噉咧，由于建城，嗰啲民工、将士们，都系来自四面八方，全国九埞都有嘅。噉咧，有普通话，有闽南话，有客家话，有白话，有村声话、蛇话，种种色色都有嘞。噉咧，时间一久，大鹏古城嘅方言呀，啲民工在里面做嘅时间一长嘞，有男嘅有女嘅，最后咧，佢哋就结为夫妻，在大鹏古城就成家立业，就住落来嘞。噉咧，噉呀就，由于系来自全国各地嘅，所以我哋嘅语言咧，得唔到很好嘅统一。讲起话来，同人家交接起来，打下招呼，我讲嘅，你都听唔到我嘅。我讲嘅你又听唔到，总之，呢啲话就乱七八糟，得唔到个很好嘅统一。噉最后咧，又讲嘅时候久嘞，都已经数百年过去嘞，就把大鹏话，最后就定为咧系"大鹏军语"。好，噉大鹏军语定落来嘞，就逐步逐步咧，就形成休呢个叫作"千音"。所谓"千音"，百人就有百音，千人就有千音，也喊作"千音"，也喊作"大鹏军语"。呢个慢慢演化过来咧，到休呢个解放之前，民国嘅时候，一路来咧就好少话"大鹏军语"嘞，而系讲成乜嘢咧？

冇讲"大鹏军语",冇讲"千音",就把呢两个嘅名称咧称为休"大鹏方言",也就系我今下讲嘅呢啲大鹏话,噉大鹏话咧就系由于噉样得来嘅嘞。

ha⁵³ min⁵³ lɛ³³, tsʰɐu⁵³ kɔŋ³⁵ tʰai⁵³ pʰuŋ²¹ va⁵³. tʰai⁵³ pʰuŋ²¹ va⁵³, ia¹³ kɔŋ³⁵ tʰai⁵³ pʰuŋ²¹ kɐn³³ i¹³ tʰai⁵³ pʰuŋ²¹ fɔŋ³³ in²¹. kɐm³⁵ lɛ³³, tʰai⁵³ pʰuŋ²¹ va⁵³ ia¹³ si⁵³ iɐu²¹ lui²¹ i¹³ kɐu³⁵. tsʰi⁵³ tsʰuŋ²¹ ku³⁵ saŋ²¹ kin¹³ hau³⁵ tau¹³ kɐn³³ ha¹³, tsʰɐu⁵³ iɐu¹³ luk⁵ pak³ ki³⁵ nin²¹ kɛ³³ lɐk⁵ si³⁵ lak³. kɐm³⁵ lɛ³³, iɐu²¹ i³³ kin¹³ saŋ²¹, kɔ³⁵ ti⁵⁵ mɐn²¹ kuŋ³³、tsiɔŋ¹³ si⁵³ mun²¹, tu⁵³ hɐi⁵³ lui²¹ tsʰi⁵³ si¹³ min⁵³ pat³ fɔŋ³³, tsʰin²¹ kɔk³ kɐu³⁵ tʰiaŋ⁵³ tu⁵³ iɐu¹³ kɛ³³. kɐm³⁵ lɛ³³, iɐu¹³ pʰu³⁵ tʰuŋ³³ va⁵³, iɐu¹³ mɐn¹³ nam²¹ va⁵³, iɐu¹³ hak³ ka³³ va⁵³, iɐu¹³ pʰak⁵ va⁵³, iɐu¹³ tsʰin³³ saŋ³³ va⁵³、sa²¹ va⁵³, tsuŋ³⁵ tsuŋ³⁵ sɐk³ sɐk³ tu³³ iɐu¹³ lak³. kɐm³⁵ lɛ³³, si²¹ kan³³ iɐt³ kɐu³⁵, tʰai⁵³ pʰuŋ²¹ ku³⁵ saŋ²¹ kɛ³³ fɔŋ³³ in²¹ a³³, ti⁵⁵ mɐn²¹ kuŋ³³ tsʰui¹³ li¹³ min⁵³ tsu¹³ kɛ³³ si²¹ kan³³ iɐt³ tsʰɔŋ²¹ lak³, iɐu¹³ nam²¹ kɛ³³ iɐu¹³ ni¹³ kɛ³³, tsui¹³ hɐu⁵³ lɛ³³, kʰi²¹ ti⁵⁵ tsʰɐu⁵³ kit³ vɐi²¹ fu³³ tsʰɐi³³, tsʰui¹³ tʰai⁵³ pʰuŋ²¹ ku³⁵ saŋ²¹ tsʰɐu⁵³ sɐŋ²¹ ka³³ lɐp⁵ nip⁵, tsʰɐu⁵³ tsʰi⁵³ lɔk⁵ lui²¹ lak³. kɐm³⁵ lɛ³³, kɐm³⁵ a³³ tsʰɐu⁵³, iɐu²¹ i³³ hɐi⁵³ lui²¹ tsʰi⁵³ tsʰin²¹ kɔk³ kɔk³ tʰi⁵³ kɛ³³, sɔ³⁵ i¹³ ŋɔ¹³ ti⁵³ kɛ³³ i¹³ in²¹ lɛ³³, tɐk³ m̩²¹ tau¹³ hɐn³⁵ hau³⁵ kɛ³³ tʰuŋ³⁵ iɐt³. kɔŋ³⁵ hi³⁵ va⁵³ lui²¹, tʰuŋ²¹ iɐn²¹ ka³³ kau³³ tsip³ hi³⁵ lui²¹, ta³⁵ ha¹³ tsiu³³ fu³³, ŋɔ¹³ kɔŋ³⁵ kɛ³³, ni¹³ tu⁵³ tʰiaŋ¹³ m̩²¹ tau¹³ ŋɔ¹³ kɛ³³. ŋɔ¹³ kɔŋ³⁵ kɛ³³ ni¹³ iɐu⁵³ tʰiaŋ¹³ m̩²¹ tau¹³, tsuŋ³⁵ tsi³³, ni¹³ ti⁵⁵ va⁵³ tsʰɐu⁵³ lin⁵³ tsʰɐt³ pat³ tsau³³, tɐk³ m̩²¹ tau¹³ kɔ¹³ hɐn³⁵ hau³⁵ kɛ³³ tʰuŋ³⁵ iɐt³. kɐm³⁵ tsui¹³ hɐu⁵³ lɛ³³, iɐu⁵³ kɔŋ³⁵ kɛ³³ si²¹ hɐu⁵³ kɐu³⁵ lak³, tu⁵³ i¹³ kɐŋ³³ su¹³ pak³ nin²¹ kɔ¹³ hi¹³ lak³, tsʰɐu⁵³ pa³⁵ tʰai⁵³ pʰuŋ²¹ va⁵³, tsui¹³ hɐu⁵³ tsʰɐu⁵³ tʰɐŋ⁵³ vɐi²¹ lɛ³³ hɐi⁵³ "tʰai⁵³ pʰuŋ²¹ kɐn³³ i¹³". hau³⁵, kɐm³⁵ tʰai⁵³ pʰuŋ²¹ kɐn³³ i¹³ tʰɐŋ⁵³ lɔk³ lui²¹ lak³, tsʰɐu⁵³ tsʰuk⁵ pʰu⁵³ tsʰuk⁵ pʰu⁵³ lɛ³³, tsʰɐu⁵³ hɐŋ²¹ sɐŋ²¹ hɐu³³ ni⁵⁵ kɔ¹³ kiu¹³ tsu¹³ "tsʰin³³ iɐm³³". sɔ³⁵ vɐi⁵³ "tsʰin³³ iɐm³³", pak³ iɐn²¹ tsʰɐu⁵³ iɐu¹³ pɐk³ iɐm³³, tsʰin³³ iɐn²¹ tsʰɐu⁵³ iɐu¹³ tsʰin³³ iɐm³³, ia¹³ ham¹³ tsu¹³ "tsʰin³³ iɐm³³", ia¹³ ham¹³ tsu¹³ "tʰai⁵³ pʰuŋ²¹ kɐn³³ i¹³". ni⁵⁵ kɔ¹³ man⁵³ man⁵³ in³⁵ fa¹³ kɔ¹³ lui²¹ lɛ³³, tau¹³ hɐu³³ ni⁵⁵ kɔ¹³ kai³⁵ fɔŋ¹³ tsi³³ tsʰin²¹, mɐn²¹ kɔk³ kɛ³³ si²¹ hɐu⁵³, iɐt³ lu⁵³ lui²¹ lɛ³³ tsʰɐu⁵³ hau³⁵ siu³⁵ va⁵³ "tʰai⁵³ pʰuŋ²¹ kɐn³³ i¹³" lak³, i²¹ hɐi⁵³ kɔŋ³⁵ sɐŋ²¹ mɐt³ ia¹³ lɛ³³? mau¹³ kɔŋ³⁵ "tʰai⁵³ pʰuŋ²¹ kɐn³³ i¹³", mau¹³ kɔŋ³⁵ "tsʰin³³ iɐm³³", tsʰɐu⁵³ pa³³ ni⁵⁵ liɔŋ³⁵ kɔ¹³ kɛ³³ mɐŋ²¹ tsʰɐŋ³³ lɛ³³ tsʰɐŋ³³ vɐi²¹ hɐu³³ "tʰai⁵³ pʰuŋ²¹ fɔŋ³³ in²¹", ia¹³ tsʰɐu⁵³ hɐi⁵³ ɔŋ¹³ kɐn³³ ha¹³ kɔŋ³⁵ kɛ³³ ni⁵⁵ ti⁵⁵ tʰai⁵³ pʰuŋ²¹ va⁵³, kɐm³⁵ tʰai⁵³ pʰuŋ²¹ va⁵³ lɛ³³ tsʰɐu⁵³ hɐi⁵³ iɐu²¹ i³³ kɐm³⁵ iɔŋ⁵³ tɐk³ lui²¹ kɛ³³ lak³.

噉还有个咧，就系大鹏呢个传统嘅文化特色，有好些都系，一个大鹏山歌啦，总称就系"大鹏歌谣"，系咪呀？佢包括有大鹏嘅山歌、大鹏婚嫁歌，结婚用嘅婚嫁歌，结婚都唱紧山歌来喫，呢个叫婚嫁歌。还有咧，水话歌、仙歌、哭丧歌、儿歌，即系童歌。噉咧，当然，最为突出嘅，就系山歌，大鹏山歌在二〇一三年就已经上咗省一级嘅一个非遗嘅项目。噉咧，山歌之中咧，有包括咩，佢嘅内容有咩咧？有劳动歌啦、四季歌啦、雀鸟歌啦、海鲜歌啦、地名歌啦、结婚歌啦，还有牧童歌啦、茶果歌啦，还有情歌嘅对唱——问答歌啦、地名歌啦等等，都有十几种。

kɐm³⁵ han²¹ iɐu¹³ kɔ¹³ lɛ³³, tsʰɐu⁵³ hɐi⁵³ tʰai⁵³ pʰuŋ²¹ ni⁵⁵ kɔ¹³ tsʰin²¹ tʰuŋ³⁵ kɛ³³ mɐn²¹ fa¹³ tʰɐk³ sɐk³, iɐu¹³ hau³⁵ sia³³ tu⁵³ hɐi⁵³, iɐt³ kɔ¹³ tʰai⁵³ pʰuŋ²¹ san³³ kɔ³³ la³³, tsuŋ³⁵ tsʰɐŋ³³ tsʰɐu⁵³ hɐi⁵³ "tʰai⁵³ pʰuŋ²¹ kɔ³³ iu²¹", hɐi⁵³ mɐi⁵³ a³³? kʰi²¹ pau³³ kat³ iɐu¹³ tʰai⁵³ pʰuŋ²¹ kɛ³³ san³³ kɔ³³、tʰai⁵³ pʰuŋ²¹ fɐn³³ ka¹³ kɔ³³, kit³ fɐn³³ iuŋ⁵³ kɛ³³ fɐn³³ ka¹³ kɔ³³, kit³ fɐn³³ tu⁵³ tsʰɔŋ¹³ kɐn³⁵ san³³ kɔ³³ lui²¹ ka³³, ni⁵⁵ kɔ¹³ kiu¹³ fɐn³³ ka¹³ kɔ³³. han²¹ iɐu¹³ lɛ³³, sui³⁵ va⁵³ kɔ³³ sin³³ kɔ³³、huk³ sɔŋ³³ kɔ³³、i²¹ kɔ³³, tsɐk³ hɐi⁵³ tʰuŋ²¹ kɔ³³. kɐm³⁵ lɛ³³, tɔŋ³³ in²¹, tsui¹³ vɐi²¹ tʰɐt³ tsʰɐt³ kɛ³³, tsʰɐu⁵³ hɐi⁵³ san³³ kɔ³³, tʰai⁵³ pʰuŋ²¹ san³³ kɔ³³ tsʰui¹³ ŋi⁵³ lɐŋ²¹ iɐt³ sam³³ nin²¹ tsʰɐu⁵³ i¹³ kɐŋ³³ sɔŋ¹³ hɐu³³ saŋ¹³ iɐt³ kʰɐp³ kɛ³³ iɐt³ kɔ¹³ fi³³ vɐi²¹ kɛ³³ hɔŋ⁵³ muk⁵. kɐm³⁵ lɛ³³, san³³ kɔ³³ tsi³³ tsuŋ³³ lɛ³³, iɐu¹³ pau³³ kat³ hɐu³³, kʰi²¹ kɛ³³ nui⁵³ iuŋ²¹ iɐu¹³ mɛ⁵³ lɛ³³? iɐu¹³ lau²¹ tʰuŋ⁵³ kɔ³³ la³³、si¹³ kɐi¹³ kɔ³³ la³³、tsiɔk³ niu³⁵ kɔ³³ la³³、fui³⁵ sin³³ kɔ³³ la³³、tʰi⁵³ miaŋ³³ kɔ³³ la³³、kit³ fɐn³³ kɔ³³ la³³, hɐn²¹ iɐu¹³ muk⁵ tʰuŋ²¹ kɔ³³ la³³、tsʰa³³ kɔ³⁵ kɔ³³ la³³, han²¹ iɐu¹³ tsʰɐŋ²¹ kɔ³³ kɛ³³ tui¹³ tsʰɔŋ¹³——mɐn⁵³ tap³ kɔ³³ la³³ tʰi⁵³ miaŋ²¹ kɔ³³ la³³ teŋ³⁵ teŋ³⁵, tu⁵³ ieu¹³ sep⁵ ki³⁵ tsuŋ³⁵.

噉咧，呢个对于呢只歌词，我哋可以唱一唱嘅，唱一唱。比如讲，我唱一首，也系我编嘅，我都编咗有四十几首大鹏山歌，其中咧，我就唱一段。大鹏山歌，四句就为一段，最简单来讲，呢个山歌嘅文化呀，系唯独大鹏先有，大鹏当然也包括休大鹏嘅街道，还有南澳街道。南澳街道嘅人，衣服嘅穿着，同讲嘅水话，都同大鹏城都系类同嘅，都系噉样讲嘅，变化唔大。但系葵涌咧，也系我哋大鹏嘅邻居呀，葵涌人讲嘅话，佢就系客家话，包括佢嘅穿着，妇女们戴嘅凉帽，都同大鹏唔一样嘅。所以大鹏嘅人咧就包括南澳，都系同样，穿着呀，日常嘅呢个生活嘅习惯呀，讲嘅说话呀，唱嘅山歌呀，都系同样。

kem³⁵ lɛ³³, ni⁵⁵ kɔ¹³ tui¹³ i³³ ni⁵⁵ tsit⁵ kɔ³³ tsʰi²¹, ŋɔ¹³ ti⁵³ hɔ³⁵ i¹³ tsʰɔŋ¹³ iet³ tsʰɔŋ¹³ kɛ³³, tsʰɔŋ¹³ iet³ tsʰɔŋ¹³. pi³⁵ i²¹ kɔŋ³⁵, ŋɔ¹³ tsʰɔŋ¹³ iet³ seu³⁵, ia¹³ hei⁵³ ŋɔ¹³ pʰin³³ kɛ³³, ŋɔ¹³ tu⁵³ pʰin³³ tsɔ³⁵ ieu¹³ si¹³ sep⁵ ki³⁵ seu³⁵ tʰai⁵³ pʰuŋ²¹ san³³ kɔ³³, kʰi²¹ tsuŋ³³ lɛ³³, ŋɔ¹³ tsʰeu⁵³ tsʰɔŋ¹³ iet³ tʰin⁵³. tʰai⁵³ pʰuŋ²¹ san³³ kɔ³³, si¹³ ki¹³ tsʰeu⁵³ vei²¹ iet³ tʰin⁵³, tsui³⁵ kan³⁵ tan³³ lui²¹ kɔŋ³⁵, ni⁵⁵ kɔ¹³ san³³ kɔ³³ kɛ³³ men²¹ fa¹³ a³³, hei⁵³ vei²¹ tʰuk⁵ tʰai⁵³ pʰuŋ²¹ sin³³ ieu¹³, tʰai⁵³ pʰuŋ²¹ tɔŋ³³ in²¹ ia¹³ pau³³ kat³ heu³³ tʰai⁵³ pʰuŋ²¹ kɛ³³ kai³³ tʰau⁵³, han¹³ ieu¹³ nam²¹ au¹³ kai³³ tʰau⁵³. nam²¹ au¹³ kai³³ tʰau⁵³ kɛ³³ ien²², i³³ fuk⁵ kɛ³³ tsʰin³³ tsɔk³, tʰuŋ²¹ kɔŋ³⁵ kɛ³³ sui³⁵ va⁵³, tu⁵³ tʰuŋ²¹ tʰai⁵³ pʰuŋ²¹ saŋ²¹ tu⁵³ hei⁵³ lui⁵³ tʰuŋ²¹ kɛ³³, tu⁵³ hei⁵³ kem³⁵ iɔŋ⁵³ kɔŋ³⁵ kɛ³³, pin¹³ fa¹³ m̩²¹ tʰai⁵³. tʰan⁵³ hei⁵³ kʰei²¹ tsʰuŋ³³ lɛ³³, ia¹³ hei⁵³ ŋɔ¹³ ti⁵³ tʰai⁵³ pʰuŋ²¹ kɛ³³ len²¹ ki³³ a³³, kʰei²¹ tsʰuŋ³³ ien²¹ kɔŋ³⁵ kɛ³³ va⁵³, kʰi²¹ tsʰeu⁵³ hei⁵³ hak³ ka³³ va⁵³, pau³³ kat³ kʰi²¹ kɛ³³ tsʰin³³ tsɔk³, fu¹³ ni¹³ mun²¹ tai¹³ kɛ³³ liɔŋ²¹ mau⁵³, tu⁵³ tʰuŋ²¹ tʰai⁵³ pʰuŋ²¹ m̩²¹ iet³ iɔŋ⁵³ kɛ³³. sɔ³⁵ i¹³ tʰai⁵³ pʰuŋ²¹ kɛ³³ ien²¹ lɛ³³ tsʰeu⁵³ pau³³ kat³ nam²¹ au¹³, tu⁵³ hei⁵³ tʰuŋ²¹ iɔŋ⁵³, tsʰin³³ tsɔk³ a³³, ŋit⁵ sɔŋ²¹ kɛ³³ ni⁵⁵ kɔ¹³ seŋ³³ vut⁵ tsʰep⁵ kan¹³ a³³, kɔŋ³⁵ kɛ³³ sit³ va⁵³ a³³, tsʰɔŋ¹³ kɛ³³ san³³ kɔ³³ a³³, tu⁵³ hei⁵³ tʰuŋ²¹ iɔŋ⁵³.

好，跟住落来呀，我就唱一首我编嘅大鹏山歌。

hau³⁵, kɐn³³ tsʰi⁵³ lɔk⁵ lui²¹ a³³, ŋɔ¹³ tsʰɐu⁵³ tsʰɔŋ¹³ iɐt³ sɐu³⁵ ŋɔ¹³ pʰin³³ kɛ³³ tʰai⁵³ pʰuŋ²¹ san³³ kɔ³³.

大鹏古城特出名，深圳八景我为先。

tʰai⁵³ pʰuŋ²¹ ku³⁵ saŋ²¹ tʰek⁵ tsʰɐt³ miaŋ²¹, sɐm³³ tsɐn¹³ pat³ kɐn³⁵ ŋɔ¹³ vɐi²¹ sin³³.

三面环山一面海，风光秀丽又漫漫。

sam³³ min⁵³ van²¹ san³³ iɐt³ min⁵³ fui³⁵, fuŋ³³ kɔŋ³³ sɐu⁵³ lɐi⁵³ iɐu⁵³ man⁵³ man⁵³.

噉咧再讲到歌仔嘅问题，大鹏嘅山歌唱得咧比较……在呢个音节，唱起来比较高亢，有个……雄壮一些。噉咧客家嘅山歌咧，比较柔软，拉音，就婉转。噉咧，客家嘅山歌咧，我也唱一段。

kɐm³⁵ lɛ³³ tsui³⁵ kɔŋ³⁵ tau¹³ kɔ³³ tsɐi³⁵ kɛ³³ mɐn⁵³ tʰɐi²¹, tʰai⁵³ pʰuŋ²¹ san³³ kɔ³³ tsʰɔŋ¹³ tek³ lɛ³³ pi³⁵ kau³⁵ …… tsʰui¹³ ni⁵⁵ kɔ¹³ iɐm³³ tsit³, tsʰɔŋ¹³ hi³⁵ lui²¹ pi³⁵ kau³⁵ kau³³ haŋ³³, iɐu¹³ kɔ¹³ …… huŋ²¹ tsɔŋ¹³ iɐt³ sia³³. kɐm³⁵ lɛ³³ hak³ ka³³ kɛ³³ san³³ kɔ³³ lɛ³³, pi³⁵ kau³⁵ iɐu²¹ in¹³, lai³³ iɐm³³, tsʰɐu⁵³ vun³⁵ tsin³⁵. kɐm³⁵ lɛ³³, hak³ ka³³ kɛ³³ san³³ kɔ³³ lɛ³³, ŋɔ¹³ ia¹³ tsʰɔŋ¹³ iɐt³ tʰin⁵³.

高山岭顶一棵松，呀呀□□吊灯笼。

kau³³ san³³ liaŋ³³ taŋ³ 1 it³ kʰɔ³³ tsʰuŋ²¹, a³³ a³³ kʰia⁵³ kʰia⁵³ tiau⁵³ tin³³ luŋ²¹.

唵好灯笼冇蜡烛，唵好阿妹冇嫁老公。

an⁵³ hau³ 1 tin³³ luŋ²¹ mau²¹ lap⁵ tsuk³, an⁵³ hau³ 1 a³³ mɔi⁵³ mau¹³ ka⁵³ lau³ 1 kuŋ³³.

嗰次唱嘅咧，就有大鹏嘅山歌，同埋客家嘅山歌。跟住咧，再唱一首呢个……大鹏嘅呢个儿歌。呢首儿歌咧，也系最经典嘅嘞，时间咧都……几百年来，可以噉讲，我哋都系一代一代噉传落来嘅，从呢个曾祖父，到咧祖父、父亲，又到我……到我呢啲仔孙。呢条歌就系呢个儿歌。

kɔ³⁵ tsʰi¹³ tsʰɔŋ¹³ kɛ³³ lɛ³³, tsʰeu⁵³ ieu¹³ tʰai⁵³ pʰuŋ²¹ kɛ³³ san³³ kɔ³³, tʰuŋ²¹ mai²¹ hak³ ka³³ kɛ³³ san³³ kɔ³³. kɐn³³ tsʰi⁵³ lɛ³³, tsui¹³ tsʰɔŋ¹³ iɐt³ seu³⁵ ni⁵⁵ kɔ¹³……tʰai⁵³ pʰuŋ²¹ kɛ³³ ni⁵⁵ kɔ¹³ i²¹ kɔ³³. ni⁵⁵ seu³⁵ i²¹ kɔ³³ lɛ³³, ia¹³ hɐi⁵³ tsui¹³ kɐŋ³³ tin³⁵ kɛ³³ lak³, si²¹ kan³³ lɛ³³ tu⁵³……ki³⁵ pak³ nin²¹ lui²¹, hɔ³⁵ i¹³ kɐm³⁵ kɔŋ³⁵, ŋɔ¹³ ti⁵³ tu⁵³ hɐi⁵³ iɐt³ tʰui⁵³ iɐt³ tʰui⁵³ kɐm³⁵ tsʰin²¹ lɔk³ lui²¹ kɛ³³, tsʰuŋ²¹ ni⁵⁵ kɔ¹³ tseŋ³³ tsu³⁵ fu⁵³, tau¹³ lɛ³³ tsu³⁵ fu⁵³、fu⁵³ tsʰɐn³³, ieu⁵³ tau¹³ ŋɔ¹³……tau¹³ ŋɔ¹³ ni⁵⁵ ti⁵³ tsɐi³⁵ sin³³. ni⁵⁵ tʰiu²¹ kɔ³³ tsʰeu⁵³ hɐi⁵³ ni⁵⁵ kɔ¹³ i²¹ kɔ³³.

打掌仔呀打娃娃，捡猪屎呀抱黄瓜。

ta³⁵ tsɔŋ³⁵ tsɐi³⁵ a³³ ta³⁵ va³³ va³³, kim³⁵ tsi³³ si³⁵ a³³ pau¹³ vɔŋ²¹ ka³³.

黄瓜唔曾黄，先先摘来尝。

vɔŋ²¹ ka³³ m̩²¹ tsʰɐŋ²¹ vɔŋ²¹, sin³³ sin³³ tsak³ lui²¹ sɔŋ²¹.

黄瓜唔曾大，先先摘来卖。

vɔŋ²¹ ka³³ m̩²¹ tsʰɐŋ²¹ tʰai⁵³, sin³³ sin³³ tsak³ lui²¹ mai⁵³.

卖到几多钱，卖到三百六银钱。

mai⁵³ tau¹³ ki³⁵ tɔ³³ tsʰin²¹, mai⁵³ tau¹³ sam³³ pak³ luk⁵ ŋɐn²¹ tsʰin²¹.

勤俭过日子，啱啱过个年。

kʰɐn²¹ kʰim⁵³ kɔ¹³ iɐt³ tsi³⁵, ŋam³³ ŋam³³ kɔ¹³ kɔ¹³ nin²¹.

再唱一首咧，就系大鹏嘅哭丧歌。何谓哭丧咧？呢个就系有呢个，特别系死嘅人，人过休身嘞。噉咧，佢嗰个家族佢嘅仔孙，乜嘢亲人，在佢……死者就爱出殡嘞，噉嗰时候咧，在灵堂面前，烧香啦。拜祭佢嘅时候咧，哭得就最悲哀。噉咧呢个叫作哭丧歌。

tsui¹³ tsʰɔŋ¹³ iɐt³ seu³⁵ lɛ³³, tsʰeu⁵³ hɐi⁵³ tʰai⁵³ pʰuŋ²¹ kɛ³³ huk³ sɔŋ³³ kɔ³³. hɔ²¹ vɐi⁵³ huk³ sɔŋ³³ lɛ³³? ni⁵⁵ kɔ¹³ tsʰeu⁵³ hɐi⁵³ ieu¹³ ni⁵⁵ kɔ¹³, tʰɐk⁵ pʰit⁵ hɐi⁵³ si³⁵ kɛ³³ iɐn²¹, iɐn²¹ kɔ¹³ hɐu³³ sɐn³³ lak³. kɐm³⁵ lɛ³³, kʰi²¹ kɔ³⁵ kɔ¹³ ka³³ tsʰuk⁵ kʰi²¹ tsɐi³⁵ sin³³, mɐt³ ia¹³ tsʰɐn³³ iɐn²¹, tsʰui¹³ kʰi²¹……si³⁵ tsia³⁵ tsʰeu⁵³ ui¹³ tsʰɐt³ pɐn¹³ lak³, kɐm³⁵ kɔ³⁵ si²¹ hɐu⁵³ lɛ³³, tsʰui¹³ lɐŋ²¹ tʰɔŋ²¹ min⁵³ tsʰin²¹, siu³³ hiɔŋ³³ la⁵⁵. pai¹³ tsɐi¹³ kɛ³³ si²¹ hɐu⁵³ lɛ³³, huk³ tɐk³ tsʰɐu⁵³ tsui¹³ pi³³ ui³³. kɐm³⁵ lɛ³³ ni⁵⁵ kɔ¹³ kiu¹³ tsu¹³ huk³ sɔŋ³³ kɔ³³.

乜哋嘅灵鬼嗽早去哟，乜嘢嘅灵鬼呀嗽早睇哟。

mɐt³ ti⁵³ kɛ³³ lɐŋ²¹ kɐi³⁵ kɐm³⁵ tsau³⁵ hi¹³ io³³, mɐt³ ia¹³ kɛ³³ lɐŋ²¹ kɐi³⁵ a³³ kɐm³⁵ tsau³⁵ tʰɐi³⁵ io³³.

乜嘢使到今日，噉样嘅子哟。

mɐt³ iɐ¹³ sɐi¹³ tau¹³ kɐm³³ iɐt³, kɐm³⁵ iɔŋ⁵³ kɛ³³ tsi³⁵ io³³.

自己嘅亲人呀，系难见呀。

tsʰi⁵³ ki³⁵ kɛ³³ tsʰɐn³³ iɐn²¹ a³³, hɐi⁵³ nan²¹ kin¹³ a³³.

大鹏话，有两埞地方讲到咧，系有多多少少嘅出入，也就系讲鹏城讲嘅说话咧，在招呼呀，在呢个第一人称，第二人称嘅讲法咧，有啲唔同。比如讲"我哋"，大鹏话就讲"我哋"，大鹏城人就讲"我哋"，"佢哋"，大鹏城话就系噉讲，"我哋""佢哋"。王母咧，龙岐咧，布新咧，水头咧，呢些地方嘅讲法咧，就讲到"□哋""□哋"，就呢啲有啲唔同。但系在穿着嘅问题上，穿衣、妇女们戴嘅凉帽、穿嘅鞋，整身嘅打扮咧都大同小异，都系噉样子的情况。就讲话之中咧，就在呢个人称方面咧，就呢啲有出入。

tʰai⁵³ pʰuŋ²¹ va⁵³, iɐu¹³ liɔŋ³⁵ tʰiaŋ⁵³ tʰi⁵³ fɔŋ³³ kɔŋ³⁵ tau⁵³ lɛ³³, hɐi⁵³ iɐu¹³ tɔ³³ tɔ³³ siu³⁵ siu³⁵ kɛ³³ tsʰɐt³ iɐp⁵, ia¹³ tsʰɐu⁵³ hɐi⁵³ kɔŋ³⁵ pʰuŋ²¹ saŋ²¹ sɔ³⁵ kɔŋ³⁵ kɛ³³ sit³ va⁵³ lɛ³³, tsʰui¹³ tsiu³³ fu³³ a³³, tsʰui¹³ ni⁵⁵ kɔ¹³ tʰɐi⁵³ iɐt³ iɐn²¹ tsʰɐŋ³³, tʰɐi⁵³ ŋi⁵³ iɐn²¹ tsʰɐŋ³³ kɛ³³ kɔŋ³⁵ fat³ lɛ³³, iɐu¹³ ti⁵⁵ m̩²¹ tʰuŋ²¹. pi³⁵ i²¹ kɔŋ³⁵ "ŋɔ¹³ ti⁵³", tʰai⁵³ pʰuŋ²¹ va⁵³ tsʰɐu⁵³ kɔŋ³⁵ "ŋɔ¹³ ti⁵³", tʰai⁵³ pʰuŋ²¹ saŋ²¹ iɐn²¹ tsʰɐu⁵³ kɔŋ³⁵ "ŋɔ¹³ ti⁵³"，"kʰi²¹ ti⁵³", tʰai⁵³ pʰuŋ²¹ saŋ²¹ va⁵³ tsʰɐu⁵³ hɐi⁵³ kɐm³⁵ kɔŋ³⁵, "ŋɔ¹³ ti⁵³", "kʰi²¹ ti⁵³". vɔŋ²¹ mu¹³ lɛ³³, luŋ²¹ kʰi¹³ lɛ³³, pu¹³ sɐn³³ lɛ³³, sui³⁵ tʰɐu²¹ lɛ³³, ni⁵⁵ sia³⁵ tʰi⁵³ fɔŋ³³ kɛ³³ kɔŋ³⁵ fat³ lɛ³³, tsʰɐu⁵³ kɔŋ³⁵ tau⁵³ "ŋa³³ ti⁵³" "nia³³ ti⁵³", tsʰɐu⁵³ ni⁵⁵ ti⁵⁵ iɐu¹³ ti⁵⁵ m̩²¹ tʰuŋ²¹. tʰan⁵³ hɐi⁵³ tsʰui¹³ tsʰin³³ tsiɔk³ kɛ³³ mɐn⁵³ tʰɐi²¹ sɔŋ⁵³, tsʰin³³ i³³、fu⁵³ ni¹³ mun²¹ tai¹³ kɛ³³ liɔŋ²¹ mau⁵³、tsʰin³³ kɛ³³ hai²¹, tsɐŋ³⁵ sen³³ kɛ³³ ta³⁵ pan¹³ lɛ³³ tu⁵³ tʰai⁵³ tʰuŋ²¹ siu³⁵ i⁵³, tu⁵³ hei⁵³ kɐm³⁵ iɔŋ⁵³ tsi³⁵ kɛ³³ tsʰɐŋ²¹ kʰɔŋ¹³. tsʰɐu³³ kɔŋ³⁵ va⁵³ tsi³³ tsuŋ³³ lɛ³³, tsʰɐu⁵³ tsʰui¹³ ni⁵⁵ kɔ¹³ iɐn²¹ tsʰɐŋ³³ fɔŋ³³ min⁵³ lɛ³³, tsʰɐu⁵³ ni⁵⁵ ti⁵⁵ iɐu¹³ tsʰet³ iɐp⁵.

南澳话，也讲南澳人讲嘅水话。"□咄去哪嫽？""□咄去深圳。""□奶仔！"噉大鹏人就系讲"我咄去哪□""你咄去哪□"。噉葵涌人咧，讲嘅话又系点咧？"□兜""□咄去另位？""□咄去深圳。"

nam²¹ au¹³ va⁵³, ia¹³ kɔŋ³⁵ nam²¹ au¹³ iɐn²¹ kɔŋ³⁵ kɛ³³ sui³⁵ va⁵³."nia¹³ ti⁵⁵ hi¹³ na¹³ liau⁵³？""ŋa³³ ti⁵⁵ hi¹³ sɐm³³ tsen¹³。""ŋɔ³³ nai¹³ tsɐi³⁵！" kɐm³⁵ tʰai⁵³ pʰuŋ²¹ iɐn²¹ tsʰɐu⁵³ hei⁵³ kɔŋ³⁵ "ŋɔ¹³ ti⁵³ hi¹³ na¹³ nik⁵""ni¹³ ti⁵⁵ hi¹³ na¹³ nik⁵"。 kɐm³⁵ kʰɐi²¹ tsʰuŋ³³ iɐn²¹ lɛ³³, kɔŋ³⁵ kɛ³³ va⁵³ iɐu⁵³ hei⁵³ tim³⁵ lɛ³³？"ŋa³³ tiu³³""nia³³ ti⁵⁵ hi¹³ laŋ⁵³ vui¹³？" "nia³³ ti⁵⁵ hi⁵³ tsʰim³³ tsun⁵³。"

葵涌属于客家欸地方，葵涌人讲欸说话就系客家音。比如讲："□咄两只人咧，准备结婚咯。"南澳欸说话："□咄准备结婚嘞。"

kʰui¹¹ tsʰuŋ³³ suk⁵ i³³ hak¹ ka³³ ɛ⁵³ tʰi⁵³ fɔŋ³³, kʰui¹¹ tsʰuŋ³³ ŋin¹¹ kɔŋ³¹ ɛ³³ sɔt¹ va⁵³ tsʰiu⁵³ hɛ⁵³ hak¹ ka³³ im³³. pi³¹ i¹¹ kɔŋ³¹： "ŋai²¹ ti³³ liɔŋ³¹ tsak¹ ŋin¹¹ lɛ³³, tsun³¹ pʰi⁵³ kɛt¹ fun³³ lɔk¹." lam²¹ au⁵³ ɛ⁵³ sɔt¹ va⁵³："ŋa³³ ti³³ tsɐn³³ pʰi⁵³ kit³ fen³³ lak³。"

大鹏话咧，就"我咄准备结婚嘞"。

tʰai⁵³ pʰuŋ²¹ va⁵³ lɛ³³, tsʰɐu⁵³ "ŋɔ¹³ ti⁵³ tsɐn³⁵ pʰi⁵³ kit³ fen³³ lak³."

今下咧，我就来讲大鹏古城嘅历史情况。大鹏古城，呢只城咧在建城到今下已经有六百几年嘅历史嘞。呢六百几年具体来去分就系，从明朝末年、洪武年间为二百六十七年，清朝为二百七十六年，以后，到新民主主义，再到社会主义阶段。噉呢几个嘅经历嘅朝代呀，就为有六百几年。也就系讲，大鹏古城建城到今下，就有六百几年嘞。好，噉大鹏古城咧从建城到今下起来，最鼎盛嘅时期全城聚到有嘅人数咧，都有四千八百五十六人。噉在大鹏古城佢嘅户数人家咧，就有二千一百五十几户。大鹏城分有四只城门，东门、南门、西门、北门。北门，最近呀，在呢五六年间已经光复，重新开返个北门。当然，在呢个北门咧建城嗰时候，就已经有嘅。后期咧，若干年之后呀，因为古城在大鹏呢方面咧，出现休有人瘟，也就系讲发人瘟。啲人咧在嗰个年间，好快趣就死休好几十人，接二连三。加上嗰年咧，也系大饥荒。噉咧，由于呢个地方，出现休人瘟，民不聊生，家破人亡，妻离子散。啲人咧，到处去逃荒，到处去攞食嘞。噉样咧，噉就有赖布衣呢啲睇风水嘅先生，突然就来到休大鹏城呢边地方一睇，睇到呢个城点解住得咁少人嘅呢？噉啲群众咧，有老百姓呀，嗰啲老人家讲起嚟，哎呀，佢话："呢只城呀越来越唔住得人哦！"呢个北门呀，就……我哋古城有四只门嘛，呢只门咧，就因为好多人死休，系唔系因为古城有咩问题咧？有哪埞唔妥嘅地方咧？噉赖布衣咧，就城嘅四周围睇休又睇，最后发现一个问题咧，就因为呢个地方咧，一年四季，三百六十五日，大部分嘅时间咧，都系阴天，霞雾笼罩整个山城，万物嘅生长也带来休唔妥嘅地方。所以，农作物种唔生，大人、细佬哥食唔饱。噉样，加上闹饥荒嘅年代，啲人就走嘞，好多就走到外面去讨饭食嘞，所以古城就少休人嘞。噉咧，赖布衣根据呢个情况之后咧，最后就定断为古城嘅北楼煞气大，邪气重。也就系讲，如果人呀在城里面住，就系一个……人住到系唔会兴旺嘅，最后就把呢个古城嘅北门，就把佢呢个封锁起嚟。用城墙砖啦，用啲泥土呀，用呢啲嘢把佢塞起嚟。从此之后，几百年，北门呀，就系噉样封闭休嘅，就唔俾人出得到嘅嘞。

kɐn³³ ha¹³ lɛ⁵⁵, ŋɔ¹³ tsʰɐu⁵³ lui²¹ kɔŋ³⁵ tʰai⁵³ pʰuŋ²¹ ku³⁵ saŋ²¹ kɛ³³ lɐk⁵ si³⁵ tsʰɐŋ²¹ kʰɔŋ¹³. tʰai⁵³ pʰuŋ²¹ ku³⁵ saŋ²¹, ni¹³ tsit⁵ saŋ²¹ lɛ⁵⁵ tsʰui¹³ kin¹³ saŋ²¹ tau¹³ kɐn³³ ha¹³ i¹³ kɐn³³ iɐu¹³ luk⁵ pak³ ki³⁵ nin²¹ kɛ³³ lɐk⁵ si³⁵ lak³. ni¹³ luk⁵ pak³ ki³⁵ nin²¹ kʰi⁵³ tʰɐi³⁵ lui²¹ hi¹³ fɐn³³ tsʰɐu⁵³ hɐi⁵³, tsʰuŋ²¹ mɐŋ²¹ tsʰiu²¹ mut⁵ nin²¹、huŋ²¹ mu¹³ nin²¹ kan³³ vei²¹ ŋi⁵³ pak³ luk⁵ sɐp⁵ tsʰɐt³ nin²¹, tsʰɐŋ³³ tsʰiu²¹ vei²¹ ŋi⁵³ pak³ tsʰɐt³ sɐp⁵ luk⁵ nin²¹, i¹³ hɐu⁵³, tau¹³ sɐn³³ mɐn²¹ tsi³⁵ tsi³⁵ ŋi⁵³, tsui¹³ tau¹³ sia³³ fui⁵³ tsi³⁵ ŋi⁵³ kai³³ tʰin⁵³. kɐm³⁵ ni¹³ ki³⁵ kɔ¹³ kɛ³³ kɐŋ³³ lɐk⁵ kɛ³³ tsʰiu²¹ tʰui⁵³ a³³, tsʰɐu⁵³ vɐi²¹ iɐu¹³ luk⁵ pak³ ki³⁵ nin²¹. ia¹³ tsʰɐu⁵³ hɐi⁵³ kɔŋ³⁵, tʰai⁵³ pʰuŋ²¹ ku³⁵ saŋ²¹ kin¹³ saŋ²¹ tau¹³ kɐn³³ ha¹³, tsʰɐu⁵³ iɐu¹³ luk⁵ pak³ ki³⁵ nin²¹ lak³. hau³⁵, kɐm³⁵ tʰai⁵³ pʰuŋ²¹ ku³⁵ saŋ²¹ lɛ⁵⁵ tsʰuŋ²¹ kin¹³ saŋ²¹ tau¹³ kɐn³³ ha¹³ hi³⁵ lui²¹, tsui¹³ tɐŋ³⁵ sɐŋ⁵³ kɛ³³ si²¹ kʰi²¹ tsʰin²¹ saŋ²¹ tsʰi⁵³ tau⁵³ iɐu¹³ kɛ³³ iɐn²¹ su¹³ lɛ⁵⁵, tu³³ iɐu¹³ si¹³ tsʰin³³ pat³ pak³ m̩¹³ sɐp⁵ luk⁵ iɐn²¹. kɐm³⁵ tsʰui¹³ tʰai⁵³ pʰuŋ²¹ ku³⁵ saŋ²¹ kʰi²¹ kɛ³³ fu⁵³ su¹³ iɐn²¹ ka³³ lɛ⁵⁵, tsʰɐu⁵³ iɐu¹³ ŋi⁵³ tsʰin³³ iɐt³ pak³ m̩¹³ sɐp⁵ ki³⁵ fu⁵³. tʰai⁵³ pʰuŋ²¹ saŋ²¹ fɐn³³ iɐu¹³ si¹³ tsit⁵ saŋ²¹ mun²¹, tuŋ³³ mun²¹、nam²¹ mun²¹、sɐi³³ mun²¹、pɐk³ mun²¹. pɐk³ mun²¹, tsui¹³ kʰɐn⁵³ a³³, tsʰui¹³ ni¹³ m̩¹³ luk⁵ nin²¹ kan³³ i¹³ kɐŋ³³ kɔŋ³³ fuk⁵, tsʰuŋ²¹ sɐn³³ fui³³ fan³³ kɔ¹³ pɐk³ mun²¹. tɔŋ³³ in²¹, tsʰui¹³ ni¹³ kɔ¹³ pɐk³ mun²¹ lɛ⁵⁵ kin¹³ saŋ²¹ kɔ³⁵ si²¹ hɐu⁵³, tsʰɐu⁵³ i¹³ kɐŋ³³ iɐu¹³ kɛ³³. hɐu⁵³ kʰi²¹ lɛ⁵⁵, iɔk⁵ kun³³ nin²¹ tsi³³ hɐu⁵³ a³³, iɐn³³ vɐi¹³ ku³⁵ saŋ²¹ tsʰui¹³ tʰai⁵³ pʰuŋ²¹ ni¹³ fɔŋ³³ min⁵³ lɛ⁵⁵, tsʰɐt³ hin⁵³ hɐu³³ iɐn²¹ vɐn³³, ia¹³ tsʰɐu⁵³ hɐi⁵³ kɔŋ³⁵ fat³ iɐn²¹ vɐn³³. ti⁵⁵ iɐn²¹ lɛ⁵⁵ tsʰui¹³ kɔ³⁵ kɔ¹³ nin²¹ kan³³, hau³⁵ fai¹³ tsʰui¹³ tsʰɐu⁵³ si³⁵ hɐu³³ hau³⁵ ki³⁵ sɐp⁵ ian²¹, tsip³ ŋi⁵³ lin²¹ sam³³. ka³³ sɔŋ¹³ kɔ³⁵ nin²¹ lɛ⁵⁵, ia¹³ hɐi⁵³ tʰai⁵³ ki³³ fɔŋ³³. kɐm³⁵ lɛ⁵⁵, iɐu²¹ i³³ ni¹³ kɔ¹³ tʰi⁵³ fɔŋ³³, tsʰɐt³ hin⁵³ hɐu³³ iɐn²¹ vɐn³³, mɐn²¹ pɐt³ liu²¹ saŋ³³, ka³³ pʰɔ¹³ iɐn²¹ mɔŋ²¹, tsʰɐi³³ li²¹ tsi³⁵ san¹³. ti⁵⁵ iɐn²¹ lɛ⁵⁵, tau¹³ tsʰi¹³ hi¹³ tʰau²¹ fɔŋ³³, tau¹³ tsʰi¹³ hi¹³ lɔ³⁵ sit³ lak³. kɐm³⁵ iɔŋ⁵³ lɛ⁵⁵, kɐm³⁵ tsʰɐu⁵³ iɐu¹³ lai⁵³ pu¹³ i³³ ni⁵⁵ ti⁵⁵ tʰɐi³⁵ fuŋ³³ sui³⁵ kɛ³³ sin³³ saŋ³³, tʰɐt³ in²¹ tsʰɐu⁵³ lui²¹ tau¹³ hɐu³³ tʰai⁵³ pʰuŋ²¹ saŋ³³ ni¹³ pin³³ tʰi⁵³ fɔŋ³³ iɐt³ tʰɐi³⁵, tʰɐi³⁵ tau¹³ ni¹³ kɔ¹³ saŋ²¹ tim³⁵ kai³⁵ tsʰi⁵³ tɐk⁵ kɐm³³ siu³⁵ iɐn²¹ kɛ³³ lɛ⁵⁵? kɐm³⁵ ti⁵⁵ kʰɐn²¹ tsuŋ¹³ lɛ⁵⁵, iɐu¹³ lau³⁵ pak³ siaŋ⁵³ a³³, kɔ³⁵ ti⁵⁵ lau³⁵ iɐn²¹ ka³³ kɔŋ³⁵ hi³⁵ lɐi²¹, ai³³ ia³³, kʰi²¹ va⁵³:"ni¹³ tsit⁵ saŋ²¹ a³³ it⁵ lui²¹ it⁵ m̩²¹ tsʰi⁵³ tɐk⁵ iɐn²¹ ɔ³³!" ni¹³ kɔ¹³ pɐk³ mun²¹ a³³, tsʰɐu⁵³……ŋɔ¹³ ti⁵³ ku³⁵ saŋ²¹ iɐu¹³ si¹³ tsit⁵ mun²¹ ma³³, ni¹³ tsit⁵ mun²¹ lɛ⁵⁵, tsʰɐu⁵³ iɐn³³ vɐi⁵³ hau³⁵ tɔ³³ iɐn²¹ si³⁵ hɐu³³ hɐi⁵³ m̩²¹ hɐi⁵³ iɐn³³ vɐi⁵³ ku³⁵ saŋ²¹ iɐu¹³ mɛ⁵³ mɐn⁵³ tʰɐi²¹ lɛ⁵⁵, iɐu¹³ na¹³ tʰiaŋ⁵³ m̩²¹ tʰɔ¹³ kɛ³³ tʰi⁵³ fɔŋ³³ lɛ⁵⁵? kɐm³⁵ lai⁵³ pu¹³ i³³ lɛ⁵⁵, tsʰui¹³ saŋ²¹ kɛ³³ si¹³ tseu³³ vɐi²¹ tʰɐi³⁵ hɐu³³ iɐu⁵³ tʰɐi¹³, tsui¹³ hɐu⁵³ fat³ hin⁵³ hɐu³³ iat³ kɔ¹³ mɐn¹³ tʰɐi²¹ lɛ⁵⁵, tsʰɐu⁵³ iɐn³³ vɐi⁵³ ni¹³ kɔ¹³ tʰi⁵³ fɔŋ³³ lɛ⁵⁵, iet⁵ nin²¹ si²¹ kɐi¹³, sam³³ pak³ luk⁵ sap⁵ m̩¹³ iet³, tʰai⁵³ pʰu⁵³ fɐn³³ kɛ³³ si²¹ kan³³ lɛ⁵⁵, tu³³ hɐi⁵³ iɐm³³ tʰin³³, ha²¹ mu⁵³ luŋ³⁵ tsau¹³ tsɐŋ³⁵ kɔ¹³ san³³ saŋ²¹, man⁵³ mɐt⁵ kɛ³³ saŋ³³ tsɔŋ³⁵ ia¹³ tai¹³ lui²¹ hɐu³³ m̩²¹ tʰɔ¹³ kɛ³³ tʰi⁵³ fɔŋ³³. sɔ³⁵ i¹³, nuŋ²¹ tsɔk³ mɐt⁵ tsuŋ¹³ m̩²¹ saŋ³³, tʰai⁵³ iɐn²¹、sɐi¹³ lau³⁵ kɔ³³ sit⁵ m̩²¹ pau³⁵. kɐm³⁵ iɔŋ⁵³, ka³³ sɔŋ¹³ nau⁵³ ki³³ fɔŋ³³ kɛ³³ nin²¹ tʰui⁵³, ti⁵⁵ iɐn²¹ tsʰɐu⁵³ tsɐu⁵³ lak³, hau³⁵ tɔ³³ tsʰɐu³⁵ tsɐu³⁵ tau¹³ ŋui⁵³ min⁵³ hi¹³ tʰau³⁵ fan⁵³ sit⁵ lak³, sɔ³⁵ i¹³ ku³⁵ saŋ²¹ tsʰɐu⁵³ siu³⁵ hɐu³³ iɐn²¹ lak³. kɐm³⁵ lɛ⁵⁵, lai⁵³ pu¹³ i³³ kɐn³³ ki¹³ ni¹³ kɔ¹³ tsʰɐŋ²¹ fɔŋ¹³ tsi³³ hɐu⁵³ lɛ⁵⁵, tsui¹³ hɐu⁵³ tsʰɐu⁵³ tʰɐŋ⁵³ tʰin¹³ vɐi²¹ ku³⁵ saŋ²¹ kɛ³³ pɐk⁵ lɐu²¹ sat⁵ hi¹³ tʰai⁵³, tsʰia²¹ hi¹³ tsʰuŋ¹³. ia¹³ tsʰɐu⁵³ hɐi⁵³ kɔŋ³⁵, i²¹ kɔ³⁵ iɐn²¹ a³³ tsʰui¹³ saŋ²¹ li¹³ min⁵³ tsʰi⁵³, tsʰɐu⁵³ hɐi⁵³ iet³ kɔ¹³……iɐn²¹ tsʰi⁵³ tau⁵³ hɐi⁵³ m̩²¹ vui¹³ hɐŋ³³ vɔŋ⁵³ kɛ³³, tsui¹³ hɐu⁵³ tsʰɐu⁵³ pa³⁵ ni¹³ kɔ¹³ ku³⁵ saŋ²¹ kɛ³³ pɐk³ mun²¹, tsʰɐu⁵³ pa³⁵ kʰi²¹ fuŋ²¹ sɔ³⁵ hi³ lɐi²¹, iuŋ⁵³ saŋ²¹ tsʰiɔŋ²¹ tsin³³ la⁵⁵, iuŋ⁵³ ti⁵⁵ nɐi²¹ tʰu³⁵ a³³, iuŋ⁵³ ni⁵⁵ ti⁵⁵ ia¹³ pa³⁵ kʰi²¹ sɐk³ hi³⁵ lɐi²¹. tsʰuŋ²¹ tsʰi³⁵ tsi³³ hɐu⁵³, ki³⁵ pak³ nin²¹, pɐk³ mun²¹ a³³, tsʰɐu⁵³ hɐi⁵³ kɐm³⁵ iɔŋ⁵³ fuŋ³³ pɐi¹³ hɐu³³ kɛ³³, tsʰɐu⁵³ m̩²¹ pi⁵³ iɐn²¹ tsʰet³ tɐk³ tau¹³ kɛ³³ lɐk³.

好嘞，噉呢个就系北门嘅情况。噉自从北门整理好休，但系也有……古城有一条村庄，叫作西北村。西北村也系因为住到唔吉利，好多嘅人家死休人，捞□种到嘅嗰啲番薯、芋仔呀，割到嘅禾呀都冇得好收成，想割都冇得割。噉样落去，点样解决到生计咧？一家人点样生活落去咧？所以呢些嘅问题一连串嘅出现，都俾一个和尚大师睇到，佢睇出问题呀。呢个大师咧，因为佢有过云游四海，来到鹏城，来到大鹏城，噉就睇出呢个问题。佢话呢啲噉嘅问题咧，一定爱点杀绝佢，制止佢。噉佢用咩方法来去制止佢咧？天空，大多数时间，都系见日头唔到，都黑云遮顶，遮住西北呢条村。好嘞，噉样咧，村民咧就追住求请和尚大师，噉大师咧就为了去打救大家，就为民间做一出好事。噉佢就咧，出休条计仔，就喊:"你啲村民都按照我讲嘅噉就去做,凡系三年,你就爱打一大醮,爱打醮呀,成条村都爱打呀。"噉打呢个醮咧,何谓打醮咧?爱全村人,包括在外面工作嘅人,都爱喊返佢来归,一齐打醮。

hau³⁵ lak³, kɐm³⁵ ni¹³ kɔ¹³ tsʰɐu⁵³ hɐi⁵³ pɐk³ mun²¹ kɛ³³ tsʰɐŋ²¹ kʰɔŋ¹³. kɐm³⁵ tsʰi⁵³ tsʰuŋ²¹ pɐk³ mun²¹ tsɐŋ³⁵ li¹³ hau³⁵ hɐu³³, tʰan⁵³ hɐi⁵³ ia¹³ iɐu¹³……ku³⁵ saŋ³ iɐu¹³ iɐt³ tʰiu²¹ tsʰin³³ tsɔŋ³³, kiu¹³ tsu¹³ sɐi³³ pɐk³ tsʰin³³. sɐi³³ pɐk³ tsʰin³³ ia¹³ hɐi⁵³ iɐn³³ vɐi⁵³ tsʰi⁵³ tau⁵⁵ m̩¹³ kɐt³ li⁵³, hau³⁵ tɔ³³ kɛ³³ iɐn²¹ ka³³ si³⁵ hɐu³³ iɐn²¹, lau³³ mui²¹ tsuŋ¹³ tau⁵³ kɛ³³ kɔ³⁵ ti⁵⁵ fan³³ si²¹、fu⁵³ tsɐi³⁵ a³³, kut³ tau⁵⁵ kɛ³³ vɔ²¹ a³³ tu³³ mau¹³ tɐk³ hau³⁵ sɐu³³ sɐŋ²¹, siɔŋ³⁵ kut³ tu³³ mau¹³ tɐk³ kut³. kɐm³⁵ iɔŋ⁵³ lɔk⁵ hi¹³, tim³⁵ iɔŋ⁵³ kai³⁵ kʰit³ tau¹³ saŋ³³ kɐi¹³ lɛ⁵⁵? iɐt³ ka²¹ iɐn¹³ tim³⁵ iɔŋ⁵³ sɐŋ³³ vut⁵ lɔk⁵ hi¹³ lɛ⁵⁵? sɔ³⁵ i¹³ ni¹³ sia³³ mɐn⁵³ tʰɐi²¹ iɐt³ lin²¹ tsʰin¹³ kɛ³³ tsʰɐt³ hin⁵³, tu³³ pi⁵³ iɐt³ kɔ¹³ vɔ²¹ sɔŋ⁵³ tʰai⁵³ si³³ tʰɐi³⁵ tau¹³, kʰi¹³ tʰɐi³⁵ tsʰɐt³ mɐn⁵³ tʰɐi²¹ a³³. ni¹³ kɔ¹³ tʰai⁵³ si³³ lɛ⁵⁵, iɐn³³ vɐi⁵³ kʰi²¹ iɐu¹³ kɔ¹³ vɐn²¹ iɐu²¹ si¹³ fui³⁵, lui²¹ tau¹³ pʰuŋ²¹ saŋ²¹, lui²¹ tau¹³ tʰai⁵³ pʰuŋ²¹ saŋ²¹, kɐm³⁵ tsʰɐu⁵³ tʰɐi³⁵ tsʰɐt³ ni¹³ kɔ¹³ mɐn⁵³ tʰɐi²¹. kʰi¹³ va⁵³ ni⁵⁵ ti⁵⁵ kɐm³⁵ kɛ³³ mɐn⁵³ tʰɐi²¹ lɛ⁵⁵, iɐt³ tʰɐŋ⁵³ ui¹³ tim³⁵ sat³ tsʰit⁵ kʰi²¹, tsɐi¹³ tsi³⁵ kʰi²¹. kɐm³⁵ kʰi²¹ iuŋ⁵³ mɛ⁵³ fɔŋ³³ fat³ lui²¹ hi¹³ tsɐi¹³ tsi³⁵ kʰi²¹ lɛ⁵⁵? tʰin³³ huŋ³³, tʰai⁵³ tɔ³³ su¹³ si²¹ kan³³, tu³³ hɐi⁵³ kin¹³ ŋit³ tʰɐu²¹ m̩²¹ tau¹³, tu³³ hɐk³ vɐn²¹ tsa³³ tɐŋ³⁵, tsa³³ tsʰi⁵³ sɐi³³ pɐk³ ni¹³ tʰiu²¹ tsʰin³³. hau³⁵ lak³, kɐm³⁵ iɔŋ⁵³ lɛ⁵⁵, tsʰin³³ mɐn²¹ lɛ⁵⁵ tsʰɐu⁵³ tsui³³ tsʰi⁵³ kʰɐu⁵³ tsʰiaŋ³⁵ vɔ²¹ sɔŋ⁵³ tʰai⁵³ si³³, kɐm³⁵ tʰai⁵³ si³³ lɛ⁵⁵ tsʰɐu⁵³ vɐi⁵³ liu¹³ hi¹³ ta³⁵ kɐu¹³ tʰai⁵³ ka³³, tsʰɐu⁵³ vɐi⁵³ mɐn²¹ kan³³ tsu¹³ iɐt³ tsʰɐt³ hau³⁵ si⁵³. kɐm³⁵ kʰi²¹ tsʰɐu⁵³ lɛ⁵⁵, tsʰɐt³ hɐu³³ tʰiu²¹ kɐi³⁵ tsɐi³⁵, tsʰɐu⁵³ ham¹³:"ni⁵⁵ ti⁵⁵ tsʰin³³ mɐn²¹ tu³³ un¹³ tsiu¹³ ŋɔ¹³ kɔŋ³⁵ kɛ³³ kɐm³⁵ tsʰɐu⁵³ hi¹³ tsu¹³, fan²¹ hɐi⁵³ sam³³ nin²¹, ni¹³ tsʰɐu⁵³ ui¹³ ta³⁵ iɐt³ tʰai⁵³ tsiu¹³, iu¹³ ta³⁵ tsiu¹³ a³³, sɐŋ²¹ tʰiu²¹ tsʰin²¹ tu³³ ui¹³ ta³⁵ a³³。" kɐm³⁵ ta³⁵ ni¹³ kɔ¹³ tsiu¹³ lɛ⁵⁵, hɔ²¹ vɐi⁵³ ta³⁵ tsiu¹³ lɛ⁵⁵? ui¹³ tsʰin²¹ tsʰin³³ iɐn²¹, pau³³ kat³ tsʰui¹³ ŋui⁵³ min⁵³ kuŋ³³ tsɔk³ kɛ³³ iɐn²¹, tu³³ ui¹³ ham¹³ fan³³ kʰi²¹ lui²¹ kɐi³³, iɐt³ tsʰɐi²¹ ta³⁵ tsiu¹³.

打醮嘅时间也有讲究，爱在骑正三年嘅过休新年，年初九、年初十二，就爱开始打醮。噉咧每三年都系呢只时间嘅嘞噉，打醮嘅时间持续就爱一个星期。打醮参加嘅人员，除休全体嘅村民，还有外地嘅信男信女，信男信女都来去参加嘅。也就系讲，人家啲……其他外乡嘅、外村嘅群众知到嘅来参加，都让人家来。噉经费上嘅使用，就系各家各户都来去验钱。噉咧打完休呢场法事，头一次打喝，头一次打醮喝，打完以后咧……当然，打醮嘅时间咧，每日都会有几只和尚大师参加，同啲村民一齐去做。佢哋嘅层次咧有分嘅，第一天，就系用咧山上嘅松毛串摘到来，在庙堂里面，打醮嘅地方进行铺坛，松毛铺坛。铺好之后，把四方五六路嘅嗰啲大神呀，请埋请埋来。比如讲呢个观音娘娘啦、妈祖娘娘啦、呢个城隍爷啦、玉皇大帝啦，等等，呢些都请埋嚟嘅。噉打醮呢，呢个醮事一个星期就结束嘞。结束以后咧，哈！果然咧，不出所料，天空嗰啲太阳呀，日头呀一出，就晒到呢条村。"哦！"啲群众呀高兴到，"哦"！个个都跳起来。从此之后，呢条村咧就非常之兴旺。嗰啲村民，在田里面劳动，每年都收成得好好，嗰啲仔仔孙孙非常之浓郁，非常之浓郁。所以，真系呢个娱乐新闻。呢条村咧越来就越多人。所以，统计呢条村嘅时候咧，就系呀整个鹏城，大鹏古城呀，最多人嘅一条村嘞，也系通过呢个打醮噉样子嘅由来嘅。

ta³⁵ tsiu¹³ kɛ³³ si²¹ kan³³ ia¹³ ieu¹³ kɔŋ³⁵ keu¹³, ui¹³ tsʰui¹³ kʰia²¹ tsɐŋ²³ sam³³ nin²¹ kɛ³³ kɔ¹³ heu³³ sen³³ nin²¹, nin²¹ tsʰɔ³³ keu³⁵、nin²¹ tsʰɔ³³ sɐp⁵ ŋi⁵³, tsʰeu⁵³ ui¹³ fui³³ tsʰi³⁵ ta³⁵ tsiu¹³. kɐm³⁵ lɛ⁵⁵ mui¹³ sam³³ nin²¹ tu³³ hɐi⁵³ ni¹³ tsit⁵ si²¹ kan³³ kɛ³³ lak³, kɐm³⁵ ta³⁵ tsiu¹³ kɛ³³ si²¹ kan³³ tsʰi²¹ tsʰuk⁵ tsʰeu⁵³ ui¹³ iɐt³ kɔ¹³ sɐŋ³³ kʰi²¹. ta³⁵ tsiu¹³ tsʰam³³ ka³³ kɛ³³ iɐn²¹ in²¹, tsʰi²¹ heu³³ tsʰin²¹ tʰɐi³⁵ kɛ³³ tsʰin³³ mɐn²¹, han²¹ ieu¹³ ŋui⁵³ tʰi⁵³ kɛ³³ sɐn¹³ nam²¹ sɐn¹³ ni¹³, sɐn¹³ nam²¹ sɐn¹³ ni¹³ tu³³ lui²¹ hi¹³ tsʰam³³ ka³³ kɛ³³. ia¹³ tsʰeu⁵³ hɐi⁵³ kɔŋ³⁵, iɐn²¹ ka³³ ti⁵⁵……kʰi³³ tʰa³³ ŋui⁵³ hiɔŋ³³ kɛ³³、ŋui⁵³ tsʰin³³ kɛ³³ kʰɐn²¹ tsuŋ¹³ ti⁵⁵ tau¹³ kɛ³³ lui²¹ tsʰam³³ ka³³, tu⁵³ iɔŋ⁵³ iɐn²¹ ka³³ lui²¹. kɐm³⁵ kɐŋ³³ fei¹³ sɔŋ⁵³ kɛ³³ sɐi³⁵ iuŋ⁵³, tsʰeu⁵³ hɐi⁵³ kɔk³ ka³³ kɔk³ fu⁵³ tu⁵³ lui²¹ hi¹³ nim⁵³ tsʰin²¹. kɐm³⁵ lɛ⁵⁵ ta³⁵ van²¹ hɐu³³ ni¹³ tsʰɔŋ²¹ fat³ si⁵³, tʰeu²¹ iɐt³ tsʰi¹³ ta³⁵ vɔ³³, tʰeu²¹ iɐt³ tsʰi¹³ ta³⁵ tsiu¹³ vɔ³³, ta³⁵ van²¹ i¹³ hɐu⁵³ lɛ⁵⁵······ tɔŋ³³ in²¹, ta³⁵ tsiu¹³ kɛ³³ si²¹ kan³³ lɛ⁵⁵, mui¹³ iɐt³ tu⁵³ vui¹³ iɐu¹³ ki³⁵ tsit⁵ vɔ²¹ sɔŋ⁵³ tʰai⁵³ si³³ tsʰam³³ ka³³, tʰuŋ²¹ ti⁵⁵ tsʰin³³ mɐn²¹ iɐt³ tsʰei²¹ hi¹³ tsu¹³. kʰi²¹ ti⁵⁵ kɛ³³ tsʰɐŋ²¹ tsʰi¹³ lɛ⁵⁵ hei⁵³ iɐu¹³ fɐn³³ kɛ³³, tʰei⁵³ iɐt³ tʰin³³, tsʰeu⁵³ hei⁵³ iuŋ¹³ lɛ⁵⁵ san³³ sɔŋ⁵³ kɛ³³ tsʰuŋ²¹ mau²¹ tsʰin¹³ tsak³ tau⁵³ lui²¹, tsʰui¹³ miu⁵³ tʰɔŋ²¹ li¹³ min⁵³, ta³⁵ tsiu¹³ kɛ³³ tʰi¹³ fɔŋ³³ tsɐn¹³ hɐŋ²¹ pʰu³³ tʰan²¹, tsʰuŋ²¹ mau²¹ pʰu³³ tʰan²¹. pʰu³³ hau³⁵ tsi³³ hɐu⁵³, pa³⁵ si¹³ fɔŋ³³ m̩¹³ luk⁵ lu⁵³ kɛ³³ kɔ¹³ ti⁵⁵ tʰai⁵³ sɐn²¹ a³³, tsʰiaŋ³⁵ mai²¹ tsʰiaŋ³⁵ mai²¹ lui²¹. pi³⁵ i²¹ kɔŋ³⁵ ni¹³ kɔ¹³ kun³³ iɐm³³ niɔŋ¹³ niɔŋ²¹ la⁵⁵, ma¹³ tsu³⁵ niɔŋ²¹ niɔŋ²¹ la⁵⁵、 ni¹³ kɔ³⁵ saŋ²¹ vɔŋ²¹ ia²¹ la⁵⁵、 iuk⁵ vɔŋ²¹ tʰai⁵³ tei¹³ la⁵⁵, tɐŋ³⁵ tɐŋ³⁵, ni¹³ sia³³ tu³³ tsʰiaŋ³⁵ mai²¹ lei²¹ kɛ³³. kɐm³⁵ ta³⁵ tsiu¹³ lɛ⁵⁵, ni¹³ kɔ¹³ tsiu¹³ si⁵³ iɐt³ kɔ¹³ sɐŋ³³ kʰi²¹ tsʰeu⁵³ kit³ tsʰuk³ lak³. kit³ tsʰuk³ i¹³ hɐu⁵³ lɛ⁵⁵, ha⁵³ ! kɔ³⁵ in²¹ lɛ⁵⁵, pɐt³ tsʰɐt³ sɔ³⁵ liu⁵³, tʰin³³ huŋ³³ kɔ³⁵ ti⁵⁵ tʰai⁵³ iɔŋ²¹ a³³, ŋit³ tʰɐu²¹ a³³ iɐt³ tsʰet³, tsʰeu⁵³ sai²¹ tau⁵³ ni¹³ tʰiu²¹ tsʰin³³. "o⁵³ !" ti⁵⁵ kʰɐn²¹ tsuŋ¹³ a³³ kau³³ hɐŋ¹³ tau¹³, "o⁵³" ! kɔ¹³ kɔ¹³ tu⁵³ tʰiu²¹ hi³⁵ lui²¹. tsʰuŋ²¹ tsʰi³⁵ tsi³³ hɐu⁵³, ni¹³ tʰiu²¹ tsʰin³³ lɛ⁵⁵ tsʰeu⁵³ fi³³ sɔŋ²¹ tsi³³ hɐŋ²¹ vɔŋ⁵³. kɔ³⁵ ti⁵⁵ tsʰin³³ mɐn²¹, tsʰui¹³ tʰin²¹ li¹³ min⁵³ lau²¹ tʰuŋ⁵³, mui²¹ nin²¹ tu⁵³ sɐu²¹ sɐŋ²¹ tɐk³ hau³⁵ hau³⁵, kɔ³⁵ ti⁵⁵ tsei³⁵ tsei³⁵ sin³³ sin³³ fi³³ sɔŋ²¹ tsi³³ iuŋ²¹ iuk⁵, fi³³ sɔŋ²¹ tsi³³ iuŋ²¹ iuk⁵. sɔ³⁵ i¹³, tsɐn³³ hɐi⁵³ ni¹³ kɔ¹³ i²¹ lɔk⁵ sɐn³³ mɐn²¹. ni¹³ tʰiu²¹ tsʰin³³ lɛ⁵⁵ it⁵ lui²¹ tsʰeu⁵³ it⁵ tɔ³³ iɐn²¹. sɔ³⁵ i¹³, tʰuŋ³⁵ kei¹³ ni¹³ tʰiu²¹ tsʰin³³ kɛ³³ si²¹ hɐu⁵³ lɛ⁵⁵, tsʰeu⁵³ hei⁵³ a³³ tsɐŋ³⁵ kɔ³⁵ pʰuŋ²¹ saŋ²¹, tʰai⁵³ pʰuŋ²¹ ku³⁵ saŋ²¹ a³³, tsui¹³ tɔ³³ iɐn²¹ kɛ³³ iɐt³ tʰiu²¹ tsʰin³³ lak³, ia¹³ hei⁵³ tʰuŋ³³ kɔ¹³ ni¹³ kɔ¹³ ta³⁵ tsiu¹³ kɐm³⁵ iɔŋ⁵³ tsi³⁵ kɛ³³ iɐu²¹ lui²¹ kɛ³³.

噉古城……就系为了呢个在我哋广东最边陲嘅地方建起呢个城，当时就系朝廷在清朝呀，皇帝就下令，由钦差大臣不远千里，千里迢迢，就骑紧马就来到建呢个城嘅。带队嘅人咧，嗰个就安做阿斌。呢个大将，皇帝派员大将来建嘛。当时呢个城嘅，正先讲呀，有四个嘅城门，还有两个嘅军火库，仲有两个练兵嘅大操场。练兵嘅大操场就系在城外嘅，一个就在较场尾，一个就系在东山古寺嘅脚下，山脚下埞。噉样，呢个古城咧，建好嘞，周围有城墙，城墙高达咧都有在呢个十米以上，等于三层楼咁高，最高嘅地方。城墙外面仲修建休一条护城河。噉咧，整个古城，同时咧，古城嘅城墙上面仲有十二个城墙垛仔。所谓"垛仔"，就系大鹏嘅谐音。垛仔就系炮络，十二只嘅炮络，分别在四只城门周边嘅地方。噉垛仔咧有土铁炮，大小不等，一共就有二十四辆。噉当时咧，火药库放到嘅嗰啲码子呀，有大有小，都有上千门嘅码子，嗰啲都系土铁炮嗰个土炮弹。

kɐm³⁵ ku³⁵ saŋ²¹…… tsʰɐu⁵³ hɐi⁵³ vɐi²¹ liu¹³ ni¹³ kɔ¹³ tsʰui¹³ ŋ¹³ ti⁵³ kɔŋ³⁵ tuŋ³³ tsui¹³ pin³³ sui²¹ kɛ³³ tʰi⁵³ fɔŋ³³ kin¹³ hi³⁵ ni¹³ kɔ¹³ saŋ²¹, tɔŋ³³ si²¹ tsʰɐu⁵³ hɐi⁵³ tsʰiu²¹ tʰɐŋ³³ tsʰui¹³ tsʰɐŋ³³ tsʰiu²¹ a³³, vɔŋ²¹ tɐi¹³ tsʰɐu⁵³ ha¹³ lɐŋ⁵³, iɐu²¹ kʰɐm³³ tsʰa³³ tʰai⁵³ sɐn²¹ pet³ in¹³ tsʰin³³ li¹³, tsʰin³³ li¹³ siu²¹ siu²¹, tsʰɐu⁵³ kʰi²¹ kɐm³⁵ ma¹³ tsʰɐu⁵³ lui²¹ tau¹³ kin¹³ ni¹³ kɔ¹³ saŋ²¹ kɛ³³. tai¹³ tʰui⁵³ kɛ³³ iɐn²¹ lɛ⁵⁵, kɔ³⁵ kɔ¹³ tsʰɐu⁵³ un³³ tsu³³ a³³ pɐn³³. ni¹³ kɔ¹³ tʰai⁵³ tsiɔŋ¹³, vɔŋ²¹ tɐi¹³ pʰai¹³ in²¹ tʰai⁵³ tsiɔŋ¹³ lui²¹ kin¹³ ma³³. tɔŋ³³ si²¹ ni¹³ kɔ¹³ saŋ²¹ kɛ³³, tsaŋ¹³ sin¹³ kɔŋ³⁵ a³³, iɐu¹³ si¹³ kɔ¹³ kɛ³³ saŋ²¹ mun²¹, han²¹ iɐu¹³ liɔŋ³⁵ kɔ¹³ kɛ³³ kɐn³³ fɔ³⁵ kʰu¹³, tsuŋ¹³ iɐu¹³ liɔŋ³⁵ kɔ¹³ lin⁵³ pɐŋ¹³ kɛ³³ tʰai⁵³ tsʰau³³ tsʰɔŋ²¹. lin⁵³ pɐŋ³³ kɛ³³ tʰai⁵³ tsʰau³³ tsʰɔŋ²¹ tsʰɐu⁵³ hɐi⁵³ tsʰui¹³ saŋ²¹ ŋui⁵³ kɛ³³, iet³ kɔ¹³ tsʰɐu⁵³ tsʰui¹³ kau³³ tsʰɔŋ³³ mi¹³, iet³ kɔ¹³ tsʰɐu⁵³ hɐi⁵³ tsʰui¹³ tuŋ³³ san³³ ku³⁵ tsʰi⁵³ kɛ³³ kiɔk³ ha³³, san³³ kiɔk³ ha³³ tʰiaŋ⁵³. kɐm³⁵ iɔŋ⁵³, ni¹³ kɔ¹³ ku³⁵ saŋ²¹ lɛ⁵⁵, kin¹³ hau³⁵ lak³, tsɐu³³ vɐi²¹ iɐu¹³ saŋ¹³ tsʰiɔŋ²¹, saŋ²¹ tsʰiɔŋ²¹ kau³³ tʰat⁵ lɛ⁵⁵ tu⁵³ iɐu¹³ tsʰui¹³ ni¹³ kɔ¹³ sep⁵ mɐi¹³ i¹³ sɔŋ⁵³, tɐŋ³⁵ i³³ sam³³ tsʰɐŋ²¹ lɐu²¹ kɐm³³ kau³³, tsui¹³ kau³³ kɛ³³ tʰi⁵³ fɔŋ³³. saŋ²¹ tsʰiɔŋ²¹ ŋui⁵³ min⁵³ tsuŋ¹³ sɐu³³ kin¹³ hɐu³³ iet³ tʰiu²¹ fu⁵³ saŋ²¹ hɔ²¹. kɐm³⁵ lɛ⁵⁵, tsɐŋ³⁵ kɔ¹³ ku³⁵ saŋ²¹, tʰuŋ²¹ si²¹ lɛ⁵⁵, ku³⁵ saŋ²¹ kɛ³³ saŋ²¹ tsʰiɔŋ²¹ sɔŋ⁵³ min⁵³ tsuŋ¹³ iɐu¹³ sep⁵ ŋi⁵³ kɔ¹³ saŋ²¹ tsʰiɔŋ²¹ tɔ⁵³ tsɐi¹³. sɔ³⁵ vɐi⁵³ "tɔ³⁵ tsɐi³⁵", tsʰɐu⁵³ hɐi⁵³ tʰai⁵³ pʰuŋ²¹ kɛ³³ hai²¹ iɐm³³. tɔ³⁵ tsɐi³⁵ tsʰɐu⁵³ hɐi⁵³ pʰau¹³ lɔk³, sep⁵ ŋi⁵³ tsit⁵ kɛ³³ pʰau¹³ lɔk³, fɐn³³ pʰit⁵ tsʰui⁵³ si¹³ tsit⁵ saŋ²¹ mun²¹ tsɐu³³ pin³³ kɛ³³ tʰi⁵³ fɔŋ³³. kɐm³⁵ tɔ³⁵ tsɐi³⁵ lɛ⁵⁵, iɐu¹³ tʰu³⁵ tʰit³ pʰau¹³, tʰai⁵³ siu³⁵ pet³ tɐŋ³⁵, iet³ kʰuŋ⁵³ tsʰɐu⁵³ iɐu¹³ ŋi⁵³ sep⁵ si¹³ liɔŋ²¹. kɐm³⁵ toŋ³³ si²¹ lɛ⁵⁵, fɔ³⁵ iɔk⁵ kʰu¹³ fɐŋ¹³ tau⁵³ kɛ³³ kɔ³⁵ ti⁵⁵ ma¹³ tsi³⁵ a³³, iɐu¹³ tʰai⁵³ iɐŋ¹³ siu³⁵, tu⁵³ iɐu¹³ sɐŋ¹³ tsʰin³³ mun²¹ kɛ³³ ma¹³ tsi³⁵, kɔ³⁵ ti⁵⁵ tu⁵³ hei⁵³ tʰu³⁵ tʰit³ pʰau¹³ kɔ³⁵ kɔ¹³ tʰu³⁵ pʰau¹³ tʰan⁵³.

噉咧，建好城以后咧，整个古城咧嘅城里面有几条嘅街道，一条叫作南门街，一条就系正街，一条就系东门街，呢三条街最大嘅还系南门街，同埋呢个西门街。当时嘅店头就有十六间呢啲嘅杂铺店仔，呢啲店都系唔高嘅，比如讲做到啲碟仔茶果，做到喜糕仔、牛糍粑，裹到啲粽仔，乜嘢煮休啲糖丸仔、绿丸仔，噉咧卖一卖，就为做一间店，就系一间店。乜嘢做到几只麻糖仔来卖，夹杂咧卖啲山上嘅野果，油柑仔啦、棯仔啦、追□仔啦，呢一些又一间店铺噉喝。后期正讲到咧，发展正有云吞啦，有呢啲噉嘅卖呀。噉咧，当时嘅店头之中咧还包括有打铁店，打铁店有两个师傅喀，就打铁，用啲炭火烧红嘅一嚿铁，就噉打成钁锄，乜嘢打成草镰，打成禾镰，打成猪屎掠，乜嘢打成个鱼叉，用来叉鱼嘅。噉呢个就系当时嘅呢间店头。呢啲店头仔咧，还有咧就系染铺店，将啲火水罐装到咧有色嘅呢啲颜料，就系同啲群众，同啲当地嘅老人家染嘅多。直到解放之后，在五十年代、六十年代、七十年代，我都睇到咧，当地嘅群众，啲社员呀，都在街头巷尾，在屋外日头晒到嘅地方，嗰啲衫裤都摆出嚟晒，染了之后就放出嚟晒，都系在呢间店仔噉染嘅。噉店仔之中咧，还有乜嘢咧？阉鸡。阉鸡咧，大鹏城咧有阉鸡嘅师傅，时间也维持好久嘞，解放前都有到今下。因为佢系祖传嘛，可讲上咧有几百年嘅时间呀。噉阉鸡，啲群众咧，最钟意。嗰时候我细佬哥，自己家人养到有鸡，我阿咪咧就喊我捉啲鸡去阉。有几次咧，去到都要排队，都排队呀，等休好多好多时间，因为细佬哥嘛。噉咧，我阿咪咧唔知到我去休噉久时间："喊去阉下鸡呀，噉久嘅？"返到来，也唔理佢三七二十一，首先就对呢个……"闹嘢"嚟喀，哈，就噉样。话又讲返来，包括是我出去嫽，出去搞，而系乜嘢咧，就爱排队，因为去到多人呀嘛，系咪？噉你排起队来，等半点钟，有咩出奇呀？所以呢个，我都系算是听话嘅嘞。细佬哥成日自己做家务做个不停喀。

kɐm³⁵ lɛ⁵⁵, kin¹³ hau³⁵ saŋ²¹ i¹³ hɐu⁵³ lɛ⁵⁵, tsɐŋ³⁵ kɔ¹³ ku³⁵ saŋ²¹ kɛ³³ saŋ²¹ li¹³ min⁵³ iɐu¹³ ki³⁵ tʰiu²¹ kɛ³³ kai³³ tʰau⁵³, iɐt³ tʰiu²¹ kiu¹³ tsu¹³ nam²¹ mun²¹ kai³³, iɐt³ tʰiu²¹ tsʰɐu⁵³ hɐi⁵³ tsɐŋ¹³ kai³³, iɐt³ tʰiu²¹ tsʰɐu⁵³ hɐi⁵³ tuŋ³³ mun²¹ kai³³, ni¹³ sam³³ tʰiu²¹ kai³³ tsui¹³ tʰai⁵³ kɛ³³ han²¹ hɐi⁵³ nam²¹ mun²¹ kai³³, tʰuŋ²¹ mai¹³ ni¹³ kɔ¹³ sɐi³³ mun²¹ kai³³. tɔŋ³³ si²¹ kɛ³³ tim¹³ tʰɐu²¹ tsʰɐu⁵³ iɐu¹³ sɐp⁵ luk⁵ kan³³ ni⁵⁵ ti⁵⁵ kɛ³³ tsʰap⁵ pʰu¹³ tim¹³ tsɐi³⁵, ni⁵⁵ ti⁵⁵ tim¹³ tu³³ hɐi⁵³ m̩²¹ kau³³ kɛ³³, pi³⁵ i²¹ kɔŋ³⁵ tsu¹³ tau⁵³ ti⁵⁵ tʰip⁵ tsɐi³⁵ tsʰa²¹ kɔ³⁵, tsu³⁵ tau⁵³ hi³⁵ kau³³ tsɐi³⁵、ŋɐu²¹ tsʰi²¹ pa³³, kiɔ³⁵ tau⁵³ ti⁵⁵ tsuŋ¹³ tsɐi³⁵, mɐt³ iɐ¹³ tsi³⁵ hɐu³³ ti⁵⁵ tʰɔŋ²¹ in²¹ tsɐi³⁵、luk⁵ in²¹ tsɐi³⁵, kɐm³⁵ lɛ⁵⁵ mai⁵³ iɐt³ mɐi⁵³, tsʰɐu⁵³ vɐi²¹ tsu¹³ iɐt³ kan³³ tim¹³, tsʰɐu⁵³ hɐi⁵³ iɐt³ kan³³ tim¹³. mɐt³ ia¹³ tsu¹³ tau⁵³ ki³⁵ tsit⁵ ma²¹ tʰɔŋ²¹ tsɐi³⁵ lui²¹ mai⁵³, kap³ tsʰap⁵ lɛ⁵⁵ mai⁵³ tit⁵ san³³ sɔŋ⁵³ kɛ³³ ia¹³ kɔ³⁵, iɐu²¹ kam³³ tsɐi³⁵ la⁵⁵、lim⁵³ tsɐi³⁵ la⁵⁵、tsui³³ tsai³⁵ la³³, ni¹³ iɐt³ sia³³ iɐu⁵³ iɐt³ kan³³ tim¹³ pʰu¹³ kɐm³⁵ vɔ³³. hɐu⁵³ kʰi²¹ tsaŋ¹³ kɔŋ³⁵ tau¹³ lɛ⁵⁵, fat³ tsin³⁵ tsaŋ¹³ iɐu¹³ vɐn²¹ tʰɐn³³ la³³, iɐu¹³ ni⁵⁵ ti⁵⁵ kɐm³⁵ kɛ³³ mai⁵³ a³³. kɐm³⁵ lɛ⁵⁵, tɔŋ³³ si²¹ kɛ³³ tim¹³ tʰɐu²¹ tsi³³ tsuŋ³³ lɛ³³ han²¹ pau³³ kat³ iɐu¹³ ta³⁵ tʰit³ tim¹³, ta³⁵ tʰit³ tim¹³ iɐu¹³ liɔŋ³⁵ kɔ¹³ si³³ fu⁵³ ka³³, tsʰɐu⁵³ ta³⁵ tit³, iuŋ⁵³ tit³ tʰan¹³ fɔ¹³ siu³³ huŋ²¹ kɛ³³ iɐt³ kɐu²¹ tʰit³, tsʰɐu⁵³ kɐm³⁵ ta³⁵ sɐŋ²¹ kiɔk³ tsʰɔ²¹, mɐt³ ia¹³ ta³⁵ sɐŋ²¹ tsʰau³⁵ lim²¹, ta³⁵ sɐŋ²¹ vɔ²¹ lim²¹, ta³⁵ sɐŋ²¹ tsi³³ si³⁵ liɔk³, mɐt³ ia¹³ ta³⁵ sɐŋ²¹ kɔ¹³ i²¹ tsʰa³³, iuŋ⁵³ lui²¹ tsʰa³³ i²¹ kɛ³³. kɐm³⁵ ni⁵⁵ kɔ¹³ tsʰɐu⁵³ hɐi⁵³ tɔŋ³³ si²¹ kɛ³³ ni¹³ kan³³ tim¹³ tʰɐu²¹. ni⁵⁵ ti⁵⁵ tim¹³ tʰɐu²¹ tsɐi³⁵ lɛ³³, han²¹ iɐu¹³ lɛ³³ tsʰɐu⁵³ hɐi⁵³ nim⁵³ pʰu¹³ tim¹³, tsiɔŋ³³ ti⁵⁵ fɔ³⁵ sui³⁵ kun¹³ tsɔŋ³³ tau⁵³ lɛ³³ iɐu¹³ sɐk³ kɛ³³ ni⁵⁵ ti⁵⁵ ŋan²¹ liu⁵³, tsʰɐu⁵³ hɐi⁵³ tʰuŋ²¹ ti⁵⁵ kʰɐn²¹ tsuŋ¹³, tʰuŋ²¹ ti⁵⁵ tɔŋ³³ tʰi⁵³ kɛ³³ lau³⁵ iɐn²¹ ka³³ nim⁵³ kɛ³³ tɔ. tsʰɐk⁵ tau¹³ kai³⁵ fɔŋ¹³ tsi³³ hɐu⁵³, tsʰui¹³ m̩¹³ sɐp⁵ nin²¹ tʰui⁵³、luk⁵ sɐp⁵ nin²¹ tʰui⁵³、tsʰɐt³ sɐp⁵ nin²¹ tʰui⁵³, ŋɔ¹³ tu³³ tʰɐi³⁵ tau⁵³ lɛ³³, tɔŋ³³ tʰi⁵³ kɛ³³ kʰɐn²¹ tsuŋ¹³, ti⁵⁵ sa¹³ in²¹ a³³, tu⁵³ tsʰui¹³ kai³³ tʰɐu²¹ hɔŋ⁵³ mi¹³, tsʰui¹³ uk³ ŋui⁵³ ŋit⁵ tʰɐu²¹ sai¹³ tau¹³ kɛ³³ tʰi⁵³ fɔŋ²³, kɔ³⁵ ti⁵⁵ sam¹³ fu⁵³ tu⁵³ pai³⁵ tsʰɐt³ lɐi²¹ sai¹³, nim¹³ hɐu³³ tsi³³ hɐu⁵³ tsʰɐu⁵³ pai³⁵ fɔŋ¹³ tsʰɐt³ lɐi²¹ sai¹³, tu⁵³ hɐi⁵³ tsʰui¹³ ni¹³ kan³³ tim¹³ tsɐi³⁵ kɐm³⁵ nim¹³ kɛ³³. kɐm³⁵ tim¹³ tsɐi³⁵ tsi³³ tsuŋ³³ lɛ³³, han²¹ iɐu¹³ mɐm³ ia¹³ lɛ³³? im³³ kɐi³³. im³³ kɐi³³ lɛ³³, tʰai⁵³ pʰuŋ²¹ saŋ²¹ lɛ³³ iɐu¹³ im³³ kɐi³³ kɛ³³ si³³ fu⁵³, si²¹ kan³³ ia¹³ vɐi²¹ tsʰi²¹ hau³⁵ kɐu³⁵ lak³, kai³⁵ fɔŋ¹³ tsʰin²¹ i¹³ tsʰin²¹ tu⁵³ iɐu¹³ tau¹³ kɐn³³ ha¹³. iɐn³³ vɐi⁵³ kʰi²¹ hɐi⁵³ tsu³⁵ tsʰin²¹ ma³³, hɔ³⁵ kɔŋ³⁵ sɔŋ¹³ lɛ³³ iɐu¹³ ki³⁵ pak³ nin²¹ kɛ³³ si²¹ kan³³ a³³. kɐm³⁵ im³³ kɐi³³, ti⁵⁵ kʰɐn²¹ tsuŋ¹³ lɛ³³, tsui¹³ tsuŋ³³ i¹³. kɔ³⁵ si²¹ hɐu⁵³ ŋɔ¹³ sɐi¹³ lau³⁵ kɔ³³, tsʰi⁵³ ki³⁵ ka³³ iɐn²¹ iɔŋ⁵³ tau¹³ kɐi³³, ŋɔ¹³ a³³ mi³³ lɛ³³ tsʰɐu⁵³ ham¹³ ŋɔ¹³ tsuk³ ti⁵⁵ kɐi³³ hi¹³ im³³. iɐu¹³ ki³⁵ tsʰi¹³ lɛ³³, hi¹³ tau⁵³ tu¹³ ui¹³ pai²¹ tʰui⁵³, tu⁵³ pai²¹ tʰui⁵³ a³³, tɐŋ³⁵ hɐu³³ hau³⁵ tɔ³³ hau³⁵ tɔ³³ si²¹ kan³³, iɐn³³ vɐi⁵³ sɐi¹³ lau³⁵ kɔ³³ ma³³. kɐm³⁵ lɛ³³, ŋɔ¹³ a³³ mi³³ lɛ³³ m̩²¹ ti³³ tau¹³ ŋɔ¹³ hi¹³ hɐu³³ kɐm³⁵ kɐu³⁵ si²¹ kan³³: "ham¹³ hi¹³ im³³ ha¹³ kɐi³³ a³³, kɐm³⁵ kɐu³⁵ kɛ³⁵?" fan³³ tau¹³ lui²¹, ia¹³ m̩²¹ li¹³ kʰi²¹ sam³³ tsʰɐt³ ŋi⁵³ sɐp⁵ iɐt³, sɐu³⁵ sin¹³ tsʰɐu⁵³ tui¹³ ni⁵⁵ kɔ¹³······ "nau¹³ ia¹³" lɐi²¹ ka³³, ha³³, tsʰɐu⁵³ kɐm³⁵ iɔŋ⁵³. va⁵³ iɐu⁵³ kɔŋ³⁵ fan³³ lui²¹, pau³³ kat³ si⁵³ ŋɔ¹³ tsʰɐt³ hi¹³ liu⁵³, tsʰɐt³ hi¹³ kau³⁵, i²¹ hɐi⁵³ mɐt³ ia¹³ lɛ³³, tsʰɐu⁵³ ui¹³ pʰai²¹ tʰui⁵³, iɐn³³ vɐi⁵³ hi¹³ tau¹³ tɔ³³ iɐn³³ a³³ ma³³, hɐi⁵³ mɐi⁵³? kɐm³⁵ ni¹³ pʰai²¹ hi³⁵ tʰui⁵³ lui²¹, tɐŋ³⁵ pun¹³ tim³⁵ tsuŋ³³, iɐu¹³ mɛ⁵³ tsʰɐt³ kʰi²¹ a³³? sɔ³⁵ i¹³ ni⁵⁵ kɔ¹³, ŋɔ¹³ tu⁵³ hɐi⁵³ sin¹³ si⁵³ tʰiaŋ¹³ va⁵³ kɛ³³ lak³. sɐi¹³ lau³⁵ kɔ³³ sɐŋ²¹ iɐt³ tsʰi⁵³ ki³⁵ tsu¹³ ka³³ mu⁵³ tsu³⁵ kɔ¹³ pɐt³ tʰɐŋ²¹ ka³³.

第四节 防控疫情广播标音

说明：

2020年1月28日，为防控新冠肺炎疫情扩散蔓延，广东省卫生健康委员会在其微信公众号发布了5种方言版本（广州话版、汕头话版、客家话版、黎话版和倕话版）的防控疫情广播。本书发音合作人之一卢水根先生也在大鹏当地播出了大鹏话版预防新冠肺炎疫情的广播，下文即是对此广播的转录。

各位村民，大家新年好！

kɔk³ vɐi⁵³ tsʰin³³ mɐn²¹, tʰai⁵³ ka³³ sɐn³³ nin²¹ hau³⁵!

万众一心，抗击疫情倡议书：
man⁵³ tsuŋ¹³ tʰuŋ²¹ sɐm³³, kʰɔŋ¹³ kɐk³ iɐk⁵ tsʰɐŋ²¹ tsʰɔŋ¹³ i¹³ si³³：

近期，湖北省武汉市等多个地区发生休新型嘅冠状病毒感染嘅肺炎疫情，我省已有多人感染发病。当前，习近平总书记、党中央已经就加强疫情防控工作作出了全面嘅部署。省委、省政府同各级党委政府已经做了严密工作嘅安排。我省已全面启动特大公共卫生事件嘅响应，全力遏制疫情扩散蔓延。

kʰɐn⁵³ kʰi²¹, fu²¹ pɐk³ saŋ³⁵ mu¹³ fun¹³ si¹³ tɐŋ³⁵ tɔ³³ kɔ¹³ tʰi⁵³ kʰi³³ fat³ sɐŋ³³ hɐu³³ sɐn³³ hɐŋ³³ kɛ³³ kun¹³ tsʰɔŋ⁵³ pʰiaŋ⁵³ tʰuk⁵ kam³⁵ nim¹³ kɛ³³ fɐi¹³ im²¹ iɐk⁵ tsʰɐŋ²¹, ŋɔ¹³ saŋ³⁵ i¹³ iɐu¹³ tɔ³³ iɐn²¹ kam³⁵ nim¹³ fat³ pʰiaŋ⁵³. tɔŋ³³ tsʰin¹³, tsʰap⁵ kʰɐn⁵³ pʰɐŋ²¹ tsuŋ³³ si¹³ ki¹³、tɔŋ³⁵ tsuŋ³³ iɔŋ³³ i¹³ kɐŋ³³ tsʰɐu⁵³ ka³³ kʰiɔŋ²¹ iɐk⁵ tsʰɐŋ²¹ fɔŋ²¹ kʰɔŋ¹³ kuŋ³³ tsɔk⁵ tsɔk³ tsʰɐt¹³ liu¹³ tsʰin²¹ min⁵³ kɛ³³ pʰu⁵³ si²¹. saŋ³⁵ vei³⁵、saŋ³⁵ tsɐŋ¹³ fu³⁵ tʰuŋ²¹ kɔk³ kʰɐp³ tɔŋ³⁵ vei³⁵ tsɐŋ¹³ fu¹³ i¹³ kɐŋ³³ tsu¹³ liu¹³ nim¹³ mɐt⁵ kuŋ³³ tsɔk³ kɛ³³ un³³ pʰai¹³. ŋɔ¹³ saŋ³⁵ i¹³ tsʰin²¹ min⁵³ kʰɐi³⁵ tʰuŋ⁵³ tʰɐk⁵ tʰai⁵³ kuŋ³³ kʰuŋ⁵³ vei⁵³ saŋ³³ si⁵³ kʰin¹³ kɛ³³ hiɔŋ³⁵ iɐŋ¹³, tsʰin²¹ lɐk⁵ kʰit³ tsɐi¹³ iɐk⁵ tsʰɐŋ²¹ kʰɔŋ¹³ san¹³ man⁵³ in²¹.

新型冠状病毒会人传人，但我们可以咧，采取以下嘅措施降低感染嘅风险。

sɐn³³ hɐŋ²¹ kun¹³ tsʰɔŋ⁵³ pʰiaŋ⁵³ tʰuk⁵ vui⁵³ iɐn²¹ tsʰin²¹ iɐn²¹, tʰan⁵³ ŋɔ¹³ mun²¹ hɔ³⁵ i¹³ lɛ⁵⁵, tsʰui³⁵ tsʰi³⁵ i¹³ ha⁵³ kɛ³³ tsʰu¹³ si³³ kɔŋ¹³ tɐi³³ kam³⁵ nim¹³ kɛ³³ fuŋ³³ him³⁵.

一，过新年期间尽量少外出，不聚集，减少探亲访友。避免聚餐聚会，不去已有嘅疫情地区旅游和居住。确实需要外出嘅，一定要戴有口罩，做好个人嘅防护。口罩嘅深色面要朝外，口罩上端鼻梁钢丝要捏好。

iɐt³, kɔ¹³ sɐn³³ nin²¹ kʰi²¹ kan³³ tsʰɐn⁵³ liɔŋ⁵³ siu³⁵ ŋui⁵³ tsʰɐt³, pɐt³ tsʰi⁵³ tsʰɐp⁵, kam³⁵ siu³⁵ tʰam¹³ tsʰɐn³³ fɔŋ¹³ iɐu¹³. pʰi⁵³ min¹³ tsʰi⁵³ tsʰan³³ tsʰi⁵³ vui⁵³, pɐt³ hi¹³ i¹³ iɐu¹³ kɛ³³ iɐk⁵ tsʰɐŋ²¹ tʰi¹³ kʰi³³ li¹³ iɐu²¹ vɔ²¹ ki³³ tsʰi⁵³. kʰɔk³ sɐt⁵ sui³³ iu¹³ ŋui⁵³ tsʰɐt³ kɛ³³, iɐt³ tʰɐŋ⁵³ iu¹³ tai¹³ iɐu¹³ hɐu³⁵ tsau¹³, tsu¹³ hau³⁵ kɔ¹³ iɐn²¹ kɛ³³ fɔŋ²¹ fu⁵³. hɐu³⁵ tsau¹³ kɛ³³ tsʰɐm³³ sɐk³ min⁵³ iu¹³ tsʰiu²¹ ŋui⁵³；hɐu³⁵ tsʰau¹³ sɔŋ⁵³ tin³³ pʰi⁵³ liɔŋ²¹ kɔŋ¹³ si³³ iu¹³ nip³ hau³⁵.

二，平时要注意讲卫生，勤洗手，特别是外出回家和干完农活之后，要及时洗手。要用流动嘅清水和肥皂，或者洗手液反复去冲洗。每次冲洗时，时间不少于十五秒。

ŋi⁵³, pʰɐŋ²¹ si²¹ iu¹³ tsi¹³ i¹³ kɔŋ³⁵ vei⁵³ saŋ³³, kʰɐn²¹ sɐi³⁵ sɐu³⁵, tʰɐk⁵ pʰit⁵ si⁵³ ŋui⁵³ tsʰɐt³ fui ka³³ vɔ²¹ kun¹³ van²¹ nuŋ²¹ vut⁵ tsi³³ hɐu⁵³, iu¹³ kʰɐp⁵ si²¹ sɐi³⁵ sɐu³⁵. iu¹³ iuŋ⁵³ lɐu²¹ tʰuŋ⁵³ kɛ³³ tsʰɐŋ³³ sui⁵³ vɔ²¹ fi²¹ tsau³⁵, vak⁵ tsia³⁵ sɐi³⁵ sɐu³⁵ iɐk⁵ fan³⁵ fuk⁵ hi¹³ tsʰuŋ³³ sɐi³⁵. mui¹³ tsʰi¹³ tsʰuŋ³³ sɐi³⁵ si²¹, si²¹ kan³³ pɐt³ siu³⁵ i³³ sɐp⁵ m̩¹³ miu¹³.

三，屋己咧要经常通风透气，保持居所干净整洁，及时清除积水污垢等病媒嘅滋生地。

sam³³, uk³ ki³⁵ lɛ⁵⁵ iu¹³ kɐŋ³³ siɔŋ²¹ tʰuŋ³³ fuŋ³³ tʰɐu¹³ hi¹³, pau³⁵ tsʰi²¹ ki³³ sɔ³⁵ kun³³ tsʰiaŋ⁵³ tsɐŋ³⁵ kit³, kʰɐp⁵ si²¹ tsʰɐŋ²¹ tsʰi²¹ tsɐk³ sui³⁵ vu³³ kʰɐu¹³ tɐŋ³⁵ pʰiaŋ⁵³ mui²¹ kɛ³³ tsi³³ saŋ³³ tʰi⁵³.

四，要注意多添衣服，做好保暖，严防受冻感冒，特别要关注老年人群体以及患有高血压、糖尿病等基础疾病易感人群嘅保暖防护工作。

tʰɐi⁵³ si¹³, iu¹³ tsʰi¹³ i¹³ tɔ³³ tʰim³³ i³³ fuk⁵, tsu¹³ hau³⁵ pau³⁵ nin¹³, nim²¹ fɔŋ²¹ sɐu⁵³ tuŋ¹³ kam³⁵ mau⁵³. tʰɐk⁵ pʰit⁵ iu¹³ kan³³ tsi¹³ lau³⁵ nin²¹ iɐn²¹ kʰɐn²¹ tʰɐi³⁵ i¹³ kʰɐp⁵ fan⁵³ iɐu¹³ kau³³ hit³ at³、tʰɔŋ²¹ niu⁵³ pʰiaŋ⁵³ tɐŋ³⁵ ki³³ tsʰɔ³⁵ tsʰɐt⁵ pʰiaŋ⁵³ i⁵³ kam³⁵ iɐn²¹ kʰɐn²¹ kɛ³³ pau³⁵ nin¹³ fɔŋ²¹ fu⁵³ kuŋ³³ tsɔk³.

五，禁止捕杀食用野生动物，同时要注意分开处理生熟食品。

食物要彻底加热煮熟才能食用。

m̩^{13}, kɐm^{13} tsi^{35} pu^{35} sat^3 sit^5 iuŋ^{53} ia^{13} saŋ^{33} tʰuŋ^{53} mɐt^5, tʰuŋ^{21} si^{21} iu^{13} tsi^{13} i^{13} fɐn^{33} fui^{33} tsʰi^{35} li^{13} saŋ^{33} suk^5 sit^5 pʰɐn^{35}. sit^5 mɐt^5 iu^{13} tsʰit^5 tɐi^{35} ka^{33} ŋit^5 tsi^{35} suk^5 tsʰui^{21} nɐŋ^{21} sit^5 iuŋ^{53}.

六，如果屋己人出现休发热、乏力、干咳等嘅症状，要戴好口罩，尽早到医院就诊。近期有从湖北返乡嘅，要主动报告情况，接受指导嘅处置。患者和疑似患者要及时报告病情，主动接受隔离，全力配合治疗。

luk^5, i^{21} kɔ^{35} uk^3 ki^{35} iɐn^{21} tsʰɐt^3 hin^{53} hɐu^{33} fat^3 ŋit^5、fat^5 lɐk^5、kun^{33} kɐt^3 tɐŋ^{35} kɛ^{33} tsɐŋ^{13} tsʰɔŋ^{53}, iu^{13} tai^{13} hau^{35} hɐu^{35} tsau^{13}, tsʰɐn^{53} tsau^{35} tau^{53} i^{33} in^{13} tsʰɐu^{53} tsɐn^{13}. kʰɐn^{53} kʰi^{21} iɐu^{13} tsʰuŋ^{21} fu^{21} pɐk^3 fan^{35} hiɔŋ^{33} kɛ^{33}, iu^{13} tsi^{35} tʰuŋ^{53} pau^{13} kau^{13} tsʰɐŋ^{21} kʰɔŋ^{13}, tsip^3 sɐu^{53} tsi^{35} tʰau^{35} kɛ^{33} tsʰi^{35} tsi^{13}. fan^{53} tsia^{35} vɔ^{21} i^{21} tsʰi^{13} fan^{53} tsia^{35} iu^{13} kʰɐp^5 si^{21} pau^{13} kau^{13} pʰiaŋ^{53} tsʰɐŋ^{21}, tsi^{35} tʰuŋ^{53} tsip^3 sɐu^{53} kak^3 li^{21}, tsʰin^{21} lɐk^5 pʰui^{13} hap^5 tsʰi^{53} liu^{21}.

对于疫情，大家不要轻视，但也不要过度嘅恐慌。做到不哄抢物品，不哄抬物价。国家物资储备充足，大家完全可以放心。同时，要从党委政府和主要嘅媒体获取权威信息，不轻信一些似是而非嘅网络嘅传言，做到不信谣、不造谣、不传谣，共同维护社会大局嘅稳定。

tui^{13} i^{33} iɐk^5 tsʰɐŋ^{21}, tʰai^{53} ka^{33} pɐt^3 iu^{13} hiaŋ^{33} si^{53}, tʰan^{53} ia^{13} pɐt^3 iuŋ^{53} kɔ^{13} tʰu^{53} kɛ^{33} kʰɔŋ^{35} fɔŋ^{33}. tsu^{13} tau^{13} pɐt^3 huŋ^{21} tsʰiɔŋ^{35} mɐt^5 pʰɐn^{35}, pɐt^3 huŋ^{21} tʰui^{21} mɐt^5 ka^{13}. kɔk^3 ka^{33} mɐt^5 tsi^{33} tsʰi^{21} pʰi^{53} tsʰuŋ^{33} tsuk^3, tʰai^{53} ka^{33} van^{21} tsʰin^{21} hɔ^{35} i^{13} fɔŋ^{13} sɐm^{33}. tʰuŋ^{21} si^{21}, iu^{13} tsʰuŋ^{21} tɔŋ^{35} vɐi^{35} tsɐŋ^{13} fu^{35} vɔ^{21} tsi^{35} iu^{13} kɛ^{33} mui^{21} tʰɐi^{53} vɔk^3 tsʰi^{35} kʰin^{21} vɐi^{13} sɐn^{13} sɐk^3, pɐt^3 hiaŋ^{33} sɐn^{13} iɐt^3 sia^{33} tsʰi^{13} si^{53} i^{21} fi^{33} kɛ^{33} mɔŋ^{13} lɔk^3 kɛ^{33} tsʰin^{21} in^{21}, tsu^{13} tau^{13} pɐt^3 sɐn^{13} iu^{21}、pɐt^3 tsʰau^{53} iu^{21}、pɐt^3 tsʰin^{21} iu^{21}, kʰuŋ^{53} tʰuŋ^{21} vɐi^{21} fu^{53} sa^{33} vui^{53} tʰai^{53} kʰuk^5 kɛ^{33} vɐn^{35} tʰɐŋ^{53}.

目前，为避免人员嘅聚集引发交叉嘅感染，确保人民群众生命安全和身体嘅健康，政府已决定休暂定开放各种文化娱乐场所，暂停开放宗教和民间嘅信仰场所，暂停公众聚集嘅活动。最重要交通站口设立休联合嘅检疫站，对来往人员进行体温嘅检测，采取相关措施等。

muk⁵ tsʰin²¹, vɐi⁵³ pʰi⁵³ min¹³ iɐn²¹ in²¹ kɛ³³ tsʰi⁵³ tsʰɐp⁵ iɐn³⁵ fat³ kau³³ tsʰa³³ kɛ³³ kam³⁵ nim¹³, kʰɔk³ pau³⁵ iɐn²¹ mɐn²¹ kʰɐn¹³ tsuŋ¹³ saŋ³³ miaŋ⁵³ un³³ tsʰin²¹ vɔ²¹ sɐn³³ tʰɐi³⁵ kɛ³³ kʰin⁵³ kʰɔŋ³³, tsɐŋ¹³ fu³⁵ i¹³ kʰit³ tʰɐŋ⁵³ hɐu³³ tsʰim⁵³ tʰɐŋ²¹ fui³³ fɔŋ¹³ kɔk³ tsuŋ³⁵ mɐn²¹ fa¹³ i²¹ lɔk⁵ tsʰiɔŋ²¹ sɔ³⁵, tsʰim⁵³ tʰɐŋ²¹ fui³³ fɔŋ¹³ tsuŋ³³ kau¹³ vɔ²¹ mɐn²¹ kan³³ kɛ³³ sɐn¹³ iɔŋ¹³ tsʰiɔŋ²¹ sɔ³⁵, tsʰim⁵³ tʰɐŋ²¹ kuŋ³³ tsuŋ¹³ tsʰi⁵³ tsʰɐp⁵ kɛ³³ vut⁵ tʰuŋ⁵³. tsui¹³ tsʰuŋ¹³ iu¹³ kau³³ tʰuŋ³³ tsʰam⁵³ hau³⁵ sit³ lɐp⁵ hɐu¹³ lin²¹ hap⁵ kɛ³³ kim³⁵ iɐk⁵ tsʰam⁵³, tui¹³ lui²¹ vɔŋ¹³ iɐn²¹ in²¹ tsɐn¹³ hɐŋ²¹ tʰɐi³⁵ vɐn³³ kɛ³³ kim³⁵ tsʰak⁵, tsʰui³⁵ tsʰi³⁵ siɔŋ³³ kan³³ tsʰu¹³ si³³ tɐŋ³⁵.

请广大村民积极响应政府号召和安排，主动配合群防群治，携手打赢新型冠状病毒和感染嘅肺炎疫情防控硬仗，过个健康平安幸福年。

tsʰiaŋ³⁵ kɔŋ³⁵ tʰai⁵³ tsʰin³³ mɐn²¹ tsɐk³ kʰɐk⁵ hiɔŋ³⁵ iɐŋ¹³ tsɐŋ¹³ fu³⁵ hau⁵³ tsiu⁵³ vɔ²¹ un²¹ pʰai²¹, tsi³⁵ tʰuŋ³⁵ pʰui¹³ hap⁵ kʰɐn²¹ fɔŋ²¹ kʰɐn²¹ tsʰi⁵³, kʰɐi²¹ sɐu³⁵ ta³⁵ iaŋ²¹ sɐn³³ hɐŋ²¹ kun¹³ tsʰɔŋ⁵³ pʰiaŋ⁵³ tʰuk⁵ vɔ²¹ kam³⁵ nim¹³ kɛ³³ fɐi¹³ im²¹ iɐk⁵ tsʰɐŋ²¹ fɔŋ²¹ kʰɔŋ¹³ ŋaŋ⁵³ tsɔŋ¹³, kɔ¹³ kɔ¹³ kʰin⁵³ kʰɔŋ³³ pʰɐŋ²¹ un³³ hɐŋ⁵³ fuk³ nin²¹.

第五节 山歌歌谣标音

一 大鹏山歌

(一) 想唱就唱

siɔŋ³⁵ tsʰɔŋ¹³ tsʰɐu⁵³ tsʰɔŋ¹³

唱出日头对月光，

tsʰɔŋ¹³ tsʰɐt³ ŋit⁵ tʰɐu²¹ tui¹³ it⁵ kɔŋ³³

唱出麒麟对狮子，
tsʰɔŋ¹³ tsʰɐt³ kʰi²¹ lɐn²¹ tui¹³ si³³ tsi³⁵

唱出金鸡对凤凰。
tsʰɔŋ¹³ tsʰɐt⁵ kɐm³³ kɐi³³ tui¹³ fuŋ⁵³ vɔŋ²¹

乜嘢上岭尾拖拖？
mɐt³ ia³³ sɔŋ¹³ liaŋ¹³ mi¹³ tʰɔ³³ tʰɔ³³

乜嘢唱出海南歌？
mɐt³ ia¹³ tsʰɔŋ¹³ tsʰɐt³ fui³⁵ nam²¹ kɔ³³

乜嘢着出花衫领？
mɐt³ ia¹³ tsɔk³ tsʰɐt³ fa³³ sam³³ liaŋ¹³

乜嘢石上晒绫罗？
mɐt³ ia¹³ sak⁵ sɔŋ⁵³ sai¹³ lɐŋ²¹ lɔ²¹

孔雀上岭尾拖拖，
huŋ³⁵ tsiɔk³ sɔŋ¹³ liaŋ¹³ mi¹³ tʰɔ³³ tʰɔ³³

画眉唱出海南歌。
va⁵³ mi²¹ tsʰɔŋ¹³ tsʰɐt³ fui³⁵ nam²¹ kɔ³³

斑鸠着出花衫领，
pan³³ kɐu³³ tsɔk³ tsʰɐt³ fa³³ sam³³ liaŋ¹³

鹧鸪石上晒绫罗。
tsa¹³ ku³³ sak⁵ sɔŋ⁵³ sai¹³ lɐŋ²¹ lɔ²¹

（二）大鹏凉帽歌
tʰai⁵³ pʰuŋ²¹ liɔŋ²¹ mau⁵³ kɔ³³

新买凉帽拣心穿，
sɐn³³ mai¹³ liɔŋ²¹ mau⁵³ kin¹³ sɐm³³ tsʰin³³

蓝布把边花带安。
lam²¹ pu³³ pa³⁵ pin³³ fa³³ tai¹³ un³³

凉帽送俾阿妹戴，
liɔŋ²¹ mau⁵³ suŋ¹³ pi⁵³ a³³ mui⁵³ tai¹³

阿哥问妹宽唔宽。
a³³ kɔ³³ mɐn⁵³ mui⁵³ fun³³ m̩²¹ fun³³

（三）东山寺十二景观（明末清初人作）
　　　tuŋ³³ san³³ tsʰi⁵³ sɐp⁵ ŋi⁵³ kɐŋ¹³ kun³³
　　　　　　古刹东山寺，
　　　　　　ku³⁵ sat³ tuŋ³³ san³³ tsʰi⁵³
　　　　　　鹏城远不离。
　　　　　　pʰuŋ²¹ saŋ²¹ in¹³ pɐt³ li²¹
　　　　　　门前青草地，
　　　　　　mun²¹ tsʰin²¹ tsʰiaŋ³³ tsʰau³⁵ tʰi⁵³
　　　　　　庭外白莲池。
　　　　　　tʰɐŋ²¹ ŋui⁵³ pʰak⁵ lin²¹ tsʰi²¹
　　　　　　文笔三山架，
　　　　　　mɐn²¹ pɐt³ sam³³ san³³ ka¹³
　　　　　　武迎五色旗。
　　　　　　mu¹³ iɐŋ²¹ m̩¹³ sɐk³ kʰi²¹
　　　　　　茅廊居北厥，
　　　　　　mau²¹ lɔŋ²¹ ki³³ pɐk³ kʰit³
　　　　　　老虎坐南屿。
　　　　　　lau¹³ fu³⁵ tsʰɔ¹³ nam²¹ i²¹
　　　　　　龙头弄石卵，
　　　　　　luŋ²¹ tʰɐu²¹ luŋ⁵³ sak⁵ lɐn¹³
　　　　　　蜈蚣吐宝珠。
　　　　　　m̩²¹ kuŋ³³ tʰu¹³ pau³⁵ tsi³³
　　　　　　烟台放烽火，
　　　　　　in³³ tʰui²¹ fɔŋ¹³ fuŋ³³ fɔ³⁵
　　　　　　雁鹅插翅飞。
　　　　　　ŋan⁵³ ŋɔ²¹ tsʰap³ tsʰi¹³ fi³³

（四）大鹏东山寺（明代王德昌，见康熙《新安县志》）
　　　tʰai⁵³ pʰuŋ²¹ tuŋ³³ san³³ tsʰi⁵³
　　　　　　不到东山二十秋，
　　　　　　pɐt³ tau¹³ tuŋ³³ san³³ ŋi⁵³ sɐp⁵ tsʰɐu³³

西风藜杖又重游。
sei³³ fuŋ³³ lɐi²¹ tsʰɔŋ⁵³ iɐu⁵³ tsʰuŋ²¹ iɐu²¹

烟霞有约山如在，
in³³ ha²¹ iɐu¹³ iɔk³ san³³ i²¹ tsʰui¹³

岁月无私人白头。
sui¹³ it⁵ mu²¹ si³³ iɐn²¹ pʰak⁵ tʰɐu²¹

檐卜花飞深院静，
im²¹ pʰɐk⁵ fa³³ fi³³ sɐm³³ in¹³ tsʰɐŋ⁵³

菩提树荫古坛幽。
pʰu²¹ tʰɐi²¹ si⁵³ iɐm³³ ku³⁵ tʰan²¹ iɐu³³

丹梯欲上应长啸，
tan³³ tʰɐi³³ iuk⁵ sɔŋ¹³ iɐŋ³³ tsʰɔŋ²¹ siu¹³

遥望汪洋天际浮。
iu²¹ mɔŋ⁵³ vɔŋ³³ iɔŋ²¹ tʰin³³ tsɐi¹³ fɐu²¹

二 大鹏歌谣

（一）大鹏歌谣其一

tʰai⁵³ pʰuŋ²¹ kɔ³³ iu²¹ kʰi²¹ iɐt³

七娘遗下四江边，
tsʰɐt³ niɔŋ²¹ ha¹³ si¹³ kɔŋ³³ pin³³

云涌东山近浪前。
vɐn²¹ iuŋ¹³ tuŋ³³ san³³ kʰɐn⁵³ lɔŋ⁵³ tsʰin²¹

雄鸡高岭啼残月，
huŋ²¹ kɐi³³ kau³³ liaŋ¹³ tʰɐi²¹ tsʰan²¹ it⁵

黄猄西涌喊客船。
vɔŋ²¹ kiaŋ³³ sɐi³³ tsʰuŋ³³ ham¹³ hak³ sin²¹

鹤薮花山金菊秀，
hɔk⁵ tɐu¹³ fa³³ san³³ kɐm³³ kʰuk³ sɐu¹³

鹿湖秋水盼长天。
luk⁵ fu²¹ tsʰɐu³³ sui³⁵ pʰan¹³ tsʰɔŋ²¹ tʰin³³

马尿银河通北海，

ma¹³ niu⁵³ ŋɐn²¹ hɔ²¹ tʰuŋ³³ pɐk³ fui³⁵

杨梅仙子访桃源。

iɔŋ²¹ mui²¹ sin³³ tsi³⁵ fɔŋ³⁵ tʰau²¹ iŋ²¹

（二）大鹏歌谣其二

tʰai⁵³ pʰuŋ²¹ kɔ³³ iu²¹ kʰi²¹ ŋi⁵³

七娘山上一支莲，

tsʰɐt³ niɔŋ²¹ san³³ sɔŋ⁵³ iɐt³ tsi³³ lin²¹

白鹤飞来在眼前。

pʰak⁵ hɔk⁵ fi³³ lui²¹ tsʰui⁵³ ŋan¹³ tsʰin²¹

仙人石上敲钟鼓，

sin³³ iɐn²¹ sak⁵ sɔŋ⁵³ hau³³ tsuŋ³³ ku³⁵

水打鳌鱼出状元。

sui³⁵ ta³⁵ ŋau²¹ i²¹ tsʰɐt³ tsʰɔŋ⁵³ in²¹

（三）大鹏歌谣其三

tʰai⁵³ pʰuŋ²¹ kɔ³³ iu²¹ kʰi²¹ sam³³

上洞夹下洞，

sɔŋ⁵³ tʰuŋ⁵³ kʰip⁵ ha⁵³ tʰuŋ⁵³

土洋行过鲨鱼涌。

tʰu³⁵ iɔŋ²¹ haŋ²¹ kɔ¹³ sa³³ i²¹ tsʰuŋ³³

叠福下沙王母洞，

tʰip⁵ fuk³ ha⁵³ sa³³ vɔŋ²¹ mu¹³ tʰuŋ⁵³

龙岐对面水头涌。

luŋ²¹ kʰi²¹ tui¹³ min⁵³ sui³⁵ tʰɐu²¹ tsʰuŋ³³

舂白米头系大碓，

tsʰuŋ³³ pʰak⁵ mɐi¹³ tʰɐu²¹ hɐi⁵³ tʰai⁵³ tui¹³

写字唔成系笔洲。

sia³⁵ tsʰi⁵³ m̩²¹ saŋ²¹ hɐi⁵³ pɐt³ tsɐu³³

狗追黄猄大岭吓，

kɐu³⁵ tsui³³ vɔŋ²¹ kiaŋ³³ tʰai⁵³ liaŋ¹³ ha¹³

爱莲耍藕荔枝山。
ui¹³ lin²¹ sa³⁵ ŋɐu¹³ lɐi⁵³ tsi³³ san³³
……
风吹霞雾半天云。
fuŋ³³ tsʰui³³ ha²¹ mu⁵³ pun¹³ tʰin³³ vɐn²¹

（四）大鹏歌谣其四
tʰai⁵³ pʰuŋ²¹ kɔ³³ iu²¹ kʰi²¹ si¹³
  太阳一出照乌涌，
  tʰai¹³ iɔŋ²¹ iɐt³ tsʰɐt³ tsiu¹³ u³³ tsʰuŋ³³
  乌涌大姐好颜容。
  u³³ tsʰuŋ³³ tʰai⁵³ tsia³⁵ hau³⁵ ŋan²¹ iuŋ²¹
  两边大臂银牙白，
  liɔŋ³⁵ pin³³ thai⁵³ pi¹³ ŋɐn²¹ ŋa²¹ pʰak⁵
  诱死龙岐撑渡工。
  iɐu¹³ si³⁵ luŋ²¹ kʰi²¹ tsʰaŋ¹³ tʰu⁵³ kuŋ³³

（五）大鹏歌谣其五
tʰai⁵³ pʰuŋ²¹ kɔ³³ iu²¹ kʰi²¹ m̩¹³
  大鳞黄鱼东山港，
  tʰai⁵³ lɐn²¹ vɔŋ²¹ i²¹ tuŋ³³ san³³ kɔŋ³⁵
  石斑黄花满海洋。
  sak⁵ pan³³ vɔŋ²¹ fa³³ mun¹³ fui³⁵ iɔŋ²¹
  下沙鱼仔数不尽，
  ha⁵³ sa³³ i²¹ tsɐi³⁵ su¹³ pɐt³ tsʰɐn⁵³
  鹏城鲜鱿脆又爽。
  pʰuŋ²¹ saŋ²¹ sin³³ iɐu¹³ tsʰui¹³ iɐu⁵³ sɔŋ³⁵
  鹿嘴两岸鲍鱼薮，
  luk⁵ tsui³⁵ liɔŋ¹³ ŋun⁵³ pau³³ i²¹ tɐu¹³
  龙岐花蟹美名扬。
  luŋ²¹ kʰi²¹ fa³³ hai¹³ mi¹³ miaŋ²¹ iɔŋ²¹

第六章

大鹏话的系属

第一节　军户、军话与大鹏话

在讨论大鹏话是不是军话之前，我们首先要明确的一点是：作为一个方言岛和一种濒危方言，无论大鹏话的归属和来源是怎么样的，它都是值得深入研究的非常珍贵的语言资源。但是，它不会因为有了"军话"之名就显得更加珍贵，也不会因为不被认定为军话而失去光辉。因此，我们以下的探讨可以看作是纯学术性的。因为不带丝毫的功利性，所以，将不会为了迎合某种需要而欲言又止。摆事实，讲道理，是我们遵循的学术规范。

一　书证、自称与他称

名不正则言不顺。方言的名称，可以说是研究的入口。大鹏话，以方言的流行地点为名，没有什么特别之处。但一说是"军话"，马上就引起大家的注意了。

不过，学术研究一般都比较注重"书证"。说大鹏话是军话，最早的书证是什么呢？我们能够找到的是以下这些材料。

《大鹏所城》（王雪岩、翁松龄编著，1998）附录一杨耀林、黄崇岳的文章《大鹏城与鸦片战争》中说："守城将士，屯田之兵，来自四面八方，或带家眷，或与当地妇女结婚融合，逐渐形成一种特有的军营语系——'军话'。现今鹏城人的内部交流语言就是这种'军语'。"附录三《大鹏传统民俗闲谈》（张一兵）一文也说："来到大鹏地区，人们首先接触到的往往是当地人那种独特的方言。乍一听，'大鹏话'似乎是广州话（白话）与客家话的简单的混合，其实不然。'大鹏话'虽然在语音、语法、词汇诸方面与广州话比较接近，又有许多成分与客家话几乎完全一致，但这种特征只不过是近代以来这两种外围方言对原有'大鹏话'所施加的巨大影响的结果而已。大鹏话中至今还保留着一种独特的语调，当地人称之为'千音'，其来源十分独特：明初来自天南地北的所城官兵及家属至少有二千人，因交际需要逐渐形成了一种独特的军营专用言语系统，在古文献中，这种话被称为'军语'或'军话'。用现代学术语言讲，就是这里形成了一个'军语方言岛'。明朝此类'岛'很多，后来大部分都消失了，而大鹏军语方言岛却侥幸地在某种程度上被保存了下来，并经过几番变化，成了今天的大鹏话。"大鹏镇中赖恩爵将军第里也有一段文字："大鹏本地讲一种被称为'大鹏话'的方言，这种方言实际上是一种'军话'，学术上称'军语方言岛'。其来源十分独特：大鹏居民是来自天南地北的军士及其家属，他们带来不同的方言，突然聚居在一起，沟通与交流的需要使他们融合不同方言形成一种大鹏普通话，久而久之，形成了今天的大鹏话。"

2005年10月，乘"保护非物质文化遗产"的东风，《深圳晚报》的记者又分别以《深圳"挖"出语言活化石"大鹏军语"》《"大鹏军语"是杂交语言》《古老乡音是大鹏人自豪母语》为题连续发表了几篇长篇调查文章，"认定"大鹏话为军话。

经过调查，我们认为，上述主要由当今的历史、考古、新闻工作者提出的观点是值得商榷的。

首先，我们阅遍张一兵先生校点的《深圳旧志三种》（2006），都丝毫不见有"军话"字样。那么，上述几篇文章所说的"在古文献中"的"古文献"是什么？语焉不详，查无出处。还有所谓的"学术上称'军语方言岛'"，引用的是语言学界谁的论著的说法？同样也是无据可查。

没有"书证"，是否有"口证"？从开始调查大鹏话至今的近二十年里，我们分发过几十份调查问卷，而且一有机会就会问大鹏当地人和大鹏周边的深圳原住民：大鹏话是否又叫"军语"或"军话"？得到的回答都是否定的。上述《深圳晚报》参与调查的记者，也没有发现当地有知道什么是"军话"的人。只有近些年来，由于当地旅游业宣传的需要，有些中青年居民开始摇摆，认可"军话"或"军语"的名称。也就是说，没有自称，也没有他称。丘学强近期赴纽约唐人街调查方言，曾到那里的"大鹏同乡会"访问了十几位五六十岁以上大鹏人，他们听到"军话"时都一脸茫然，连声否认。当然，很少的几位在大鹏博物馆等文化单位工作或经常被选为大鹏话发音人的当地居民，被"提示"得多了，有时也会犹犹豫豫地说"可以'接受'军话的说法"。我们的发音人赖继良先生就是如此。二十多年前我们到大鹏调查时，他们父子俩都否认军话的说法，但是，现在的赖继良先生被问到为什么老一辈大鹏人都没听说过有"军话"时，就解释说："老人家文化水平不高……"

那么，推断大鹏话是军话的依据就只有明代大鹏曾是所城的历史了。但是，光是以洪武二十三年（1390年）计算，全国就有外卫547个，所2563个。那么，这些地方的方言，都可以看作是军话吗？显然不是。卫所制的瓦解、人口的迁移、婚配状况以及方言本身的变化，都可能使原所城的流行口语变得面目全非。从现今的语言事实看，也许一两代人就已经足以改变方言的传承。例如，在深圳出生的第二代或第三代潮汕人，不会讲流利潮汕方言的已经不在少数。

就历史情况看，卫所制在大鹏瓦解得较早，而"清兵"倒是比较"兴旺"的。据康熙《新安县志》记载："……奏设东莞、大鹏二所以备倭寇，屯种荒田，且耕且守，二所额军二千二百有奇，后屯籍纷乱，额军存者十仅一二，又皆老惫疾，奴隶将门之后而已。"有一个传说可以说明这种情况：深圳和香港地区有许多座谭大仙庙，供奉的神叫谭大仙或谭公，其职司一般是在旱天求雨，类似内地民间信仰中的风伯雨师、赤松子一类的神仙。但大鹏的谭大仙庙里供奉的谭公，却是明朝末年生活在这里的一个有血有肉的真实的人。据传，明代隆庆年间，倭寇围攻大鹏所城，谭公协助舍人康公子率领全城军民抗击倭寇，不幸阵亡，后来就被供奉为神，既求雨祈年，也管社会治安，仍在辛勤地为大鹏人服务。这一传说说明，卫所制至隆庆年间已衰落，因为舍人只是将校子弟而已。

清朝初年，以李万荣为首的抗清队伍攻陷大鹏并占据十年之久。李万荣投降后，新安县知县傅尔植改设大鹏所防守营，设守备和把总各一员，官兵增至500名。康熙四十三年（1704年），大鹏所防守营提升为水师营，增添游击一员，中军守备一员，额设左右哨把总四员，外委七名兵员增至931名。雍正四年（1726年）裁游击，改设参将，嘉庆十五年（1810年）大鹏为外海水师营，兵额800名。道光二十年（1840年）大鹏营改升为协，左营仍驻大鹏，兵额505名。"清兵"的"旺"，大鹏赖氏是很好的例子：从清嘉庆到道光年间，大鹏赖氏家族历经三代就出了五位将军：赖世超，武功将军，正二品；赖英扬，振威将军，从一品；赖信扬，安鹭将军，正一品；赖恩爵，振威将军，正一品；赖恩赐，武功将军，正二品。称"三代五将"。我们的发音人赖孟柱和赖继良是两父子，是大鹏赖氏的传人。他们所存族谱称，大鹏赖氏始祖名赖吾彪，是清乾隆年间才由紫金（客语区）迁居鹏城的，为紫金赖氏第九世。其他几个发音人也称祖先清代迁大鹏。

清代迁界的影响，也是非常明显的。

那么，今人杨耀林、黄崇岳、张一兵等先生所写的没有脚注和参考文献注明"军话""军语"一说出处的文章，显然已经可以被看作是史上最早的说大鹏话是军话的"书证"了。这之后的一些相似说法，都明显地可以看出是"抄袭"自这几篇文章的。

与此形成鲜明对照的是，流行军话的海南等地，都可以找到带有"军话""军语"字眼的文献。例如：

光绪《琼州府志·卷三·风俗·方言》说：琼州府"语有数种，有官语，即中州正音，缙绅士夫及居城所者类言之，乡落莫晓。有东语，又名客语，似闽音。有西江黎语，即广西梧州等处音。有军语、地黎语，乃本土音……"

万历《儋县志·舆地志十五·习俗》说："是以州话共数种：一曰'军话'，与南省官话正音相同，而声韵颇长。此乃五代前士夫以军戍儋，遂相传习，故名'军话'。城市皆通行……"

《崖州志·卷之一·舆地志一·风俗》说："崖语有六种。曰军语，即官语，正音，城内外三坊言之。其初本内地人士宦从军来崖，因家焉，故其音语尚存，而以军名……"

同治甲子（1864年）重刊的《广东通志》说："琼语有数种，曰东语，又曰客语，似闽音。有西江黎语，有土军话、地黎语。"

民国重修《感恩县志·风俗》说："感语有三种，曰军语、客语、黎语。军语与正音相通……"（"感恩"大致上就是今天的东方市）

多数今天流行军话的地方，都曾经有过或至今仍保留有卫所城墙或格局，有族谱显示那里居民的祖先与明代卫所的关系。最为特别的"个案"是崖城洪氏族人与明代副千户洪亮的关系。我们当年在崖城调查时，说军话的洪定伟先生向我们提供了一本其祖先传下来的后有残页的《洪氏族谱》，在全无"预谋"的情况下，其族谱的记载却与我们的推测以及《崖州志》的记载（包括历代先人的姓名、官职及婚配情况等）暗合。这使我们更进一步地相信，军话的确与明代的卫所军有关。为了节省篇幅，我们在这里不作展开，详细的介绍可阅《军话研究》（2005）。

最为重要的是，流行军话的地方，当地居民都自称讲的是"军话""军声""军家话"或"军"，而其周边不讲这种方言的人，也指称其为"军话"。

因此，既然说大鹏话的当地人没有自称、他们附近说其他方言的村民也没有指称这种话为军话，那么，由身为外地人的学者根据自己对"军话"的理解强行给它戴上"军话"的帽子，应该是不合适的：某人的名字是"翠花"，别人也是这么叫她的，但如果她出生于十月一日，你就因为有很多这一天出生的人都叫"国庆"，就说她也应该叫"国庆"，合适吗？

在《军话研究》一书中，我们认为，军话与明代的卫所制有关，但是，我们不能反过来说凡是明代千户所所在之处的人都必讲军话。例如，深圳的南头，明代是与大鹏齐名的"东莞守御千户所"，但今天那里的原住民说的是粤语。陆丰市的甲子镇在明代时也是千户所，但今天那里的人都说闽语。即使这种闽语也是当年的军人传下来的，但只要现在他们的后代没有自称所讲的是"军话"，附近的人也没有这一指称，作为科学工作者就不能给他们的方言戴上"军话"的帽子。否则，全国各地的军话就太多了。试想，按明初"外卫547个，所2563个"计算，全国的军话点该有多少？不过，就语言特点看，我们说军话大多带有一些北方方言的成分，是就目前调查所得的一般情形而言的，但这并不妨碍我们仍然认定北方方言成分较少的青塘话和永安话为军话，因为当地人自称讲"军话"，周围的人也这样指称他们所讲的话，我们不能因为它们一种含有较多的粤客语成分、一种含有较多的闽语成分而否认这两种话的"身份"。

总之，看一种方言是不是军话，自称和附近人们的指称很重要，不符合这两条而强行给大鹏话戴上"军话"的名称是不妥当的——我们最多只能说其形成和发展可能与明、清时代的驻军有关。除非能确切地找到其与"军户"有关或它曾被称为"军话"的证据。同样道理，广东电白的"旧时正话（城话）"（陈云龙，2005）虽然也与明代的卫所有关，而且在语言特点上与明代官话也有相似之处，但既然无论他称还是自称都从未有过"军"之名，则我们也还是不能说它"实际上是一种军话"。

如果只是因为要挖掘"非物质文化遗产"或呼应开发旅游资源的需要就强行给一种方言戴上"军话"的帽子，这种做法则更不可取。从语言研究的角度出发，方言之间的关系应该被看作是平等的，并非一戴上"军话"的帽子就能使之显得"身价高"起来。同理，为了开发粤西北的旅游资源，在没有多少语言学论据之前提下硬说粤语起源于"广信"，也是无法让人信服的。

二 名、实与逻辑推理

我们认为，从语言学专业的角度看，研究语言，语言特点本身是最重要的，其他历史材料只能视作辅助材料。特别是一种方言的名与实，有的时候往往是互不相符的。例如，同是"客语"，在广东指的是客家方言，在海南，指的却是海南闽语；广东话，在香港人口中指的是粤语，而"土广东话"，在四川指的却是当地的客家话。因此，遵从内外有别的惯例，方言学者对一般社会人士乃至其他学界的专家口中诸如"我们这里有几十种方言，每个村都有一种方言"的说法，都会以宽容的态度处之，不会太过执着。因为行内对方言的分区、分片、分类的标准以及定名等的分析方法，与行外是不完全相同的。不过，《语言教学与研究》（2007年第3期）发表的黄晓东先生的文章《汉语军话概述》，却使我们认识到，关于一种话的名称等的认定和对其实质的讨论，是一项有许多工作可做的事情。

黄文指出《军话研究》（2005）的局限性时说："军话的实质在于其形成过程与历史上的驻军有关，丘文以'自称和他称'作为最重要的判断标准，这并未抓住军话的实质。"并担心由此带来的问题会是：有的方言无论其历史来源还是今语言面貌都符合军话特点，但却被排除在军话之外。例如电白旧时正话和深圳大鹏话的来源与性质与丘文所举的军话并无二致，这在一定程度上束缚住了研究者的手脚，不利于军话研究的进一步开展。

我们认为，黄文对丘文"未抓住军话的实质"的质疑是错误的。

首先，"军话"是"名"，各种军话或同或异的语言特点才是"实"。《军话研究》以大量的第一手材料对隐藏于"军话"这一相同的"名"之下的具有不同特色的方言进行了详细的描写和分析，怎么会是"未抓住军话的实质"呢？黄文说"军话的实质在于其形成过程与历史上的驻军有关"，这一点在《军话研究》中讨论得非常深入，从未被忽略，而且远非泛指的"历史上驻军"所能概括。但我们仍然必须指出的是，军话与驻军有关，这并非军话的"实质"，而只是其得名的可能由来和众多的特色之一。"自称和他称"非常重要，但它们主要是其"名"和来源的判断标准，而非其"质"的判断标准。

《军话研究》指出，军话的"军"有其特殊的含义，它与明代特殊的户籍制度的产物——军户有关（娶妻生儿、世袭），这个"军"与其他朝代的"军营""驻军""勇""兵"（铁打的营盘流水的兵）等是大不相同的。因为娶妻生儿和世袭，是一种因职业和户籍类型得名的方言得以传承和延续下去的前提条件，"流水的兵"是难以做到这一点的，因为他们多数不会在兵营里娶妻生儿，没能

"世袭"的话，服完兵役也就离开军营回老家去了，然后又换成了另一批新来的说其他地方方言的兵，这样怎能使军营里的方言定型并传承下去？

需要再次强调的是，军户和驻军、军队并不一样，军户是一种户籍制度，与之并列的是民户、匠户、灶户等（大概可以类比成新中国成立后的居民户口和农民户口）。

在关于方言名称的推导上，黄文在逻辑上的"条件推理"方面是值得商榷的：我们说，凡是叫"军话"的一般都跟明代的"军户"（是特指，而非泛指的"历史上的驻军"或"军队"）有关。但我们不能反过来说"凡是与明代卫所制有关的方言"都应该归入"军话"，那些只是跟清代的军营有关的方言则更是如此。我们可以类比一下：凡是名字叫"卫东"的，一般都是"文革"期间出生的；凡是叫"建国"或"解放"的，多数是1949年左右出生的。但是，我们不能反过来说，凡是"文革"期间出生的，都可以叫他"卫东"或必然曾有"卫东"之名；也不能说，凡是1949年左右出生的，都可以叫他"建国""解放"或必然曾有"建国""解放"之名。

在逻辑学里，这叫"充分条件假言推理"，其规则是：肯定前件（p）可以肯定后件（q），否定后件可以否定前件；否定前件不能否定后件，肯定后件不能肯定前件。此规则的前后件具体化后可以表述为：如果某种话被称为军话，则它一般都与明代的卫所制（军户）有关；如果某种话与明代的军户无关，则它不是军话；如果某种话没有被称为军话，它并不一定与明代的卫所制无关；虽然某种方言与明代的卫所制有联系，但它并不一定就是军话。

总之，"名随主人"，是社科研究工作者应该恪守的实事求是的原则，不能强行"拉郎配"。

由上述一、二两小节的分析看来，黄文所说的电白旧时正话和深圳大鹏话等的来源和性质与《军话研究》所说军话的特点并无二致，但却被排除在军话之外——这句话只说对了一半：被排除在军话之外是说对了，"特点并无二致"却没说对。首先是不能强行把正话说成是军话，其次就是事实上大鹏城卫所制瓦解较早，而军人比较"兴旺"的是清代，大鹏话既然没有军话的自称和他称，则很可能是形成于清代而非明代。这些，与其他军话是不一致的。

那么，黄文所说的"在一定程度上束缚住了研究者的手脚，不利于军话研究的进一步开展"，这种担心也大可不必。这是因为，虽然军话的范围缩小了，但是定义却更为精确了。而黄文所提出的研究工作，完全可以用"明代卫所制与方言""古代驻军与方言的关系""军话、旧时正话、大鹏话对比研究"等为题进行，怎么会"束缚住了研究者的手脚"呢？而本书不就是在放开手脚研究大鹏话吗？以上讨论不是也更有利于军话研究的进一步开展吗？

三 军话的定义

《军话研究》给军话所下的定义是：

> 军话是散布于粤、琼、闽等地的具有"方言岛"性质的方言，它们因与明代卫所里的军户关系密切而得名。军话大多仍或多或少地保留了明代"通语"的特点，但以今天的面貌看，它们的语言特色各不相同，不应统一地划归某一方言。

黄文给军话所下的定义以及对其含义的说明是：

军话是由历史上的驻军或军屯而形成的汉语方言岛。含义：

（1）军话是历史形成的，目前发现的军话大多形成于明清时期。

（2）军队的驻防或垦屯是军话形成的必要条件，这里的军队既可能是卫所驻城御倭的官兵，也可能是镇压农民起义后留驻的军队。

（3）军话都以方言岛的形式存在，语言都具有混合性质。

黄文还指出，《军话研究》强调军话与明代官话的渊源关系，认为后者是前者的语言基础，这与事实不符。但实际上该书将各种军话的字音与《中原音韵》进行了比较，加上词语和语法特点比较，所得出的结论"军话大多仍或多或少地保留了明代'通语'的特点"，是得到了中外许多语言学家的肯定的。该书同时也指出青塘、永安、武平等地军话有较多的其他方言的成分，因此，"或多或少"与"语言特色各不相同"的说法也是符合事实的。黄文定义中"方言岛""混合""明""卫所"等元素承袭《军话研究》的定义而来，并无创新，但"明清""军队"与"明代卫所里的军户"相比，前者宽泛，后者精确。黄文说他那样的处理对语言研究来说会"更具包容性和可操作性"，我们是不认可的，因为这种把没有军话之名的方言强行认定为军话的包容，是违背"名从主人"原则的搅浑水式的包容，给人以"面目模糊"的印象，毫无必要。我们也还可以反问一句："历史上的驻军或军屯"，秦、汉、唐、宋、元、明、清都有，为什么只说"明清"？而所谓的"更具可操作性"，上述"束缚手脚"一段已有讨论，不再赘述。

实际上，《军话研究》已经在有关章节对军话来源的各种推测进行过讨论，被否定的有"苏、李、马"说，有"西南官话"说，有"'宋代统县政区'及'隋唐五代'"说。我们无法接受黄文对该书定义的"修正"和质疑。

黄文根据其定义，把祁门军话、浙江慈溪观城燕话、浙江象山爵溪所里话、浙江苍南蒲城话和金乡话、福建南平土官话、山东青州北城话、湖北荆州城东边话、福建长乐琴江村旗下话等都归为军话。其中，祁门军话我们是认可的，与其对应的有"民话"，更是与上述"明代户籍制度有军户、民户之分"的史实形成了互相印证的关系。"所里话"与卫所的关系也比较明显。但是，对其他所列方言的研究，则大可不必被局限于"军话研究"中而"束缚住手脚"，认真、深入地探讨它们为什么分别被称为"燕话、官话、东边话、旧时正话、旗下话"，这才是最为合适的"入口"所在。而"燕话与军话比较研究""旗下话与军话的异同"等，也是"可操作性"非常强的选题。

四 大鹏话、军话与明代官话

我们在前面的"名、实"那一小节中指出，对于方言研究来说，"军话""大鹏话"是"名"，方言自身的语音、词汇特点，才是它们的"实"。《军话研究》曾将各种军话与《中原音韵》进行对照，以考察它们与明代官话的关系。《中原音韵》成书于 1324 年，许多研究者都认为它是以当时的北方语音为依据写成的。平海建城于 1394 年，与《中原音韵》成书的时间相差仅 70 年。在这段时间里，北方语音必已有变化，平海、八所、儋州、崖城军话发展至今也必定已有变化。但我们仍可从中看出它们之间的继承关系来：拿今天的平海、八所、中和、崖城军话与杨耐思先生构拟的《中原音韵音系》（1981）进行比较，就可以发现许多程度不同的相同或相近之处。而大鹏话则不是这样。

篇幅限制，我们只列举少数军话点的少数例子：

1. 《中原音韵》"江阳"中的 aŋ 类，平海、八所等地军话读音的韵母是 aŋ。如：帮、方、汤、房、糖、肠、纲、掌、壤、放、唱、浪。以上这些字，大鹏话读音的韵母都是 ɔŋ。

"江阳"中的 iaŋ 类，平海、八所等地军话读音的韵母是 iaŋ。如：箱、姜、乡、粮、强、墙、蒋、想、仰、酱、象、向。以上这些字，大鹏话读音的韵母都是 ioŋ。

"江阳"中的 uaŋ 类，平海、八所读音的韵母也有读 uaŋ 的。如：光、狂、广、圹。以上这些字，大鹏话读音的韵母都是 ɔŋ。

2. 《中原音韵》"齐微"中的 i 类，平海、八所等地军话读音的韵母是 i。例如：飞、鸡、知、肥、旗、持、你、洗、岂、细、制、计。以上这些字，大鹏话读音的韵母有的是 ai，有的是 i。

3. 《中原音韵》"鱼模"中的 u 类，平海、八所等地军话读音的韵母也是 u。如：都、苏、乌、符、无、吴、武、五、午、误、度、做。

"吴、五、午"等字韵母读 u，这在广东和海南方言中是极罕见的。如"五"，平海读 vu，坎石潭读 u，儋县军话读 vu。这些字粤、客都读为自成音节的 ŋ，潮汕话读 gou 或 ŋou。大鹏话读音与粤、客语相同。

4. 《中原音韵》"寒山"中的 an 类，平海等地军话读音的韵母也大都是 an。如：丹、肝、刊、难、寒、韩、挽、赶、板、万、看、汗。

中古开口一等寒韵字客、粤、闽语一般都分化成两类，见组及晓、匣、影母字的韵母一般都不和寒韵的其他字一样读作 an。但平海、坎石潭、儋州军话和北京话一样，韵母都读作 an。这些字，大鹏话读音的韵母与客、粤、闽语一样是分化成两类的，有的读 an，有的读 un。

再看看词语的例子：

平海、儋州、中和、崖城、八所等地军话常用口语词语有"脸、他、站、不、穿、在、什么、大小、才"等，这些词语都与北方方言相同而和广东方言不同。以上词语大鹏话分别说成"面、佢、徛、着（衫）、唔、大细……"，与广东方言相同而与军话不同。

综上，我们整理为对照表 6–1。

表 6–1　　　　　　　　各地军话对照表

地点	自称	他称	与明代卫所的关系		与明代官话的接近度
			古地方志记载	今人族谱可追溯互证	
八所	+	+	+	+	+ +
崖城	+	+	+	+ +	+
平海	+	+	+	+	+ +
坎石潭	+	+	-	+	+ +
青塘	+	+	-	+	-
大鹏	-	-	+	-	-

可见，大鹏话和各地军话的区别是非常明显的。将它说成是军话，是不妥当的，也是没有必要的。这是因为，对于方言岛和濒危方言来说，是不是军话都无损于它作为研究对象的珍稀性。

方言的分区和归属问题研究，讲求对内的一致性和对外的排他性，要考虑早期的历史条件和近期的条件。在以下的章节中，我们将用横向比较、无界有阶、语言年代学等理论或方法，对大鹏话的语音、词汇、语法特点进行分析，并对其形成的年代等进行推测和探讨。

第二节　大鹏话语音的横向比较

本节参考第二章第三节大鹏话音韵特点的内容，将大鹏话与以南头话为代表的深圳本土粤语、以龙岗客家话为代表的深圳本土客家话以及惠州惠城话进行横向比较，音系及发音合作人信息见附录。

1. 深圳南山南头话

南头话是通行于深圳市南山区中部南头的一种粤语方言，詹伯慧等（2004）将其划分为莞宝片粤语，伍巍（2007）则将其归入广府片，本书从之。南头话使用人口约5000人（汤志祥，2007）。南头地区历来是古代深圳地区（东莞县、新安县）的行政中心，相当于今南头街道、南山街道和粤海街道的大片地区。东晋咸和六年（331年），设东官郡和宝安县，郡治和县治均在南头。此后南头的政治地位一直得以保持不变。明洪武二十七年（1394年），设东莞守御千户所，即今南头古城，大鹏所城也在同一年设立。明隆庆七年（1573年），新安县从东莞县独立出来，南头城是其县治，管辖范围为今深圳大部分地区及今香港全境。因此，基于南头的政治、经济和文化地位，本书选择南头话作为深圳粤语的代表方言。

南头话以南头古城为中心，在古城及其外围的自然村落中使用。南头地区有些家族早在宋元之际便已在此生活，如南园村的吴姓、南山村的陈姓、北头村的黄姓、向南村和涌下村的郑姓、蛰头村（现称丁头村）和桂庙村的叶姓等。

2. 深圳龙岗客家话

清初迁海令解除及雍正五年（1727年）的招垦令颁布以后，以粤东嘉应州兴梅地区为主的客家人陆陆续续经归善县迁入今深圳地区。正是由于这批客家人在此定居、恢复生产，龙岗区数百座宏伟的客家围屋才得以在乾嘉年间兴建。

深圳客家话接近于惠阳客家话，是惠阳客家话向西部的延伸。按温昌衍（2006）的分法，深圳客家话属粤台片新惠小片；按《中国语言地图集》（1987/1990）的分法，则属于粤台片梅惠小片。龙岗区是深圳客家话的大本营，龙岗客家话可作为深圳客家话的代表。

本书的客家话发音合作人温志敏是龙岗坪地人（温姓二十三世），坪地温姓大约在明万历年间由潮州府揭阳县马辂寨（今揭阳市揭西县灰寨镇马辂村，今仍为客家话地区）迁来，温梁兴公、温梁旺公（温姓十世祖）于坪地乡柹梓村（曾用名屯梓村，今坪地六联老围村）开基。

不过，深圳地区绝大多数的客家人乃是在清代雍正、乾隆年间才迁入的，坪地温姓比其他家族要早一些，这大抵是因为当时龙岗属归善县管辖，迁海令颁布以前或仍以客家人为多，风俗语言接近，故温姓选择在此定居。此外，坪山区坑梓街道薛屋村也是讲客家话的，据当地人薛镇堃先生介绍，其家族迁来已有"六百年"，也早于定居于深圳的其他客家人。坪山地区旧时也属归善县管辖，生活习俗或更偏近于客家风格，可与坪地温姓的迁徙历史互相印证。而原新安县管辖的地域因接近海滨，受到迁海令的影响也就更大，所以这些地区的客家人一般是在招垦令颁布以后才迁入的。

3. 惠州惠城话

东江中上游地区广泛分布着一种内部颇为一致的方言土语，有"本地话""蛇话""蛇声""水源话"等称呼，听感似是粤、客混合体。就语音上来说，这类方言最明显的特征是古全浊塞音、塞擦音声母清化后，无论平仄一律读送气清音，与大鹏话、客家话相同。另外，本地话有部分方言点把部分次浊上、全浊上字读入阴去，也与大鹏话相同。在词汇方面，本地话与粤语相同的词汇略多于与客家话相同的词汇，但差距并不十分明显。侯小英（2008；2017）对东江中上游本地话做了全面而深入的探讨，认为两宋时期江西移民在本地话的形成和发展过程中起了关键性的作用，这类方言宜视为客家话的一种独立次方言。

包国滔（2012）指出，本地话的使用者是明代中后期客家移民浪潮到来前已世居当地的原住民，故而本地话的底层应为粤方言。他从语言学的角度进行了讨论，但深度则有所欠缺，语言本体论据也稍嫌简单，基本引用其他学者的论证，如刘叔新（2007）考证本地话的词汇和语法更近于粤语。包国滔引用了法国印欧比较语言学家梅耶的一段话，认为任何语言都包含形态、语音和词汇三个不同的系统，而形态是语言中最稳固的方面。包国滔认为形态"就是我们常说的语法"，而本地话的语法更近于粤语，所以本地话属于粤语。我们认为"形态就是语法"的观点出现了知识性错误。其一，形态与语法并不是等同的；其二，梅耶关于形态是语言中最稳固的观点是基于印欧语而言的，汉语形态远不及印欧语丰富，自然不能够拿来类比；其三，汉语的语音（音类）有非常丰富的文献记录，舍语音而求形态，是本末倒置的行为。当然，他引用的一些历史文献也有一定的道理，但就语言而言，其说服力是不够的。因此，对于他的结论，我们认同本地话使用者的祖先确实在明代以前就已经世居于此，但迁来此地的时间应该是如侯小英（2008）所说的两宋时期；至于本地话的底层方言，从语言学的证据来看，应该是客家话。

鉴于大鹏话与东江中上游本地话有一定程度的相似之处，且地理位置接近，这里也将本地话纳入比较的范围内。本地话分布地域较广，本书以惠州惠城话（下文简称"惠州话"）作为本地话的代表，与大鹏话进行比较。惠州话资料来源于刘若云（1990）和侯小英（2008）。

一 声母比较
（一）帮系

表6-2　　　　　　　　　帮系对比

中古声母	大鹏话	南头话	客家话	惠州话
帮	p	p	p	p
滂	p^h	p^h	p^h	p^h
并	p^h	p/p^h	p^h	p^h
明	m	m	m	m
非	f	f	f	h/f
敷	f	f	f	h/f
奉	f	f	f	h/f
微	m	m	m/v	m

（1）中古帮、滂、明、非、敷、奉母，四种方言今读声母基本一致，分别以 p、pʰ、m、f、f、f 为主。

其中轻唇音非敷奉母有一小部分辖字在客家话中仍保留了重唇的读法或以重唇读法为白读音，如"沸 pui""飞 pui/fui""肺 pʰui/fui""扶 pʰu/fu""辅 pʰu/fu""符 pʰu/fu""发 pɔt/fat""妇 pu/fu""肥 pʰui/fui"等。惠州话的"斧""脯肉干""甫""捧""扶"等字保留了重唇的读法，而"孵""扶""缝""吠"等字则有 pʰ/f 两读。惠州话也有部分常用字读为重唇音。不过，惠州话还有不少非敷奉母字的今读声母为 h，这类字的主要元音都是 u。非敷奉母合流读为唇齿擦音 f 后，在后圆唇元音 u"后"特性的作用下，声母发音部位后移，发生了 h > f / ___ u 的音变。

大鹏话的"妇"也存在 pʰ新 ~ /f~ 女两读，"新妇"是典型的粤语词，不少粤语区也把该词中的"妇"读为重唇。因此，就这个特征而言，大鹏话的表现更近于粤语。

（2）中古并母，今音声母只有南头话的平声和少部分上声字读送气清音 pʰ，其他仄声字读不送气清音 p，如"婆 pʰo""抱 pʰou""步 pu""薄 pɔʔ"。另外三种话无论平仄，均以送气的 pʰ 为主，这是明显的客家话语音特色。

（3）中古微母，客家话读 m 和 v 的字数大致相当，其他三种话均符合"明微合流"的描述，以读 m 为主，与明母读法一致，体现了较明显的粤语特色。

大鹏话和南头话明、微母今读的 m 及疑母今读的 ŋ 带有不同程度的同部位塞音成分，泥、娘母的今读 n 也如此。这一现象在早期的粤语记录中，仅见于四邑斗门、江门、新会和台山等地（詹伯慧等，2004）。李新魁（1994）对广州白云区的九佛、钟落潭、竹料等地进行调查，发现这些地方的鼻音声母都有不同程度的塞化现象。不过，他认为中古以前的鼻音声母都是带有同部位塞音成分的。近年来发现东莞粤语中也有鼻音声母带有塞音成分的情况（李立林，2010）。邻近东莞凤岗的平湖（属深圳市）粤语，也同样如此。

深圳沙头角、东莞清溪及香港西贡的客家话也有此情况。詹伯慧、张日昇（1987）所记录的沙头角和清溪客家话将鼻音声母记为"ŋ（g）"。这说明这两地的 ŋ 已经不是纯粹的鼻音了。此外，《宝安县志（1997）》所记录的"龙岗、坪山一带客家方言"也有 g 的出现，出现在细音字前，其来源是古泥、娘、日、疑母，实际上就是 ŋ 在细音字前的变体。但我们的客家话发音人并没有这种现象，《深圳市志·社会风俗卷·方言志（2014）》记录的横岗客家话也没有描述这种情况。

据李如龙、张双庆（1992），香港西贡客家话的 m、ŋ 声母也是带有一定塞音成分的。因此，这种现象或许是这些地域共同分享的语音特征。

（二）端系

表 6-3　　　　　　　　　　　端系对比

中古声母	大鹏话	南头话	客家话	惠州话
端	t	t	t	t
透	t^h	t^h	t^h	t^h
定	t^h	t/t^h	t^h	t^h
泥	n	n	l/ŋ	n/ŋ
娘	n	n	l/ŋ	n/ŋ
来	l	l	l	l
精	ts	ts	ts	ts
清	ts^h	ts^h	ts^h	ts^h
从	ts^h	ts/ts^h	ts^h	ts^h
心	s	s	s	s
邪	s/ts^h	$ts^h/ts/s$	s/ts^h	ts^h/s

（1）中古端、透、来、精、清、心母，四种话今读声母基本一致，分别以 t、t^h、l、ts、ts^h、s 为主。

（2）中古定母字，今音声母只有南头话的平声和一部分上声字读为 t^h，其他仄声读 t，如"题 t^hɐi""艇 t^hiaŋ""大 tai""敌 tɐiʔ"。另外三种话无论平仄，均以读 t^h 为主。

（3）中古时期泥、娘母字大致呈互补的格局，泥母与一、四等韵相拼，娘母与二、三等韵相拼。泥、娘母在后期合并，在今音中也有所反映，不过表现不尽相同。大鹏话、南头话泥、娘母今音声母读为 n，除少数辖字有所窜乱以外，与来母基本不混。客家话的泥母洪音字则与来母合流读为 l，细音字与疑母洪音字合流读为 ŋ。惠州话绝大多数字也读为 n，但逢细音时有一小部分字读为 ŋ，但这部分读 ŋ 的字又与客家话读 ŋ 的辖字不尽相同。

	男泥·洪	闹娘·洪	年泥·细	聂娘·细	量来	牛疑·洪
大鹏话	n	n	n	n	l	ŋ
南头话	n	n	n	n	l	ŋ
惠州话	n	n	n	n	l	ŋ
客家话	l	l	ŋ	ŋ	l	ŋ

（4）中古从母字，今音声母只有南头话平声和一部分上声字读为 tsʰ，其他仄声读 ts，如"才 tsʰui""践 tsʰiŋ""净 tseŋ""捷 tsiʔ"。另外三种话无论平仄，均以读 tsʰ 为主。

（5）中古邪母字，今音声母多读为擦音或塞擦音。如果读为塞擦音，南头话的平声字读送气音 tsʰ，仄声字读不送气音 ts，与广州话的表现一致；其他三种话则无论平仄，以送气为主。

不过，读塞擦音或擦音的辖字不尽相同。如下：

	斜	详	祥	续	习	象	诵	颂
大鹏话	tsʰ	tsʰ	tsʰ	tsʰ	tsʰ	tsʰ	tsʰ	tsʰ
惠州话	tsʰ	tsʰ	tsʰ	tsʰ	tsʰ	tsʰ	tsʰ	tsʰ
南头话	tsʰ	tsʰ	tsʰ	ts	ts	ts	ts	ts
广州话	tsʰ	tsʰ	tsʰ	ts	ts	ts	ts	ts
客家话	s	s	s	s	s	s	s	s

对于以上邪母字，大鹏话的读法与惠州话完全相同，均读 tsʰ，而客家话则均读为擦音 s。南头话和广州话则如上所说，平声字读 tsʰ，仄声字读 ts。

（三）知系

表 6–4　　　　　　　　　　知系对比

中古声母	大鹏话	南头话	客家话	惠州话
知	ts	ts	ts	ts
彻	tsʰ	tsʰ	tsʰ	tsʰ
澄	tsʰ	ts / tsʰ	tsʰ	tsʰ
庄	ts	ts	ts	ts
初	tsʰ	tsʰ	tsʰ	tsʰ
崇	tsʰ	ts / tsʰ	tsʰ	tsʰ
生	s	s	s	s
章	ts	ts	ts	ts
昌	tsʰ	tsʰ	tsʰ	tsʰ
船	s	s	s	s
书	s	s	s	s
禅	s	s	s	s
日	ø	ø	ø/ŋ	ŋ/ø

（1）中古知、彻、庄、初、生、章、昌、船、书、禅母，四种话的今读声母基本一致，分别以 ts、tsʰ、ts、tsʰ、s、ts、tsʰ、s、s、s 为主。书母和禅母有少量字今读声母为塞擦音，如"翅""始""植""殖""酬"等，四种话的表现也都一致，读为 ts 或 tsʰ。

（2）古澄母字，今音声母只有南头话平声和一部分上声字读为 tsʰ，其他仄声读 ts，如"迟 tsʰi""柱 tsʰy""住 tsy""浊 tsouʔ"。另外三种话无论平仄，均以读 tsʰ 为主。

（3）中古崇母字，今音声母只有南头话平声读为 tsʰ，其他仄声读 ts，如"巢 tsʰau""栈 tsaŋ""闸 tsaʔ"。另外三种话无论平仄，均以读 tsʰ 为主。另有止摄字"士""仕""柿""事"和流摄字"愁"，四种话均读为擦音 s，相当一致。

（4）中古日母字，大鹏话以读 ø 为主，也有"二""贰""韧""热""耳""饵"等字读 ŋ 的，这部分字的读法与客家话同。此外，大鹏话还有一个"染"字读 n，与其他方言表现都不一样。客家话读为ø和ŋ的字数大致相当，惠州话则以读ŋ为主，部分字读ø，但辖字与大鹏话、客家话都不尽相同。南头话以读ø为主。

（四）见系

表6－5　　　　　　　　　见系对比

中古声母	大鹏话	南头话	客家话	惠州话
见	k	k	k	k
溪	k^h / h / f	h / k^h / f	k^h / h	k^h / h / f
群	k^h	k / k^h	k^h	k^h
疑	ŋ /ø	ŋ /ø	ŋ	ŋ
晓	h / f	h / f	h / f	h / f
匣	h / v / f	h / w / f	h / f / v	h / v / f
影	ø/ v	ø/ w	ø/ v	ø/ v / j (z)
云	ø/ v	ø/ w	ø/ v	ø/ v
以	ø	ø	ø	ø/ j (z)

（1）中古见、晓、影、云母，四种话的今读声母基本一致，分别以 k、h/f、ø/v（w）、ø/v（w）为主。不过，这些声母内的辖字还有在规律以外的读法，需要细述。

大鹏话绝大部分见母字的今音声母都读为 k。本书收录了351个见母字的读音，约有10%的字读为送气音 k^h，如"级""给""决""规"等。此外，大鹏话还有少许字声母读为 h、v 和 ŋ 的，如"俵 hiu""锅 vɔ""勾 ŋɐu"等。其他三种话也有部分字读成 k^h、h 和 v（w）的情况。

在本书所收录的111个晓母字中，有约50%的字大鹏话声母读为 h，约30%的字读为 f，如"向 hiɔŋ""黑 hɐk""汉 fun""海 fui"。读 f 的字绝大部分是合口字，但也有例外。余下的字还有读 k^h、k、v 和ø的，如"贿 k^hui""轰 kaŋ""唤 vun""欣 iɐn"。其他几种话的情况也与此类似，以 h 和 f 为主。不过，惠州话的晓母与 u 为主要元音的韵母搭配时，读为 h，如"虎 hu""婚 hun"。此外，大鹏话的"毁""藿"与客家话、惠州话一样，都读为 k^h，南头话则分别读为 w 和 f。

大鹏话影母开口字多读为 ∅，如"暗 am""因 iɐn"；合口字多读 v，如"蛙 va""污 vu"。其他三种话的影母也大致如此，根据开合读为 ∅ 和 v 或 w。南头话的 w 在音系性质上即相当于其他三种话的 v，摩擦程度略轻，偶然有变体，读为 v。此外，值得注意的是，大鹏话的 ∅ 有时会有明显的喉部爆破，读成 ʔ，但不与 ∅ 构成对立。这个现象也见于惠州话。

大鹏话云母字根据有无介音而读为 ∅ 或 v，如"友 iɐu""袁 in""伟 vei""云 vɐn"。其他三种话也与大鹏话的情况相当。

（2）中古溪母字的读音，四种话今读声母的分歧比较大。

大鹏话有超过一半的字读 k^h，有接近三成的字读为 h，不到一成的字读 f，如"钦 k^hɐm""课 k^hɔ""欺 hi""康 hɔŋ""款 fun""盔 fui"等。读 k^h 的看不出明显的规律，涵盖了四等及开合口。除了"开 fui"是开口字外，读 f 的基本上都是合口洪音字。读 h 的绝大多数都是开口字。惠州话的情况与大鹏话接近，也是超过半数的字读 k^h，其次读 h，个别字读 f。

剩下的有"杞 ki""窠 kɔ""枯 ku""傀 kei""券 kin""羌 kiɔŋ""廓 kɔk"等字读 k。"杞"字，客家话及粤语读 k 的情况并不罕见，其他字大抵是受"有边读边"的影响而读为 k。此外，还有"罅 lia""泣 lɐp"两字读 l，"屈"字读 v。"罅"应该是训读字，以"罅缝隙"训"罅"。"泣"应是受声旁"立"的影响而读为 l。"屈"读 v，按郭沈青（2013）的说法，应该是受臻合三影组主元音类化作用的影响。不过，客家话、南头话的"屈"也都读为 v，只有惠州话读 k^h。

客家话有将近八成的字读 k^h，剩下的字以读 h 为主，有零星的字读 f，如"课 k^hɔk""敲 k^hau""壳 hɔk""墟 hi""阔 fat""恢 fɔi"。偶有部分字 k^h/h 或 k^h/f 两读，如"口~头 k^hiu""口开~hiu""苦~头 k^hu""苦~味 fu"。南头话有将近一半的字读 h，将近三成的字读 k^h，剩下的以读 f 为主。

按字数排序则可以看到这几种话中溪母字读为 k^h 和 h 的情况（以下的">"表示"字数多于……"）：

k^h：　客家话 ＞ 大鹏话/惠州话 ＞ 南头话

h：　　南头话 ＞ 大鹏话/惠州话 ＞ 客家话

也就是说，就溪母字的演变而言，与南头话相比，大鹏话和惠州话所表现出来的读法更接近于客家话。

（3）中古群母字，今音声母只有南头话平声及部分上声读为 k^h，其他仄声读为 ts，如"桥 k^hiu""舅 k^hɐu""跪 kɐi""杰 kiʔ"。另外三种话无论平仄，均以读 k^h 为主。

（4）遇合一疑母字，四种话的韵母都有读为辅音自成音节的 m̩ 或 ŋ̍，如"吴""五"等，但客家话的辖字相比于其他话略少一些，这类字的声母是 ø。其他洪音字，大鹏话基本上以读 ŋ 为主，如"额 ŋak""岩 ŋam"。大鹏话的疑母细音字以读 ø 为主，但也有部分字读 n 或 l 的，如"吟 iɐm""业 nip""谊 li"。南头话的情况与大鹏话相似，洪音以 ŋ 为主，细音以 ø 为主。客家话和惠州话则无论洪细，基本读为 ŋ，如"牛""二"。

（5）中古匣母字，合口字四种话有读为 f 的，也有读为 v 或 w 的，开口字则一般读为 h。与其他三种话相比，客家话读为 f 的字较多，如"淮""华"等。还有一些统一读为 ø 的字，如"县""丸"等。惠州话的匣母与以 u 为主要元音的韵母搭配时，读 h，这与晓母的表现一样，如"胡""护"。惠州话晓匣母与非敷奉母与以 u 为主要元音的韵母搭配时均为读为 h，是一种回流音变。晓匣母合口字与非敷奉母合流读为 f 后，又以主要元音 u 为条件，发生了 f ＞ h 的回流演变，这是因为 u 是后元音，其"后"的性质促使声母发音部位后移至喉部。

此外，匣母还有部分字在各方言里的读音不尽相同，如下：

	完	玄	贤	穴	形	刑	现	嫌
大鹏话	v	h	h	h	h	h	h	h
客家话	v	h	h	h	h	h	h	h
惠州话	v	h	h	h	h	h	h	h
南头话	ø	ø	ø	ø	ø	ø	ø	ø
广州话	ø	ø	ø	ø	ø	ø	ø	ø

这一类字，南头话、广州话读为ø，大鹏话、惠州话和客家话一致，读为 v 或 h。不少粤语区也有读为 h 的，辖字数量不一。

（6）大鹏话以母字基本读为ø，除了"维""唯""匀""允"等字读为 v 和"阎"字读为 n。客家话和南头话的情况与大鹏话大致相同。惠州话部分云、以母字与影母字相混，部分分读，如"宴 iɛn" ≠ "燕 jiɛn"，"温 un" ≠ "云 vun"。中古云母与以母合流后读为 *j，与影母 *ʔ 保持对立，这在惠州话中还留有一些线索。惠州话的 j（z）声母有两个变体，z 只在元音 ə 和 u 前出现，其他情况下读 j，两个声母变体不构成对立。

二 韵母比较

（一）果摄

表 6-6　　　　　　　　　　果摄对比

中古韵摄	等第	大鹏话	南头话	客家话	惠州话
果摄	一等	ɔ	o	ɔ	ɔ
	三等	ɔi	œ	ɔi	yɛ

（1）一等字四种话均以读 ɔ 或 o 为主。另还有一小批歌韵系的字因滞后音变混入麻韵而读为 a 的，如"他""那""阿词头"等。

客家话的第一人称读为 ŋai，其本字便是果开一的"我"字，这是保留了上古歌部字读为 **ɑl 的原因。惠州话的"我"读为 ŋɔi[13]，实际上走的也是与客家话同样的演变路径，是 ai 进一步高化而得来的。大鹏话和南头话的"我"读 ŋɔ，则是常规演变。如下所示：

　　ɑl ＞ ai（客家话）＞ ɔi（惠州话）
　　　　ai ＞ a ＞ ɔ（大鹏话/南头话）

（2）三等字，大鹏话与客家话读为 ɔi，南头话读为 œ，惠州话读为 yɛ。

南头话的 œ 实际上也是中古时期的 *iɑ 元音高化后读为 io，io 再经过单元音化而来的。例字如"靴""茄"。惠州话的 yɛ 则是由 *iɑ 高化为 *io 后，介音受圆唇元音 o 的影响再圆唇化读为 *yo，o 去圆唇化后才得来的，音变过程为 *iɑ > iɔ > io > yo > ye > yɛ。

（二）假摄

表6-7　　　　　　　　　　假摄对比

中古韵摄	开合	等第	声母条件	大鹏话	南头话	客家话	惠州话
假摄	开口	二等		a	a	a	a
	合口	二等	其他	a		a	a
			见母溪母		ua		
	开口	三等	章组	a	e	a	
			其他				
			日母以母	ia	ie	ia	ia

（1）南头话把二等合口的见溪母字读为 ua，如"瓜 kua""跨 kʰua"，其他二等字均读为 a。另外三种话完全不分开合口，均读为 a。"傻""蜗"二字，四种话均读为圆唇的 ɔ 或 o。

（2）大鹏话和客家话的三等章组字读 a，其他读 ia，如"车 tsa""射 sa""写 sia""也 ia"。南头话的日母、以母字读 ie，其他均读为 e，如"爷 ie""野 ie""些 se""姐 tse"。假开三在中古时期读为 *ia，南头话经历了元音高化的过程，今读韵母 e 或 ie，这也符合多数粤语的特点。

（三）遇摄

表6－8　　　　　　　　　　　遇摄对比

中古韵摄	等第	声母条件	大鹏话	南头话	客家话	惠州话
遇摄	一等	疑母	m̩	m̩	m̩/u	ŋ̍/u
		其他	u	u	u	u
	三等	庄组	ɔ	o	ɔ	ɔ
		非组	u	u	u	u
		知章组	i	y		y
		其他	i	y	i	y

（1）一等疑母字，如"五""午"等，四种话均读为辅音自成音节的m̩或ŋ̍，但客家话和惠州话仍有部分辖字读ŋ，如"误 ŋu""悟 ŋu"。读为m̩的上一阶段应该是ŋ̍，但调查过程中，发音合作人均读为m̩，这里尊重发音人的语言事实。其他声母以读为u为主。

（2）庄组三等字，四种话一般读为ɔ或o，如"楚""助"；非组字读为u，如"夫""雾"。庄组外的声母，大鹏话均读为i，南头话和惠州话读为y，如"朱""鼠"。还有少量精组字，南头话读为ui，如"叙 tsui""绪 sui""趋 tsʰui""聚 tsui"。

客家话知章组读为u，如"猪 tsu""输 su"；其他声母读i，如"取 tsi""语 ŋi"。这是因为中古时期知章组合流后读为*tʂ组声母，这组声母与合流后的三等鱼虞韵*iu的介音i搭配时拗口，从而使i失落。因此，鱼虞韵逢知章组时仍读为u。除知章组和非组外的其他声母，客家话均读为i，演变路径为*iu > y > i。大鹏话除非组、庄组外的鱼虞韵演变同此，但大鹏话的鱼虞韵与知章组搭配时没有发生与客家话一样的音变。如果考虑大鹏话知章组的鱼虞韵在历史上与客家话经过了同样的音变，那么它走的是这样的路径：*iu > u > i。根据历史重建的奥卡姆剃刀（Ockham's Razor）原则，要对两种假说进行取舍，应当选择较简单的那种。因此，大鹏话和客家话的遇摄三等鱼虞韵应该是在与知章组搭配时便已出现了不同的演变趋势。

（四）蟹摄

表 6－9　　　　　　　　　　蟹摄对比

中古韵摄	开合	等第	大鹏话	南头话	客家话	惠州话
蟹摄	开口	一等	ui / ai	ui / ai	ɔi / ai	ɔi / ai
		二等	ai	ai	ai	ai
		三等	ɐi	ɐi	i	iɛ
		四等	ɐi	ɐi	i / ai	iɛ / i
	合口	一等	ui	ui	ui / ɔi	ɔi / ui
		二等	(u) ai / a	(u) ai / (u) a	ai / a	ai / a
		三等	(i) ui / (u) ɐi	(i) ui /ɐi	ɔi / ui	iɛ / yɛ / ɔi / ui
		四等	ɐi	(u) ɐi	ui	ui

（1）开口一等字，四种话均有 ai 的读法，如"戴 tai""埋 mai"。大鹏话和南头话的 ui 对应于客家话和惠州话的 ɔi，如"台 tʰui""来 lui"。

（2）开口二等字，四种话均以 ai 为常规读法，如"拜 pai""介 kai"。

（3）开口三等字，大鹏话和南头话以 ɐi 为常规读法，如"例 lɐi""世 sɐi"。客家话和惠州话的三等字分别以 i 和 iɛ 为常规读法。

（4）开口四等字，大鹏话和南头话以 ɐi 为常规读法，如"底 tɐi""西 sɐi"。客家话有读 i 和 ai 的，如"体 tʰi""泥 lai"，还有"细""计""系"等字读为 ɛ；惠州话则以 iɛ 为常规读法，如"礼 liɛ""启 kʰiɛ"，但也有少数字读 i 和 ai 的，如"脐 tsʰi""系 hai"。

（5）合口一等字，大鹏话和南头话都以读 ui 为主，如"灾 tsui""爱 ui"。惠州话以读 ɔi 为主，部分字读 ui，如"杯 pɔi""雷 lui"。客家话以读 ui 为主，部分字（主要是唇音字）读 ɔi，如"队 tui""妹 mɔi"。

（6）合口二等字，大鹏话、南头话某些字还保留了 u 介音，以读（u）ai 和（u）a 为主，如"乖 kuai""挂 kua""块 fai"。客家话和惠州话则只读为 ai 和 a，如"怪 kai""话 va"。

（7）合口三等字，大鹏话和南头话以读 ui 和 ɐi 为主，部分声母保留了介音，如"锐 iui""废 fɐi"。客家话以读 ɔi 和 ui 为主，如"吠 pʰɔi""卫 vui"。惠州话读法较为复杂，如"肺 fiɛ""税 syɛ""岁 sɔi""脆 tsʰui"。参考侯小英（2008），惠州话这几种读法的音变轨迹如下：

*iuɛi > uɛi > ɛi > ⁱiɛ > iɛi > iɛ
> yɛi > yɛ
> iɜ > iɔ > iai > iɔi > ɔi
> uɛi > iɔ > uai > uɔi > ui

不过，鉴于惠州话开口三等字以读 ɜi 为主，对应的合口字读 yɛ 应是情理之中，而 ɔi 和 ui 的读法，也不能排除是外来的影响。

（8）合口四等字，大鹏话和南头话读 ɐi，客家话和惠州话以读 ui 为主，如"桂""慧"。

（五）止摄

表 6-10　　　　　　　　　止摄对比

中古韵摄	开合	等第	大鹏话	南头话	客家话	惠州话
止摄	开口	精组	i	i	i / u	i / u
		庄组	i	i		iɛ
		其他			i	i
	合口	非组	i	i	(i) ui	(i) ui
		见系	ɐi	(u) ɐi		
		其他	(i) ui	(i) ui		

（1）大鹏话和南头话的开口字均以 i 为常规读法，如"子 tsi""美 mi"。对于精组和庄组字，客家话既有读为 i 的，也有读为 u 的，如"刺 tsʰi""师 su"。这种情况在客家话中见且仅见于深圳、香港、东莞清溪、惠州市区、河源和平。惠州话也有此情况，但数量比客家话要少得多，且只局限在精组字里。惠州话接近于客家

话，但也有其特色，精组字有 i 和 u 两读，庄组字读 iɛ，其他字读 i，如"四 si""资 tsu""史 siɛ""基 ki"。

（2）合口字，大鹏话和南头话基本上是同一个类型，非组读 i，见系读（u）ɐi，其他声母读（i）ui，如"飞 fi""挥 fɐi""累 lui"。

客家话和惠州话基本读为（i）ui，如"类 lui""吹 tsʰui"。惠州话还有部分字读为 yɛ 和 iɛ 的，如"睡 syɛ""衰 syɛ""帅 syɛ""费 fiɛ"。

（六）效摄

表 6-11　　　　　　　　效摄对比

中古韵摄	等第	声母条件	大鹏话	南头话	客家话	惠州话
效摄	一等		au	ou	au	au
	二等			au		
	三等	知章组	iu	iu	iau	iɛu
		其他				
	四等					

（1）大鹏话、客家话和惠州话的类型一样，都是一二等字合流读为 au，如"讨 tʰau""鲍 pau"。南头话则一二等字有别，分别读为 ou 和 au，如"高 kou""抓 tsau"。

（2）三四等字，大鹏话、南头话和惠州话的类型基本相同，都读为同一个韵母。惠州话的细音读为 iɛu，应该是由 iau 的主要元音高化而来。客家话与此类似，但知章组仍与洪音一样读 au，是早期知章组的声母 *tʂ 与 i 介音不能拼合，从而使得 i 脱落的缘故，这与遇摄三等字的情况接近。

（七）流摄

表6-12　　　　　　　　　　流摄对比

中古韵摄	等第	声母条件	大鹏话	南头话	客家话	惠州话
流摄	一等		ɐu	ɐu	iu	iau
	三等	其他	ŋ	ŋ		iu
		日母影组	iɐu	iɐu		
		知章组	ɐu	ɐu	u	

（1）一等字，大鹏话和南头话以（i）ɐu为常规读法，如"走 tsɐu""狗 kɐu"。客家话则读为 iu，如"漏 liu""侯 hiu"，惠州话读为 iau，如"豆 tʰiau""呕 iau"。

（2）三等字，大鹏话与南头话为同一种类型，读为（i）ɐu，如"久 kɐu""游 iɐu"。客家话的知章组三等字读为 u，如"兽 tsʰu""昼 tsu"，其他字均读为 iu。惠州话三等字均读为 iu。

（八）咸摄

表6-13　　　　　　　　　　咸摄对比

中古韵摄	开合	等第	大鹏话	南头话	客家话	惠州话
咸摄	开口	一等 二等	am / ap	aŋ / aʔ	am / ap	am / ap
		三等 四等	im / ip	iŋ / iʔ	iam / iap	iɛm / iɛp
	合口	三等	an / at	aŋ / aʔ	am / ap	an / at

（1）对于开口字，这四种话基本可以按洪细来分类，洪音读为一类，细音读为一类。

对于洪音字，四种话的主要元音均为 a。大鹏话、客家话和惠州话保留了双唇韵尾 -m、-p；南头话的舒声字读为 -ŋ，促声字读为喉塞韵尾 -ʔ。

不过，有部分一二等舒声字在南头话中也读为双唇部位的 -m，如"含""勘"等，可见南头话的韵尾 –m 还处于脱落的过程中。另有几个字的主元音读为 ɐ，如"堪 hɐm""坎 hɐm"等。惠州话有部分一等字读为 iam、iap，如"暗 iam""盒 hiap"，这是保留了中古一二等字分立的情况。

细音字，大鹏话和南头话的主要元音都是 i，这是中古时期三四等字混同后，主要元音高化后不断弱化且介音 i 不断加强而得到的结果（李新魁，1994）。客家话和惠州话都带有介音 i，但主要元音则分别为 a 和 ɛ。

（2）合口三等字，只有客家话保留了双唇韵尾，其他三种话因为唇音声母及合口介音 u 与唇音韵尾 –m/–p 相互排斥，唇音韵尾发生了异化。开口三等字还有一个帮母字"贬"，各方言点也都不读为双唇韵尾，也是唇音声母与唇音韵尾互斥，唇音韵尾异化的结果。

（九）深摄

表 6–14   深摄对比

中古韵摄	声母条件	大鹏话	南头话	客家话	惠州话
深摄	日母影组	iɐm / iɐp	iɐŋ / iauʔ	im / ip	im / ip
	其他	ɐm / ɐp	ɐŋ / ɐuʔ		

深摄字的读法，这几种话基本上可以视为只有一类，大鹏话和南头话的主元音为 ɐ，客家话和惠州话的主元音为 i。

客家话以读 im 和 ip 为主，另还有"森""参人~"二字读为 sɐm，惠州话则把这两个字读为 siam。这两个都是庄组字。

南头话仅有零星平声字保留了 –m 的读法，如"琴 kʰɐm""霖 lɐm"，促声字则都读为喉塞韵尾 –ʔ。这个喉塞韵尾的出现应该比较晚，应该经历了这样的演变过程：*ɐp > ɐk > ɐᵘk > ɐuʔ。

首先是唇音韵尾读为软腭韵尾，其次元音与软腭韵尾之间出现了过渡的后元音 u，最后过渡音不断强化而软腭韵尾弱化为 –ʔ，形成了现在的 ɐuʔ（若是带介音 i 时，则读为 iauʔ，ɐ 元音延长为 a）。如果认为过渡音 –u– 比喉塞音晚出现，就不好解释后面臻摄、曾摄、梗摄某些促声字读为 ɐiʔ 的情况。

帮母字"禀"、滂母字"品",各点都不读为双唇韵尾,原因是唇音声母与唇音韵尾互斥,韵尾异化为非唇音韵尾。

（十）山摄

表 6–15　　　　　　　　　山摄对比

中古韵摄	开合	等第	声母条件	大鹏话	南头话	客家话	惠州话
山摄	开口	一等	见系	un / ut	uŋ / uiʔ	ɔn / ɔt	ɔn / ɔt
			其他	an / at	aŋ / aʔ	an / at	an / at
		二等					
		三等 四等		in / it	iŋ / iʔ	ɛn / ɛt	iɛn / iɛt
	合口	一等	端系	in / it	yŋ / yʔ	ɔn / ɔt	ɔn / ɔt
			其他	un / ut	uŋ / uiʔ		
			帮组			an / at	
		二等	其他	an / at	(u) aŋ / aʔ	an / at	an / at
			庄组				
		三等	非组	an / at	aŋ / aʔ	an / at	an / at
			知系	in / it	yŋ / yʔ	ɔn / ɔt	yɛn / yɛt
			其他			ɛn / ɛt	
		四等					

（1）开口一等字,四种话均依不同声母而有分化。见系读一类,主元音是圆唇的后元音 u 或 ɔ;其他声母与开口二等字合流读为另一类,主元音为 a。

大鹏话的见系字读 un 和 ut,南头话读 uŋ 和 uiʔ,客家话为 ɔn、ɔt,如"按""葛";其他声母的字,除了南头话读为 aŋ 和 aʔ,其他三种话均读为 an、at,如"旦""擦"。南头话的促声字 uiʔ 应该是由 *ut 演变而来,i 是后期增生的过渡音,其演变轨迹为:*ut > uⁱt > uiʔ。

（2）开口三、四等字,四种话均合流读为一类。大鹏话读为 in、it,南头话读为 iŋ、iʔ,客家话读为 ɛn、ɛt,惠州话读为 iɛn、 iɛt。如"展""切"。惠州话也有部分见系字如"乾 kʰyɛn""建 kyɛn""献 hyɛn""弦 hyɛn"等读入合口三四等的。

就深圳客家话而言，山摄三四等字的 i 介音若有若无，发音人所发的并不稳定，且与曾摄一等字的 ɛn、ɛt 不构成对立，可见 i 介音在 ɛ 前已渐渐失去了辨义的作用，即 i > ∅/ ___ ɛ。在音系处理上，本书把客家话的此类韵母均并入 ɛn/ɛt。

（3）合口一等字，四种话的读法有些参差。端系字的主要元音，大鹏话和南头话分别读为 i 和 y，其他声母则均读为 u。帮组字的主要元音，客家话读为 a，其他声母读为 ɔ，但也有好些读入 an/at 的字，如"玩 ŋan""阔 fat"。惠州话则无论什么声母，都读为 ɔn/ɔt。

（4）合口二等字，四种话的主要元音都是 a。另有"幻""患""宦"三个字，客家话读为唇音韵尾 - m，是比较特殊的读法。

（5）合口三等字，非组字，各方言点的主要元音均为 a，如"翻 an""发 at"。其他声母的字，大鹏话、南头话和惠州话均与四等字合流，分别读为 in 和 it、yŋ 和 yʔ、yɛn 和 yɛt。知系字，客家话读 ɔn、ɔt，其他声母的字与四等字合流读为 ɛn、ɛt，如"川 tsʰɔn""说 sɔt""元 iɛn""血 hiɛt"。

（十一）臻摄

表 6-16　　　　　　　　　臻摄对比

中古韵摄	开合	等第	声母条件	大鹏话	南头话	客家话	惠州话
臻摄	开口	一等		ɐn	ɐŋ	ɛn	iɛn
		三等		(i) ɐn / (i) ɐt	(i) ɐŋ / (i) ɐʔ	in / it	in / it
	合口	一等		(u) ɐn / (u) ɐt	(u) ɐŋ / (u) ɐʔ	un / ut	un / ut
		三等	其他	(i) ɐn / ɐt	(u) ɐŋ / (u) ɐʔ	un / ut	ɔn / ɔt
			见系			iun / ut	

（1）开口一等字，大鹏话和南头话的主要元音为 ɐ。客家话读为 ɛn，惠州话读为 iɛn。

(2) 开口三等字，大鹏话和南头话的主要元音为 ɐ，但与部分声母搭配时存在 i 介音。客家话和惠州话主要读 in 和 it。

(3) 合口一等字，大鹏话主要读为 ɐn、ɐt，见系个别字带了介音 u，如"昆 kʰuɐn""困 kʰuɐn"。南头话也有部分见系字保留了介音 u，读为 uɐn 和 uɐiʔ，如"棍 kuɐn""骨 kwɐiʔ"。客家话主要读 un、ut。惠州话除了读 un、ut 外，还有读 ɔn、ɔt 的，如"论 lun""卒 tsut""臀 tʰɔn""没 mɔt"。

(4) 合口三等字，大鹏话读为 (i) ɐn、ɐt，南头话读为 (u) ɐn 和 (u) ɐiʔ。客家话见系舒声字多读为 iun，促声字则不带介音，读为 ut，其他声母的字读为 un 和 ut，如"军 kiun""屈 kʰut""俊 tsun""出 tsʰut"。惠州话读如一等字，有 un、ut 和 ɔn、ɔt 两类，如"军 kun""律 lut""俊 tsɔn""物 mɔt"。

(十二) 宕摄

表 6-17　　　　　　　　宕摄对比

中古韵摄	开合	等第	声母条件	大鹏话	南头话	客家话	惠州话
宕摄	开口	一等		ɔŋ / ɔk	oŋ / oʔ	ɔŋ / ɔk	ɔŋ / ɔk
		三等	庄组	ɔŋ / ɔk	ioŋ / (y) œʔ	ɔŋ / ɔk	iɔŋ / iɔk
			知组章组				
			其他	iɔŋ / iɔk		iɔŋ / iɔk	
	合口	一等三等		ɔŋ / ɔk	oŋ / oʔ	ɔŋ / ɔk	ɔŋ / ɔk

(1) 开口一等字各方言点均与合口一、三等字合流，除了南头话读为 oŋ、oʔ 外，另外三种话均读为 ɔŋ、ɔk。值得注意的是，合口三等溪母字"框""眶""筐""鑛~锄：锄头"，大鹏话分别读为 kʰiɔŋ、kʰiɔŋ、kʰiɔŋ 和 kiɔk，与客家话一致。

(2) 开口三等庄组字，四种话都不带介音 i。不过，大鹏话和客家话的知章组字也都不带介音 i，如"长 tsʰɔŋ""商 sɔŋ"。其他声母的字，四种话均带有介音。

南头话的促声 œʔ，元音 œ 实际上也与其他方言舒声字的元音 io 对应，是 io 的单元音化。œʔ 与日母及影组字（今音声母均为ø）搭配时，读为 yœʔ，如"若""药"。这说明ø后原先的介音 i 在与主元音 o 单元音化前就已经强化了，带有一定程度的摩擦，隐约有取代声母的趋势。io 单元音化后是一个圆唇元音 œ，逆向同化了原来的介音 i，使之也读为一个圆唇的 y，其演变轨迹为：ioʔ > iœʔ > yœʔ。

（十三）江摄

表 6 – 18   江摄对比

中古韵摄	声母条件	大鹏话	南头话	客家话	惠州话
江摄	庄组	uŋ / uk	ioŋ / ouʔ	uŋ / uk	əŋ / ək
	其他	ɔŋ / ɔk	oŋ / oʔ	ɔŋ / ɔk	ɔŋ / ɔk

江摄字，大鹏话和客家话的主流读法是 ɔŋ、ɔk，南头话读 oŋ、oʔ，惠州话读 əŋ、ək。

庄组虽例字不多，但读法有好些分歧。上古时期江东不分，客家话中还有这个音韵特征的残迹，个别江摄字读如通摄，即"窗江聪通同韵，双江松通同韵"，这是"客方言的一项极重要音韵特征"，"可用来与非客方言相区别，是鉴别客方言的一项重要音韵特点"（邓晓华，1998）。尽管粤语普遍把"浊""捉""镯"等字也读入通摄，但却没有把"窗""双"读入通摄的情况，因此，"窗""双"二字的读音应该是用于鉴别客家话的一个参考。

大鹏话与客家话分享"窗聪同韵，双松同韵"的语音特征，惠州话则只有"双松同韵"，读为 səŋ。南头话则是"窗聪""双松"均不同韵。

另有知组"卓""桌""琢"等促声字，南头话多读为 œʔ（也与 i 介音有关，见上文），另外三种话均读为带介音 i 的 iok。

（十四）曾摄

表 6-19　　　　　　　　曾摄对比

中古韵摄	开合	等第	声母条件	大鹏话	南头话	客家话	惠州话
曾摄	开口	一等		ɐŋ / ɐk	ɐŋ / ia？	ɛn / ɛt	iaŋ / iak
		三等	其他	(i)ɐŋ / (i)ɐk	(i)ɐŋ / (i)ia？	in / it	ən / ət
			庄组			ɛt	ak
	合口	一等		uŋ / ak	ɐŋ / a？	ɛn / ɛt	iaŋ / iak
		三等		ak	ia？	ɛt	ət

（1）开口一等字，大鹏话和南头话的主要元音都为 ɐ，客家话为 ɛ。惠州话则读带有介音的 iaŋ 和 iak。南头话的促声 ɐi？是由 *ɐk 发展而来的，详见下文关于梗摄字的讨论。

（2）开口三等字，大鹏话和南头话都只有一类读法，分别为（i）ɐŋ 和（i）ɐk、（i）ɐŋ 和（i）ia？。客家话和惠州话的读法根据声母两分，庄组字只有促声，客家话读 ɛt，惠州话读 ak。其他声母的字客家话读 in、it，惠州话则读 ən、ət。

（3）合口字仅有少数字，但四种话的读音稍有分歧。为便于比较，这里将合口字读法列举出来。

等第	例字	大鹏话	南头话	客家话	惠州话
一等	弘	uŋ	ɐŋ	ɛn	iaŋ
	国	ɔk	o？	ɛt	iak
	或	ak	a？	ɛt	iak
	惑	ak	ia？	ɛt	iak
三等	域	ak	ia？	ɛt	ət

一等的"国"字，大鹏话读 ɔk，南头话读 o？，客家话读 ɛt，惠州话读 iak。"或""惑"二字，大鹏话均读 ak，南头话分别读 a？、ia？，客家话均读 ɛt，惠州话均读 iak。

三等字仅有一个"域"，大鹏话读 ak，南头话读 ia？，客家话读 ɛt，惠州话读 ət。

（4）曾摄字，客家话的韵尾均为齿龈音 -n、-t，惠州话有部分字也读为齿龈音 -n、-t。客家话的这种读法明显区别于其他方言，是客家话的音韵特点之一，反映了长江流域方言的特点，"这可以说是客家先民接受两湖及淮浙等地方言影响的结果"（李新魁，1994）。梗摄细音字也有此现象，见下文。

（十五）梗摄

表 6-20　　　　　　　　　　　梗摄对比

中古韵摄	开合	等第	声母条件	大鹏话	南头话	客家话	惠州话
梗摄	开口	二等		(i)ɐŋ/(i)ɐk 文 aŋ/ak 白	(i)ɐŋ/ɐiʔ 文 aŋ/aʔ 白	ɛn/ɛt 文 aŋ/ak 白	iaŋ 文 aŋ/ak 白
		三等	知组章组	ɐŋ/ɐk 文 aŋ/ak 白	(i)ɐŋ (i)ɐiʔ 文	in/it 文 aŋ/ak 白	ən/ət 文 iaŋ/iak 白
			其他	(i)ɐŋ/(i)ɐk 文 (i)aŋ/(i)ak 白		in/it 文 iaŋ/iak 白	
		四等					
	合口	二等		aŋ/ak	aŋ/aʔ	aŋ/ak	aŋ/ak
		三等		(i)ɐŋ/(i)ɐk	(i)ɐŋ (i)ɐiʔ	in/it iun	ən/ət
		四等		uaŋ	uaŋ	in	nə

（1）梗摄字在粤语和客家话中普遍存在文白异读。大鹏话的梗摄开口字也有两个读音层，文读层的主要元音为 ɐ，白读层的主要元音为 a。南头话的情况与此类似，其促声字文读层 ɐiʔ，应该经过了与曾摄字开口三等字合流的阶段，演变轨迹为：*ɐk > ɐᵏt > ɐt > ɐⁱt > ɐiʔ，即曾、梗摄的塞音韵尾 -k 先逐渐弱化，变成 -t 混入臻摄，随后由于齿龈韵尾 -t "靠前"的性质，在主要元音 ɐ 与 -t 之间增生了一个过渡的前高元音 -i-，韵尾再进一步弱化为喉塞音 -ʔ。这种舒声字鼻音韵尾仍保持软腭位置而只有塞音韵尾有所变化的方言，也见于东莞虎门、石龙和石碣等地。

客家话与惠州话的三四等字虽然具体音值不同，但音类分合情况类似，均有读入 -n、-t 的情况。

（2）合口二等字，辖字较少，但几种话的读音分歧较大。这里列出一些常用字的读法。

例字	大鹏话	南头话	客家话	惠州话
矿	ɔŋ	oŋ	ɔŋ	ɔŋ
横	aŋ	aŋ	aŋ	aŋ
宏	ɐŋ	ɐŋ	ɛn	iaŋ
获	ɔk	ɔk	ɔk	iak
划	ak	ak	ak	ak

由此看来，合口二等字的主流读法似乎比较接近于开口二等。

（3）合口三等字，客家话既有读为 in、it 的，如"倾 kʰin""役 it"；也有读为 iun 和 iuŋ 的，如"永 iun""兄 hiuŋ"。其他三种话的主要元音一般为 ɐ 或 ə。

（4）合口四等字，常用字只有"萤"。客家话主要元音为 i，其他三种话的主要元音如三等，均为 ɐ 或 ə。

（5）惠州话和客家话细音字的文读层韵尾为齿龈音 -n、-t，大鹏话和惠州话的均为软腭音 -ŋ、-k（南头话促声除外）。这与曾摄字的表现是一样的，反映了长江流域一带方言的特点，与粤语相区别。

（十六）通摄

表 6－21　　　　　　　　　　通摄对比

中古韵摄	等第	声母条件	大鹏话	南头话	客家话	惠州话
通摄	一等		uŋ / uk	uŋ / ouʔ	uŋ / uk	əŋ / ək
	三等	其他	uŋ / uk	uŋ / ouʔ	uŋ / uk	əŋ / ək
		见组 晓组	iuŋ / iuk	iuŋ / iouʔ	iuŋ / iuk	əŋ / ək
		日母 影组	iuŋ / iuk	iuŋ / iouʔ	iuŋ / iuk	(i)əŋ / (i)ək

（1）一等字的主要元音，大鹏话、南头话和客家话都读为比较高的后圆唇元音 u 或者 o。惠州话的 ə 应当也是由中古东韵和钟韵的主要元音 *u 和 *o 央化而来的。

（2）三等字，客家话的见系及日母字均读为 iuŋ、iuk，如"弓 kiuŋ""肉 ŋiuk"；其他声母的字读同一等，如"风 fuŋ""俗 tsʰuk"。大鹏话和南头话只在日母字和影组字上带介音，其他声母的字都读同一等。惠州话与大鹏话、南头话的情况类似，不过部分字没有介音 i，如"熊 zəŋ""育 zək"，这是因为介音 i 擦化为 z，取得了声母的地位。

三 声调比较

下列表格"声母清浊"一列中，以"清"赅全清、次清两类声母。如无注明"全浊""次浊"，则"浊"字赅"全浊""次浊"两类声母。例字略。

表 6-22　　　　　　　　声调对比

中古声调	声母清浊	大鹏话 调类 & 调值	南头话 调类 & 调值	客家话 调类 & 调值	惠州话 调类 & 调值
平声	清	阴平 33	上阴平 24 下阴平 55	阴平 33	阴平 44
	浊	阳平 21	阳平 44	阳平 11	阳平 22
上声	清	上声 35	阴上 35	上声 31	上声 35
	次浊		阳上 13	阴平 33	阴去 13
	全浊	阴去 13			
		阳去 53	阳去 22		阳去 31
去声	清	阴去 13	阴去 33	去声 52	阴去 13
	浊	阳去 53	阳去 22		阳去 31
入声	清	阴入 3	阴入 5	阴入 1	阴入 45
	浊	阳入 5	阳入 2	阳入 5	阳入 3

（1）古清声母平声字，四种话都读为阴平调。但南头话的阴平

调有两个层次，一种是上阴平，调值 24；另一种是下阴平，调值 55。上阴平的辖字一般都是口语常用字，如"开""心"等；下阴平的则一般是非口语用字，如"他""嚣"等。下阴平的产生或是受到了广州话的影响。

古全浊、次浊声母平声字，四种话均以阳平为常规读法，如"同""埋"。客家话有少许字读同阴平，如"毛""鳞"等，这也是"客家方言区别于其他方言的特点"（温昌衍，2006）。

（2）古上声字，只有南头话分为阴上和阳上两个调类，其他方言只有一个上声。

古清声母上声字，南头话读为阴上，其他话读为上声，如"可""比"等。除了客家话的上声调型是一个降调，其他话的上声（或阴上）均为高升调 35。

古次浊声母上声字，大鹏话大部分读入阴去，如"鲁""养"等，其他基本读入上声，如"秒""忍"。惠州话同此。南头话基本读为阳上。客家话大部分读为上声，一部分字读为阴平，如"野""马"，这也是客家话典型的音韵特征。

古全浊声母上声字，大鹏话大部分按照"浊上归去"的规律读为阳去，如"是""幸"，另一部分读为阴去，如"柱""坐"。惠州话同此。南头话大部分读为阳去，如"是""件"，也有部分读为阳上的，如"舅""倍"。还有部分字有文白两读，文读音声母不送气且调类为阳去，白读音声母送气且调类为阳上，如"近 ken^{22} 文/k^{h}en^{13} 白""淡 tan^{22} 文/t^{h}an^{13} 白"，这些情况大致上与广州话相同。客家话全浊上声字的特点是部分字读阴平，如"旱""蚌"，其他字则基本读为去声。

总而言之，古次浊、全浊上声字的分派规律分歧较大，但也正是这四种话的音韵特点之一。

（3）古清声母去声字，四种话基本读为去声或阴去。

古浊声母去声字，四种话基本读为去声或阳去。

（4）古清声母入声字，四种话基本读为阴入，如"八""百"。

古浊声母入声字，四种话基本读为阳入，如"鹿""白"。不过，客家话有少许字却读为阴入，如"六""木"，这些字一般是次浊声母字。大鹏话也有此类现象，但辖字与客家话不尽相同，如"日""肉"。

（5）东莞和深圳地区的粤语有一批数量不等的入声字有舒化的现象，东莞莞城话将这类舒化后的入声字读为独立的变入调，宝安沙井话则读为阴平调。南头话也有这种现象，但一般与阴上调合并，如"鸽 ka^{35}""鸭 a^{35}"等。这种入声舒化的现象不见于其他三种话。

第三节　语音特点及系属

上文对大鹏话的语音与邻近方言进行了详细的比较，表 6 - 23 从这些外部比较中择取了大鹏话的主要音韵特点，与另外三种话进行对比。"＋"表示该种方言与大鹏话分享同样的音韵特点，"±"表示部分分享，"－"表示不分享。

表 6 - 23　　　　　　　　大鹏话音韵特点

序号	大鹏话音韵特点	南头话	客家话	惠州话
1	古全浊塞音、塞擦音声母无论平仄，今音一律读送气清音。	－	＋	＋
2	明母、微母合流，今读为 m。	＋	－	＋
3	非组基本无重唇读法。	＋	－	－
4	邪母部分字今读为塞擦音。	＋	－	－
5	泥娘母与古来母今音有对立。	＋	－	－
6	日母今读以 ∅ 为主。	＋	－	－
7	溪母今读以 k^h 为主，h 为辅，少数合口洪音字读 f。	－	＋	＋
8	疑母细音今读 ∅。	＋	－	－
9	见母字"菊"今读送气音 k^h。	－	＋	－
10	匣母部分字今读为 v 和 h。	－	＋	＋
11	鼻音声母伴随有不同程度的同部位塞音成分。	＋	±	－

续表

序号	大鹏话音韵特点	南头话	客家话	惠州话
12	零声母与高元音 i、u 搭配时偶尔读为明显的 ʔ。	−	−	±
13	无撮口呼。	−	+	−
14	假摄二、三等主要元音为 a。	−	+	+
15	遇合三知章组读法与非组有别。	+	−	+
16	止开三精庄组以读 i 为主。	+	−	−
17	效摄一二等无别，三四等无别。	−	−	+
18	流摄字、臻摄字、深摄字、蟹摄细音字、曾摄开口字和梗摄文读层主要元音以读 ɐ 为主。	+	−	−
19	咸摄细音字主要元音以读 i 为主。	+	−	+
20	咸合三韵尾非 −m 和 −p。	+	−	+
21	山合三分两类读法。	+	−	+
22	宕开三知章组字与一等合流。	−	+	−
23	江摄庄组字"窗聪同韵，双松同韵"。	−	+	±
24	通合三见晓组读如一等。	+	−	+
25	辅音韵尾有 −m/−p、−n/−t 和 −ŋ/−k。	−	+	+
26	上声只有一个。	−	+	+
27	古清上字今读高升调 35。	−	+	−
28	去声分阴阳。	+	−	+
29	全浊上、次浊上部分字读阴去调。	−	−	+
30	入声阴低阳高。	−	+	−

这里对第 11、12 和 23 项条目做一些解释。第 11 项，关于鼻音声母带有不同程度的同部位塞音成分，本书所调查的发音人没有这种现象出现，但一些文献却记录了深圳客家话有这样的情况，因此，这里暂且算部分分享。第 12 项，惠州话的影母字偶尔读为喉塞音声母 ʔ，与 j(z) 声母构成对立。大鹏话的高元音 i、u 前偶尔出现的 ʔ 声母并不与以母字前的 ø 构成对立。不过，大鹏话的 ʔ 见且仅

见于影母字，辖字虽不成系统，但应当与惠州话有一定的联系。第23项，惠州话只有"双松同韵"的现象。

大鹏话与南头话相同的语音特点有16项；与客家话相同的有11项，1项部分相同；与惠州话相同的有17项，2项部分相同。从数据来看，大鹏话与惠州话显然更为接近，次之为南头话，与客家话最不接近。前文已述，惠州话属于客家话，那么大鹏话属于客家话吗？但它与南头话共同分享的语音特点却也并不少，反而是与深圳客家话共同分享的最少。

仔细观察大鹏话的语音特点，这些特点似乎也均能见于周边的方言。以上总结的语音特点，如果在表述上略加修改，甚至可以改变原来的结果。就取"窗聪同韵，双松同韵"来说，如果拆分为两条，那么大鹏话的客家话特点则会更加明显。因此，这样的比较还不能准确地反映大鹏话的系属。

下文拟将客家话、粤语的主要语音特点分别与大鹏话进行比较，从中观察大鹏话所反映的语音特征更近于粤语还是客家话。

一　大鹏话中的客家话特征

方言的特点，建立在对外具有排他性、对内具有一致性的基础上。李如龙、张双庆（1992）在与赣方言进行比较的基础上归纳出了14个客赣方言共同的语音特点。邓晓华（1998）和谢留文（1999）分别提出了"窗聪同韵，双松同韵"和见母字"菊"声母读送气音 k^h 在客家话中的普遍性。

表6–24是根据温昌衍（2006）对李如龙、张双庆所总结的客赣方言共同的语音特点的解读，表述略加调整，增删部分条目，与大鹏话进行比较。客赣方言的特点也必然是客家话的特点，前者是后者的充分条件，因此，后文将客赣方言的语音特点直接视为客家话的语音特点。为了能够突出大鹏话与客家话共有的语音特点，这里将南头话也纳入比较的范围中。如果南头话也与客家话分享同样的语音特点，则该条目不具有排他性。另外，尽管"窗聪同韵，双松同韵"和"菊"声母读 k^h 的特点仅针对个别字，并不成系统，但作为客家话的重要特点，也一并纳入比较的范围内。

表 6-24　　　　　　　大鹏话中的客家话特征

序号	客家话主要语音特点	大鹏话	南头话
1	古全浊塞音、塞擦音声母无论平仄，今音一律读送气清音。	+	-
2	庄组字与今洪音相拼的精组字混同读 ts、tsʰ、s。	+	+
3	泥母今逢细音读为 ȵ，与来母 l 有别。	-	-
4	晓母合口洪音字今多读为 f，韵母为洪音。	+	+
5	微母今白读有 m 的读法。	-	-
6	同摄之内一二等多在不同范围内（山、蟹、咸等摄）有不同读音。	+	+
7	梗摄字白读音多读 aŋ、ɑŋ、iaŋ 或带 a 的鼻化音。	+	+
8	山开一牙喉音字（如"干""割"）多与合口一等齿音字（如"端""脱"）混同。	-	-
9	宕开一与江开二多相混，读为 ɔŋ 或 oŋ。	+	+
10	果假两摄主要元音的区别普遍为 ɔ、o 和 a、ɑ 之别。	+	-
11	侵韵庄组字"森""参人~"多与其他声组字读音有异。	-	-
12	多数点的遇摄字"五"都是声化韵 ŋ 或 m、n。	+	+
13	次浊入声有两个走向，或与清声母同调，或与浊声母同调。	+	-
14	客家话阴入和阳入的调值，一般为阴低阳高。	+	-
15	全浊上声、次浊上声和次浊平声除少数地方外均有把常用字读归阴平的。	-	-
16	江摄庄组字"窗聪同韵，双松同韵"。	+	-
17	见母字"菊"今读送气音 kʰ。	+	-

除去南头话与客家话相同的主要语音特点，即第 2、4、6、7、9 和 12 项，大鹏话与客家话相同的仅有 6 项，即第 1、10、13、14、16 和 17 项。

李如龙（2007）指出："音类的分混较之音值的变异，显然是更为重要的标准。"本书赞同这一观点，第 11、12、16 和 17 项都是不成系统的特点，大鹏话如被客家话深度渗透，也容易出现这样的现象。因此，大鹏话的语音特点与客家话相同且成系统的，就只有第 1、10、13 和 14 项。

惠州话虽属客家话，但有不少特点与大鹏话相符，值得探讨。

在本节开头大鹏话音韵特点与惠州话的比较中，大鹏话仅有 3 项语音特点是与惠州话分享或部分分享的，即全浊上、次浊上部分字读阴去调；效摄一二等无别，三四等无别；零声母与高元音 i、u 搭配时偶尔读为明显的 ʔ。其他特点虽可见于惠州话，但也同时见于粤语或客家话。

关于全浊上、次浊上部分字读阴去调的语音特点，将在下文进行详细讨论。关于零声母的读法，在上文已经分析过了，我们猜测大鹏话的这个特点很可能是邻近惠州话的影响。关于效摄的读法，惠州话实际上与客家话接近。深圳客家话的效摄三等字，逢知章组由 iau 读为 au，是因为原先的知章组 *ʧ、*ʧʰ、*ʃ 与精组 *ts、*tsʰ、*s 合流后，原先的辖字与精组字合并，会产生大量同音字，因此失落了 iau 里的介音 i。惠州话的 iɛu，原先也应该是由 *iau 演变而来的，主要元音 *a 受前后位置高元音的牵引而高化为 ɛ。至于惠州话和客家话的主要元音与大鹏话有相当大的差异，更使得这个特点并不足以成为大鹏话和惠州话对外具有排他性的特点。

二 大鹏话中受客家话渗透影响的字音

除去上文所讨论的大规律外，大鹏话中还有个别字具有明显的客家话语音色彩，列举如下：

耳饵二贰义仪	热	深	擎	椰耶	避又音	食
ŋi	ŋit	tsʰɐm	kʰia	iai	pʰit	sit

"耳饵二贰义仪"等字，都是止开三日疑母字，按规律应读零声母 ø。大鹏话读法如客家话。"热"也是日母字，大鹏话读 ŋ。

"深"，粤语声母普遍读为擦音 s，与切音一致，客家话也不乏读为擦音的。深圳客家话则读为塞擦音 ts^h，大鹏话从之。

"擎"，按规律应读 $k^h eŋ$，读为 $k^h ia$ 是典型的客家话读法。这可能是个训读字，客家话谓"举"义为 $_k k^h ia$，有学者写为"揬"或"掎"（温昌衍，2006；张维耿，2012）。"擎"即有"举"义。

"椰耶"，都是假开三以母字，按规律应读为 ia。深圳客家话和惠州话均读为 ia，梅县客家话则把"椰"读为 iai，"耶"读为 ia。对于大鹏话来说，"椰"是常用字，因为当地有一种小吃——濑粉仔，即是在椰壳下钻孔，手执之在锅上摇晃抖动，椰壳内所盛的米粉浆随即"濑"入锅中被煮熟。"耶"也读为 ia，有可能是受到了"椰"的声旁影响。因此，大鹏话中的客家话成分显示出了部分粤东客家话的色彩，说明大鹏地区必然有为数不少的粤东客家人迁来居住。

"避"，原来是个去声字，粤语也普遍读为去声。大鹏话既有读为去声的，如"避 $p^h i$ 免"，也有读为入声的，如"逃避 $p^h it$"，与客家话一样。客家话普遍把"避"读为入声，大鹏话从之。

"食"，按规律应读为 sɛk，大鹏话读为 sit，与客家话同。可是，南澳等地的口音则读为 sɛk，还保留了原始的形式。可见所城内大鹏话的"食"字已被客家话渗透了。

三　大鹏话中的粤语特征

袁家骅等在《汉语方言概要（第二版）》（2001）中详细介绍了粤语的语音特点；李新魁（1994）在《广东的方言》一书中也概括了 17 条粤语的语音特点；詹伯慧等（2004）在《广东粤方言概要》中概括了广东粤语语音的共同特点 9 条；伍巍（2007；2009）曾两次总结了 10 条粤语的语音特点。前修未密，后出转精，下文将以伍巍（2009）所总结的粤语语音的主要特点为基础，表述略加调整，拆分部分条目，用以验证大鹏话是否符合粤语语音的大多数特点。加入（深圳）客家话比较，也是为了测试该条目是否具有排他性。

表 6-25　　　　　　　　大鹏话中的粤语特征

序号	粤语主要语音特点	大鹏话	客家话
1	古全浊声母清化，多数点平、上送气，去、入不送气。	-	-
2*	古微母与明母合流，今读为双唇音 m。	+	-
3	从音位上观察，齿音声母只有一套。	+	+
4	见组及晓母字不论洪细音，声母多不腭化。	+	+
5*	古溪母字作 k^h、h、f、ø 四类分读。	+	-
6	大多数方言无舌尖元音韵母。	+	-
7*	长短元音 a 与 ɐ 基本成系统对立，在音值上，a、ɐ 不但有时值长短的区别，也同时有舌位高低的区别。	+	-
8	流摄、臻摄开口一等与三等字多数方言同韵（不分洪细音）。	+	-
9	蟹摄部分开口一二等字有别，三四等合流。	+	-
10	效摄一二等普遍有别，三四等合流。	-	-
11	多数方言保留 -m、-n、-ŋ 和 -p、-t、-k 两套阳、入相配的韵尾。	+	+
12	平、上、去、入四调一般均分阴阳，入声调通常有三个或四个。	-	-

除去不具有排他性的第 3、4 和 11 项，大鹏话的语音特点是与粤语大多相符的。其中，伍巍（2009）指出，第 2、5、7 项是粤语语音的核心特点，大鹏话全然相符，客家话则无一相符。甘于恩和吴芳（2005）也曾提出过三条粤语语音特点的判断标准：

（1）古疑母开口洪音读 ŋ，日母多腭化为 j；

（2）有一整套由长短元音 a、ɐ 构成的具有音位对立意义的复合韵母；

（3）声调较多，为 8—9 个，入声多三分。

关于日母的读法，在音位处理上，其实也可以为大鹏话设立一个 j 声母，但这样处理必然要对介音 i 造成影响，不利于历时比较及跨方言比较。总而言之，大鹏话在语言事实上是符合第 1 条和第 2 条的。第 3 条，大鹏话声调共有 7 个，入声仅两分，但却符合东莞、深圳等地粤方言的主要语音特点。详见下文。

由此看来，大鹏话所显示出来的语音特征更近于粤语。然而，我们不能跨过大鹏话与粤语相互龃龉和与客家话相符的语音特点，就将大鹏话划归粤语。下文将详细叙述大鹏话的这些语音特点。

四　大鹏话中的部分语音特征

经过整合，大鹏话与粤语不符和与客家话相符的语音特点共有6项，删除了不成系统的"窗聪同韵，双松同韵"和"菊"声母读k^h的条目，与粤语不符的关于古全浊声母清化后的读法可以合并在第1项里。

表6-26　　　　　　　　大鹏话的部分语音特点

序号	大鹏话部分语音特点
1	古全浊塞音、塞擦音声母无论平仄，今音一律读送气清音。
2	假摄二等字和三等字的主要元音无别。
3	次浊入声有两个走向，或与清声母同调，或与浊声母同调。
4	阴入的调值高，阳入的调值低。
5	效摄一二等无别。
6	平、上、去、入四调一般均分阴阳，入声调通常有三个或四个。

（1）全浊塞音、塞擦音声母的今读是汉语方言分区的普遍性语音标准，以此标准划分方言片区确实可以处理绝大多数的方言，但用于给一些特殊的方言定性则尚嫌不足。陕西关中方言古全浊塞音、塞擦音声母今音无论平仄也都是送气的（李如龙、辛世彪，1999）。即便是在粤语里，伍巍（2009）也曾提到，古全浊声母平声今读送气音只能反映一部分粤语的特点，吴化粤语便不论平仄均读送气音的。吴化粤语的这项特征大抵是汉语与少数民族语言接触后而形成的，这个时间点不会晚于南北朝，而这段时间也正是"上古汉语分裂和重组的关键时期"（李健，2014）。伍巍所总结的粤语特点是"古全浊声母清化……有的一律读送气音（如吴化片）"，本书之所以没有直接使用，是鉴于绝大多数粤语平声均读不送气的事实，这里仍从旧。

全浊塞音、塞擦音声母的今读在汉语方言分区的地位不言而喻，但如果仅以这一条作为分区的绝对标准，未免失之粗疏。如按这条标准，那么上述的几种方言都应当归入客赣方言中，这显然与语言事实不符。因此，这条判断标准并不是绝对普遍适用的。

那么，大鹏话的古全浊塞音、塞擦音声母今读无论平仄一律送气的特点，是受客家话而出现的吗？遍观粤语的情况，除了吴化片受少数民族语言影响而有同样的现象以外，东莞和深圳也有此类情况出现。东莞的桥头话、谢岗话、常平白石岗话，深圳坪山、坑梓的粘米话和坪地的蛇话也均如此（周佳凡，2014；李立林，2015；胡建慧，2017；温育霖，2019）。东莞桥头话和谢岗话古全浊声母清化后无论平仄基本送气，常平白石岗话则大部分字送气，少数字不送气。深圳的粘米话和坪地的蛇话基本送气。就深圳的粘米话和坪地蛇话而言，这些方言都与客家话有较为频繁的接触，其使用者在明末清初从东莞陆续迁入深圳地区（温育霖，2019）。从东莞的方言概况来看，东莞的桥头镇和常平镇是纯粤语区，谢岗镇绝大部分讲粤语。既然在这些粤语为强势方言的地区中尚能出现古全浊塞音、塞擦音声母今读无论平仄一律送气的情况，那么深圳地区的粤语如果同样出现这种情况，那便不是孤例，更何况其他方言也有特例的存在。从地理与移民史来看，东莞、深圳的粤语很难与吴化粤语有联系，那么这两地有这类现象并不能排除是自身创新的可能性。

邻近的惠州话尽管也有这种情况，但侯小英（2008）已证明惠州话是客家话，因此惠州话的古全浊声母今一律读送气音也在情理之中。惠州话与河源源城、和平等此类东江中上游地区的本地话均属客家话，两宋时期的江西移民对这类方言的形成和发展起了关键性作用。大鹏明清时期作为海防要地，士兵由邻近地区招募而来，除了典型的广府人与客家人以外，操东江中上游本地话的使用者也必然为数不少。丘学强（2000）在调查大鹏话时发现当地居民的祖先大多数是在清代才迁来的，当地的服饰、建筑是客、粤混合风格。康熙《新安县志》中有这样的描述："……（东莞、大鹏）二所额军，二千二百有奇。后屯籍纷乱，额军存者十仅一二……国朝革除军伍，今各籍于民矣。"这些描述说明清代以后，所城内的清兵（勇）是重新招募而来的，因为明中期卫所制度已经崩溃了。大鹏话发音人还提供了一条极具参考价值的信息：南澳东涌、西涌等地，把"食"读成 sɐk。大鹏当地其他口音都把"食"读成 sit，从粤语的演变规律来看，sɐk 才是最原始的形式。这就说明大鹏、南澳当地原来所讲的是粤语，后来大鹏所城招募的士兵中客家人较多，把口语常用词"食"的读音带入了当地的粤语中。南澳相对比较偏僻，人员流动也不大，因此仍然保留了原始的读法。由此看来，客家话对大鹏话的影响不可谓小。

对于古全浊塞音、塞擦音声母清化后的读法，东莞绝大多数粤语都是平上送气（归入去声的全浊上声字除外）而去入不送气的。我们猜测，大鹏话的原始形式也是如此，因为深圳西部沙井话、南头话等粤语也如此，而且深圳西部粤语的使用者多在宋元时期已经迁来。深圳粘米话、坪地蛇话与大鹏话全浊声母清化后一律送气，而这些方言都被客家话所包围。尽管大鹏的东西南面都靠海，但其北部与葵涌、坪山等传统的客家话区接壤。大鹏话原来的面貌应与深圳西部及东莞大多数粤语类似，清代以后受到客家话的深度渗透，加之本身便不排斥古全浊塞音、塞擦音声母清化后一律读送气音（也即有自身创新的可能性），因此演变成了现在的语言面貌。

由于缺乏历史文献的记载，我们无法判断大鹏话古全浊塞音、塞擦音声母一律读送气音的音变发生时间，无法排除大鹏话自身创新的可能性，也无法排除客家话的渗透影响。这里提供的猜测也仅仅是基于语言事实和移民事实所做的猜测，还有待证实或证伪。

（2）大鹏话假摄二等字和三等字的主要元音均为 a，这与多数粤语不同。假摄三等字，多数粤语为一个 e 或 ɛ 之类的前高元音，与二等的 a 划然有别。假开三在中古时期读为 *ia，大多数粤语经历了一个元音高化的过程，即 *ia > iɛ > ie。彭小川（1992）、刘镇发和张群显（2001）先后研究了清初（约18世纪）广府地区的粤语韵书《分韵撮要》，假摄二、三等字均拟音为 a、ɛ。大鹏话并未参与三等字元音高化的音变。不仅大鹏话，连江门的开平、恩平，东莞的麻涌、中堂和广州的从化等地都把三等字读为 ia（李新魁，

1994）。因此，这一条语音特征也不独为客家话所有。

（3）次浊入声有两个走向，或与清声母同调，或与浊声母同调。大鹏话次浊入声按一般规律应读为阳入，但有约四分之一的字读为阴入。客家话则有约三分之一的次浊入字读为阴入，但辖字与大鹏话不尽相同。下面列出大鹏话部分次浊入读为阴入的字：

膜聂镊蹑粒笠抹劣日莫膜幕寞诺肉育逆跃若烙骆酪络孽物勿陌匿弱鄂

前面的二十多个字，客家话均读为阴入，后面 7 个字则不然。另外，"烙""骆""酪""络"四个字，广州话也读为阴入（中入，调值为 3）。

大鹏话的声调调型与客家话十分相似，但调类分合则与客家话不同，其表层的调型应该是被客家话渗透影响过的。因此，对于大鹏话次浊入声读为阴入的情况，我们猜测是大鹏话声调在受客家话渗透的过程中，次浊入声在选择读阴调和阳调时有所往复而形成的。因为大鹏话底层是粤语，入声格局应该是阴高阳低，现南澳西涌等地的口音也仍然如此。大鹏话在转用客家话的入声格局阴低阳高时，部分字矫枉过正，或就是直接套用了客家话的调型，以至于产生部分字与客家话不相符的情况。在调型转换的过程中，客家话次浊入字的读法应当是以词汇扩散的形式来影响大鹏话的。

（4）见上文（3）的讨论。

（5）大鹏话效摄一二等字无别，均读为 au，这与大多数粤语不同而与客家话同。与其他粤语相比，大鹏话效摄和假摄的主要元音 a，似乎没有高化为 ɔ 和 ɛ 的倾向。据李新魁（1994）的说法，一等字在中古时期读 *ɑu，广州的近郊人和、龙归、钟落潭、花都以及江门、台山、恩平、惠州、东莞、深圳等县市的粤语都保留了类似的读法，主要元音未高化、圆唇化。一个旁证是广西壮语地区的部分粤语借词"报""糕""桃"等也读为 au，说明这是一等字的原始形式。

（6）大鹏话上声不分阴阳，入声调只有两个。这个特征是符合东莞、深圳地区粤语的主要语音特点的,"莞宝片粤语的调类大多只有七个——平、入各分阴阳,上声、去声共三个,或上分阴阳或去分阴阳"(詹伯慧等,2004)。刘镇发(2010)所调查的南澳口音,则只有一个入声调,阴阳入不分。

大鹏话古清上字今读上声,部分次浊上声读入上声,也有部分读入阴去的,部分全浊上声也读入阴去,余下的读入阳去。

以下是大鹏话次浊上声读入阴去的辖字(超过六成):

> 我马惹也野卤吕武买奶礼每美你里公～鲤尾某亩藕柳免痒养往冷领岭永懒伟母忍咬有友侮码鲁卯与宇羽拟已以蕊勉娩暖拇满橹矣旅雨染眼敏猛引远鹉雅苧禹偶览悯瓦牗五伍午乳米理耳腩缅卵软晚吻咧皿尔女哪昭扭钮揽允尹涌蚁累垒酉敛朗搂件汝馁儡湎莠撚撵仰

以下是大鹏话次浊上声读入阴去的辖字(约三成):

> 肚苎怠陛倍被妓巳柿皂厚峇篆沌盾窘菌忿荡像强棒艇氽绪愤仗上并蟹似市抱鳔白诞坐社柱徛舅断肾淡在重轻～;～要妇白

惠州话等东江中上游本地话和东莞部分粤语也有此类情况。浊上变去是汉语声调演变的一条大规律,但粤语的一般情况是全浊上声读入阳去的情况居多。李立林(2015)考察了东莞粤语的地理类型、调值变化及周边方言后,对此作出了令人信服的解释:浊上归清去只是这一带(东江一带)粤语方言语音音系的自然演变,是声调简化的一种合理演变。本书赞同这一观点,这是一种东江区域共享的语音特征。

现在讨论关于大鹏话浊上归阴去的现象。

大鹏话上声和去声的分合,有两种处理方法。第一种是将上声两分,去声独立为一个;第二种是将去声两分,上声独立为一个。我们取的是第二种处理方法,原因是清去字基本无分化,普遍读为一种调类,而浊上字在汉语方言中不很稳定,普遍有分化,那么将浊上字归入其他调类会更为恰当。当然，这只是两种可供选择的操作，但其性质都是古浊上字与古清去字读为一类而已。我们不在"名实"上讨论太多，而旨在揭示其内涵。

客家话浊上字虽然也有读为阴平的，但这些读入阴平的字与大鹏话读入阴去的字并不完全相同，有一定出入，说明它们走的不是同一条演化路径。

大鹏话的全浊上字有相当一部分与广州话现今读为阳上的字一样，没有随着全浊上归去的规律读为阳去，而是分派到其他声调去，这可以说是全浊上归去"音变中断的产物"，只不过分派的方向不同而已（侯小英，2008）。除了已派入阳去的字以外，其他绝大多数全浊上字与清去字合流，今读为阴去。次浊上字也分为两个走向，一个方向是与清上声字合流，一个方向是与清去声字合流。因此，全浊上、次浊上均有部分字今读表现为阴去。

大鹏话的阴去是一个低升调13，似乎说大鹏话的古清去字与部分浊上字合流也无妨。不过，本书的另一个大鹏话发音人刘伟来（王母口音）的阳上调却读为低平调22。总而言之，大鹏话的古清去字与部分古浊上字读为一类是可以确定的，但其原先的阳上调应如何拟定，却是一个问题。反过来处理，将大鹏话的上声两分为阴上35和阳上13或22，去声独立为一个53，似乎便于解释，但无甚分化的古清去字通通读入阳上，不仅有悖于古浊上字常有分化的共识，也掩盖了与其他古全浊上字读入阴去的方言的联系。合理的解释是大鹏话的阴去的调值早已经变化了。

大鹏话的调型，除了上声和阴去，其他调类的调型与客家话一致。假设大鹏话原先的上声与其他粤语一样是个升调，阴上为^{*35}，阳上为^{*13}或^{*23}；去声与其他粤语（主要参考东莞粤语）一样是个平调，阴去拟为^{*33}，阳去拟为^{*22}。大鹏话原先的阴平不好拟定，参考东莞东部的粤语（与深圳接壤），以中降调居多，可以考虑大鹏话原先的阴平也是一个中降调^{*42}或^{*32}、^{*31}，具体调值可以商榷，但其主要区别特征便是降调。客家话、粤语的阳平比较一致，以低调为主，暂拟为^{*21}。因此，可以得到大鹏话早期的声调系统：

阴平	阳平	阴上	阳上	阴去	阳去
*42	*21	*35	*13	*33	*22

参考粤东客家人大举进入深圳地区的时间，这个声调系统应在 18 世纪中期之后瓦解，其主要原因便是客家话的直接影响。

客家话对大鹏话的影响只在表层，在声调上的表现便是其调值的变化，而原调类下辖字的走向还是与客家话有明显区别的。深圳客家话的声调系统基本与梅县客家话一致，均为 6 个声调，平声、入声各分阴阳，上声、去声各只有一个。深圳客家话的舒声声调系统为：阴平 33、阳平 11、上声 31、去声 53。梅县客家话的阴平是 44，但在音系上没有什么特别的意义，与深圳客家话一样都是平调。因此可以认为深圳客家话的声调系统在这两个世纪还是比较稳定的。按照调值相近合并的原理，大鹏话阳平调与客家话调型、调值接近，不需再变，而应该从阴平开始变。阴平调受到客家话的影响，*42 > 33，因此声调格局中的降调位置空缺，形成了一个音系上的空位，且客家话的去声也是一个降调，为阳去 *22 > 53 提供了牵引的动力。上声因为是一个升调，与客家话相去甚远，因此得以保留升的区别特征。另一方面，原阴平调由 *42 读为 33 后，迫使原阴去调 *33 往其他方向发展，由于平调、降调已被占据，阴去选择了往升的方向进行演变。阴上读 *35 没有什么变化，阴去新发展出来的升调只能局限于中升或低升的范围内，而阳上字数少，且与阴去的调值接近，受到一大批新来的阴去字的感染和牵引作用，与之合流，这个阶段应该不会维持很长的时间。虽然合流后的表现各异，但其演变性质却是相同的。这里的"性质"，指的是部分浊上字与清去字读为一类，深层的音类归派方向是一样的，但表层的调值表现不一样。本书大鹏话的两个发音人，鹏城口音的卢水根读为 13，但在语流中调型的表现却常常是偏平的，王母口音的刘伟来读为 22，似乎昭示了 *13 > 22 的演变趋势。

因此，我们可以把舒声声调的变化顺序整理出来。首先是阴平 *42 > 33，次之阳去 *22 > 53，再次阴去 *33 > 13 / 22，最后阳上与阴去合流 *13 > 13 / 22。大鹏话阳平 *21 的区别特征是低调，与客家话阳平的区别特征及辖字也几乎一样，故未有明显变化。而阴上*35 的区别特征是升调，而客家话没有一个调型（连读变调除外）与之相似而产生矛盾，故得以保留。也就是说，大鹏话未变化的阳平和阴上调，前者是因为与客家话阳平的调型及辖字一致而未变化，后者是因为与客家话的调型有明显区别而未变化。

至于入声，大鹏话阴低阳高（但南澳西涌口音仍是阴高阳低），与客家话一致，应该也是后起的变化。总而言之，在表层的调型表现上，大鹏话与客家话相当接近，但在深层调类的演化规律及辖字归属方面，大鹏话又呈现出了明显的粤语特征。

通过上述讨论，大鹏话在某些音韵特征上与东莞、深圳两地的粤语呈现出了明显的一致性。可见大鹏话确系粤语无疑，当然，鉴于移民史及语言事实的确证，大鹏话也有部分音韵特征与客家话相符。我们认为：**在历时层面，大鹏话是以粤语为其基础方言的；在共时层面，大鹏话则呈现出了粤、客混合的语言面貌。**

五　大鹏话与东莞、深圳粤语语音特征的比较

根据詹伯慧等（2004）所总结的东莞、深圳粤语（原书称"莞宝片粤语"，主要内容由丘学强执笔）的主要语音特点，大鹏话与之契合的语音特点如表 6 – 27 所示。

表 6 – 27　　　　　　　大鹏话与东莞、深圳粤语对比

序号	东莞、深圳粤语主要语音特点	大鹏话
1	古溪、匣、晓母字今读声母为 f 的数量较多。	+
2	有浊擦音 v 或 z。	+
3	圆唇 œ、y 系列韵母较少。	+
4	普遍存在着鼻音韵尾向 ŋ 集中，塞音韵尾则向 k（?）集中的倾向。不少地区的粤语有 -? 韵尾。	-
5	存在"古入声字舒化"的现象。	-
6	莞宝片粤语的调类大多只有七个——平、入各分阴阳，上声、去声共三个，或上分阴阳或去分阴阳。	+
7	曾、梗摄细音字主元音为 ɐ。	+
8	蟹摄、山摄部分一等字主元音为 u。	+

原书只有前 6 项，第 7、8 项是根据温育霖（2019）所总结的增补上去的。这里对上表稍作解释。

第 1 项，根据前文的讨论，大鹏话古溪、匣、晓母字读 f 的并没有特别多，但与广州话相比，确实多一些。如"海 fui""开 fui""汗 fun"等。这一项，大鹏话还是符合的。

第 4、5 项，这两项或可视为东莞、深圳地区粤语共享的区域特征，但受客家话影响较深的一些方言土语除外。坪地蛇话的双唇韵尾处于脱落的过程中，原 -m 和 -p 韵尾与洪音相拼时向软腭部位转移，与细音相拼时向齿龈部位转移（温育霖，2019）。大鹏话和坪山、坑梓等地的粘米话辅音韵尾的保留相当完整，没有喉塞音韵尾 -ʔ，也没有入声舒化的情况（周佳凡，2014）。

除了第 4 和 5 项以外，大鹏话基本与上述语音特点契合。因此，大鹏话属于东莞、深圳地区一种受客家话渗透较深的粤语。如按詹伯慧（2004）的归类，则应归入莞宝片粤语的下位变体。

六　大鹏话的成型时间

为了确定大鹏话的形成年代，我们从深圳客家和止开三齿音字的读法入手，探讨其与大鹏话的关系。客家话和惠州话的知二精庄组均有 i 和 u 的读法，章组字则普遍读为 i。大鹏话的止开三普遍读 i，偶然在舌尖音声母 ts、tsʰ 和 s 后会读为 ɿ，但不与 i 构成音位对立，详见第二章音系描述。深圳客家话止开三的 u 大概是在 19 世纪中后期乃至 20 世纪出现的，大鹏话未参与这个音变过程，说明大鹏话在 19 世纪中后期就已经成型了。

下面是 u 音类的例字（常用字），各地辖字大致相当，没有太大的出入，这里以深圳龙岗读法为根据（下加横线的表示有异读）：

精组：紫资咨姿滋子梓此次瓷慈磁辞词祠饲斯撕私字司丝思伺巳祀嗣似<u>自</u>

庄组：师狮士仕事使史驶

章组：之芝恃侍<u>诗</u>

除了读 u 以外，精庄组字一般读为 i。不过，龙岗、坪地的 i 在深圳坪山、坑梓、葵涌等地的客家话则读为 ɿ。换句话说，龙岗客家话止开三的 i 在坪山、坑梓等地，就发生了 i > ɿ / 精庄组＿＿的音变。如下所示：

	子	止	次	刺	事	市
龙岗	u	i	u	i	u	i
坪地	u	i	u	i	u	i
坪山	u	ɿ	u	ɿ	u	ɿ
坑梓	u	ɿ	u	ɿ	u	ɿ
葵涌	u	ɿ	u	ɿ	u	ɿ
东莞清溪	u	i	u	i	u	i
香港新界	u	i	u	i	u	i

从音理上来说，ɿ 是由 i 高化而来的，或是受到舌尖音同化而发生的音变。之所以会发生这样的音变，是因为当地的客家话在 19 世纪后期的知三章组（拟为 *tʃ、*tʃʰ、*ʃ）和精庄知二组（拟为 *ts、*tsʰ、*s）合流为一套塞擦音和擦音，原先分别与这两类声母相拼的支脂之韵发生冲突。根据 19 世纪中后期传教士文献的记载，当时的深圳客家话（新安客家话）与知三章组相拼的支脂之韵音值为 i，与精庄知二组相拼的支脂之韵的音值被记为"ẓ"或"ṣ"（田志军，2015；庄初升、黄婷婷，2014）。因此，可以确定音变发生的时间上限不会早于 19 世纪中叶。

"ẓ"或"ṣ"有没有可能记录的是当时的 ɿ 呢？恐怕不可能，因为当时与止开三精庄知二组字似乎还没有读为 u 的先例。如果把"ẓ"或"ṣ"视为 ɿ，则难以解释今坑梓、坪山等地为何在同一个音类上分化出了 ɿ 和 u。至于"ẓ"或"ṣ"的实际音值，按田志军先生的意见，这并非舌尖元音，如果要对之进行拟测，则需要考虑它既有可能演变为 ɿ，又有可能演变为 u，因此拟为 ï。本书对这一观点表示赞同，但同时，我们认为还需要考虑它演变为 i 的可能性，即演变为 i 型客家话的可能性。

我们在调查坪山客家话时，观察到发音人在发与齿音相拼的ɿ时，音值游移不定，有时是ɿ，有时是iᶻ或iˡ，少数情况下是ŋ̍。这说明，"ɿ"或"ʮ"很可能并不是一个固定的音值，而是一个尚处在变化阶段的音值，这也能较好地解释它变为今音i/ŋ̍和u的时间区间较短，且现今辖字相对固定的情况。

粤东汕头、潮阳、潮州、揭阳、惠来和海丰等地的闽语，对于精庄组止开三字也多读为ɯ或u，章组则普遍读为i（林伦伦、陈小枫，1996）。由此可见，粤东闽语及深圳客家话的止开三韵母元音的音变目标均在高元音范围内波动，且粤东闽语与深圳客家话接触的可能性并不大，均是内部各自演变的结果。因此，我们有理由相信深圳客家话止开三齿音字音变的起点也应当是高元音。客家话普遍不存在y，所以还有ɨ、ʉ和ɯ的选择。这三个高元音都是非正则元音，容易发生音变，可能往前变也可能往后变。从"ɿ"或"ʮ"有前有后的演变趋势来看，拟为央元音会更合适一些，而ʉ听感更接近于y，因此ɨ仍是最佳的选择。不过，当时ɨ有可能不是固定的音值，可能具有iᶻ、iˡ和ŋ̍等变体。

19世纪晚期知三章组与精庄知二组合流读为ts组后，与之拼合的支脂之韵字的对立就由i元音和ɨ来维系。ɨ的音值不稳定，容易发生变化。当知三章组读为ts组后，原来与之搭配的i类字大量涌入原精庄知二组字的领地，精庄知二组字的ɨ本来有前化为i的趋势，但受到知三章组i类字的冲击，它的音变目标有两个方向可以选择：第一，继续前化为i，与新来的知三章组i类字合流；第二，往其他方向变化，以与知三章组i类字保持对立。

从今音来看，因为发音部位的特殊，ɨ类部分字选择了前化为i，也有部分字选择了后化为u。

章组中的"之芝恃侍诗"5个字也读为u。这5个字是后来才挤入ts组的领地的。ɨ与i音近，在彼此的纠葛中，这几个字很可能受到ɨ>u的感染作用，因此也由i念为u。另外，大抵是受到同声符的影响，"恃恃诗"从"寺su"声，因此受到类推作用而产生音变。（游汝杰，2016）至于"之芝"，则是为了避"膣tsi（女阴）"之讳而改读。（刘镇发，2021）。

从上面的分析可以看出，u 在精庄组字中首先出现，接下来才逐渐扩散到章组字中。精庄组有部分 i 类字把音变目标 i 让给了新来的知三章组字，自寻出路与知三章组字保持对立。也就是说，u 音类的出现就是精庄组 i 类部分字为了避免与知三章组 i 类字合流而产生的补偿，所以章组字中虽然有几个受到感染而离队的字音，但绝大多数字还是朝着原先的音变目标 i 前进，最后发展为现代音 i 或 ɿ，与精庄组演变为 u 的字保持对立。

　　这类音变出现的地域相当集中，尤以深圳、香港等地（原为清代的广州府新安县）的客家话为音变中心。大鹏地处新安县，但大鹏话中并没有与邻近客家话同样音变的痕迹，也没有止开三的齿音字被客家话读 u 的字通过词汇扩散的形式渗透或相关读音的借词，说明大鹏话在 19 世纪中叶以前就已经基本成型了。参考新安县迁海展界的历史，粤东客家人大量迁入是在雍正五年（1727 年）以后，乾隆中叶后（约 1770 年）达到高潮，大鹏话中有不少明显的客家话特征，说明大鹏话在新安客家移民潮中一定受到了不小的影响。那么，可以锁定大鹏话成型的时间区间大概是 18 世纪中晚期到 19 世纪中叶间。大鹏话受到客家话的深度渗透需要两个条件，第一是客家话在当地是强势方言，第二是接触的时间足够长，可能需要三四代人的时间（约 60 到 80 年）。因此，这个时间区间（约 1770—1860 年）还是比较可信的。

　　从语音分析的角度，我们可以给大鹏话下一个这样的定义：**大鹏话成型于乾隆中叶至咸丰年间（1770—1860），其形成与清初兵制及粤东客家移民潮的历史有关，其语音基础是粤语，但深受粤东客家话的渗透影响。以当今的眼光看，粤、客混合的特征比较明显。**

第四节　词汇比较

　　本书选择大鹏话作为研究对象，本章第二节只考察其语音方面，便可发现其粤语特征远多于客家话特征。即便在粤语内部比较，其一致性特征也远多于差异性特征。以其音韵特征下判断，说大鹏话属于粤语，虽有比较大的把握，但恐怕也遗漏了其词汇部分的特点。因此，下文拟将词汇也纳入考察的范围，以便更好展示大鹏话的语言特点，判断其语言性质及系属划分。

一　理论基础

无界有阶论，这个观点最早由陈保亚在其著作《论语言接触与语言联盟——汉越（侗台）语源关系的解释》（1996）提出。两种语言接触，双方会产生母语干扰和借贷两种关系，这两种关系将会持续很长一段时间，从而使得两种语言发生变化。例如，傣语以母语的方式通过傣汉语（指以傣语为母语的傣族人的第二语言，其目标语言是汉语，相当于傣族人学汉语时的中介语）来干扰汉语，汉语也通过汉傣语（指的是以汉语为母语的汉族人的第二语言，是汉族人学习傣语时的中介语）来干扰傣语，这一过程使得双方音系中接近的音类产生并合，陈保亚称之为"同构"。另一方面，傣语通过傣汉语和汉傣语从汉语进行借贷，而汉语只在少数词汇（如互补的词汇、偏向傣族文化的词汇）上通过汉傣语和傣汉语从傣语进行借贷。同一空间和时间内，傣语向汉语所借贷而产生的借词和汉语中的施借出去的原词保持了严格的（语音）对应。

语言接触所产生的后果，其中最主要的便是结构的同构和借贷的对应。这两个特性能否深入到参与接触的两种语言的核心部分，一些学者讨论过这个问题。譬如，严学宭（1979）便认为同族词不可借用，邢公畹（1993）认为同音词对应不借用，实际上也就是认为语言的接触是有界的。陈保亚（1996）通过考察西南官话和德宏傣语的接触，证伪了这些观点。他认为："只要接触时间足够地长，接触足够密切，第二语言化程度足够地高，接触过程中就没有不可逾越的界限。"

所谓"有阶"，指的是词汇借贷最先进入借贷语言外围的词汇，如新概念词、文化词等等；其次渗入一般性词汇，再次渗入核心词汇。每个"阶"之间的界限并不是泾渭分明的，但这种模糊的界限却的的确确地存在着，使得每个"阶"内部的词汇系统在与其他语言接触的过程中保持相对稳定。陈保亚运用这个理论，以斯瓦迪士

(Swadech）的 200 词表为基础，做了大量的检验工作。他与汪锋（2006）以该理论为指导，对一些已经被公认为有同源关系或接触关系的语言或方言进行检验，结果符合其理论预测。

二 斯瓦迪士 200 词

斯瓦迪士的 200 词最早是语言年代学（glottochronology，又称词汇统计学，lexiconstatistics）的产物（徐通锵，1991）。斯瓦迪士根据数百种世界语言，遴选出人类语言普遍存在的核心词汇，一开始提出的是 200 词，后来又进行了修正，精简为 100 词。陈保亚将精简后的 100 词作为人类语言最核心的词汇，视为高阶词，被剔除出去的 100 词也有其价值，视为低阶词。

这样一来，高阶词的稳定性比低阶的要高，以此为操作的基础。其理论设想是两个语言同源，则高阶词中关系词的数量多于低阶词，反之则为接触关系。总体而言，这个设想是很有创新意义的，但仍有一些争议，即核心词择词的问题，很难有一个放诸四海而皆准的选词原则。斯瓦迪士的选词目标固然是追求客观性，但仍不能保证摆脱主观的想法。譬如，其词表中有"red、green、yellow、white、black"五个颜色词，但玻利维亚的 Tsimane 语中却只有三种基本色彩的概念，这些颜色概念便明显不适用了（叶萤声、徐通锵，2010）。"freeze、ice、snow"之类的词语，对于热带或亚热带地区的语言来说，恐怕并不存在这些概念，取近的说，就连广州话也常常冰、雪不分（丘学强，1989）。陈保亚在书中也声明，从 Swadech 一开始拟定的 200 词中还减去了 7 个词，分别是 at、other、some、when、wipe、with 和 ye，因为这些词不便比较或与其他词有语义重复。语义重复可能造成调查过程中多对一的情况，而词义宽泛则有可能造成一对多的情况。例如"kill"，在客家话和粤语中根据搭配对象为人或其他动物，还可以继续细分。又如"stab"，粤语广州话根据所用工具的尖锐程度，又可进一步细分。上述例子是语义含混的表现，竟成（2005）对选词的问题则有更为深入的理论思考。

本书无意在选词问题上再作讨论。陈保亚提出无界有阶论，其原先的目的是想通过两种语言共有的关系词数量来考察双方是同源关系还是接触关系。大鹏话与客家话无疑是同源关系，有着共同的汉语祖语。如果用200词来考察大鹏话的系属，遇到的问题首先是二者所共用的同源词太多了。徐通锵（1991）在使用200词考察古、今汉语的时候，提出："计算的对象以基本词根语素为准，不算前缀、后缀等词缀，只要某一词根语素（不管是单用还是保留在复合词中）的意义没有什么变化，就算是同源的成分。"如果按这个标准操作，恐怕会掩盖某些词法特征的借用。

因此，斯瓦迪士200词的普适性还是不够强的，尚存在一定程度的主观性、偏向性，但瑕不掩瑜，它仍然在一定范围内反映了人类语言中普遍存在的某些稳定性较强的、核心的概念。本书也拟使用这一份词表，对大鹏话的核心词汇系统进行观察，以期得出大鹏话核心词汇方面与客家话或粤语异同的情况。

语言要素渗透的先后次序是不同的，如果是语言假借，一般是先假借词汇，其次才涉及语音、音系和句法特征。Rayfield比较了依地语向英语假借的情况，得出了这样的结论（陈忠敏，2013）：

语言项目	渗透程度
词汇（lexicon）	强
音系（phonology）	弱
构词及句法特点（morphosyntax）	中等

本书认同这个观点。从宏观角度来看上一章的语音比较，基本可以断定大鹏话的语音特点与客家话差异较大，但词汇系统则未必如此。鉴于词汇数量太多，限于篇幅，一一对比未必实际，本书拟对其核心概念词汇进行考察。

三　大鹏话核心概念词汇

这部分基本以陈保亚所译的斯瓦迪士200词为依据，根据实际情况对个别条目进行了修正、删除。如无特别说明的词条，则大鹏话、粤语（包括但不限于南头话、广州话）和客家话在这个词上共用一个词形。

（一）高阶词

表 6-28　　　　　　　　　大鹏话的高阶词

序号	词条		大鹏话	序号	词条		大鹏话
1	I	我	我 ŋɔ¹³	13	big	大	大 tʰai⁵³
2	you	你	你 ni¹³	14	long	长	长 tsʰɔŋ²¹
3	we	我们	我哋 ni¹³ ti⁵⁵	15	small	小	细 sɐi¹³
4	this	这	呢 ni¹³	16	woman	女人	女人 ni¹³ iɐn²¹
5	that	那	嗰 kɔ³⁵	17	man	男人	男人 nam²¹ iɐn²¹
6	who	谁	哪霞/哪人 na⁵³ ha²¹/ na⁵³ iɐn²¹	18	person	人	人 iɐn²¹
7	what	什么	乜嘢 mɐt³ ia¹³	19	fish	鱼	鱼 i²¹
8	not	不	唔 m̩²¹	20	bird	鸟	雀仔 tsiɔk³ tsɐi³⁵
9	all	全部	全部 tsʰin²¹ pʰu⁵³	21	dog	狗	狗 kɐu³⁵
10	many	多	多 tɔ³³	22	louse	虱子	狗虱/虱嫲 kɐu³⁵ sɐt³/ sɐt³ na³⁵
11	one	一	一 iɐt³	23	tree	树	树 si⁵³
12	two	二	二 ŋi⁵³	24	seed	种子	种 tsuŋ³⁵

续表

序号	词条		大鹏话	序号	词条		大鹏话
25	leef	叶子	叶 ip⁵	40	eye	眼睛	眼 ŋan¹³
26	root	根	根 kɐn³³	41	nose	鼻子	鼻公 pʰi⁵³ kuŋ³³
27	bark	树皮	树皮 si⁵³ pʰi²¹	42	mouth	嘴	嘴 tsui³⁵
28	skin	皮肤	皮 pʰi²¹	43	tooth	牙齿	牙（齿） ŋa²¹（tsʰi³⁵）
29	flesh	肉	肉 iuk³	44	tongue	舌头	脷 li⁵³
30	blood	血	血 hit³	45	claw	爪子	爪 tsau³⁵
31	bone	骨头	骨（头） kɐt³（tʰɐu²¹）	46	foot	脚	脚 kiɔk³
32	grease	脂肪	油 iɐu²¹	47	knee	膝	膝头 sɐt⁵ tʰɐu²¹
33	egg	鸡蛋	鸡欁 kɐi³³ tsʰɐn³³	48	hand	手	手 sɐu³⁵
34	horn	角	角 kɔk⁵	49	belly	肚子	肚胈 tu³⁵ pʰat⁵
35	tail	尾巴	尾 mi¹³	50	neck	脖子	颈骨 kiaŋ³⁵ kɐt³
36	feather	羽毛	毛 mau²¹	51	breasts	乳房	脶仔 nin⁵³ tsɐi³⁵
37	hair	头发	头毛 tʰɐu²¹ mau²¹	52	heart	心脏	心肝 sɐm³³ kun³³
38	head	头	头壳 tʰɐu²¹ hɔk³	53	liver	肝	肝 kun³³
39	ear	耳朵	耳吉 ŋi¹³ kɐt³	54	drink	喝	饮 iɐm³⁵

续表

序号	词条		大鹏话	序号	词条		大鹏话
55	eat	吃	食 sit^5	70	give	给	畀 pi^{53}
56	bite	咬	咬 $ŋau^{13}$	71	say	说	讲 $kɔŋ^{35}$
57	see	看见	睇到 $t^hɐi^{35}\ tau^{53}$	72	sun	太阳	热头 $ŋit^5\ t^hɐu^{21}$
58	hear	听见	听到 $t^hiaŋ^{33}\ tau^{53}$	73	moon	月亮	月光 $it^5\ kɔŋ^{33}$
59	know	知道	知到 $ti^{33}\ tau^{13}$	74	star	星星	星 $siaŋ^{33}$
60	sleep	睡	瞓觉 $fɐn^{13}\ kau^{13}$	75	water	水	水 sui^{35}
61	die	死	死 si^{35}	76	rain	雨	水 sui^{35}
62	kill	杀	㓥/杀 $t^hɔŋ^{33}/sat^3$	77	stone	石头	石牯 $sak^5\ ku^{35}$
63	swim	游泳	游水 $iɐu^{21}\ sui^{35}$	78	sand	沙子	沙粒 $sa^{33}\ lɐp^3$
64	fly	飞	飞 fi^{33}	79	earth	土地	地 t^hi^{53}
65	walk	走	行 $haŋ^{21}$	80	cloud	云	云 $vɐn^{21}$
66	come	来	来 lui^{21}	81	smoke	烟	烟 in^{33}
67	lie	躺	瞓 $fɐn^{13}$	82	fire	火	火 $fɔ^{35}$
68	sit	坐	坐 $ts^hɔ^{13}$	83	ash	灰	灰 fui^{33}
69	stand	站	徛 k^hi^{13}	84	burn	烧	烧 siu^{33}

续表

序号	词条		大鹏话	序号	词条		大鹏话
85	road	路	路 lu^{53}	93	hot	热	热 ŋit^5
86	mountain	山	岭岗 liaŋ^{13} kɔŋ^{33}	94	cold	冷	冷/冻 laŋ^{13}/tuŋ^{13}
87	red	红	红 huŋ^{21}	95	full	满	满 mun^{13}
88	green	绿	青/绿 tsʰiaŋ^{33}/luk^5	96	new	新	新 sɐn^{33}
89	yellow	黄	黄 vɔŋ^{21}	97	good	好	好 hau^{35}
90	white	白	白 pʰak^5	98	round	圆	圆 in^{21}
91	black	黑	乌 u^{33}	99	dry	干	燥 tsau^{33}
92	night	晚上	晚头黑 man^{13} tʰɐu^{21} hɐk^3	100	name	名字	名 miaŋ^{21}

（1）第1条，"我 ŋɔ^{13}"。从大鹏话和粤语的角度来看，并没有什么特别之处。不过，客家话的第一人称"我（𠊎）ŋai"，却是一个语音特征词。所谓的语音特征词，也即词形、词义无方言特征，但语音具有明显方言特征的词。语音特征词有可能是保留了古读，或有不同的反切来源，或有其他特殊的语音变异（温昌衍，2012）。上文已经提过，客家话读为带-i韵尾的 ai，是上古歌部字读法的残迹。

这个字的读法是客家话最明显的特征之一，甚至因此被外方言区的人称客家话为"𠊎话"。温昌衍（2012）考察了粤闽赣地区的15个客方言点，发现该字都与"太"同韵，韵母读为 ai 或 æ。可见该字就是客家话的语音特征词。就深圳地区的客家话而言，"我"字有二音，分别为 ŋai^{11} 和 ŋɔ^{33}，其中后者为文读音。大鹏话的"我"显然不是客家话的文读音，乃是本方言的常规读法。

（2）第3条，你们，"你 ni¹³ 哋 ti⁵⁵"。人称复数，大鹏话均用"哋"来表示，如"我哋""你哋""佢哋"，其作用等同于广州话的"哋"、客家话的"等"或"兜"。

（3）第4条，这，"呢 ni¹³"。这是一个表示近指的代词，如"呢个"（这个）、"呢埞"（这里），与广州话的"呢"同源。大鹏话的"呢"是一个借词，来源于壮语。刘叔新（1997）指出，侗台语中普遍存在这个具有相同意思和功能且语音接近的近指代词，如武鸣壮话为 nei⁴，侗语为 nai⁶，水语为 naːi⁶，黎语 ni⁵（右上标数字为调号）。而汉语古籍及邻近的汉语方言都不见有一个音义与之相当的词。

深圳客家话表示近指的代词是"□ȵia³¹"，明显与"呢"不是同一个来源。

（4）第5条，那，"嗰 kɔ³⁵"。远指代词，与广州话的"嗰 kɔ³⁵"同源。广州话的"嗰"是一个方言字，其本字是"个"，繁体作"個"，古体字为"箇"。"个"字因声别义，在大鹏话中读阴去作为量词，读阴上则作为远指代词。在文献用例中，"个"既可以用作近指，也可以用作远指。《汉语大字典》："代词。表示指示，相当于'这'、'那'。"唐李白《秋浦歌》："白发三千丈，缘愁似**箇**长。"宋苏轼《记梦》："不信天形真**箇**样，故应眼力自先穷。"大鹏话沿用了这个用法，并应用于远指。

深圳客家话的远指代词 ai⁵²或 ai¹¹，与大鹏话和其他粤语的说法不同源。

（5）第6条，谁，"哪 na⁵³ 霞 ha²¹/哪 na⁵³ 人 iɐn²¹"。"霞"的写法是同音字，这个说法不见于邻近方言，但见于兴宁水口等地的客家话。若该说法确实来自兴宁，则恰与移民史相符：清代深圳客家移民的主体正是来自粤东兴梅地区。"哪人"似乎不常见于粤语和客家话。

深圳客家话常说为"□mai³¹人 ȵin¹¹"或"□laŋ³¹人 ȵin¹¹"。

（6）第7条，什么，"乜 mɛt³ 嘢 ia⁷³"。这是典型的粤语特征词。广州读"乜 mɛt⁵ 嘢 iɛ¹³"，据张惠英（1990）的考证，"乜"的本字乃是"物"，是"物 mɛt²"的高平变调，不妨认为是因声别义的一个例子。普通话的"什么",也来源于"什物"。由指事物而用作疑问代词并不乏其用例,罗杰瑞在《汉语概说》(1995)中曾提到现代意大利语中的cosa既指物件,也用作疑问词"什么"。

深圳客家话则说"脉mak¹介kai⁵²",来源于"物个",同样遵循原指事物而用作疑问代词的原理。

(7) 第16条,女人,"女ni¹³人iɐn²¹"。客家话一般口语称"□pu³³娘",第一个音节也可能是"妇",但声调改读为阴平。客家话的全浊上声既有读为去声的文读层次,也有读为阴平的白读层次,如"动""淡"等均有平、去两读,"妇"应同此。

(8) 第19条,鱼,"鱼i²¹"。就大鹏话来说,该词的形、音、义均无特殊之处,俱与古合,但客家话的"鱼"却是一个语音特征词。"鱼"是遇摄合口三等疑母字,音韵地位相同的其他字均读为ŋi,而客家话的"鱼"却读如一等,鼻辅音自成音节。因此,大鹏话"鱼"的语音更具有粤语特色,即疑母细音读为ø。

(9) 第20条,鸟,"雀tsiɔk³"。广州话一般说"雀"或"雀仔",大鹏话同此。

客家话说"鸟",但读同"雕tiau³³"。鸟,《广韵》上声篠韵都了切。该字后来也用作詈词,而普通话和粤语为避讳,将塞音声母t改读为同部位的鼻音n,继续表示其本义。该反切在客家话中现今也可用于表示其本义,但客家话的避讳是改读声调为阴平,声母仍与切音保持一致。

(10) 第22条,虱子,"狗kɐu³⁵虱sɐt³/虱sɐt³乸na³⁵"。《广东粤方言概要》(2004)中所记录的11个粤语区均为"虱乸",可见这是一个典型的粤语特征词。"乸"粤语中是表示雌性的语素,一般置于名词之后,这也是这类语素在客家话、粤语、闽语等南方方言中用法的特点。

客家话则说为"虱嫲","嫲"也是客家话中常见的表雌性的语素,赣语则多说为"虱婆"。大鹏话与客家话、赣语均选用一个表示雌性动物的语素来构成这个词,即"虱+乸/嫲/婆"的结构,这种情况是值得注意的。

客家话偶然也有把虱子统称为"狗虱"的,因为常见于狗身上，大鹏话也有此类说法。

（11）第26条，根，"根 kɐn³³"。深圳客家话则普遍把植物的根说为"茎 kin³³"。因此，大鹏话的这个词与粤语更接近。

（12）第37条，头发，"头 tʰɐu²¹毛 mau²¹"。东莞、中山、斗门、台山、开平、信宜和廉江等方言点与大鹏话同，属粤语词无疑。广州、顺德等地则说"头发"。

深圳客家话说"头 tʰiu¹¹顱 la³³毛 mau³³"。顱，《广韵》落胡切，上古归鱼部。据严修鸿（2002）考证，客家话的古来母白读层次与泥母同为 n-，且上古鱼部字为 a，梅县客家话据此便有一个 na¹¹的音，声调为阳平。深圳客家话因泥母洪音字已与来母字合流，故声母仍为 l，且声调也已改变，读为阴平。

（13）第38条，头，"头 tʰɐu²¹壳 hɔk³"。粤语有说为"头"的，如顺德、中山；也有说为"头壳"的，如韶关、信宜。大鹏话的说法是典型的粤语词。

深圳客家话则说为"头顱"，其中"顱"保留了上古鱼部字的古读 a，这也是客家话的一个语音特征词，考证及解释可参见上一条。

（14）第39条，耳朵，"耳 ŋi¹³吉 kɐt³"。这种说法在粤语里不是普遍的，多数粤语一般说为"耳仔"，仅东莞、增城两地粤语说"耳吉"。不过，增城为粤、客混杂区，增城粤语词汇也受到了客家话的影响，因此，很难说增城的"耳吉"是其粤语本身的用法。

深圳客家话可说"耳吉"或"耳公"，且后者更符合一般客家话的用法。

（15）第41条，鼻子，"鼻 pʰi⁵³公 kuŋ³³"。粤语普遍的说法为"鼻哥"，仅信宜一地说"鼻公"。

客家话以"公"或"牯"来表示雄性的用法很常见。据温昌衍（2012），客家话的"公"除了表示雄性以外，还可以指同类物中的粗大者，如"碗公"（大碗）、"手指公"（大拇指）。"鼻公""耳公"等词，则"公"在此用于指示突出的部位。大鹏话的说法与客家话同。

（16）第42条，嘴，"嘴 tsui³⁵"。大鹏话的说法与多数粤语的说法相同。

深圳客家话说"啜角"。深圳客家话的"嘴"读为 tsui³¹，而嘴巴一词则说为"□tsɔi⁵²角"，可知"□tsɔi⁵²"的本字应该不是"嘴"。"啜"，《说文解字》："尝也。从口叕声。一曰喙也。"《广韵》陟卫切（陟劣切则为泣貌之义），而从中可知深圳客家话应读为 tsui 或 tsɔi。温昌衍（2012）认为，"啜"的名词义是从动词义"尝也"引申而来的，则客家话应写为"啜角"。

（17）第44条，舌头，"脷 li⁵³"。这是一个粤语特征词，乃是对"舌"的避讳说法。粤语中的"舌"和折本的"折"同音，出于心理、文化等原因，改说为与"折"相反的"利"，后加上形旁写为"脷"。

客家话对该词则没有避讳心理，一般说"舌嫲"，但动物的舌头则可能说"脷"，如猪舌头说"猪脷"。

（18）第49条，肚子，"肚 tu³⁵脖 pʰat⁵"。这是一个客家话特征词，其他粤语则多说为"肚"。

"脖"，《广韵》蒲拨切，音合，但义是引申而来的。《集韵》蒲盖切："脖，白肉也。"《汉语大字典》："①人体大腿上的细毛。②洁白的肉。"侯小英（2008）认为，人体腹部的肉是白的，用"脖"指称亦在情理之中。客家话用"肚脖"称肚子，可以视为一个同义复词。

（19）第50条，脖子，"颈 kiaŋ³⁵骨 ket³"。其他粤语普遍说为"颈"，客家话普遍说为"颈"或"颈筋"。大鹏话的"颈骨"应是指脖子内的颈椎，词义扩大后指整个脖子。

（20）第51条，乳房，"胗 nin⁵³仔 tsɐi³⁵"。"胗"只是一个同音字，这是一个百越语的借词或汉语方言与百越语的同源词，乳汁的壮语说 nən²，泰语 nom²，傣语 num²。广州及中山、东莞等地粤语说 nin，闽语漳州话说 liŋ，声调均为阴平（温昌衍，2012）。梅县客家话说 nen，深圳客家话说 lɛn，声调均为去声。乳房是分泌乳汁的器官，用"胗"指代合乎情理。

乳房一词，客家话说"胗姑"。

（21）第53条，肝，"肝 kun³³"。在粤语中，以水喻财。"干"

"肝"同音，出于避讳心理，故改称为"润"，后又改形旁为"膶"。客家话对于该词则没有忌讳，直接称为"肝"。不过不能确定这是借用客家话的说法，还是大鹏话本来就称为"肝"。

（22）第54条，喝，"饮 iɐm^{35}"。这是典型的粤语词。与液体搭配时，客家话普遍说"食"。客家话的"食"，搭配对象既可以是固体，也可以是液体，如"食饭""食汤""食茶"，也可以搭配香烟等事物，如"食烟"。粤语则可细分为固体和液体，固体说"食"，液体说"饮"。

（23）第55条，吃，"食 sit^5"。按规律大鹏话应该读为 sɐk^5，而周边的客家话却普遍读为 sit。可见该词的语音明显是被客家话所渗透的，是个语音特征词。不过，据发音人告知，南澳口音仍读为 sɐk。

（24）第56条，咬，"咬 ŋau^{13}"。该词与客家话区别开来，客家话习惯说"啮（齧）ŋat^1"。《广韵》入声屑韵五结切："齧，噬也。"按反切规律今音应读为 ŋiet，主元音为 ɛ，但山摄细音字的主元音也有读为 a 的，如"研""砚"等，故"啮"音义俱合。

（25）第57条，看见，"睇 tʰei^{35} 到 tau^{53}"。英语原词为 see，语义有些模糊，陈保亚译为"看见"，本文从之。"睇"是粤语特征词，《广韵》平声齐韵土鸡切："睇，视也。"

客家话普遍说为"看到"。

（26）第60条，睡，"瞓 fɐn^{13} 觉 kau^{13}"。"瞓"是方言字，本字为"困"，在与睡眠相关的意义上也可写为"睏"，《广韵》去声恩韵苦闷切："困，悴也。"由疲倦引申出睡，合乎逻辑，且今吴语区仍把睡觉说成"困觉"，文献中亦不乏其例，如鲁迅《阿Q正传》："我和你困觉。""困"是溪母合口洪音字，按规律大鹏话声母今读应该为 kʰ 或 f，因此读为 f 也符合演变规律。

深圳客家话则说为"睡目"。

（27）第62条，杀，"劏 tʰɔŋ^{33}/杀 sat^3"。"劏"相当于宰杀，搭配对象是动物，如与人搭配，则有将人当动物看的意味；搭配对象是人时，说"杀"。

客家话也分对象，对象是人时，多说"杀"；对象是动物时，以"治"为多，但深圳客家话也基本使用粤语借词"劏"而少用"治"。

（28）第67条，躺，"瞓 fɐn¹³"。见（26），这是一个粤语词。"困"的疲倦义引申出睡眠义，由此再衍生出睡倒、躺下的意义。

深圳客家话则将躺的动作说为"眠 min¹¹"。

（29）第70条，给，"畀 pi⁵³"。《广韵》去声脂韵必至切："畀，与也。"该词与广州话一样，也是大多数粤语的说法。该词还可以虚化作"被、替"等语法意义。

客家话则说"分 pin³³"或"分 pun³³"，这个词是客家话的特征词。《广韵》平声文韵府文切："分，赋也。施也。与也。"声母保留重唇读法，韵母按切音应读为 un，但音韵地位相当的"蚊"在"蚊帐"一词中读 in，可见臻合三唇音字读 in 也是有先例的。故"分 pin"音义俱合。

（30）第72条，太阳，"热 ŋit⁵ 头 tʰɐu²¹"。粤语区普遍说"热头"，偶有"日头"的说法。客家话则一般说为"日头"。

（31）第76条，雨，"水 sui³⁵"。粤语区既有说为"水"的，也有说为"雨"的。珠三角粤语区以"雨"为主。

客家话则普遍说"水"，但下雨在梅县却说为"落雨"，深圳客家话仍说为"落水"。综合考虑，大鹏话的说法应该更近于客家话而非粤语。

（32）第77条，石头，"石 sak⁵ 牯 ku³⁵"。粤语区一般说"石头"或单称"石"，"石牯"是客家话用词，"牯"是客家话中表示（动物）雄性的语素，但指某些事物时，其指示性别的意味则不明显。

（33）第78条，沙子，"沙 sa³³ 粒 lɐp³"。粤语区一般单称为"沙"。客家话多说为"沙公"，"公"表示（动物）雄性，在这里指同类事物中的粗大者。大鹏话的说法既不同于粤语，也不同于客家话。

（34）第79条，土地，"地 tʰi⁵³"。大鹏话的说法没什么特别之处，但与客家话比较则可知不是客家话用词。

客家话中，土地说为"地泥（下）"。单说一个"地"则是指坟墓，该词是客家话的特征词。因此，大鹏话的"地"断然不是客家话的用词。

（35）第86条，山，"岭 liaŋ¹³ 岗 kɔŋ³³"。粤语常说为"山"，大鹏话的说法与客家话同。

（36）第91条，黑，"乌 u³³"。客家话和闽语都普遍把黑说为"乌"，大鹏话的说法与客家话同。

（37）第92条，晚上，"晚 man¹³ 头 tʰɐu²¹ 黑 hɐk³"。大鹏话的说法与东莞粤语同。客家话的夜晚则说"暗晚夜"或"暗晡夜"。

（38）第94条，冷，"冷 laŋ¹³ / 冻 tuŋ¹³"。针对气候的冷，大鹏话说"冷"，其他物件的冷则说"冻"，与其他粤语一样。客家话则无"冻"的说法。

（39）第99条，干，"燥 tsau³³"。粤语区普遍说为"干"，但东莞、信宜也有"燥"的说法。不过，客家话普遍说为"燥"。大鹏话的说法应与客家话用。

（二）低阶词

表6-29　　　　　　　　大鹏话的低阶词

序号	词条		大鹏话	序号	词条		大鹏话
101	and	和	同 tʰuŋ²¹	108	child	孩子	细佬仔 sei¹³ lau³⁵ tsɐi³⁵
102	animal	动物	动物 tʰuŋ⁵³ mɐt⁵	109	count	数	数 su¹³
103	back	背	腰骨背 iu³³ kɐt³ pui¹³	110	cut	砍	斩 tsam³⁵
104	bad	坏	坏/衰 vai⁵³ / sui³³	111	day	天	日 iɐt³
105	because	因为	因为 iɐn³³ vɐi⁵³	112	dig	挖	锄/挖 tsʰɔ²¹ / vat³
106	blow	吹	吹/喷 tsʰui³³ / pʰɐn¹³	113	dirty	脏	□ ŋɐn³⁵
107	breathe	呼吸	敨气 tʰɐu³⁵ hi¹³	114	dull	呆、笨	蠢 tsʰɐn³⁵

续表

序号	词条		大鹏话	序号	词条		大鹏话
115	dust	尘土	灰尘 fui³³ tsʰɐn²¹	130	grass	草	草 tsʰau³⁵
116	fall	掉	跌 tit³	131	guts	肠子	肠 tsʰɔŋ²¹
117	far	远	远 in¹³	132	he	他	佢 kʰi²¹
118	father	父亲	阿爸 a³³ pa³³	133	here	这里	呢埞 ni¹³ tʰiaŋ⁵³
119	fear	怕	惊/惶 kiaŋ³³/kʰɔŋ²¹	134	hit	打	打 ta³⁵
120	few	少	少 siu³⁵	135	hold-take	拿	攞 lɔ³⁵
121	fight	打架	打交 ta³⁵ kau³³	136	how	怎么	点 tim³⁵
122	five	五	五 m̩¹³	137	hunt	打猎	
123	float	漂浮	浮 fɐu²¹	138	husband	丈夫	老公 lau¹³ kuŋ³³
124	flow	流	流 lɐu²¹	139	ice	冰	冰 pɐŋ33
125	flower	花	花 fa³³	140	if	如果	假如 ka³⁵ i²¹
126	fog	雾	雾 mu⁵³	141	in	在	在 tsʰui¹³
127	four	四	四 si¹³	142	lake	湖	湖 fu²¹
128	freeze	结冰	结冰 kit³ pɐŋ³³	143	laugh	笑	笑 siu¹³
129	fruit	水果	水果 sui³⁵ kɔ³⁵	144	leftside	左边	左边 tsɔ³⁵ pin³³

续表

序号	词条		大鹏话	序号	词条		大鹏话
145	leg	腿	脚 kiɔk³	159	rub	擦	擦/绞/摔 tsʰat³/kiu³⁵/tsɐt³
146	live (alive)	活的	生 saŋ³³	160	salt	盐	盐 in²¹
147	mother	母亲	阿奶/阿咪 a³³ nai¹³/a³³ mi³³	161	scratch	抓	
148	narrow	窄	狭 kʰip⁵	162	sea	海	海 fui³⁵
149	near	近	近 kʰɐn¹³	163	sew	缝	补 pu³⁵
150	old	老的	老 lau³⁵	164	sharp	尖	尖/利 tsin³³/li⁵³
151	play	玩	嬲 liu⁵³	165	short	短	短 tin³⁵
152	pull	拉	拉 lai³³	166	sing	唱	唱 tsʰɔŋ¹³
153	push	推	拥/推 uŋ³⁵/tʰui³³	167	sky	天空	天 tʰin³³
154	rightside	右边	右边 iɐu⁵³ pin³³	168	smell	闻	闻 mɐn²¹
155	correct	对	啱 ŋam³³	169	smooth	平	平 pʰɐŋ²¹
156	river	江	河 hɔ²¹	170	snake	蛇	蛇 sa²¹
157	rope	绳子	绳 sɐŋ²¹	171	snow	雪	雪 sit³
158	rotten	腐烂	烂 lan⁵³	172	spit	吐	唾 tʰiɔ¹³

续表

序号	词条		大鹏话	序号	词条		大鹏话
173	split	撕裂	撕 si:³³	187	tie	绑	绹 tʰau²¹
174	squeeze	压		188	turn	转	转 tsin¹³
175	stab	刺	丑/戳 tuk³/tsʰɔk⁵	189	vomit	呕吐	呕 ɐu³⁵
176	stick	棍子	棍 kɐn¹³	190	wash	洗	洗 sɐi³⁵
177	straight	直	直 tsʰɐk⁵	191	wet	湿	湿 sɐp³
178	suck	吮	啜 tsit³	192	where	哪里	哪埞 na¹³ tʰiaŋ⁵³
179	swell	肿	肿 tsuŋ³⁵	193	wide	宽	阔 fut³
180	there	那儿	嗰埞 kɔ³⁵ tʰiaŋ⁵³	194	wife	妻子	老婆 lau¹³ pʰɔ²¹
181	they	他们	佢哋 kʰi²¹ ti⁵⁵	195	wind	风	风 fuŋ³³
182	thick	厚	笨 pʰɐn³³	196	wing	翅膀	翼 iɐk⁵
183	thin	薄	薄 pʰɔk⁵	197	heavy	重	重 tsʰuŋ¹³
184	think	想	谂 nɐm³⁵	198	woods	森林	
185	three	三	三 sam³³	199	worm	虫	虫 tsʰuŋ²¹
186	throw	扔	擗 pʰiak³	200	year	年	年 nin²¹

（1）第 101 条，和，"同 tʰuŋ²¹"。粤语区普遍使用该词作介词

或连词，深圳客家话则"搂 lau³³"和"同 tʰuŋ¹¹"并用，但后者多用作介词，适用范围不及前者广。"搂"，《集韵》力交切："物相交也。"客家话由此义引申，语义虚化为连词或介词。不过，该词据说只有东江中上游地区、广州增城、东莞清溪、深圳、梅州五华、江西上犹等地的客家话才使用（侯小英，2008）。

（2）第 103 条，背，"腰 iu³³ 骨 kɐt³ 背 pui¹³"。粤语区常说"背"或"背脊"，客家话说"背囊"，大鹏话的说法似与粤语、客家话都不同。

（3）第 106 条，吹，"吹 tsʰui³³/喷 pʰɐn¹³"。大鹏话的"喷"，动作发出者是人，指用口吹灭蜡烛等肉眼可见的明火。客家话"吹"和"歕 pʰun²¹"并用，分用环境与大鹏话一致。尽管二者对于"吹（灭）"的用词并不完全一致，但两个词的接近程度却是不言而喻的，仍可视为同源。

（4）第 108 条，孩子，"细 sei¹³ 佬 lau³⁵ 仔 tsei³⁵"。广州话说"细佬哥"或"细蚊仔"，大鹏话的说法与广州话相同。

深圳客家话一般说"僬 tsiau¹¹ 仔"或"阿僬 tsiau¹¹"，也有近三四十年才向粤语借来的"细佬哥"或"细满（蚊）仔"。

（5）第 109 条，数，"数 su¹³"。大鹏话的说法与粤语同。客家话则一般说为"算"。

（6）第 113 条，脏，"□ŋɐn³⁵"。肮脏，一般方言多用（叠韵）联绵词来形容，广州话说"邋 lat² 遢 tʰat³"或"污 wu⁵⁵ 糟 tsou⁵⁵"，深圳南头话说"□lak²□kak²"，深圳客家话说"□lɔ⁵²□sɔ⁵²"，梅县客家话说"□ɛu⁵³□nɛu⁵³"。

大鹏话的说法似乎比较独特，但第一个音节"□ŋɐn³⁵"却可见于其他粤语，如深圳坪地蛇话和廉江粤语表肮脏的词都有"□ŋɐn³⁵"的音节。

（7）第 119 条，怕，"惊 kiaŋ³³/惶 kʰɔŋ¹¹"。大鹏话的前一个说法与多数粤语同，后一个说法则与东江流域客家话的说法同（侯小英，2008）。

"惶"，《广韵》平声唐韵胡光切，声母按规律应读为 v。不过，上古匣母归群母，客家话今音还有部分匣母字保留了匣母读同群母的层次，如"荷挑 k^hai^{33}""狭 k^hiap^5""溃 k^hui^{31}"等。

（8）第132条，他，"佢 k^hi^{21}"。该词的说法，客家话和粤语是同源的，都来自古吴语的"渠"，也作"㑊"，粤语常写作"佢"。该词既可以指男性，也可以指女性。《集韵》平声鱼韵："㑊，吴人呼彼称。通作渠。"《孔雀东南飞》："虽与府吏要，**渠**会永无缘。"宋朱熹《观书有感》："问**渠**那得清如许，为有源头活水来。"

不过，深圳客家话的第三人称"佢 ki^{21}"却是一个语音特征词。客家话的古全浊塞音、塞擦音声母，无论平仄，今音一律读送气清音。该词是阳平调，按理应读为送气音，但不少客家话片区却读为不送气的 k。不仅不合于演变规律，在音系上也显得比较特殊，正因如此而成为了一个语音特征词。因此，大鹏话在该词的语音上更接近粤语。

（9）第133条，这里，"呢 ni^{13} 埞 t^hian^{53}"。大鹏话的近指代词"呢"是粤语的用法，"埞"也是粤语用法。深圳客家话一般说"□ηia^{31} 位"或"□ηia^{31} 埞 $t^ha\eta^{52}$"，两个词都与大鹏话不同。

（10）第135条，拿，"攞 $lɔ^{35}$"。该词含义较为模糊，如果细分的话，这个动作还有多种说法，就最常用的而言，粤语区普遍说"攞"，客家话说"拿 la^{33}"。

深圳客家话偶然也会使用"攞"，但场合有限，疑为粤语借词，如"攞食"（乞讨）、"攞食佬"（乞丐）。

（11）第136条，怎么，"点 tim^{35}"。大鹏话的说法与多数粤语同。深圳客家话说"两 $liɔŋ^{31}$ 边 $pɛn^{33}$"或"亮 $liɔŋ^{53}$ 边 $pɛn^{33}$"，相当于梅县的"□$\eta ioŋ^{53}$ 欸 e"。

（12）第140条，如果，"假 ka^{35} 如 i^{21}"。大鹏话的说法稍显书面，深圳客家话的说法则比较口语，说成"系讲（话）"。

（13）第147条，母亲，"阿 a^{33} 奶 nai^{35}/阿 a^{33} 咪 mi^{33}"。粤语区多说"阿妈"（偏面称）、"老母"（偏叙称），深圳客家话多说"阿妈"或"阿咪"。大鹏话的"阿奶"是深圳粤语的常用词，该说法还见于南头粤语、宝安沙井话和坪地蛇话，但"阿咪"则是客家话的用法。"咪"，本字为"孆"，梅州等地多读为 ᴄme。古齐方言词。《广韵》平声齐韵莫兮切："齐人呼母也。"《玉篇·女部》："孆，齐人呼母。"

（14）第148条，窄，"狹 k^{h}ip^5"。粤语区普遍说"窄"，客家话则以"狹"为多，可见该词大鹏话的说法更近于客家话。

（15）第151条，玩，"嬲 liu^{53}"。"嬲"是一个方言字，在粤语里作生气解，在客家话里作玩耍解，在闽语里作奇怪解。该字的本字应为"嫽"，《广韵》平声萧韵落萧切："嫽，相嫽戏也。"粤语、客家话均有使用，且后者用得更为普遍。深圳客家话既可以说"嬲（嫽）"，也可以说"搞"。"搞"是一个及物动词，"嫽"是不及物动词。

（16）第153条，推，"拥 uŋ^{35}/推 t^{h}ui^{33}"。该词词义较为模糊，大鹏话的说法看不出偏向粤语还是客家话。深圳客家话除了与粤语一样用"拥""推"外，还有"㩳 suŋ^{31}"的说法。

（17）第157条，绳子，"绳 seŋ^{21}"。该词与客家话说法不同，客家话常说为"索（嫲）"。

（18）第158条，腐烂，"烂 lan^{53}"。该词与客家话说法不同，客家话说"殁 mut^1"。《广韵》入声没韵莫勃切："殁，死也。《说文解字》：'终也。'"由生命终结引申为物体腐烂，音义俱合。

（19）第159条，擦，"擦 ts^{h}at^3/绞 kiu^{35}/捽 tsɛt^3"。该词含义有些模糊，大鹏话根据不同语境有3种说法。"擦"针对一般擦的动作，"绞"针对清洁的"擦"，即相当于"抹"，"捽"则有小范围内用力揉、擦去的意思。大鹏话的"绞"是一个同音字，本字待考，该词不见于其他方言。

深圳客家话对应于大鹏话的这3个说法分别是"擦""抹""捽"。

（20）第163条，缝，"补 pu^{35}"。深圳客家话说"补"，也说"联"。

（21）第168条，闻，"闻 mɛn^{21}"。客家话则习惯说"鼻"，由名词的"鼻"引申出嗅、闻动作的意思。

（22）第170条，蛇，"蛇 sa^{21}"。客家话说"蛇哥"，"哥"是一个表雄性的语素。

（23）第172条，吐，"唾 t^{h}iɔ^{13}"。英文原词为 spit，与表示呕

吐的 vomit 相别。大鹏话的说法较为少见，广州话说为"髞 lœ⁵⁵"。客家话在这个意义上说"褪 tʰun⁵²"。

（24）第175条，刺，"乱 tuk³/戳 tsʰɔk⁵"。英文原词为 stab，含义有些模糊，本书将该词的"刺"和"戳"之义都纳入考察。

如用针一类尖锐的工具刺的动作，大鹏话说"乱"，深圳客家话说"擉 tsʰiuk¹"（温美姬，2007）。擉，《集韵》入声烛韵枢玉切："擉，刺也。"也有说为"乱"的，《说文解字》："椎毃物也。"深圳客家话的"乱"既有刺义，也有戳义。

对于用手指或者用较粗棍棒来戳的动作，大鹏话说"戳"。深圳客家话仍说"乱"。

（25）第178条，吮，"啜 tsit³"。该词是一个拟声词，"啜"是同音字。广州话说"tsyt⁵"，大鹏话无撮口呼，实际上该词与广州话的说法相同。

深圳客家话则说"潠 sɔt⁵"，《说文解字》："潠，饮歠也。一曰吮也。"《广韵》入声末韵先活切，音义俱合。也有"口 tsɔt⁵"的说法，或与"啜"有关。

（26）第180条，那儿，"嗰 kɔ³⁵ 埞 tʰiaŋ⁵³"。见（9），两个词均是粤语用词。

（27）第181条，他们，"佢 kʰi²¹ 哋 ti⁵⁵"。见（8）及高阶词中的（2），粤语词。

（28）第182条，厚，"笨 pʰɐn³³"。粤语区普遍说为"厚"，大鹏话的"笨 pʰɐn³³"对应于深圳客家话的"笨 pʰun³³"。深圳客家话的"笨"通常读为 pun⁵³，不是口语常用字，作"厚"解时读作"pʰun³³"。《晋书·羊曼传》："豫章太守史畴，以人肥大，时人目为**笨**伯。"可见肥大、臃肿容易联想到笨，厚义亦由此引申出来。

（29）第184条，想，"谂 nɐm³⁵"。该词是粤语词，与广州话说法同。本字是"恁"，《广韵》上声寝韵如甚切："恁，念也。"按规律，声母今音应为 ∅。不过，反切上字属古日母，古代的日母是一个鼻音，粤语今保留鼻音的亦不乏其例，如"饵""洱"等。

深圳客家话的说法与粤语同，说"谂 lɛm³¹"。

（30）第187条，绑，"绚 tʰau²¹"。大鹏话的说法与客家话同。

绹，《广韵》平声豪韵徒刀切："谓纠绞绳索也。"由此引申为用绳索捆绑之义。

（31）第192条，哪里，"哪 na¹³ 埕 tʰiaŋ⁵³"。"埕"是粤语词，"哪"则是大鹏话固有的疑问词，如"哪霞谁"。深圳客家话也有用"哪"的，读为 lai³¹ 或 lai⁵²。

（三）词汇小结

从上面的分析来看，无论是高阶词还是低阶词，大鹏话核心概念词汇中与粤语相同的更多。高阶词和低阶词中除去同形的词以外，将语音特征词也纳入考察的范围，含有粤语成分的词的数量均远超含客家话成分的词。

高阶词中，含有粤语成分的词条是第1、3、4、5、7、16、19、20、26、37、38、42、44、54、56、57、60、67、70、72、79、92、94条；含有客家话成分的词条是第6、41、49、55、76、77、86、91、99条；二者兼有的词条是第22、39、62条。含粤语成分的词条共23条，客家话成分的共9条。

低阶词中，含有粤语成分的词条是第101、108、109、113、132、133、135、136、157、158、168、170、178、180、181、192条；含有客家话成分的词条是第106、148、182、187条；二者兼有的词条是第119、147、151、163、184条。含粤语成分的词条共16条，客家话成分的共4条。

大鹏话与粤语、客家话一样，有一类名词短语由一个名词和一个表性别的语素构成，如"猪公""猫乸"等。这些表性别的语素，一般被认为是后缀。温昌衍（2006）提到："'公'、'牯'、'嫲'本是实词（或实语素），都指动物性别……它们都有不指动物性别的虚化用法，此时就成为后缀……"詹伯慧（2004）等亦持同样的意见。

李如龙（2017）认为很难一刀切，因为这些短语既有偏重于词汇意义的，也有偏重于语法意义的。词汇意义中有"表小指爱的"，有区别性别的，也有区别词义的。本书认同这个观点，不应将这些后附的成分视为词缀。

在客家话中，利用这些后附成分进行构词的应用是很广泛的，其义有偏虚的，也有偏实的。例如指性别的"鸡公""牛牯""猪嫲"；指同类事物中粗大者的"碗公""索嫲""石头牯"；指突出部位的"耳公""拳头牯"；表小巧可爱的"蚁公"；表厌恶的"虱嫲""贼牯"或表亲热的"阿英嫲""阿强牯"（温昌衍，2012）。

而在粤语中，这些后附成分却似乎更偏向于表示实际的性别，如"盲公""木瓜乸"等，但也有用于表示人体部位的，如"鼻哥""膝头哥"。

我们在大鹏话中，发现了部分由这种客家话后附成分所构成的词，分别是"耳公（见于'耳公灵活听觉敏锐'一词中）""碗公海碗""罂公铝锅""喷屎公蜣螂""罅公缝隙""蛇蠄公蚯蚓""蚁公蚂蚁""雷公（见于'雷公响打雷'一词中）""狗牯""牛牯""猫牯""孖转牯双旋""牙牯牙齿"。"牯"是客家话以词汇扩散的形式进入大鹏话的，而"公"成为了大鹏话的一种构词法，具备能产性，如"蛇蠄公""罅公"之类的，就不是客家话原有的词，而是大鹏话创新的词。

（四）大鹏话中的北方方言成分

《古老乡音是大鹏人自豪母语》（见第一章第五节）的报道里有几个语言用例，作者想用来证明大鹏话是"杂交"的"军语"，既有客家话成分，也有粤语和北方方言等其他方言的成分。下文将对这些用例进行分析。

（1）"我恐日头晒（我怕太阳晒）。"作者认为"恐"与北方话"极其相似"，"日头"发音像"意头"，与东北方言接近。

辨正："害怕"一词记录为"恐"字，会误导读者。该词应为"惶"，是东江流域客家话的特征词，详见上文的低阶词部分。至于"日头"与"意头"接近，可以说是巧合，因为东北方言部分口音是将普通话的 r 声母读为零声母（y）的，故"日（ri）"的读音接近于"意（yi）"。不过，大鹏话的"日"，是读作 ŋit 的，在声母和韵尾上都与普通话的"意"相去甚远。

（2）"不像"的"像"，作者认为该字发音（注音为"qiang"）接近于陕南话。

辨正："不像"应为"唔像"，"像"的声母读为送气清音，是客家话的语音特征。陕西关中方言也有此特征，见本章第三节的第四部分。此外，"像"的记音也应该为 tsʰiɔŋ，而不是报道中用汉语拼音方案所记录的"qiang"。大鹏话的"像"显然与客家话说法一致，而不太可能与关中方言有联系。

（3）"明天"说为"明早"。倪穗礼指出，客家话说"晨朝日"，广州话说"天日"（常见写法为"听日"），北方话为"明早"，故大鹏话的说法与北方话一致。

辨正："明天"，在深圳客家话中既可以说"晨朝日"，也可以说"明朝日"。"朝"和"早"只有声调上的不同，前者为阴平33调，后者为上声35调。

（4）形容芋头软、粉的质感，大鹏话说为"面面"。作者认为这与东北话形容绵软的说法一致。

辨正：形容绵软的词，深圳客家话说为"绵（mɛn¹¹）"，在语音上与大鹏话的 min 有对应关系。大鹏话中也有同样的词，用法与客家话同，声韵调等均与客家话有严格的对应。因此，"面"实际上是有少许附会成分的。

（5）"好吃（实际上应是'好食'，报道中注音为'haosick'）"的"好"读法接近于北方话，"食"的读音则是广州话。

辨正："好"的读法接近于北方话，实际上是语音演变的结果，客家话同此，不少南方方言也如此。从其注音来看，"食"确实更接近于广州话。但据我们调查，所城内的口音是把"食"读为 sit 的，南澳等地读为 sek。我们认为，报道中的注音应该是所城口音，而这个读音恰与客家话一致。

（6）"海"读为 fui，作者认为这是东莞粤语的读法。

辨正：在系属上，大鹏话与东莞、深圳及香港的粤语有比较密切的关系，但不宜将大鹏话部分字词视为是从东莞粤语中照搬而来的。

（7）"猪"的读法接近于普通话的"鸡"，与粤西湛江话的读音一样。

辨正：深圳本土的粤语多数没有撮口呼，常常把 y 读为 i。

（8）"深圳"（注音为"qamzen"）二字发音"既像广州话又像

闽南话……甚而有些像南京话"。

辨正:"深"读为送气清音,与深圳客家话同;"圳"的读音与广州话接近。至于闽南话、南京话之类的说法,纯属巧合。

(9)用牛耕田说为"驶牛",作者认为这是"驾驶一头牛耕田"的意思,是典型的古汉语在大鹏话中的运用。

辨正:应为"使牛",即"使用牛来耕田"的意思。在大鹏话、广州话和客家话中,"使"的适用范围较广。

因此,大鹏话的北方话成分是微乎其微的,其语音和词汇方面都不出周边粤语和客家话的范围。

以上几篇报道的作者曾从丘学强处了解到"不少军话有接近北方方言成分"的情况,但由于丘不附和"大鹏话是军话"的说法,他们就只好单凭非语言研究者的语感"挖掘"了以上几个词语,以作"军话"特色的论据。但辨音、记音和分析均不符合语言研究规范的硬伤是十分明显的。

四 大鹏话高阶词的语言年代学考察

斯瓦迪士从考古学中得到启发,提出了语言年代学(glottochronology)的理论假设。他通过比较古英语和现代英语、民间拉丁语与西班牙语,认为语言词汇大致以一样的速率在变化。徐通锵(1991)对语言年代学进行了解读,提出了一个假设:"已知任何两种有亲属关系的语言的保留率,就可以推算出它们从原始母语中分化出来的年代。"

当然,语言年代学也存在一些缺陷,如没有顾及特殊的社会条件、难以找到两种语言中意义和用法都等价的词进行比较等。此外,语言不是在历史上的某一个时间点分化的,而是在一个时段内不断分化的。不过,我们既然已经大致锁定了时间区间,且有移民历史及语言事实的证据,把语言年代学当作补充、验证的手段,是可以尝试的。

本节第一部分从移民史及语音的语言事实大致推算出了大鹏话成型的时间区间为1770—1860年,但没有使用其他量化手段来验证。这里拟将语言年代学作为一个量化手段,证实或证伪我们的假设。

李兹（Robert B. Lees）比较了13种语言的古今差异，发现基本词根语素（斯瓦迪士修正后的100词，即上文所述的高阶词）经过了1000年以后，平均约有81%的同源词根保留了下来（徐通锵，1991）。这个保留率即为基本词根语素保留率的常数，李兹认为这个常数具有普遍意义。他为此设计了一个公式：

$$t = \frac{\log c}{2\log r}$$

其中c表示同源词根语素的保留百分比，r为分化一千年后同源词根语素的保留率常数，t代表分化的时间深度。不过，前文提到了语言分化应该是在一个时段内持续进行的，因此还需要考虑误差的影响，误差的计算公式是：

$$\sigma = \sqrt{\frac{c(1-c)}{n}}$$

其中c为同源百分比，n为所比较的词的数量，通常为200或100（徐通锵，1991）。

李兹所测算的欧洲语言基本词根语素保留率的常数是0.81，尽管他认为具有普遍意义，但这个数值未必适用于汉语方言。陈泽平（2008）曾经对福州土白语汇进行过年代语言学的测量，他的一些思路值得借鉴。他提到徐通锵以普通话代表北方汉语，计算出了基本词根语素的千年保留率常数为0.83；他本人则以福州土白作为南方汉语的代表，得出了基本词根语素的千年保留率常数为0.79。二者的平均值也恰好是0.81，因此，他认为李兹所提出的千年保留率常数0.81是可信的，本书也将使用这个常数进行测算。

考察前文大鹏话的基本词根语素，即高阶词，其中9个词是客家话说法，3个词是兼有粤、客说法的，23个词是具有明显粤语色彩的，还有第50、51、53、78个词是看不出明显的粤语或客家话色彩的。剔除掉看不出粤、客色彩的词，大鹏话与粤语同源的词根语素共有87个，也即同源语素率为87%（c粤）；与客家话同源的词根语素共有73个（剔除掉23个明显的粤语词和4个看不出粤、客色彩的词），同源语素率为73%（c客）。

下一步代入误差公式σ。

$$\sigma_{客} = \sqrt{\frac{c_{客}(1-c_{客})}{n}} = \sqrt{\frac{0.73(1-0.73)}{100}} \approx 0.04$$

$$\sigma_{粤} = \sqrt{\frac{c_{粤}(1-c_{粤})}{n}} = \sqrt{\frac{0.87(1-0.87)}{100}} \approx 0.03$$

将两种方言的同源语素率87%和73%分别加上各自的误差值，即可得0.90（c粤+σ粤）和0.77（c客+σ客）。下面计算分化的时间深度。

$$t_{粤1} = \frac{\log c_{粤}}{2\log r} = \frac{\log 0.87}{2\log 0.81} \approx 0.330$$

$$t_{粤2} = \frac{\log(c_{粤}+\sigma_{粤})}{2\log r} = \frac{\log 0.90}{2\log 0.81} = 0.250$$

$$t_{客1} = \frac{\log c_{客}}{2\log r} = \frac{\log 0.73}{2\log 0.81} \approx 0.747$$

$$t_{客2} = \frac{\log(c_{客}+\sigma_{客})}{2\log r} = \frac{\log 0.77}{2\log 0.81} \approx 0.620$$

将这些t值分别乘以1000，则可知大鹏话与粤语的分化年代约在330±80年前，与客家话分化的年代约在747±127年前。

根据移民历史，客家话与粤语从中原汉语分化出来并走上不同的发展道路大概是在北宋末至元代初（李新魁，1994）。我们的测算结果支持这一结论，大鹏话与客家话分化年代的上限是南宋初年，下限是明朝初年。鉴于大鹏话中有部分基本词根语素是与客家话分化过后又被客家话回流影响的，所以其分化年代的下限会比实际稍晚一些。

最值得关注的是大鹏话与粤语的分化年代。前文已述，大鹏话本身是以东莞、深圳等地的粤语为底层方言的，如果没有客家移民潮的影响，恐怕其语言面貌与当今深圳本土粤语差距不大。我们的测算结果发现大鹏话与粤语分化的年代上限是明朝末年，下限是清朝乾隆年间。由于有移民历史的旁证，分化年代的上限明显太早，而下限与我们的估算区间基本符合。大鹏话与深圳本土粤语分家，应该是一个持续进行的过程，其间必然有许多语言微观变异的现象，有可能某一个客家话词进入大鹏话后，过一段时间又被原来的粤语词覆盖，或过一段时间又取得了主导地位，或可能仅仅保留在部分人的口中……乾隆中叶，客家移民潮已达高潮，我们认为在这个时间点前，大鹏话就已经与深圳本土粤语有一定程度的分化了，走上了一条独特的发展道路，年代语言学的测算验证了这一结果。

　　当然，不可回避的问题是，测算的时间对分化年代"330 ± 80 年前"会产生直接影响。倘若基本词根语素不变，测算的时间越晚，得出的分化年代也会越晚。假设在1980年（改革开放初期，人员流动较少）调查时，基本词根语素与现在的相同，那么得出的结果则是在1570—1730年间。因此，我们认为分化年代的下限如果再加10—30年的误差值，是合理且是可被接受的。

　　总而言之，语言年代学作为一个辅助的量化手段，为我们的推断提供了参考。

结　　语

深圳的简称是鹏城，大鹏话和深圳的南头话、客家话、围头话、粘米话一样，可以看作是深圳原住民文化所依附的可感非物质基础和根之所在。如果撇开方言而去奢谈深厚的文化底蕴或非物质文化遗产，无疑是比较空泛的。从情感意义上讲，英语、普通话能使人们的身体走得更远，但方言却能使父老乡亲们的心走得更近。在现代化的大潮面前，方言工作者能够做的，就是忠实地把有可能在不久的将来消失的方言记录下来，因为这些方言不仅仅是交际的工具，而且还是珍贵的失去了就不可再生的资源。本书是由深圳人写就的全国第一本描写深圳代表点方言的作品，对于濒危方言来说，大篇幅地将一字一音、一词一句详细地记录下来，是非常必要的，也是符合学术规范的。

我们的主要观点有：大鹏话有其自身特色，由于没有自称和他称，故不宜划归军话；大鹏话的形成与清代兵制及清初"迁海"后粤东客家移民潮的历史关系比较密切，大致在乾隆中叶至咸丰年间成型；它是方言岛，但也可以看作是一种受到粤东客家话较深程度渗透的深圳本土粤语，因为它只有少数语音规律及特点与客家话相同，核心词汇以粤语为主，语法特点也更接近于粤语；从历时角度来看，它以粤语为基础方言，从共时角度来看，它呈现出了粤、客混合的语言面貌。

深圳要建设中国特色社会主义示范区，要建设学术研究意义上的深圳学派，就必须立足于鹏城，并生发开去。其中，中国人说汉语，是特色。鹏城人说大鹏话，更是地方上的特色。记录、分析和保护本土语言资源，应该是精神文明建设的重要工作之一。书中对大鹏话与军话、客家话、粤语关系的分析及其形成年代的探讨，都还不是定论，仍有待进一步研究，但我们希望这本小书能起到抛砖引玉的作用。

附　　录

一　深圳南山南头话音系

（一）声母

p 巴饱病	pʰ 怕跑平	m 妈猫梦	f 花剖奉	w 蛙怀缓
t 多兜洞	tʰ 驼透统	n 挪纽念		l 篓柳练
ts 楂走仲	tsʰ 茶炒铳		s 沙首宋	
k 家九鉴	kʰ 夸叩砍	ŋ 牙咬硬	h 霞厚喊	
			ø 丫爷按	

说明：

（1）声母 w 偶有变体为 v，摩擦程度较大。

（2）零声母 ø 与 i 打头的韵母相拼时，摩擦程度较强。

（二）韵母（下加横线的字表明该字原为入声字）

开口呼	齐齿呼	合口呼	撮口呼
	i 悲美刺是	u 蒲努路苏	y 居女处誉
a 巴马查化		ua 挂夸	
e 咩骑姐射	ie 耶夜		
o 波摸课贺			
œ 雀茄靴			yœ 约药
ai 排乃赖蟹		uai 乖拐怪	
ɐi 批泥吠卫		uɐi 归诡葵愧	
au 包扭就孝	iau 丘柔有又		
ou 袍帽措号	iou 褥		

　　　　　　　iu 飘条鸟耀　　ui 陪每悔泪
　　　　　　　iui 乳锐

ɐm 琴林浸暗　iɐm 吟任
　　　　　　　iŋ 边免践苋　　　　　　　yŋ 端全暖愿
aŋ 攀反硬顽　iaŋ 惊井姓命　uaŋ 关惯
　　　　　　　iuŋ 翁容勇用　　uŋ 潘农弄送
oŋ 帮网放旺　ioŋ 将强尚娘
eŋ 兵闽训幸　iɐŋ 音人忍认　uɐŋ 君棍昆菌

　　　　　　　iʔ 别聂列怯　　　　　　　yʔ 夺劣说粤
aʔ 塔纳杀额　　　　　　　　　uaʔ 刮
eʔ 脊踢石吃
oʔ 搏藿落镬
　　　　　　　　　　　　　　　uiʔ 拨末阔活
œʔ 剁略灼削　　　　　　　　　　　　　　yœʔ 约若
auʔ 立汁十及　iauʔ 泣入
ouʔ 仆目秃六　iouʔ 郁肉
ɐiʔ 不忽溺黑　iɐiʔ 一日　　　uɐiʔ 骨掘
m̩ 吴五误

　　（三）声调
　　上阴平 24　多椒勾　　阳平 44　　驼潮茅
　　下阴平 55　溜嚣樱
　　阴上 35　　铲水引　　阳上 13　　舅似我
　　阴去 33　　挫富相　　阳去 22　　步寨面
　　阴入 5　　 级接抹　　阳入 2　　 纳侠业

二 深圳龙岗客家话音系

(一) 声母

p 波帮驳　pʰ 婆病朴　m 魔芒莫　f 火慌佛　v 蜗柱握
t 多当答　tʰ 妥大托　　　　　　　　　　　l 糯狼诺
ts 左装桌　tsʰ 坐仓浊　　　　　　s 梳伤勺
k 哥光角　kʰ 科狂剧　ŋ 我昂岳　h 呵航学
　　　　　　　　　　　　　　　　ø 亚安也

说明：

(1) 声母 v 偶有变体为 w，摩擦程度较小。
(2) 零声母 ø 与 i 打头的字相拼时，部分发音人的摩擦较强，接近于 z 或 ʑ。

(二) 韵母

开口呼	齐齿呼	合口呼
	i 西居提	u 姑夫土
a 沙家他	ia 些爹姐	
ɛ 洗契计		
ɔ 梳哥拖	iɔ 茄瘸靴	
ai 晒街太		
ɔi 衰该梯	iɔi 瘤	
	iui 锐乳蕊	ui 虽龟推
au 烧高涛	iau 肖娇挑	
	iu 羞勾偷	
	im 心金针	
am 三甘贪	iam 潜兼添	
ɛm 揞森参		
an 山间滩		
ɛn 恩肯幸	iɛn 仙肩年	
ɔn 酸干团	iɔn 软阮	
	iun 云均近	un 孙棍吞

aŋ 声耕听	in 星巾挺	
ɔŋ 桑江汤	iaŋ 腥颈厅	
	iɔŋ 想姜将	
	iuŋ 翁弓共	uŋ 嵩工通
ap 煠甲塔	ip 湿急立	
at 杀刮八	iap 涩叶贴	
ɛt 黑忆结		
ɔt 说割脱		
		ut 术骨突
	it 失吉特	
ak 石格笛	iak 锡剧踢	
ɔk 索角托	iɔk 削脚却	
	iuk 育菊玉	uk 熟谷读

m̩ 吴五梧

说明：

（1）元音 u 与软腭音韵尾相拼时，实际音值接近于 ʊ。

（2）韵母 u 与舌尖音声母相拼时，实际音值为 ɣ，摩擦较明显。

（3）韵母 in、im、it、ip 中的主要元音 i，实际音值接近于 ɪ。

（4）坪山、坑梓、葵涌等地区的 i 与 ts、tsʰ、s 相拼时，摩擦极强，高顶出位为舌尖元音 ɿ。

（5）韵母 iu 与 ŋ 和 ø 相拼时，i 弱化为圆唇的 ɥ，实际的主元音由 u 来充当。

（6）部分发音人的韵尾 -p 在语流中常常读为 -k。

（三）声调

阴平 33	诗孙分	阳平 11	时存焚
上声 31	死笋粉	去声 52	四顺份
阴入 1	湿率忽	阳入 5	习术佛

说明：

（1）去声在语流中常常读为高平55调。

（2）龙华以东的客家话古浊上、去声字今读为去声52，龙华及龙华以西的客家话则将这部分字归入上声，今读为31。此外，两地的客家话古浊入声今读归类也不一致，龙华以东的客家话将古浊入声读为阳入声，调值为5；龙华及龙华以西的客家话则读为阴入声，调值为1。

三　惠州惠城话音系

（一）声母

p 斧扁帮八　pʰ 部刨潘拔　m 武满门物　f 火快红佛　v 禾围碗滑
t 肚短钉搭　tʰ 兔道汤毒　n 内恼尿严　　　　　　　l 路老郎录
ts 借针争桌　tsʰ 初造齿虫　　　　　　　　s 写师手食
k 古街讲脚　kʰ 桥柜缺共　ŋ 牙耳魏日　h 晓苦风学
ø 安暗一屋　　　　　　　　　　　　　　　　j（z）腰远益用

说明：

（1）v的摩擦成分较轻，音值近ʋ。

（2）j出现在齐撮呼前，z只出现在ə和u为主元音的韵母前和j可自由变换，但z更常用。j摩擦较轻微，z的摩擦较重，但不构成音位对立。

（3）齐齿呼前存在j和零声母的对立；合口呼前存在v和零声母的对立。齐齿呼和合口呼的零声母字音首有轻微的喉部爆破，音值近于ʔ。

（二）韵母

a	ia	ɛ	iɛ	yɛ	i	ɔ	u	y
爬家	借蛇	□词尾	米世	茄税	纸医	多火	祖户	女树
ai						ɔi	ui	
买界						来灰	雷跪	
au	iau		iɛu		iu			
老交	豆狗		超尿		酒收			

am	iam		iɛm		im			
男敢	暗森		钳点		深音			
an		iŋi	yɛn	nə	in	ɔn	un	iun
餐眼		跟变	健穿	证明	民镇	短孙	稳裙	允闰
aŋ	iaŋ			əŋ	ŋei	ɔŋ	ŋi	
生耕	层镜			送龙	农绒	堂巷	掌香	
ap	iap		iɛp		ip			
杂鸭	盒涩		接碟		立湿			
at		iɛt	yɛt	ət	it	ɔt	ut	
辣八		热节	月缺	力适	实日	渴脱	骨出	
ak	ia			kək	iək	ɔk	iɔk	
白隔	贼壁			读竹	肉玉	落桌	脚勺	
ŋ̍	m̩							
五午	无不							

说明：

ɛ 只用于名词词尾和助词。

（三）声调

阴平 33　花高天公　　　　　阳平 11　河头人黄
上声 35　古碗女老
阴去 13　裤店坐眼　　　　　阳去 31　大共路酿
阴入 45　甲插客日　　　　　阳入 3　　白杂俗麦

说明：

（1）阳平调型为低平，实际音值比 11 略高。

（2）除以上 7 个单字调以外，还有个高平调 55，主要用于名词词尾、助词及连读变调。

（3）有些调类在连读中会发生变化：上声（35）、阴去（13）和阴入（45）充当前字时，后面无论接哪一调类的字，分别变读为高平（55）、中平（33）和短促高平（5）。

四 主要发音合作人信息

方言点	姓名	性别	出生年份	文化程度	职业	备注	调查时间
深圳大鹏话	卢水根	男	1950	初中	退休教师	鹏城口音	2018
	刘伟来	男	1957	初中	个体户	王母口音	
	赖孟柱	男	1943	高小	农民	鹏城口音	2004—2005
	赖继良	男	1975	本科	博物馆职员	鹏城口音	
	苏小燕	女	1979	高中	村委会职工	鹏城口音、	
惠州惠城话	叶佩玲	女	1957	大专	—	来自侯小英（2008）	—
	黎旭彦	女	1986	本科	—		
南山南头话	张明光	男	1961	初中	个体户	—	2017
	林子乔	男	1942	初中	个体户	—	
龙岗客家话	温志敏	男	1964	初中	个体户	—	2014
	钟石容	女	1963	高中	家庭主妇	—	
	温志强	男	1960	高中	退休民警	—	
	刘璇	女	1962	初中	家庭主妇	—	

参考文献

一 古籍

（明）万历《儋县志》。
（明）崇祯《东莞县志》。
（清）康熙《新安县志》。
（清）杜臻：《粤闽巡视纪略》，文渊阁本钦定四库全书本。
（清）嘉庆《新安县志》。
（清）温昌化：《商音太原郡温氏族谱（深圳枏梓部）》，嘉庆十四年手抄本。
（清）同治《广州通志》，1864年甲子重刊本。
（清）光绪《琼州府志》。
（清）张嶲、邢定纶、赵以谦纂修，郭沫若点校：《崖州志》，广东人民出版社1983年版。
民国《东莞县志》，成文出版社1967年影印本。
民国《感恩县志》，民国十八年周文海重修本。

二 中文著作

宝安县地方志编撰委员会编：《宝安县志》，广东人民出版社1997年版。
蔡培茂主编：《深圳市地名志》，科学普及出版社广州分社1987年版。
陈保亚：《论语言接触与语言联盟——汉越（侗台）语源关系的解释》，语文出版社1996年版。
——《20世纪中国语言学方法论》，山东教育出版社1999年版。

陈伯陶：《东莞县志》，东莞养和印务局1927年版。

陈忠敏：《汉语方言语音史研究与历史层次分析法》，中华书局2013年版。

程得红主编：《大鹏新区年鉴2018年》，中国文史出版社2018年版。

广东省深圳市大鹏新区鹏城社区志编纂委员会：《鹏城社区志》，方志出版社2019年版。

郭廷以：《近代中国史纲》，香港中文大学出版社1987年版。

冷和明主编：《大鹏新区年鉴2016年》，中国图书出版社2017年版。

——《大鹏新区年鉴2017年》，中国文史出版社2018年版。

李立林：《东莞粤语语音研究》，暨南大学出版社2015年版。

李如龙：《汉语方言学（第二版）》，商务印书馆2007年版。

——《汉语方言调查》，商务印书馆2017年版。

——、张双庆：《客赣方言调查报告》，厦门大学出版社1992年版。

李新魁：《广东的方言》，广东人民出版社1994年版。

廖虹雷：《深圳民俗寻踪》，海天出版社2008年版。

——《深圳民间熟语》，深圳报业集团出版社2013年版。

——《深圳民间节俗》，深圳报业集团出版社2015年版。

林伦伦、陈小枫：《广东闽方言语音研究》，汕头大学出版社1996年版。

刘丽川：《深圳客家研究（修订版）》，海天出版社2013年版。

刘若云：《惠州方言志》，广东科技出版社1990年版。

刘叔新：《东江中上游土语群研究——粤语惠河系探考》，中国社会出版社2007年版。

刘镇发：《香港客粤方言比较研究》，暨南大学出版社2001年版。

——《香港客家话研究》，中华书局2021年版。

罗尔纲：《绿营兵志》，商务印书馆2017年版。

马楚坚：《明清边政与治乱》，天津人民出版社1994年版。

毛亦可：《清代卫所归并州县研究》，社会科学文献出版社2018

年版。

丘学强:《妙语方言》,香港中华书局1989年版。

——《军话研究》,中国社会科学出版社2005年版。

——、温育霖、廖楷狄:《南头方言志》,九州出版社2019年版。

深圳百科全书编委会:《深圳百科全书》,海天出版社2010年版。

黄玲主编:《深圳年鉴2019》,《深圳年鉴》编辑部,2019年。

深圳市地方志编纂委员会:《深圳市志·社会风俗卷·方言志》,方志出版社2014年版。

深圳市规划和国土资源委员会:《鹏城街话:讲述深圳地名文化（一、二、三）》,岭南美术出版社2014年版。

深圳市龙岗区地方志编纂委员会:《深圳市龙岗区志（上、下）》,方志出版社2012年版。

深圳市龙岗区龙岗街道办事处:《龙岗街道自然村落》,深圳市龙岗街道办事处,2016年。

深圳市史志办公室编:《深圳市十九镇简志》,海天出版社1996年版。

侍建国:《历史语言学:方音比较与层次》,中国社会科学出版社2011年版。

孙红明主编:《大鹏新区年鉴2014年》,深圳报业集团出版社2015年版。

——《大鹏新区年鉴2015年》,暨南大学出版社2017年版。

谭其骧:《中国历史地图集》,地图出版社1987年版。

谭元亨主编:《广东客家史（上、下）》,广东人民出版社2010年版。

田志军:《近代晚期粤东客音研究》,中国社会科学出版社2015年版。

汪开国、刘中国:《大鹏所城:深港六百年》,花城出版社2007年版。

王雪岩、翁松龄:《大鹏所城》,1998年。

温昌衍：《客家方言》，华南理工大学出版社 2006 年版。

——《客家方言特征词研究》，商务印书馆 2012 年版。

吴安其：《历史语言学》，上海教育出版社 2006 年版。

吴艳红：《明代充军研究》，社会科学文献出版社 2003 年版。

萧国健：《深圳地区之家族发展》，香港显朝书室，1992 年。

徐世璇：《濒危语言研究》，中央人民大学出版社 2001 年版。

徐通锵：《历史语言学》，商务印书馆 1991 年版。

杨耐思：《中原音韵音系》，中国社会科学出版社 1981 年版。

叶蜚声、徐通锵：《语言学纲要》，北京大学出版社 2010 年版。

游汝杰：《汉语方言学教程》，上海教育出版社 2016 年版。

袁家骅、詹伯慧等：《汉语方言概要（第二版）》，语文出版社 2001 年版。

詹伯慧：《广东粤方言概要》，暨南大学出版社 2004 年版。

——、张日昇：《珠江三角洲方言调查报告之一：珠江三角洲方言字音对照》，新世纪出版社 1987 年版。

——、张振兴主编：《汉语方言学大词典（上、下）》，广州教育出版社 2017 年版。

张德信：《明朝典章制度》，吉林文史出版社 2001 年版。

张金奎：《明代卫所军户研究》，线装书局 2007 年版。

张维耿：《客方言标准音字典》，中山大学出版社 2012 年版。

张一兵校点：《深圳旧志三种》，海天出版社 2006 年版。

中国社会科学院、澳大利亚人文科学院：《中国语言地图集》，朗文（远东）有限公司，1987/1990。

庄初升、黄婷婷：《19 世纪香港新界的客家方言》，广东人民出版社 2014 年版。

三 中文论文

包国滔：《东江中上游本地话方言系属的历史考察——以明代归善县为中心》，《惠州学院学报》（社会科学版）2012 年第 1 期。

陈保亚、汪锋：《论核心语素表的确定》，载北京大学汉语语言学研究中心、《语言学论丛（第 33 辑）》，商务印书馆 2006 年版。

陈云龙：《从"旧时正话"看明代官话》，《语文研究》2005年第1期。

陈泽平：《福州土白语汇的年代语言学考察》，《福建师范大学学报》（哲学社会科学版）2008年第4期。

邓晓华：《论客家方言研究中的几个问题》，载李如龙、周日健《客家方言研究：第二届客方言研讨会论文集》，暨南大学出版社1998年版。

丁邦新：《汉语声调的演变》，载丁邦新《丁邦新语言学论文集》，商务印书馆1998年版。

范俊军：《语言活力与语言濒危的评估——联合国教科文组织文件〈语言活力与语言濒危〉述评》，《现代外语（季刊）》2006年第29卷第2期。

甘于恩、吴芳：《平话系属争论中的逻辑问题》，《广西民族研究》2005年第7期。

郭沈青：《广州话溪母字的历史层次及音变》，《语言科学》2013年第12卷第4期。

侯小英：《东江中上游本地话研究》，博士学位论文，厦门大学，2008年。

——《惠州话：粤色客底的粤化客方言》，《学术研究》2017年第7期。

胡建慧：《深圳粤语语音比较研究》，硕士学位论文，深圳大学，2016年。

——《深圳龙岗蛇话调查研究》，《岭南学术研究》2017年第12卷第3期。

黄建全：《深圳平湖围头话音系分析》，学士学位论文，深圳大学，2004年。

黄文德：《明"卫所制度"与大鹏所城建城》，《中州今古》2003年第3期。

黄晓东：《汉语军话概述》，《语言教学与研究》2007年第3期。

竟成：《关于阶曲线的择词问题》，《民族语文》2005年第

5 期。

李采梅：《明清广东新安县城市地理若干问题研究》，硕士学位论文，暨南大学，2011 年。

李健：《吴化粤语的历史形成》，《湛江师范学院学报》2014 年第 35 卷第 4 期。

李立林：《东莞粤语语音研究》，博士学位论文，暨南大学，2010 年。

李如龙、辛世彪：《晋南、关中的"全浊送气"与唐宋西北方音》，《中国语文》1999 年第 3 期。

刘叔新：《粤语壮语关系词的分类问题及类别例释》，载南开大学中文系《语言研究论丛》编委会编《语言研究论丛（第 7 辑）》，语文出版社 1997 年版。

刘镇发：《香港新界大埔汀角话概述》，《中国语文通讯》2018 年第 97 卷第 1 期。

——《从深圳大鹏话看粤语和客家话的接触关系》，载甘于恩《南方语言学（第 2 辑）》，暨南大学出版社 2010 年版。

——、袁方：《深圳大鹏话语音系统概述》，《粤语研究》第 6 期。

——、张群显：《清初的粤语音系——〈分韵撮要〉的声韵系统》，载《第八届国际粤方言研讨会论文集》，暨南大学出版社 2001 年版。

闵宗殿：《宋明清时期太湖地区水稻亩产量的探讨》，《中国农史》1984 年第 3 期。

彭小川：《粤语韵书〈分韵撮要〉及其韵母系统》，《暨南学报》（哲学社会科学版）1992 年第 4 期。

丘学强：《粤、琼军话研究》，博士学位论文，暨南大学，2001 年。

——《深圳大鹏话说略》，载庄初升、邹晓玲主编《濒危汉语方言研究》，中山大学出版社 2016 年版。

石涛、马国英：《清朝前中期粮食亩产研究述评》，《历史研究》2010 年第 2 期。

侍建国：《粤语溪母字历史音变》，《语言研究》2007年第27卷第2期。

汤志祥：《深圳粤语的分布以及代表话南头话的音系》，《粤语研究（创刊号）》2007a年第1期。

——《深圳本土方言的地理分布特点》，《中国方言学报》2007b年第5期。

——《深圳本土方言的地理分布特点》，载全国汉语方言学会《中国方言学报》，商务印书馆2015年版。

王丽芳：《深圳龙岗坪东蛇话浅析》，学士学位论文，深圳大学，2015年。

王莉宁：《深圳大鹏话的语音特点》，载《全国汉语方言学会第二十一届年会会议手册》，2021年。

温美姬：《梅县方言本字考辨》，《嘉应学院学报》2007年第2期。

温育霖：《深圳坪地坪东蛇话研究》，硕士学位论文，深圳大学，2019年。

伍巍：《粤语》，《方言》2007年第2期。

——《粤语语音特点的讨论》，载甘于恩《南方语言学（第1辑）》，暨南大学出版社2009年版。

谢留文：《重读〈临川音系〉》，《方言》1999年第3期。

邢公畹：《汉台语比较研究中的深层对应》，《民族语文》1993年第5期。

严修鸿：《客家话里来以母白读反映的早期层次》，载谢栋元《客家方言研究》，暨南大学出版社2002年版。

严学窘：《谈汉藏语系同源词和借词》，载湖北语言学会《江汉语言学丛刊（第1辑）》，湖北省语言学会，1979年。

杨耀林、黄崇岳：《大鹏城与鸦片战争》，载王雪岩、翁松龄编著《大鹏所城》，1998年。

于志嘉：《试论明代卫军原籍与卫所分配的关系》，载国立中央研究院历史语言研究所编《中央研究院历史语言研究所集刊》，中央研究院历史语言研究所，1989年。

——《论明代的附籍军户与军户分户》，载《文集》编委会《顾诚先生纪念暨明清史研究文集》，中州古籍出版社 2005 年版。

曾祥委：《清初新安迁海复界后的客家移民潮》，《客家研究辑刊》2011 年第 1 期。

张惠英：《广州方言词考释》，《方言》1990 年第 2 期。

——《广州方言词考释（二）》，《方言》1990 年第 2 期。

张一兵：《大鹏传统民俗闲谈》，载王雪岩、翁松龄编著《大鹏所城》，1998 年。

郑宏：《再议深圳大鹏所城方言的界定》，《开封教育学院学报》2019 年第 39 卷第 5 期。

周佳凡：《深圳坪山占米话研究》，硕士学位论文，厦门大学，2014 年。

四　中文译著

［美］罗杰瑞：《汉语概说》，张惠英译，语文出版社 1995 年版。

五　外文论文

Chen, Litong, "Dapeng Dialect: An Undocumented Cantonese-Hakka Mixed Language in Southern China", Ph. D. dissertation, The Ohio State University, 2016.

Cheung, Chi Hung Maurice, "A phonetic Study of the Sound System of Taipung (Dapeng) Dialect", Unpublished undergraduate thesis, City University of Hong Kong, 2017.

——, "The Syntax of Comparative Constructions in Dapeng (Taipung): A Dialect between Hakka and Cantonese", M. A. thesis, The University of Hong Kong, 2018.

Lau, Chun Fat, "Historical Development of the Indigenous Yue Dialects in Hong Kong", US - China Foreign Language, Vol. 11, No. 6, 2013.

—— and Zhou, Jiafan, "Looking at the Effects of Language Contact

With Hakka as Reflected by the Characteristics of the Pingshan Zhanmi Dialect in Shenzhen", *Journal of Literature and Art Studies*, *MEMO*, No. 6, 2017.

六 其他文献

樊艺:《行走中的风丨泥来分合》,语宝微信公众号 2017 年 8 月 9 日。

李楠:《行走中的风丨山海之间》,语宝微信公众号 2017 年 8 月 5 日。

刘深:《深圳"挖"出语言活化石"大鹏军语"》,《深圳晚报》2005 年 10 月 19 日。

——《古老乡音是大鹏人自豪母语》,《深圳晚报》2005 年 10 月 24 日。

——、方勤:《"大鹏军语"是杂交语言》,《深圳晚报》2005 年 10 月 21 日。

戎明昌、王佳等:《"走读岭南方言":"大鹏话"唱的山歌已成非遗》,《南方都市报》2021 年 8 月 6 日 A05 版。

王莉宁:《一周一会丨深圳大鹏话的语音特点》,解雇语言学家微信公众号 2020 年 12 月 24 日。

薛晶晶:《行走中的风丨初识大鹏话》,语宝微信公众号 2017 年 8 月 2 日。

后　记

　　大鹏话是深圳市的代表点方言，是方言岛方言，也是濒危方言，更是珍贵的语言资源。记录、分析、保护它，是深圳人特别是深圳语言研究工作者责无旁贷的工作。

　　汉语方言，长期以来都被视为是在某一特定区域内流行的交际工具。方言众多和汉字难写难认，甚至曾经被看作是造成中国文盲多、社会文明和科技发展缓慢的重要原因。无可否认，全国推广普通话，是很有必要的。但是，推普不等于要彻底消灭方言，特别是在普通话以及英语越来越强势、方言的濒危现象越来越严重和普遍的今天，保护和抢救性地记录方言，已显得非常紧迫了。众多的只有老幼留守甚至已经空无一人的乡村里的方音固然已是难以耳闻，新兴都市里城中村原住民的方言也是在外来语的冲击下日渐被同化、淹没。速度之快，前所未有。

　　有不少人认为，大熊猫是珍稀动物，必须保护，方言一说即逝，无须保护也无从保护。如果全国人民无论男女都统一穿蓝色或灰色的中山装，很多人会觉得是难以接受的，但全国人民都只讲普通话，却是理所当然的。作为非物质文化遗产，粤剧、豫剧、花鼓戏、昆剧、越剧、潮剧、秦腔应该继续存在，反对这一说法的人不是很多，但若演员都只会用普通话唱地方戏曲，那会是一种怎样的效果？关心这种情况的人也不多。以人为本、人人平等、反对文化霸权、倡导百花齐放之类的观念，似乎早已深入人心，但一涉及方言，很多人就又都羞于让它登上大雅之堂，不觉得任由它自生自灭是一件多么大不了、多么可悲的事情。

　　深圳曾提出过"用普通话统一深圳语言"乃至"全民讲英语"

的口号，而且，还有不少人以"深圳是一座没有方言的城市"为荣。对此，我却不敢苟同。明明是地处粤语大本营广州和香港这两座大都市之间，却不愿意入乡随俗，反而视普通话对原住民方言的覆盖为"包容"，实非明智之举。更令人感到无奈的是，已经有越来越多的人认为，原住民方言乃至广府粤语在深圳的存在已无必要，因为改革开放之初深圳招工广告上的"会讲粤语者优先"早已不见踪影，粤语流行曲已是明日黄花。甚至，不少原住民的后代也已经不再与家里人讲方言了，他们的父母，对此也不置可否。可以毫不夸张地说，汉语方言面临生存危机的时刻已经到来，而新兴大都市中原住民方言的濒危，速度是最快的。

可是，我依然固执地认为，高楼耸立入云，玻璃幕墙耀眼，千城一面，从文化多样性的层面上看，并不值得骄傲。建几处独特的地域性建筑，留几座古庙，在博物馆里摆一张犁、几盏煤油灯，或可弥补一二，但一座没有方言的城市，就一定是一座没有特色文化之根的城市。方言不只是一种交际工具，它还应该是地方文化的载体和维系乡亲情感的纽带。再小的方言，也是"五脏俱全"的。它消失了，其所承载的特色文化也就一并消亡了，所谓保护文化遗产、文化底蕴的积淀就是一句空话。当所谓的文化只剩下一种，原地方言已经没有了依附的土壤时，"多样性"也就无从谈起了。

于是，在浩浩荡荡、势不可当的大潮中，人微言轻但却会说流利的客家话、潮州话和粤语的我，只能跟志同道合者一起坚守，做一些看似无用的力所能及的事。断断续续二十年独自一人跑遍三省十几个"军话"点记录军话的语音、词汇、语法特点，结合族谱、方志、传说和故事考证它的由来，是我做过的引以为傲的事。我调查、记录过四邑方言，主编过粤语、潮州话、客家话教材和词典，在学校开设广东三大方言的研究课程，带领研究生和本科生展开对深圳当地的南山话、大鹏话、龙岗客话、蛇话、粘米话等方言的调查。后来，又开始走出国门，到欧美、东南亚等地的近二十个唐人街调查汉语方言，拍摄方言特色牌匾，虽然不时会有孤独之感，却乐此不疲。因为，我想知道在外语包围下的汉语方言仍然能顽强生存的原因，同时，也有一种不去记录就再也听不到、看不见了的紧迫感。

令人欣喜的是，深圳地铁有粤语报站，为本土方言能继续在公众场合传播保存了一线生机。而汉语方言不仅是交际工具，还是一种消亡了就不可再生的重要资源，这已经开始成为越来越多的地方人士的共识。最近，国家级的濒危方言的记录和方言资源的保护工作已经展开，在"世界母语日"，联合国教科文组织更是正式发布了首个以"保护与促进世界语言多样性"为主题的重要永久性文件——《岳麓宣言》。我想，正在建设中国特色社会主义先行示范区的深圳，除了在物质文明方面应起到"先行示范"作用外，在精神文明方面，也应该行动起来，为延缓独具特色的原住民方言的衰亡过程，为保护、养育深厚的本土文化底蕴所依附的土壤而不懈努力。

我对大鹏话的关注，始于2000年前后。当时，在报纸上看见一小段有关大鹏话就是军话的描述，非常兴奋，因为我从20世纪80年代开始就对粤、琼、桂等省十几个点的军话进行记录和研究，大鹏话可能是我必须深入调查的另一个方言点。随着调查的深入，我对大鹏话的看法有了变化，但始终都认为它是非常值得记录和研究的珍贵语言资源。赖恩爵将军的后人赖继良父子以及卢水根、刘伟来等众多的大鹏原住民，从我们的调查工作开始至今，一直都满怀着对自己家乡方言的热爱和自豪感，自觉地成为保护语言资源、保护母语的有心人，不厌其烦地为我们发音和提供资料。在他们的耐心配合下，深圳和香港的学者汤志祥、刘镇发和我都曾组成团队对其进行调查，并陆续发表了一些成果。我断断续续地单独记录和研究大鹏话多年，也曾多次带领由我的研究生温育霖、何阳及其他同学如刘仕容、刘悦、袁怡潇、胡丹丹、李茂霖等组成的团队前往大鹏调查。其间，我们的调查设备出现了故障，吴芳老师迅速将录音笔寄过来，而姚琼姿老师更是背上两部电脑，从广州特地前来大鹏协助我们调查，在此向她们表示感谢。现在，经过不懈的努力和整理，《方言岛——深圳大鹏话研究》终于出版了。

普通话和英语能使人的身体走得更远,方言却能使父老乡亲们的心走得更近!在有心人的传承之下,本书将能使大鹏方音带着浓浓的乡情和深厚的文化底蕴继续在深圳萦绕、回旋多年,这是大鹏原住民的期望,也是我们的奢望。

深圳大学人文学院

丘学强

2021 年 10 月 18 日